पानी - बिजली बचत
जन जागृति

पानी–बिजली बचत
जन जागृति

यह एक शंखनाद है आह्वान है स्वयं एवं देश के लिए, पानी बिजली संरक्षण कर राष्ट्र प्रगति में अपना योगदान देने के लिए। मेरी यह छोटी सी कोशिश उन सोये हुए व्यक्तियों को जगाने की है जो पानी बिजली की कीमत नहीं जानते। पानी की एक बूंद प्यासे व्यक्ति में जान डाल देती है। विकास की धुरी ऊर्जा व पानी से ही चलती है। सरकार चाहे जितनी बिजली और पानी जनता को उपलब्ध करा दे मगर इन्हें सहेजना नहीं सीखा तो प्रगति का पहिया गति नहीं पकड़ पायेगा। इस पुस्तक में छोटे छोटे लेखों द्वारा बिजली पानी सम्बन्धी कई सारे पहलुओं की सरल एवं बोधगम्य भाषा में सचित्र जानकारी प्रदान की गई है ताकि हर व्यक्ति देश, समाज एवं स्वंय के हित में छोटी छोटी तकनीको, शोध अपनाकर, जागरूक रहकर बिजली पानी का सरंक्षण कर सके। बिजली पानी का सदुपयोग कर, अपनी स्वयं की बचत के द्वारा हम सभी राष्ट्रीय प्रगति में योगदान दे सकते है। पुस्तक में दर्शाई जानकारियों से जन जन में जागृति उत्पन्न होगी ऐसा मेरा सोचना है।

नोट – यह पुस्तक राष्ट्रहित में पानी–बिजली बचत जन जागृति उत्पन्न करने के लिए लिखी गई हैं, पुस्तक में दर्शायें कई सारे मेरे सुझावों को अपना कर आप भी राष्ट्र प्रगति में अपना सहयोग कर सकते हैं, ऐसा मेरा सोचना है।

पानी – बिजली बचत जन जागृति

लेखक

इंजी. ओ.पी. माहेश्वरी

एम.ई. (जियोटेकनीकल), बी.ई.सिविल (ऑनर्स)

अधिशासी अभियन्ता (सिविल)

पता– ए–161, कमला नेहरू नगर, द्वितीय विस्तार

डिफेन्स कॉलोनी, जोधपुर – 342 008

E-mail: opmaheswari04@gmail.com

साईन्टिफिक
पब्लिशर्स

प्रकाशक

साइन्टिफिक पब्लिशर्स (इंडिया)

जोधपुर

5–ए, न्यू पाली रोड
पोस्ट बॉक्स नं. 91
जोधपुर – 342 001 भारत

नई दिल्ली

4806/24, अंसारी रोड़
दरियागंज,
नई दिल्ली – 110 002 भारत

लेखक गण ने इस पुस्तक की शुद्धता के बारे में पूरा प्रयत्न एवं पूरी सावधानी रखी है, फिर भी लेखकगण इस पुस्तक के किसी तथ्य, भाग, विषय या अन्य कथ्य की प्रमाणिकता के बारे में कोई दावा नहीं करते हैं। लेखक गण इस पुस्तक के आधार पर की गई चिकित्सा के परिणाम का उत्तरदायी नहीं होगें । इस पुस्तक के आधार पर चिकित्सा करने से पूर्व आयुर्वेद के योग्य व अनुभवी विशेषज्ञ चिकित्सक का परामर्श अवश्य लेवें।

पुस्तक में दर्शाये गये सुझाव राष्ट्रहित को सर्वोपरि मानकर प्रकाशित किये जा रहे हैं। जिनको राष्ट्र प्रगति में उपयोग किया जा सकता है।

ISBN: 978-93-87741-67-6

Visit the Scientific Publishers (India) website at
http://www.scientificpub.com

भारत में मुद्रित

मेरा राष्ट्र

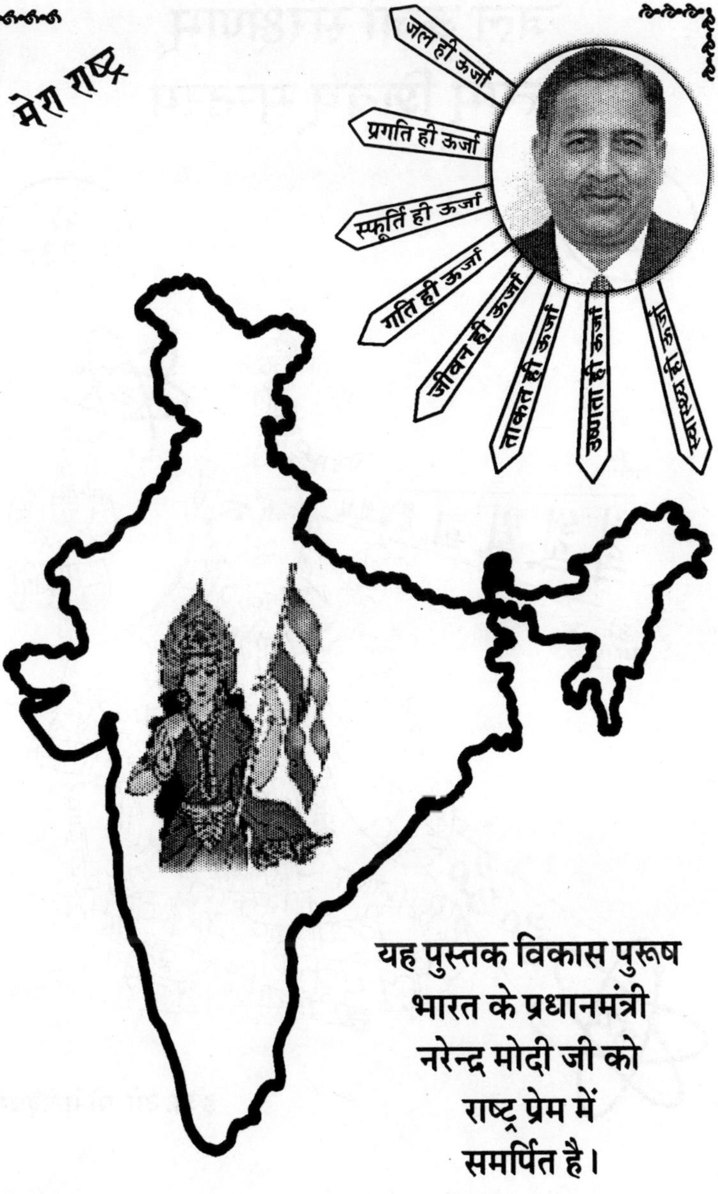

यह पुस्तक विकास पुरूष
भारत के प्रधानमंत्री
नरेन्द्र मोदी जी को
राष्ट्र प्रेम में
समर्पित है।

जल ऊर्जा संरक्षणम्
सत्यम् शिवम् सुन्दरम्

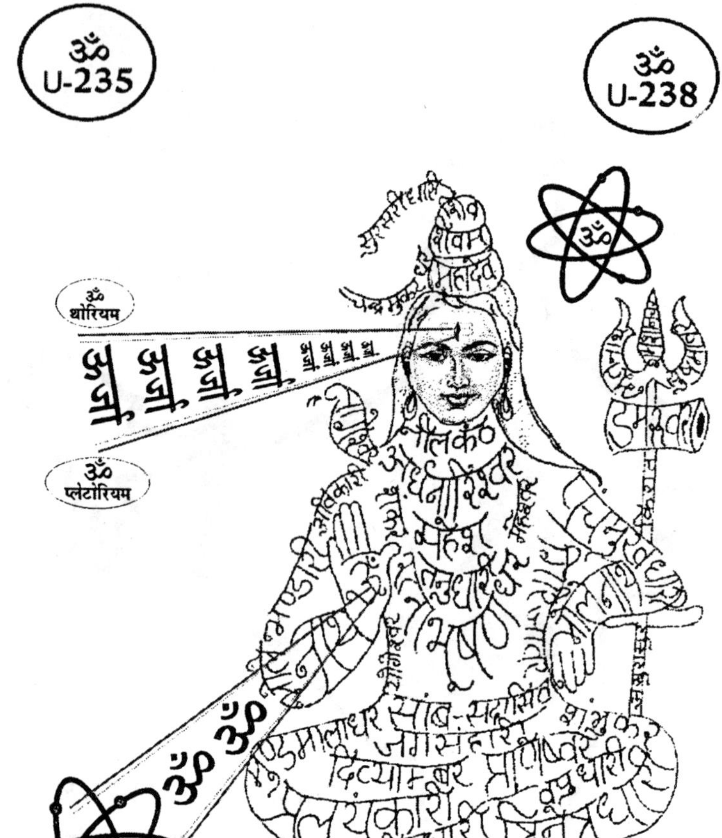

इंजी. ओ. पी माहेश्वरी

Great things are not done by impulse, but by a series of small things brought together.

गजेन्द्र सिंह शेखावत
GAJENDRA SINGH SHEKHAWAT

कृषि एवं किसान कल्याण
राज्य मंत्री
भारत सरकार
MINISTER OF STATE FOR
AGRICULTURE & FARMERS WELFARE
GOVERNMENT OF INDIA

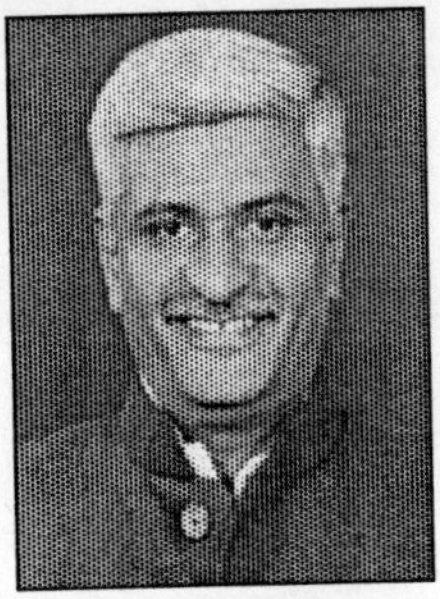

जोधपुर : 10 सितम्बर, 2017

सन्देश

मुझे यह जानकर अत्यन्त प्रसन्नता हुई कि श्री ओमप्रकाश माहेश्वरी द्वारा "पानी–बिजली बचत जन जागृति" पुस्तक का प्रकाशन किया जा रहा है।

इस पुस्तक के प्रकाशन में प्रकाशित सामग्री जनसाधारण में बिजली पानी के समुचित उपयोग एवं संरक्षण के प्रति चेतना जागृत करने में उपयोगी सिद्ध होगी। आपका यह अथक प्रयास राष्ट्रहित में अनुकरणीय एवं सराहनीय है।

मैं पुस्तक के सफल प्रकाशन की शुभकामनाएँ प्रेषित करता हूँ।

गजेन्द्र सिंह शेखावत

Office: 199Q, Krishi Bhawan, New Delhi - 110 001, Tel.: +91-11-23782343, 23388165 (KB), Fax: 23074190
Resi.: 12C Firoz Shah Road, New Delhi - 110 001, Tel.: +91-11-23352445, 23352445 (Telefax)
e-mail: g.shekhawat@sansad.nic.in

प्रस्तावना

प्रगति का पहिया बिना ऊर्जा और पानी के नहीं घूम सकता। हमारी सुख सुविधाओं से लेकर कल कारखानो में उत्पादन की डोर ऊर्जा यानि बिजली से बन्धी है तो जीवन की डोर पानी से बन्धी है। बिना पानी के जीव जगत की उत्पत्ति संभव नहीं है। "पानी–बिजली बचत जन जागृति" पुस्तक में वो सब जानकारियाँ उपलब्ध कराई गई है जिनका ध्यान न होने के कारण हम अपव्यय करते रहते है। अगर हमें आज व भविष्य की आवश्यकता का ज्ञान होगा तो स्वयं एवं राष्ट्र प्रगति में हम सभी अपना योगदान दे सकेंगे। बिजली और पानी का उपयोग जन साधारण से चालु होता है। अतः यह जरूरी हो गया है कि वैज्ञानिक और तकनीकी ज्ञान को राष्ट्र भाषा में जनसाधारण तक पहुचाँया जायें, जिन्हें वे आसानी से समझ कर जागरूक बन सके।

इस पुस्तक में बिजली–पानी संरक्षण के कई सारे बिन्दुओं को समझाने के लिए चित्रों द्वारा छोटी–छोटी तकनीक को समझाया गया है ताकि उसका उपयोग कर हर व्यक्ति पानी–बिजली संरक्षण एवं उचित उपयोग में अपना योगदान प्रदान कर सके। पुरतक में तकनीकी शब्दों को अंग्रेजी एवं हिन्दी दोनों भाषाओं में लिखा गया है ताकि तकनीक को सरलता से समझा जा सके।

पुस्तक के मुख्य भाग में निर्माण द्वारा बिजली की बचत, फ्यूज सी.एफ.एल. के उपयोग से एल.ई.डी. बल्ब का निर्माण, फ्यूज सी.एफ.एल. से ट्यूब जलाने का तरीका, प्रकाश किरणों का विभिन्न रंगो पर प्रभाव, शयन कक्ष कैसा हो, इलेक्ट्रिक उपकरण कैसे लगायें, बचत के छोटे छोटे टिप्स क्या है, अनुकूल भवन एवं वास्तुशास्त्र का कैसे उपयोग करें कि रूढ़िवादियों में न जाकर प्रकृति का अधिक से अधिक उपयोग किया जा सके आदि के बारे में बतलाया गया है। साथ ही बिजली बचत के लिए घरों में उपयोग होने वाले विभिन्न उपकरणों जैसे गीजर, फ्रिज, टी.वी., ए.सी., पानी का पम्प, रिमोट, कम्प्यूटर आदि के उपयोग के तरीके समझाये गये है।

इसी तरह पानी बचत के कई सारे तरीके सुझाए गए है। पानी के पुनः उपयोग के तरीके ,पानी शुद्धिकरण की विधियाँ, सिचाई के तरीके, पीने योग्य

पानी के मानक, पानी की उपयोगिता को समझाकर जन जन में जागृति उत्पन करने के प्रयास इस पुस्तक में किये गये हैं। साथ ही नई शोध जैसे उपयोग किये गये पानी के पुनः उपयोग हेतु ड्रेन सेगरीगेटर, पौध ट्रे से घर–घर में फल व सब्जी की पैदावार के साथ पानी बचत के सरल तरीके सुझाए गए हैं। केवल मात्र स्नान में प्रस्तावित टबमय पाटे के प्रयोग द्वारा हर घर में पानी की बहुत बड़ी मात्रा को शौचालय, मुत्रालय में फ्लेशिंग हेतु पुनः उपयोग किया जा सकता है।

मेरी पूर्व पुस्तके 'बिजली कैसे बचाये', 'बिजली बचाने के तरीके', 'जागृति की सोच' की तरह यह पुस्तक भी जनसाधारण में नई जागरूकता उत्पन्न करने में उपयोगी सिद्ध होगी। वर्ष 2002 में सर्वप्रथम फ्यूज सीएफएल से एल.ई.डी. नाईट लैम्प का निर्माण किया तथा वर्ष 2008 में मुख्यमन्त्री जी को सार्वजनिक विस्तृत उपयोग हेतु भेंट किया गया था। ये बल्ब अब वर्ष 2012 के बाद बाजार में उपयोग हेतु आये हैं, जिनसे ऊर्जा की बहुत अधिक बचत हो रही है।

पुस्तक में सुझाई गई पानी–बिजली बचत की नई जानकारिया, नये सुझाव, तरीकों का उपयोग कर हर व्यक्ति राष्ट्र प्रगति में योग दान दे सकता है। पानी बिजली बचत सम्बन्धी जानकारियो का ज्ञान कर जन–जन इन्हे बचाने मे आसानी से अपना योगदान दे सकते हैं, ऐसा मेरा सोचना है।

आभार– मैं धन्यवाद देना चाहता हूँ जिन्होने मेरी पुस्तक में सहयोग किया

1. **डॉ. गोविन्द किशोर खेतावत** (सेवा निवृत परियोजना निदेशक विज्ञान एवं प्रौद्योगिकी विभाग राजस्थार सरकार) जिन्होने निस्वार्थ पुस्तक की प्रूफरिडिंग कर सुधार करवाया।

2. **मन्जु माहेश्वरी** प्रारम्भिक हिन्दी मात्राओं का सुधार कार्य किया।

इंजी. ओ.पी. माहेश्वरी
फोन न. 0291–2750836, 95880 38288
94600 08620

अनुक्रमणिका

(अ) पानी–बिजली बचत जानकारी

1. आवश्यकता ऊर्जा संरक्षण की	15
2. ऊर्जा संरक्षण कैसे करें।	18
3. बिजली क्या है ?	20
4. जल सृष्टि	21
5. ऊर्जा से पानी और पानी से ऊर्जा संरक्षण	25
6. जल और हम	28
7. वर्षा जल संरक्षण	33
8. बिजली पानी बचाओ	37
9. जल दिवस एवं भारतीय संस्कृति	40
10. मारवाड़ के पारम्परिक एवं वर्तमान जल स्त्रोत	43
11. पारम्परिक तालाब निर्माण	49

(ब) बिजली–पानी बचत के तरीके

12. छोटे नुस्खे बड़े फ़ायदे–बिजली बचत	55
13. रंग बिजली के संग	62
14. स्विच बन्द करे जब बिजली का उपयोग ना हो।	65
15. रसाई में ऊर्जा बचाइये	66
16. छोटे टिप्स पानी बचत के	69
17. छोटी तकनीक बड़े फायदे–पानी बचत	77
18. भवन निर्माण में पानी बचत	80
19. स्वचलित नल संकेतक	82
20. पानी को करें रिसाइक्लिंग	84
21. दोहरी पाईप प्रणाली	86
22. खाद्यान एवं उत्पादन की बर्बादी भी जल की बर्बादी	87
23. डस्टिंग में पानी का उपयोग	88
24. कपड़े धोने में पानी का उपयोग	90

(स) बिजली पानी सम्बन्धित नये शोध प्रस्ताव

25. पौध ट्रे से भवनों में पैदा करें फल–सब्जियाँ 93
26. ड्रेन सेगरीगेटर एवम टबमय पाटा 96
27. भू–गर्भ उष्मा से अनुकूल तापक्रम 100
28. एनर्जी डिसीपेअर का उपयोग 102
29. फ्यूज सी.एफ.एल. से बनाए एल ई डी लैम्प 103
30. फ्यूज सी.एफ.एल. से जलाए ट्यूब लाईट 108
31. ऐश स्लरी से ऐश डाई का निर्माण 110
32. बिजली रहित फर्श ग्राइन्डिग मशीन 111
33. प्राकृतिक हवा–वेन्टिलेटिग डक्ट से 112

(द) पीने का पानी

34. कैसा हो पीने का पानी यानि पोटेबल वॉटर 116
35. जल शुद्धिकरण की विधियाँ 125
36. पानी से रोगो का उपचार 134

(च) प्रदूषण

37. जल प्रदूषण 140
38. पानी में प्रतिमाओं से प्रदूषण 145
39. जैसा पीयें पानी, वैसा होगा दूध 148

(छ) कृषि जल संरक्षण

40. कृषि सिंचाई 151
41. पौधों को पानी कब कितना डाले? 156
42. जल संवर्धन हाईड्रोफोनिक एवं एक्वापोनिक पद्धति से 158
43. क्या होता है सेम पानी 161
44. टैरिस गार्डन 162

(ज) उपकरणों में बिजली बचत

45. गीजर के उपयोग में विद्युत क्षय की रोकथाम 165
46. बिना बिजली से चलने वाला पम्प 'हाईड्रोलिक रेम' 167
47. फ्रीज का उपयोग, विद्युत क्षय रोकें 169
48. गर्म पानी का मिक्सर नल 170
49. बल्ब और बिजली व्यय 171
50. बल्ब लगाने की जगह एवं रोशनी 176

51. विद्युत लीकेज न हो 178
52. एयर कण्डीशनर एवं हॉट ब्लोवर का उपयोग 180
53. कैसे लगाये पम्प कि ऊर्जा की हो बचत 185

(झ) निर्माण में बिजली बचत

54. ऊष्मारोधी पानी की टंकी 190
55. सुसज्जित रसोई घर एवं बिजली की बचत 191
56. ऊष्मारोधी दीवारें एवं बिजली बचत 194
57. लाइटिंग इन इण्डस्ट्रीज 196
58. छज्जों से वांछित प्रकाश 198
59. अनुकूल भवन निर्माण एवं बिजली की बचत 201
60. प्रकाश व्यवस्था में बदलाव से बिजली बचत 209
61. परावर्तित किरणों से भवन में रोशनी एवं गर्मी 213
62. भवनों में प्राकृतिक प्रकाश व्यवस्था 215
63. सौर ऊर्जा और भवनों में उपयोग 223
64. ओरिएन्टेशन्स द्वारा रोशनीमय घर 228
65. ग्रीन हाउस 232
66. टर्बो वेन्टिलेटिंग एग्जास्ट फेन 234
67. निर्माण द्वारा बिजली बचत के नुस्खे 236

(न) जीवन में ऊर्जा

68. बिजली का उपयोग एवं वास्तु 242
69. स्वस्थ शयन – बिजली की बचत 248
70. झौंपड़ी की करामात 251
71. जानकारी एवं रोचक प्रयोग 254
72. कहानी – पानी मुफ्त नहीं मिलता 256

(ट) विविध आयाम

73. क्या आप जानते है? 259
74. प्राइमरी युनिट एवं गणना सूत्र 261
75. स्लोगन ऊर्जा एवं पानी संरक्षण 263
76. प्रयास का आईना 274
77. पोस्टर ऊर्जा संरक्षण 278
78. शब्दावली 281

(अ) पानी-बिजली बचत जानकारी

1. आवश्यकता ऊर्जा संरक्षण की
2. ऊर्जा संरक्षण कैसे करें।
3. बिजली क्या है ?
4. जल सृष्टि
5. ऊर्जा से पानी और पानी से ऊर्जा संरक्षण
6. जल और हम
7. वर्षा जल संरक्षण
8. बिजली पानी बचाओ
9. जल दिवस एवं और भारतीय संस्कृति
10. मारवाड के पारम्परिक एवं वर्तमान जल स्त्रोत
11. पारम्परिक तालाब निर्माण

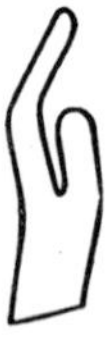

पानी का तुम करो संरक्षण,
होगा मानवता का रक्षण।

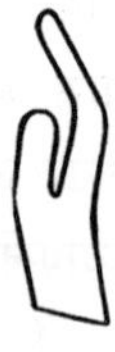

1 आवश्यकता ऊर्जा संरक्षण की

मानव अनादि काल से प्राकृतिक साधनों का उपयोग करता आया है और आज भी कर रहा है। लगातार उपयोग से इनका समाप्त हो जाना स्वाभाविक है। कृत्रिम उत्पादनो को भी एक सीमा के बाद बनाना मंहगा और कठिन हो जाता है। प्रकृति के संसाधनो का यथोचित उपयोग नहीं किया गया तो न केवल विकास की गति रूक जायेगी अपितु भावी पीढ़ी का भविष्य ही अंधकारमय हो जायेगा। प्रगति को बनाये रखने के लिये संसाधनो का संरक्षण अति आवश्यक हो गया। संरक्षण शब्द का मूल अंग्रेजी पर्याय Conservation, लैटिन भाषा के 'Con' अर्थात Together (साथ) तथा Servare अर्थात् 'Guard' (रक्षा) से बना है। संरक्षण का अर्थ सुरक्षा और बचत से है। ऊर्जा भी जलवायु की तरह ही जीवन का एक अमूल्य अवयव है जिसके बिना वर्तमान भौतिक जीवन की परिकल्पना संभव नहीं। जीवन के लिए जिस प्रकार जल एवं वायु महत्वपूर्ण ही नहीं बल्कि अति आवश्यक है, उसी प्रकार ऊर्जा भी जीवन के लिए महत्वपूर्ण कड़ी है, जिसके बिना पेड़–पौधे, जीव–जंतु एवं सुखी जीवन असंभव सा होता है। मानव शरीर की प्रत्येक कोशिका में जिस प्रकार माईटोकोंड्रिया (Mitochondria) ऊर्जा का पॉवर हाउस है, उसके बिना ऊर्जाविहीन कोशिय जीवन की धारणा मात्र परिकल्पना ही रहेगी, उसी प्रकार दैनिक जीवन के विभिन्न स्वरूपों के उपयोग, उपभोग, परिसंचरण के बिना आज के युग में गतिशीलता स्थूल मात्र रहेगी।

ऊर्जा किसी राष्ट्र की प्रगति, विकास और खुशहाली का प्रतीक होती है। प्रकृति में ऊर्जा के अनगिनत स्त्रोत है। प्राकृतिक संसाधनों में ऊर्जा का विपुल भण्डार भरा है। ऊर्जा खुशहाल जीवन और प्रगति की धुरी है, इसके बिना मानव जीवन की कल्पना संभव नहीं है। इसे प्राप्त करने की कुशलता एवं इसका समुचित उपयोग एक बड़ी चुनौती है। ऊर्जा के साधन हैं–सूर्य का प्रकाश, पृथ्वी का ईंधन, पानी का स्त्रोत, वायु का वेग, धरती की गर्मी, नाभिकीय रेडियोएक्टिव पदार्थ एवं अन्य ईंधन।

मानव ने अपनी बुद्धि से ऊर्जा को विभिन्न रूपों में परिवर्तित कर वर्षों से निरंतर और अधिक उपयोग की ओर अग्रसर करके मानव जीवन को और

अधिक सुविधा–संपन्न, आरामदायक एवं अनुकूल परिस्थितिगत निर्मित किया है। चाहे वह ऊर्जा के विभिन्न स्वरूपों को कृत्रिम रूप में ऊर्जा संचारित कर, रुकी हुई हृदय गति को गतिशीलता प्रदान करना ही क्यों न हो, उसे अधिक जीवनदायी बनाया गया है। प्रकृति की इस देन को यदि अविवेकपूर्ण एवं अव्यवहारिक, असंयमित एवं तर्कविहीन विधि से उपयोग में लिया गया तो अधोगति की ओर अग्रसर होना अवश्यंभावी है। हमारे दर्शन, शास्त्रों में भी कहा गया है – "अति सर्वत्र वर्जते!" अविवेकपूर्ण तथा विवेकहीन का पतन अवश्यंभावी है। ऊर्जा के विभिन्न स्वरूपों का दोहन अप्रासंगिक, अव्यवहारिक एवं अपव्यय स्वरूप में जारी रहा तो प्राणदायक यह ऊर्जा, बिजली का यह स्वरूप, निकट भविष्य में आज के इस भौतिक युग को धराशाई करने का प्रथम कारक होगा। ऊर्जा संरक्षण की आवश्यकता को इस चित्र में दर्शाया गया है:

आपका एक प्रयास एक गरीब की झोंपड़ी में रोशनी ला सकता है।

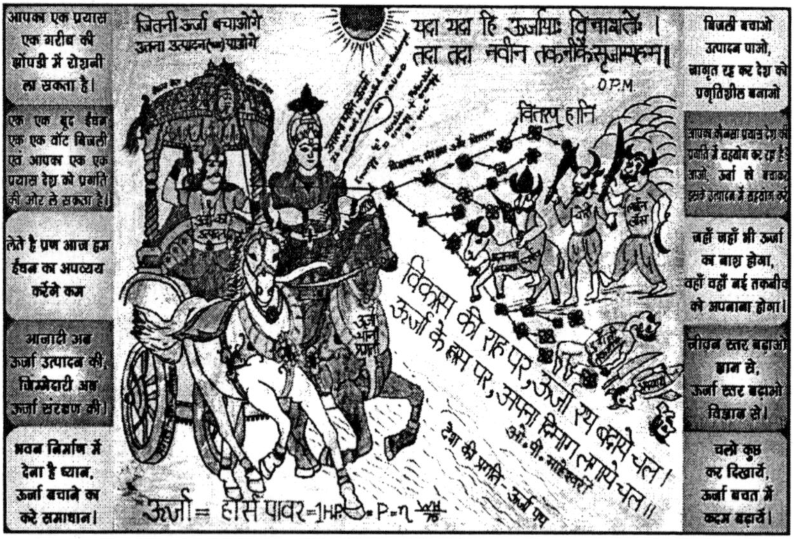

जीवन स्तर बढ़ाओ ज्ञान से, ऊर्जा स्तर बढ़ाओ विज्ञान से।
चलो कुछ कर दिखायें ऊर्जा बचत में कदम बढ़ायें।

बिजली की बचत बिजली के उत्पादन से भी अधिक महत्वपूर्ण रहता है, जिसे उचित नई तकनीकों से संरक्षित किया जा सकता है। उपरोक्त पोस्टर में ऊर्जा के उपयोग हेतु स्लोगन दिया गया है–

"यदा यदा हि ऊर्जायाः विनाशतेः।
तदा–तदा नवीन तकनीकें सृजाम्यहम।"

यानि ऊर्जा का उपयोग ही विकास का पहिया है तो ऊर्जा का अपव्यय नाभकीय विखण्डन श्रखंला की तरह विनाश का कारक। ऊर्जा ही आत्मा है जो एक रूप से दूसरे रूप में परिवर्तित होती है। ऊर्जा से विकास है तो इससे विनाश भी हो सकता है, अतः आप किस तकनीक से, कितनी दक्षता से इसका उपयोग करते है कि ऊर्जा से सुख सुविधाओ के साथ औद्योगिक उत्पादन भी मिले।

अतः बेहतर जीवन के लिए ज़रूरी है ऊर्जा संरक्षण। इसके लिए कानून के साथ हम सब को भी जागरुक होना होगा। आइए, प्रतिज्ञा करें, ऊर्जा संरक्षण करेंगे। हमारे बूंदभर प्रयास में अपना सागर समान सहयोग प्रदान करें। आज ऊर्जा बचाएं, कल सुनहरा भविष्य बनाएं।

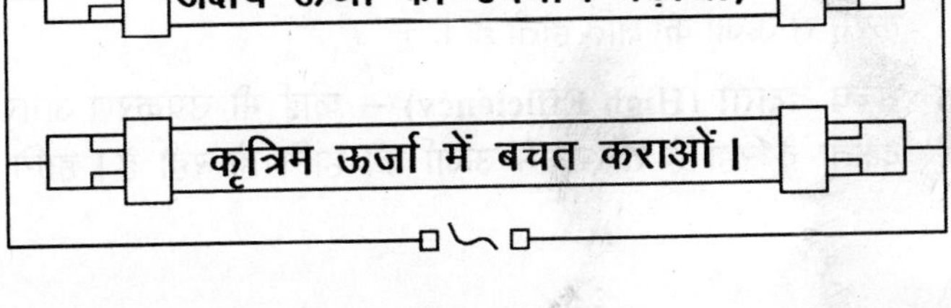

2 ऊर्जा संरक्षण कैसे करें ?

ऊर्जा है अनमोल, ऊर्जा की बचत ऊर्जा का उत्पादन है। इस राष्ट्रीय कार्य में हमें भी भागीदार बनना है। बिजली जो साधारणतया तीन कार्यो में उपयोग में आती है, अनुकूल वातावरण बनाये रखने के लिये, भवनों में रोशनी के लिये, विभिन्न उपकरणों एवं मशीनों के लिये। इस हेतु निम्न बातों पर ध्यान देना होता है, ताकि बिजली के अपव्यय में कमी लाई जा सके –

1 **प्रकृति का उपयोग (Use of Nature)** – जहाँ तक हो सके प्रकृति के द्वारा मिलने वाले उपहारों पर अधिक से अधिक निर्भरता रखें एवं कृत्रिम ऊर्जा का कम से कम उपयोग करें। सूर्य की किरणें, बहती हुई हवा, पेड़–पौधे, झरनें, समुद्र, मैदान, पहाड़, भूगर्भ, ऊष्मा आदि से उचित वातावरण बनाये रखा जा सकता है।

2. **कम अपव्यय (Minimum Losses)** – किसी भी निर्माण में, कारखानों में, मशीन में बनने वाली वस्तु का कम से कम अपव्यय होना चाहिये, अगर अवशेष ज्यादा रहते हो तो उस पर की गई ऊर्जा का व्यय भी हानिप्रद रहता है।

3 **नगण्य कमियें (Less Short Comings)** – जहाँ तक हो सके कार्य व्यवस्थित तरीके से सम्पन्न होना चाहिए जैसे अगर टेबल पर रोशनी चाहिए और बल्ब को 16 फीट उपर छत के पास लगा दिया है तो ज्यादा वॉट के बल्ब से कम रोशनी ही मिल पायेगी । ऐसी अनगिनत कमियों को देखकर ऊर्जा संरक्षण के लिए उनका निराकरण करें क्योंकि प्रगति का मूल मंत्र है ऊर्जा का भरपूर उपयोग।

4 **प्रत्यक्ष उपयोग (Direct Use)** – जहाँ तक हो सके ऊर्जा का सीधा ही उपयोग करें उसके रूप को बदलकर या एकत्रित कर उपयोग करने से ऊर्जा की क्षति होती है ।

5 **उच्च दक्षता (High Efficiency)** – कोई भी उपकरण अगर कम दक्षता दे रहा है तो उसमें ऊर्जा की हानि हो रही है। हानि वाले

बिन्दुओं को ढूंढना होता है, और उसमें सुधार करके दक्षता बढ़ाई जा सकती है ।

6 **उच्च तकनीक (Super Technology)** – अगर नई तकनीक के साथ ऊर्जा का उपयोग किया जायेगा तो ऊर्जा की बचत होगी, जैसे– इलेक्ट्रोनिक रेग्यूलेटर के उपयोग से पंखा धीमी गति पर चलाने से कम ऊर्जा का व्यय होगा, जबकि रेजिस्टेन्स कॉयल वाले रेग्यूलेटर के उपयोग से बिजली व्यय अधिक रहता है।

7. **अनुकूल निर्माण द्वारा (Suitable Construction)** – निर्माण इस तरह से होना चाहिए कि भवन में कार्य करने का उचित वातावरण लम्बी अवधि तक मिलता रहे ताकि कृत्रिम ऊर्जा का कम से कम उपयोग हो। जैसे पानी की टैंक से पानी गुरूत्वाकर्षण प्रवाह से मिलता रहेगा तो हर समय अनावश्यक बिजली का व्यय नहीं होगा।

8. **बुद्धिमता से (By Wisdom)** – कब, किस समय, कितना, क्यों, कैसे आदि प्रश्न दिमाग में उत्पन्न कर उनके निवारण का तरीका ढूंढ़ना होता है ताकि ऊर्जा का अधिक से अधिक सदुपयोग हो सके।

9. **विशेषज्ञों की राय से (Experts Opinion)** – ऊर्जा बचाने के अधिक से अधिक तरीको की जानकारी के लिये प्रशिक्षित व्यक्ति की सलाह का उपयोग कर कमियों को दूर किया जा सकता है एवं नये साधन अपनाये जा सकते हैं।

★★★

ऊर्जा संरक्षण गणित

Energy conservation is arithmetic.
New sources can be added.
Losses can be subtracted.
Old technique can be divided.
New technique can be multiplied.

प्रगति का मूल मंत्र है,

ऊर्जा का भरपूर उपयोग।

3 बिजली क्या है ?

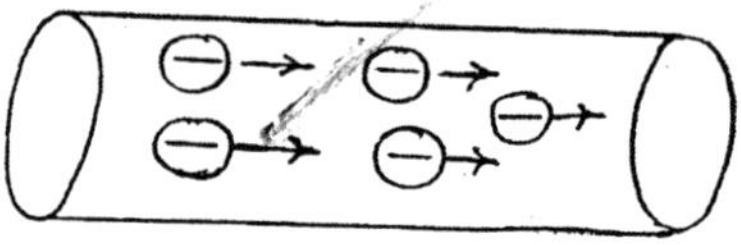

चित्र – विद्युत आवेश का प्रवाह

बिजली एक ऐसी शक्ति है जिसे आँखो से नही देखा जा सकता मगर इसके प्रभाव से हम अनभिज्ञ भी नही है। इसके प्रवाह को हम उष्मा, प्रकाश, मशीनो की गति एवं कार्य प्रणाली में हर रोज देखते हैं।

बिजली यानि विद्युत और कुछ नही केवल इलेक्ट्रान्स (विद्युत आवेश) का बहाव मात्र है। इस बहाव को देखा नही जा सकता मगर चालक तार में इलेक्ट्रान्स एक सिरे से दूसरे सिरे की ओर चलते है तो उसे बिजली का प्रवाह माना जाता है।

युनानी वैज्ञानिक बैन्जामिन ने देखा कि सूखे बालो मे कंघा करके जब कागज के टुकड़ो के पास लाया गया तो कागज के टुकड़े कंघे से चिपक गये। कंघे में यह जो शक्ति उत्पन हो गई जिसमे कागज चिपकने लग गये उसे इलेक्ट्रिक चार्ज नाम दिया गया। चुम्बक के दो समान ध्रुव एक दुसरे को दूर धकेलते है तथा विपरीत ध्रुव एक दुसरे को आकर्षित करते है। ठीक इसी प्रकार दो समान चार्ज एक दूसरे को दूर धकेलते है तथा असमान चार्ज एक दूसरे को आकर्षित करते है। चुकि इस क्रिया में विद्युत जहाँ उत्पन्न होती है वही पर स्थिर रहती है इसलिए इसे स्थिर विद्युत कहा गया जबकि तार में विद्युत का एक जगह से दूसरी जगह बहाव होता है अतः इसे विद्युत प्रवाह कहा जाता है। इसकी SI इकाई एम्पीयर है और एक कूलम्ब प्रति सैकेण्ड की दर से प्रवाहित इलेक्ट्रॉन (विद्युत आवेश) के एक एम्पीयर धारा कहते हैं। जब प्रवाह की दिशा एक ही रहती है तो उस डि.सी. धारा एवं जब प्रवाह की दिशा बदलने वाली धारा होती है तो उसे ए.सी. धारा कहते हैं।

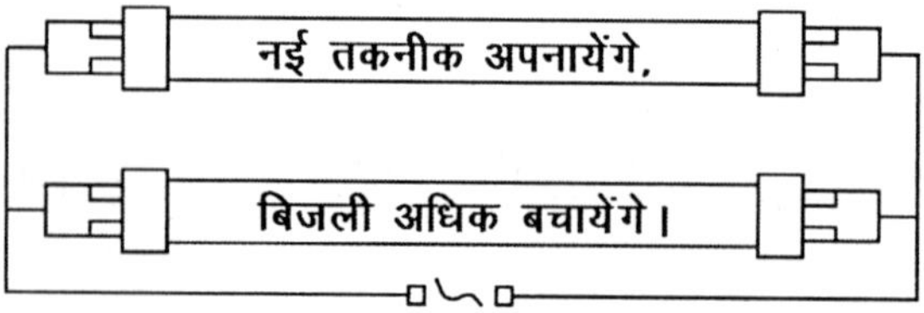

4 जल सृष्टि

जल के समायोजन से ही पृथ्वी, अग्नि, वायु एवंम आकाश पंच भौतिक पदार्थो का जमाव धारण करते है। जिससे सृष्टि की संरचना एवम् जीव जन्तुओं की उत्पत्ति होती है। जल के अभाव में न तो सृष्टि का संचालन संभव है और न ही विकास। पुराणों के अनुसार जल से प्रलय के कारण ही सृष्टि की समाप्ति हुई और उसी से सृष्टि की संरचना भी। महाप्रलय के पश्चात सर्व प्रथम जल की रचना हुई और उस जल से ही सृष्टि की संरचना हुई।

यह सृष्टि जिन पंचभूत पदार्थो से बनी हुई है, उसमें प्रथम पदार्थ जल ही है एवं शेष चारों पदार्थ आकाश, वायु, अग्नि एवं पृथ्वी की उत्पत्ति उसी जल से हुई है। यही कारण है कि जल ही जीवन का मूल आधार रहा है जो प्रकृति की सबसे अधिक मूल्यवान देन है। प्रगति का पहिया बैलगाड़ी से लेकर आणविक ऊर्जा तक किसी भी चीज से आगे बढ़ सकता है, लेकिन जीवन को पानी के बिना आगे नहीं बढ़ाया जा सकता। जीव के जन्म से लेकर मृत्यु पर्यन्त प्रत्येक क्षण जल की उपयोगिता सर्वविदित है। जीव ही नहीं पेड़–पौधे भी इसी जल पर आधारित रहते है यानि सृष्टि जल से ही आगे चलती है।

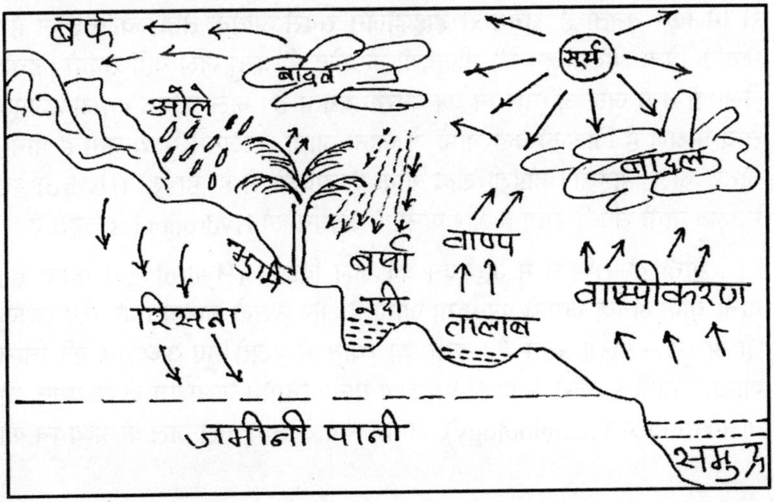

जल चक्र (Water Cycle)

चक्र का अर्थ होता है ऐसा पथ जिसका अन्त न हो। जल चक्र भी ऐसा ही पथ है जिसमें पानी एक जगह से गतिशील होकर दूसरी जगह पहुँच जाता है। वर्षा के द्वारा मिलने वाला पानी भू–तल से होकर, नदियों नालों में बहकर महासागरों में मिल जाता हैं, महासागर से पानी वाष्प रूप में ऊपर उठकर बादलों में परिणीत हो जाता है। बादलों से फिर पानी संघनित (Condence) होकर वर्षा, ओलों, ओस आदि रूप में फिर भू–तल पर आ जाता है। जल के इस प्रवाह को 'जल चक्र' कहते है।

जल विज्ञान

वैज्ञानिक नजरिये में जल एक तरल पदार्थ है जो पारदर्शी, स्वादहीन, गंधरहित है। यह इस जगत में उपलब्ध अति सामान्य प्रतिक्रियाशील तत्वों का सरलतम मिश्रण (योगिक रूप) है। वैज्ञानिक भाषा में एक तत्व के दुसरे तत्व से मिलने पर योगिक बनता है जैसे – हाईड्रोजन के दो अणु ऑक्सीजन के एक अणु से मिलकर एक योगिक पानी का निर्माण करते है। ऐसे ही अणुओं के मिलने से नये–नये योगिक बनते रहते है। जल के कई विशिष्ट कारक (Factor) है जिनमें फैलाव (तरलता), विलेय, प्रतिक्रिया, जैव, आणविक, प्रोटिन, कोशिका आदि मुख्य है। प्रकृति में वायु के बाद जल दूसरा अति सामान्य आणविक प्रदार्थ है। पृथ्वी पर जल ना हो तो जीव जगत का अस्तित्व ही नहीं रहेगा। जल इस जगत का रहस्यमयी प्रदार्थ है। जो सर्दी में वातावरण को उष्ण और गर्मी में शीतल रखता है। जल जिन दो गैसों–हाइड्रोजन और ऑक्सीजन से मिलकर बनता है, उनमें से हाईड्रोजन सबसे अधिक तीव्र ज्वलनशील है। जबकि बिना ऑक्सीजन की मौजुदगी के कोई भी वस्तु जल नहीं सकते। इन्हीं गैसों से बना जल अग्निशमन का कारक बनता है। जल जीवन का आधारभूत तत्व मिश्रण है जिसको कई नामों से जाना जाता है जिनमें मुख्य नाम है पानी, वॉटर, जल, हाईड्रो। हाईड्रो शब्द ग्रीक शब्दावली से है, हाईड्रो (Hydro) का मतलब पानी संबधी होता है और पानी के संवर्धन को Hydroponics कहते है।

पानी के सम्बन्ध में अध्ययन को जल विज्ञान (Hydrology) कहते है। पानी चूंकि अनेक जगहों पर पाया जाता है और उसके अध्ययन के लिए तरीके भी अलग –अलग रहते है। इसी को ध्यान में रखते हुए अध्ययन की निम्न शाखायें होती है, जैसे – प्राकृतिक तथा मानव निर्मित जलाशय के अध्ययन को जलाशय विज्ञान (Liminology), जमीन में पाये जाने वाले जल के अध्ययन को

भू जल विज्ञान (Hydro geology / Geo Hydrology), वातावरण में उपस्थित नमी के अध्ययन को मौसम जल विज्ञान (Hydro metrology) जमीन पर बहते जल के अध्ययन को भूतल जल विज्ञान (Potamology) के तहत करते हैं। समुद्र के पानी का अध्ययन समुद्री विज्ञान (Oceanography) कहते हैं तो ग्लेशियर (हिमनद) के अध्ययन को (Glaciology) हिमनद विज्ञान कहते हैं।

जल के बारे में जानकारियाँ

1. डिस्टील वाटर शुद्ध जल होता है जिसकी पी.एच. वेल्यु सात होती है यानि न अम्लीय न क्षारीय होता है।
2. जल में हाईड्रोजन के दो अणु व ऑक्सीजन का एक अणु यानि रासायनिक नाम H_2O होता है जिसका अणु भार 18 होता है।
3. एक किलो जल का आयतन (वोल्युम) एक लीटर ही होता है यानि पानी का घनत्व 1 g/c.c या 1 किलो प्रतिलीटर होता है।
4. पानी द्रव पारे से 13.6 गुना हल्का व तेल से कुछ भारी होता है इसीलिए पानी में तेल तैरता है और पारा नीचे चला जाता है।
5. पानी जितनी ऊंचाई से प्रवाहित होता है उतनी ही उसमे गतिशील ऊर्जा ज्यादा रहती है ।
6. पानी 0 डिग्री तापक्रम पर बर्फ में परिवर्तित हो जाता है तो 100 डिग्री सेल्सियस तापक्रम पर भाप गें बदल जाता है।
7. मनुष्य के शरीर का दो तिहाई भाग पानी ही होता है ।
8. शुद्ध जल रंगहीन, स्वादहीन व गन्धहीन होता है।
9. पानी की एक– एक बूंद का सचंय, जल संरक्षण कहलाता है।
10. पानी का घनत्व (Density) 4 डिग्री सेन्टीग्रेड पर सबसे अधिक व 0 डिग्री पर सबसे कम होता है।

पानी तेरे कई रुप

पानी आकाश से गिरे तो	----	बारिश
फूल पर हो तो	----	ओस
फूल से निकले तो	----	इत्र

जमा हो जाए तो	----	झील
बहने लगे तो	----	नदी
सड़ने लगे तो	----	कीचड़
आंख से निकले तो	----	आंसू
त्वचा से निकले तो	----	पसीना
मुंह से निकले तो	----	थूक
नाक से निकले तो	----	सेडा
गले से निकले तो	----	कफ
सीमाओं में रहे तो	----	जीवन
सीमाएं तोड़े तो	----	प्रलय
महादेव के शीश से निकले तो	----	गंगा
प्यासे को मिले तो	----	अमृत
आकाश की ओर उठे तो	----	वाष्प
गर्म होकर उड़े तो	----	भाप
हवा में रहे तो	----	नमी
शरीर से निकले तो	----	मूत्र
अगर जम के गिरे तो	----	ओले
अगर गिर के जमे तो	----	बर्फ

प्रकृति के पाँच मुख्य प्रदार्थ में पानी को कैसे भूल जायें, हम बने हैं इन्हीं से और हमारा जीवन इसी से।

5 ऊर्जा से पानी और पानी से ऊर्जा संरक्षण

प्रगति का पहिया ऊर्जा से घूमता है तो जीवन का पहिया जल से। जल जीवन का अमृत है तो ऊर्जा जीवन की ताकत। बिना ऊर्जा के जीवन का मुल्य नहीं, तो बिना जल के जीवन ही नहीं। ऊर्जा है तो हमारी शक्ति है, शक्तिहीन जीवन मृत प्रायः ही रहता है। जल और ऊर्जा जीवन की मुख्य आवश्यकता है जिसके बिना चल जीवन की सांसे ही रूक जाती है। हमारी संस्कृति में जल के स्त्रोतों का बहुत महत्व रहता है। कोई भी पूजा जल से ही सम्पन्न होती है। जल पर बात करने के पारम्परिक दिवस बहुत है : मकर सक्रान्ति, पूर्णिमा आदि दिवसों पर नदी, तालाबों पर स्नान से लेकर पूजा के कार्यक्रम चलते रहते हैं। 22 मार्च अन्तर्राष्ट्रीय जल दिवस और 14 दिसम्बर ऊर्जा संरक्षण दिवस मनाया जाता है। जल दिवस पर पानी की बचत के नुस्खे जैसे नल खुला ना छोड़े, गाड़ी मग बाल्टी से धोयें, सिंचाई में फव्वारा पद्धति तक ही सीमित रहते हैं, जबकि अन्तर्राष्ट्रीय नज़रिया बेहत बुनियादी और ज़्यादा व्यापक भी है। **वे मानते हैं कि** पानी .... ऊर्जा है और ऊर्जा .... पानी। यदि पानी बचाना है तो ऊर्जा बचाओ। यदि ऊर्जा बचानी है तो पानी को भी बचाना सीखो। प्रकृति के अधिक से अधिक उपयोग से ऊर्जा की बचत होती है तो प्रकृति के दुरुपयोग से ऊर्जा की हानि होती है। प्रकृति को ही ईश्वरीय रूप में हर दिन पूजा जाता है। मूल भावना

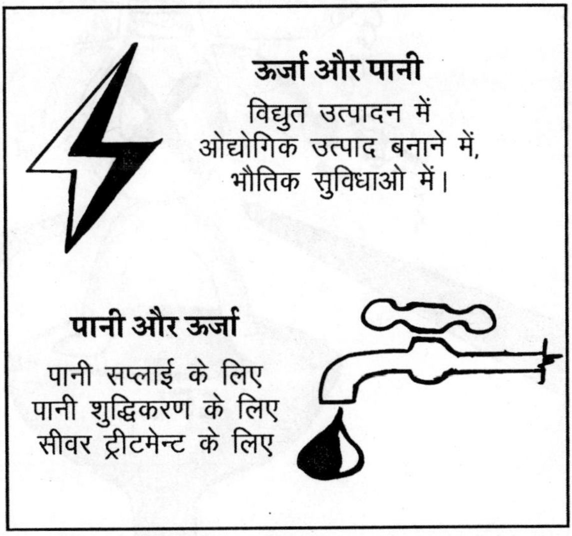

चित्र :– पानी और ऊर्जा, ऊर्जा और पानी

प्रकृति के उपहारों का आदर करना ही रहा है। बिजली व ईंधन की बढ़ती खपत के इस युग में ऊर्जा बचाने पर विचार किये बगैर पानी बचाने की दृष्टि में समग्रता का आना असम्भव है। सोचिये! अगर बिजली, ईंधन, पेट्रोल जैसे स्त्रोत नहीं होंगे तो हमारी दिनचर्या क्या रहेगी? कैसे गाडियाँ, उपकरण, मशीनें चलेंगी? बिना ऊर्जा के जीवन जीना ही मुश्किल हो जाता है। दूसरी तरफ यदि ताजे पानी की कमी हो गई तो भी जीवन महरूम हो जाएगा। हम भोजन के बिना कुछ दिन रह सकते हैं, मगर पानी के बिना जीवन नहीं चल सकता। हकीकत यही है कि पानी के बिना न बिजली बन सकती है न उद्योग चल सकते

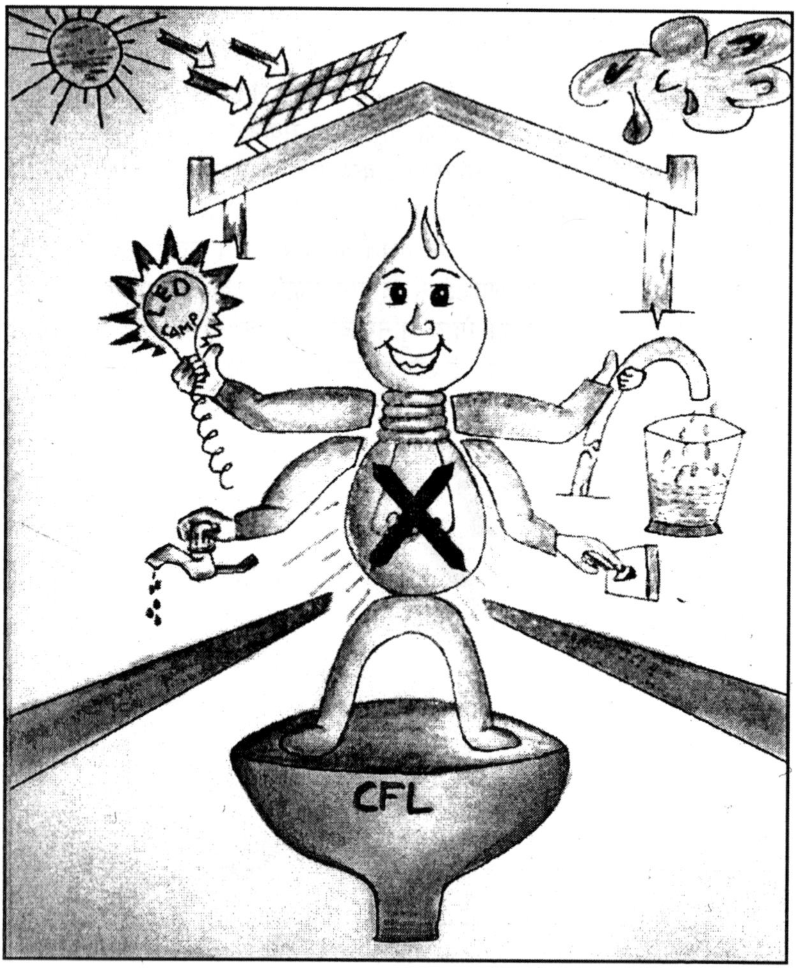

हैं और न खेती हो सकती है। निर्माण प्रक्रिया में मुख्य घटक पानी रहता है। कोयले से बिजली बनाने वाले थर्मल पॉवर संयंत्रों में टरबाईन को घुमाने के लिए जिस भाप की ज़रुरत पड़ती है वह पानी से ही सम्भव है। "बिन पानी सब सून" यानि पानी के बिना कोई भी प्रगति सम्भव नहीं है। औद्योगिक उपयोग में पानी सफाई, शोधन, शीतलता, प्रवाह एवं निर्माण सामग्री में उपयोग होता है तो ऊर्जा का मशीनो को गति एवं उत्पादन में। प्रगति का पहिया इन दोनों के अभाव में चल नहीं सकता। अतः ऊर्जा संरक्षण और पानी संरक्षण दोनों प्रगति रथ के पहिये है।

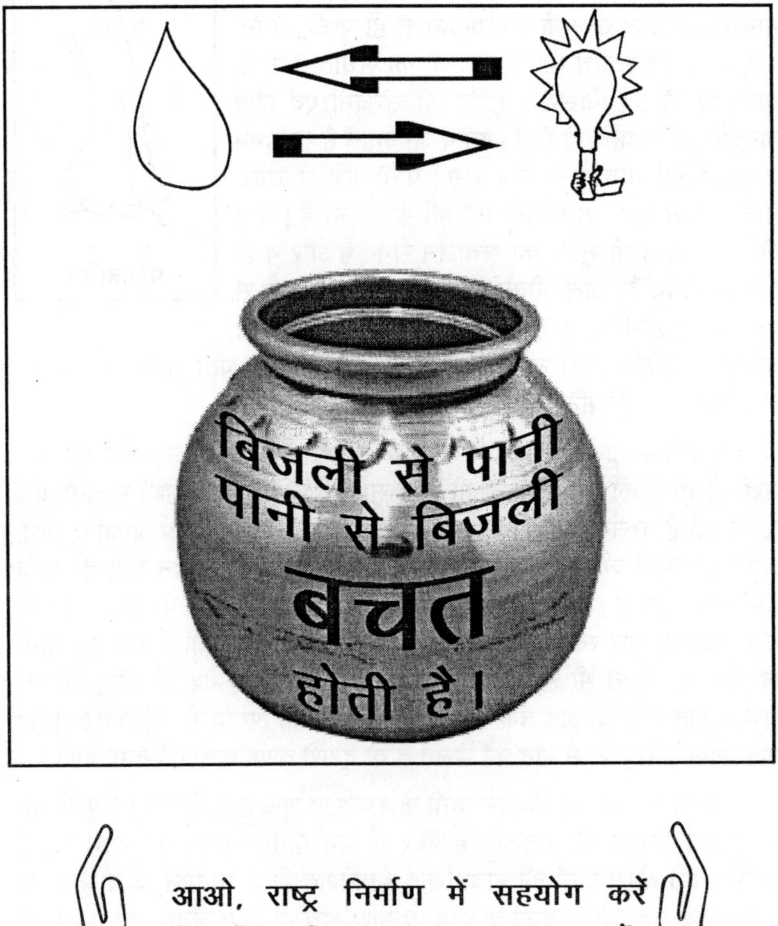

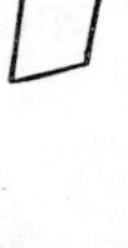
आओ, राष्ट्र निर्माण में सहयोग करें
बिजली पानी का हम सब संरक्षण करें।
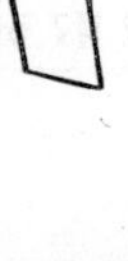

6 जल और हम

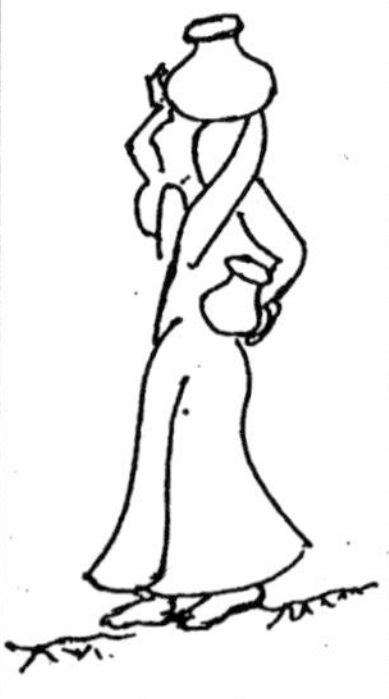
पणिहारिन

जल प्रकृति का सर्वोतम उपहार है और श्रेष्ठ वरदान भी। जीवन का आधार जल है। विश्व में जल विहीन जीवन की कल्पना भी असंभव है। भारतीय मान्यता अनुसार जल के समायोजन से ही पृथ्वी, अग्नि, वायु एवं आकाश पंच भौतिक पदार्थो का संघात (जमाव) धारण करते है। जिससे सृष्टि की संरचना एवं जीव जन्तुओं की उत्पत्ति होती है। रहीम जी कहते है "रहिमन पानी राखिए बिन पानी सब सून। पानी गये न उबरे, मोती मानस चून" सच पानी की महिमा अनन्त है। जल के अभाव में न तो सृष्टि का संचालन संभव है और न ही विकास संभव है। जल जीवन हैं, इसका पान हमें मृत्यु से दूर रखता इसलिए इसे 'अमृत' माना जाता है। अगर वाकई पानी की तमाम खूबियों को गहराई से जाने तो पता चलता है कि यह कोई मुहावरा नहीं बल्कि सचमुच पानी का गुण है।

पुराणों के अनुसार जल से प्रलय के कारण ही सृष्टि की समाप्ति हुई और उसी से सृष्टि की पुनः संरचना भी। यह सृष्टि जिन पंचभूत प्रदार्थो से बनी और टिकी हुई है, उसमें प्रथम प्रदार्थ जल ही है एवं शेष चारों पदार्थ आकाश, वायु, अग्नि एवं पृथ्वी की उत्पत्ति इसी जल से हुई है। पानी हमें जीवन देता है। पानी हमें सेहत देता है। पानी के चार मुख्य उपयोग रहते है खेतों के लिए, पीने के लिए, उद्योगों और स्वच्छता के लिए जहाँ पानी की खपत होती है और इस पानी के तीन बड़े रास्ते भी है वर्षा, भूगर्भ और जलाशय। यह देश के लिए कितनी अजीब बात रही कि अब तक हम पानी की अति को अभाव से नहीं जोड़ पाये। एक तरफ अतिवृष्टि से बाढ़ को झेलते है तो दूसरी तरफ पानी की कमी को।

मानव सभ्यता का विकास पानी के स्त्रोत से शुरू हुआ है। हमारी पृथ्वी का दो तिहाई हिस्सा भी पानी ही है फिर भी हम पानी संरक्षण की सोच रहे हैं क्योंकि पीने योग्य पानी की मात्रा सिर्फ 3 प्रतिशत ही है एवं पानी के शुद्धिकरण व घरों तक पहुँचाने में ऊर्जा के व्यय के साथ खर्च भी बहुत लगता है। उदाहरण के तौर पर जोधपुर में घरों तक पहुँचने वाला पानी, पानी विभाग आठ जगह पम्प

करके, नहर व पाईप द्वारा जलाशय में पहुँचाता है फिर जलाशय से शुद्धिकरण हेतु फिल्टर हाऊस व वहाँ से वितरण हेतु बड़े ओवर हैड टैंक में पम्प से पहुंचाया जाता है। घरों में पहुंचे पानी को फिर अन्डर ग्राउण्ड टैंक से छत पर बड़े टैंक तक पम्प द्वारा पहुंचाया जाता है। यानि कुल 11 बार पम्प पम्पिंग व शुद्धिकरण के बाद हमें पानी मिलता है।

अतः इस मंहगे पानी की फिजुल खर्चों का भार आम जनता पर ही आता है। शुद्ध पानी का अनियन्त्रित दोहन से जमीन में पानी का स्तर भी लगातार नीचे जा रहा है। अतः इस के लिए हमें वाटर हार्वेस्टिंग अर्थात जल संवर्धन और वाटर कन्जरवेशन अर्थात जल संरक्षण दोनों का सहारा लेना होगा। अनमोल पानी का संरक्षण हम सभी के लिए एवं भविष्य में उपलब्धता को बनाये रखने हेतु आवश्यक कदम हो गया है। पानी सभी के लिए जीवन है, अमृत है। पानी मजहब–जाति रंग के भेद करना नहीं जानता । सभी की यह जीवन रेखा यदि संकट में पड़े तो भोगना सभी को पड़ेगा, यहाँ तक की भविष्य की पीढ़ी भी इससे अलग न रह पायेगी, इसलिए पानी का संचय जरूरी है। जल के उपयोग व प्रबन्धन के मामले यदि हमने अपना तरीका नहीं बदला तो विकासशील और गरीब देशों में लोग 'घातक' पानी पीने को मजबूर रहेंगे। दुनिया में हर साल 35 लाख और भारत में एक लाख लोग पानी से जुड़ी बीमारियों की वजह से मरते हैं और यह संख्या और बढ़ जायेगी अगर हमने इस और ध्यान नहीं दिया तो।

बहरहाल खतरे की घंटी बज चुकी है। केन्द्रीय जल संसाधन मंत्रालय के आँकड़ों से भी जल संकट की विकरालता का अनुमान लगाया जा सकता है। इस मंत्रालय के आँकड़ों के मुताबिक वर्ष 1950 में देश में प्रति व्यक्ति जल की उपलब्धता 5000 क्यूबिक लीटर थी, जो कि कम होकर वर्ष 2005 में 1869 क्यूबिक लीटर थी, तथा वर्ष 2025 में 1000 क्यूबिक लीटर रह जाने का विशेषज्ञों का अनुमान है। ऐसी स्थिति में देश 'जल संकट से त्रस्त' होने की पूरी संभावना नजर आ रही है। एक तरफ जनसंख्या वृद्धि, हरित क्रांति, नवीन तकनीक, यंत्रीकरण, औद्यौगिकरण, व शहरीकरण व पाश्चात्य संस्कृति के अंधानुकरण के कारण जल की मांग उत्तरोत्तर बढ़ती जा रही है, दूसरी तरफ, विकास की अंधी दौड़ के चलते हमने अपने पोखर, तालाब, बावड़ीयाँ, कुएँ जो पानी के सब से बड़े प्राकृतिक स्त्रोत थे उन का अतिक्रमण कर, उन्हें पाटकर, उनके ऊपर बहुमंजिली अट्टालिकाएँ खड़ी कर दी गई। यहीं नहीं जीवन दायनी कही जाने वाले नदियाँ जो हमारे जीवन का आधार थी, उनके बहाव क्षेत्र पर कब्जा कर वहां आवासीय कॉलोनियां खड़ी कर दी। वन क्षेत्र में कमी, वृक्षों की अंधाधुंध कटाई, परम्परागत जल–स्त्रोतों की उपेक्षा, अतिक्रमण व अवहेलना के साथ समुचित जल प्रबंधन व संरक्षण व्यवस्था विद्यमान नहीं होने के कारण जल की

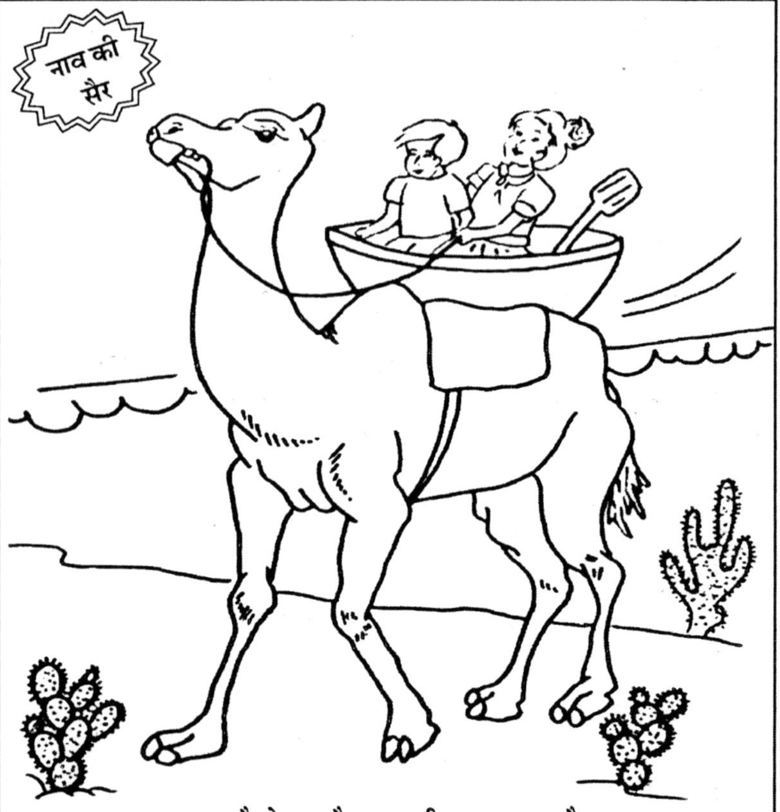

जल है तो कल है, वरना जीवन मरूस्थल है।

उपलब्धता कम होती जा रही है। यही नहीं, विभिन्न उपयोगों में बेवजह जल की बर्बादी व दुरुपयोग भी जल संकट की त्रासदी को बढ़ा रहा है। भू–जल भंडार सूख रहे है, नदियाँ खत्म हो रही है। इससे आने वाले समय में लोगों की पानी तक पहुंच साल दर साल और भी मुश्किल होती चली जाएगी।

ज्ञातव्य है कि हमारे देश की जनसंख्या विश्व की जनसंख्या की 16 प्रतिशत है, जबकि जल संसाधनों का केवल 4 प्रतिशत भाग ही देश में है। तीव्र गति से बढ़ती जनसंख्या, औद्योगीकरण व आधुनिकरण जैसी प्रकृतियों ने देश में जल संकट की भयावह स्थिति उत्पन्न कर रही है। इससे देश में जल की मांग तीव्र गति से बढ़ रही है मगर सही उपयोग बहुत कम हो रहा है। शहरी क्षेत्रों में सप्लाई होने वाले लाखों गैलन पानी का 80 प्रतिशत भाग सीवर लाईन में बहा दिया जाता है यानि पानी का प्रदूषण बहुत अधिक बढ़ रहा है। आने वाले

समय में न केवल मानव वरन् पशु वनस्पति जगत के लिए भी हानिकारक हो जायेगा और जल संकट विकराल रूप धारण कर लेगा। देश में पानी की समस्या भविष्य में गंभीर रूप धारण कर सकती है। यह भी कहा जा सकता है की भविष्य में कोई युद्ध अगर होगा तो भूमि को लेकर नहीं होगा वरन् पानी को लेकर होगा। संयुक्त राष्ट्र संघ ने भी सारी दुनिया को जल संकट की भयावहता के प्रति आगाह करते हुए चेतावनी दी है कि यदि विश्व में समुचित जल प्रबंधन नहीं किया गया, तो जल के लिए भीषण संघर्ष संभव है। वर्तमान में **जल संरक्षण हेतु हम निम्न कदम उठा सकते हैं –**

1. रिसाईक्लिंग द्वारा (By Recycling) – उपयोग हो चुके पानी को दुबारा शुद्धिकरण कर उद्योगों, सिंचाई, साफ सफाई, ठण्डक एवं सुन्दरता हेतु फव्वारों आदि में प्रयोग कर सकते हैं।

2. उच्च तकनीक (Super Technology) – उचित तकनीक को अपनाकर पानी के प्रवाह को नियंत्रित किया जाये तो पानी का अपव्यय कम होगा।

3. अपव्यय को रोककर (Minimum Leakages) – रिसाव द्वारा, लापरवाही द्वारा पानी की महत्वता को नासमझ कर फिजुल में ही अशुद्ध होने के लिए छोड़ देते है, अतः पानी की उपयोगिता को समझाकर इस लापरवाही द्वारा होने वाले अपव्यय को कम किया जा सकता है।

4. उचित लागत से (High Cost) – अगर हम तक पहुँचने वाले पानी की अच्छी खासी लागत होगी तो उसके अपव्यय को करने से पहले एक

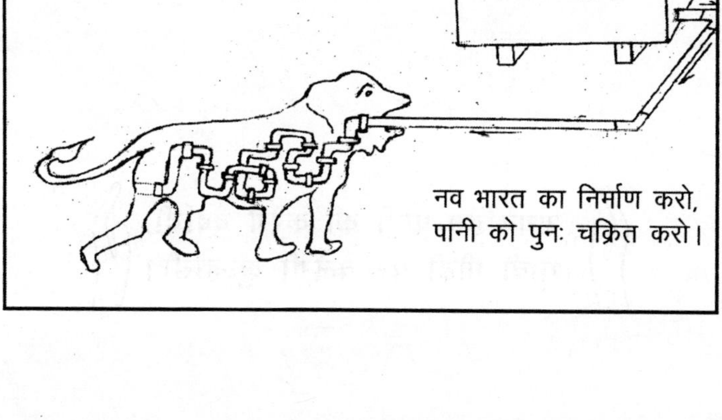

साधारण व्यक्ति को इसकी कीमत चुकानें होगी। ऐसे में पानी का अपव्यय कम होगा। हम देखते है कि पानी मुफ्त एवं कम लागत में मिलने के कारण किसान खेतों में पानी भर देते है जिसे वॉटर फ्लडिंग कहते है। अधिक सिंचाई के कारण, नहरों में रिसाव एवं मुफ्त मिलने वाले पानी का दुरूपयोग होता है ऐसे में अगर केन्द्र सरकार जो राज्य पानी की ज्यादा लागत दे उसे ज्यादा पानी और कम दे उसे कम पानी का वितरण रखे तो पानी का उचित उपयोग बढ़ जायेगा और रख–रखाव के लिए सरकारों के पास पैसा भी ज्यादा आना शुरू हो जायेगा।

5. वर्षा जल संरक्षण से (Conservation of Rain Water) – वर्षा के जल का नदी नालों पर बांध बनाकर, खेतों में कुंड, घरों में पानी का टांका, सार्वजनिक स्थलों पर बड़ी डिग्गी (जलाशय) आदि बनाकर वर्षा के पानी को उपयोग हेतु संग्रहित कर सकते है।

6. अलग–अलग जलाशयों को जोड़ कर के (Connectivity of Reservoiors) – अगर अलग–अलग जलाशयों को नहरों, पाईपों व नदियों द्वारा जोड़ दिया जाये तो वर्षा का पानी बहकर समुद्र में मिलने की बजाय, मानवता के लिए उपयोग में आ सकता है। वर्षा के कारण कई जगह बाढ़ आती है तो कुछ स्थानों पर सूखा ही रहता है ऐसे में पानी का एक जलाशय से दूसरे जलाशय से भेज कर उपयोग कर सकते है।

7. प्रदूषण से बचाकर (Pollution Control) – रासायनिक पानी जो औद्योगिक कारखानों आदि से निकलता है को विसर्जित करने से पूर्व उसको ट्रीट कर लिया जाये तो प्रदूषण को कम किया जा सकता है। ऐसे ही स्वच्छ पानी से मल मूत्र, अपविष्ट, मृत जीव–जन्त आदि को दूर रखा जाये तो पानी प्रदुषित होने से बच सकता है। जो एक तरह का संरक्षण ही है।

> "यदि हम लोग जल संरक्षण के प्रति गंभीर नहीं हुए तो
> तीसरा विश्व युद्ध पानी के लिए होगा।"
>
> **– अटलबिहारी वाजपेयीजी, पूर्व प्रधानमंत्री, भारत**

अगर हम पानी की करेगे बर्बादी,
भावी पीढ़ी पर चलेंगी कुल्हाड़ी।

7

वर्षा जल संरक्षण

राजस्थान देश का 10.41 प्रतिशत भू–भाग अपने में समेटे हुए है लेकिन पानी केवल एक प्रतिशत ही है। जीवन यापन अधिकतर क्षेत्र में वर्षा जल पर ही निर्भर रहता है। वर्षा के जल को इकट्ठा करके उसका उपयोग करना हमारी प्राचीन विधि रही है। गांव स्तर पर तालाब बनाकर, खेत पर डिग्गी, गड्ढ़ा खोद कर, ऊँचे स्थानों पर एनिकट व बाँध का निर्माण तो घर पर पानी के हौद व बड़ा टैंक (टाँकों) का निर्माण करके उसमें पानी संग्रहण का तरीका रहा है। एनिकट का निर्माण छोटे–छोटे नालों के पानी को रोक करके, तो बाँध का निर्माण नदी को रोक करके पानी को एक जगह संग्रहित किया जाता है। घरों में छत पर आने वाले पानी को नाली द्वारा टैंक में संग्रहित करने का तरीका रहा है। एनिकट व बांधों के पानी से सिंचाई व मवेशियों को पानी मिल जाता है।

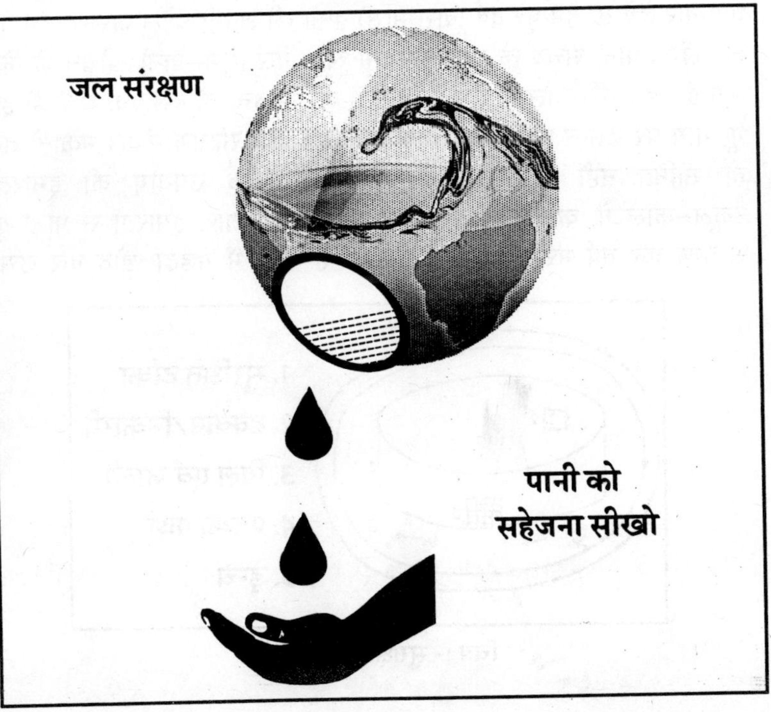

रेगिस्तान में जहाँ नदियाँ निरन्तर नहीं बहती है वहीं घर की छत से टैंक अथवा हौद में इकट्ठा किया गया पानी घरेलु उपयोग में आता था। मगर सरकार द्वारा पानी नल से घरों में पहुँचा दिया जाता है, ऐसे में वर्षा जल का संरक्षण पद्धति कस्बों व शहरों में कम होती जा रही है। सरकार इस विषय में नागरिकों को जागरूक कर पुनः जल संरक्षण को बढ़ावा दे सकती है। सरकार जल संग्रहण हेतु बनाये जाने वाले टांके पर उदार ऋण की घोषणा कर इस कार्ययोजना को सफलता प्रदान कर सकती है। पानी की जरूरत को संग्रहित जल से पूरी कर जल समस्या से निजात पा सकते हैं।

सूखे का अर्थ है पुनर्भरण के लिए वर्षा जल का न मिलना, फसलों की पैदावार न होना। वर्षा का 50 फीसदी से कम होना सूखे का कारण होता है, जबकि वर्षा की अधिकता ही बाढ़ का कारण नहीं होता है बाढ़ का कारण पानी का सही तरीके से निकासी की कमी होती है। अतः यह आवश्यक हो जाता है कि भराव की समुचित क्षमता और निकासी के उचित रास्ते पहले से तय रहने चाहिये।

वर्षा जल हेतु राजस्थान के मारवाड़ क्षेत्र में एक कहावत भी है कि " इन्दर थारी एक घड़ी, धूंण थारा बारां मास " यानि भगवान इन्द्र अगर एक घड़ी भी वर्षा कर देंगे तो हम पूरे वर्ष (बारां मास) पानी की अपनी घरेलु जरूरत को पूरी कर लेंगे। पानी संचय के टांके से पानी खींच कर (धूण–पानी खीचंने के लिए लगाई गई घिर्री) सालभर घूमती रहती है जबकि इन्द्र तो बस एक घड़ी ही इस भू–भाग पर प्रसन्न होते है और वर्षा होती है। जल संरक्षण केवल मकानों तक ही सीमित नहीं रहनी चाहिये। इसे सार्वजनिक उपयोग की इमारतों, स्कूल–कॉलेजों, कार्यालयों, छात्रावासो आदि कई सारी इमारतों से पानी का सग्रहण कर वर्ष भर उपयोग कर सकते है खेतों में गड्ढा खोद कर उसमें

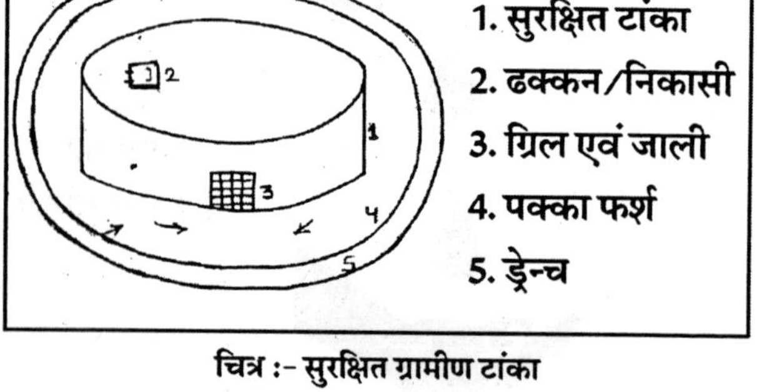

चित्र :- सुरक्षित ग्रामीण टांका

प्लास्टिक शीट बिछा कर पानी खेतों के बीच में इकट्ठा कर सकते है। जो लम्बे समय तक फसलों को पानी सुलभ कर पायेगा।

ऐसे कुण्डों (डिग्गी) के लिए भी बैकों द्वारा सुविधा सुलभ करायी जा सकती है। रेगिस्तान की मिट्टी में कई जगह पानी में क्षार व लवण मिले होते है, वहाँ ऐसे में छत से इकट्ठा किया गया पानी वर्ष भर पीने के काम भी आता है क्योंकि यह पानी मीठा होता है। इस पानी के संरक्षण में यह ध्यान रखते है कि मानसून की पहली बरसात जल को टैंक में नहीं लेते है क्योंकि पहली वर्षा के पानी में वातावरण में प्रदूषण द्वारा पहुंची गैसें सल्फर डाई–ऑक्साइड, नाईट्रोजन ऑक्साइड जल वाष्प के साथ मिल कर नाईट्रिक अम्ल, सलफ्यूरिक अम्ल का निर्माण करती हैं, ऐसा तेजाबी पानी पीने योग्य नहीं होता है। पहली वर्षा से छत की धुलाई भी हो जाती है।

अतः दूसरी बार के वर्षा के पानी को ही टैंक में लेकर संग्रहित करते है। वर्षा जल को ग्रामीण क्षेत्रों में सहजने के लिए टांकों, कुन्डो का निर्माण कई वर्षो से हो रहा था। इसमें सुधार के लिए केंद्रिय रूक्ष अनुसंधान संस्थान, जोधपुर के वैज्ञानिकों ने टैंक के चारों ओर पक्का फर्श व ट्रेन्च को प्रस्तावित किया गया ताकि आगोर (Catchment) क्षेत्र से पानी बहकर आने पर पहले ट्रेन्च में भरे फिर ट्रेन्च में मिट्टी नीचे बैठ जाने के बाद ओवर फ्लो होकर टैंक पर बने इनलेट (जाली नुमा रोशनदान) के द्वारा पानी टैंक में लिया जाता है ताकि पानी के साथ कम से कम अघुलनशील तत्व जैसे मिट्टी वगैरह का प्रवेश न हो पाये। आवश्यकता अनुसार ग्रामीण क्षेत्रों में वर्षा के पानी को इकट्ठा कर दिया जाता है जिसे वर्ष भर उपयोग किया जाता है।

बरसात के बहाव को धरती मां की गोद में सहेजने की क्रिया को 'रेन वाटर हारवैस्टिंग कहते है। वर्षा जल पुनर्भरण (रेन वॉटर हारवैस्टिंग) वह तकनीक है जिसमें व्यर्थ बहकर जाने वाले वर्षा जल को इकट्ठा करके भंडारण किया जाता है। इस विधि से जमीन में पानी का पुनर्भरण हो जाता हैं जिसे जरूरत के समय फिर से निकाल कर उपयोग किया जा सकता है। मगर टैंक के बन्द रहने से इसमें छोटे–छोटे जीवाणु उत्पन्न हो जाते है इसी को ध्यान रखते हुऐ आजकल इस पानी को छत से सीधा जमीन के भीतर किसी खडढा, बोरवेल आदि से प्रवाहित कर देते है। यह भंडारण जलाशय में, टैंक में और जमीन में बने कुँओं में इस तरह किया जाता है कि आवश्यकता होने पर इस पानी को पुनः उपयोग किया जा सकता है। यह वर्षा जल प्रबन्धन एवं संरक्षण का तरीका है। (देखे चित्र) छत से पानी को टैंक में इकट्ठा करने का तरीका दर्शाया है। जल का

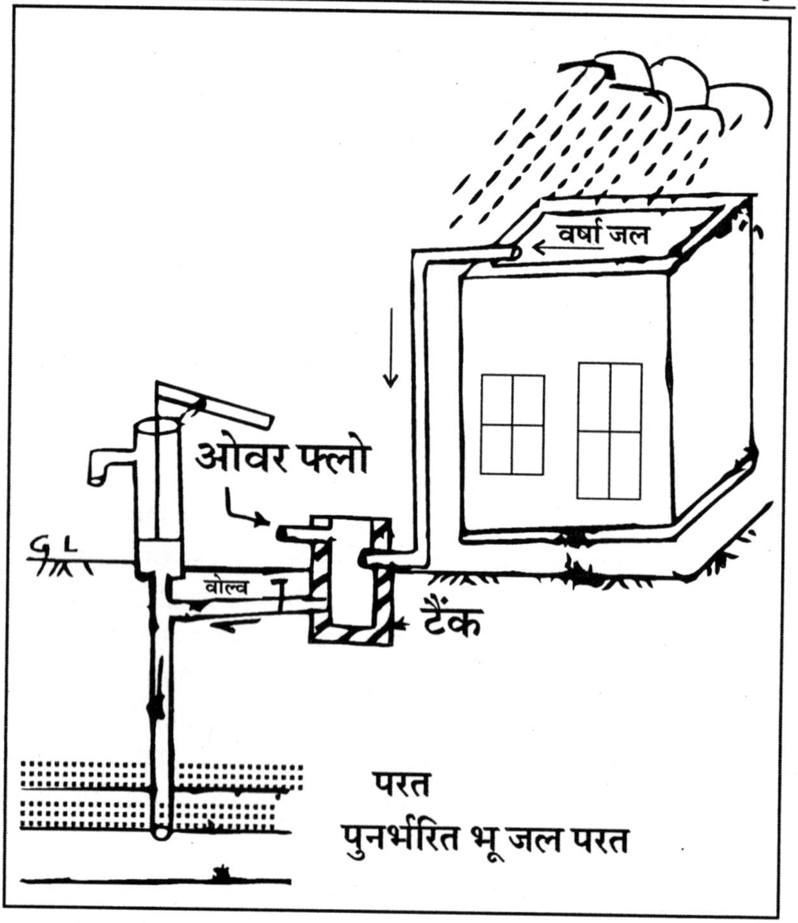

चित्र :-छत से बहे हुए वर्षा जल द्वारा भू जल पुनर्भरण

अत्यधिक दोहन के कारण कई क्षेत्रों में भूजल स्तर बहुत नीचे जा रहा है अतः पानी का पुनर्भरण आवश्यक हो गया है इसी को ध्यान में रखते हुए वर्षा जल को संग्रहित करके जमीन में पुनर्भरण हेतु इकट्ठा कर सकते हैं।

वर्षा का पानी ही मुफ्त होता है,
बाद में हर बूंद पर खर्च होता है।

8

बिजली–पानी बचाओ

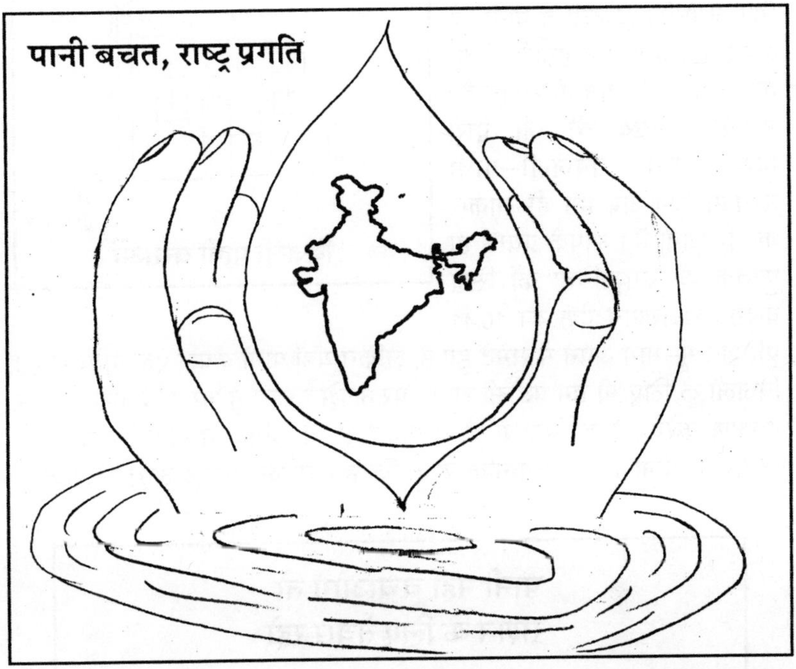

स्वच्छ पेयजल और ऊर्जा के भण्डार न केवल भारत वरन् सम्पूर्ण विश्व की ज्वलंत समस्या है। पानी और बिजली अब हमारी आधारभूत आवश्यकता बन गयी है। जनता अगर जागरूक नहीं होगी तो पानी–बिजली की कमी से ग्रसित ही रहेगी। हमारी लापरवाही से मंहगी बिजली व अमूल्य पानी का मोल हम नहीं समझ पा रहे हैं। जो कि सरकार हमें सस्ते दामों पर उपलब्ध करा रही हैं, इसलिए कुछ लोग इसका भरपूर दुरूपयोग भी कर रहे हैं। खुद जनता को जागरूक होना चाहिये, क्योंकि केवल सरकारों के प्रयासों से समाज नहीं चलता। पानी एक ऐसा

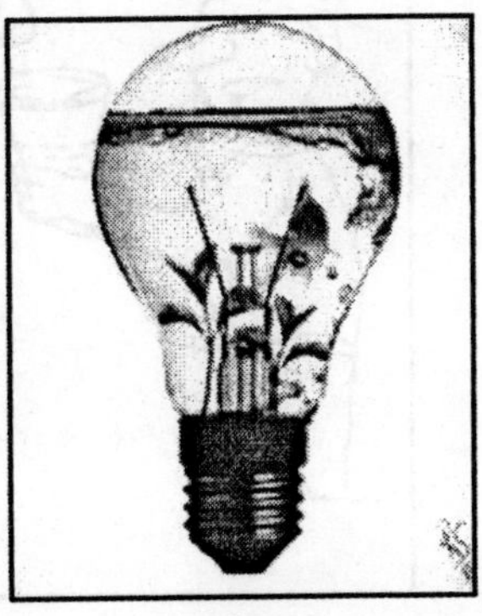

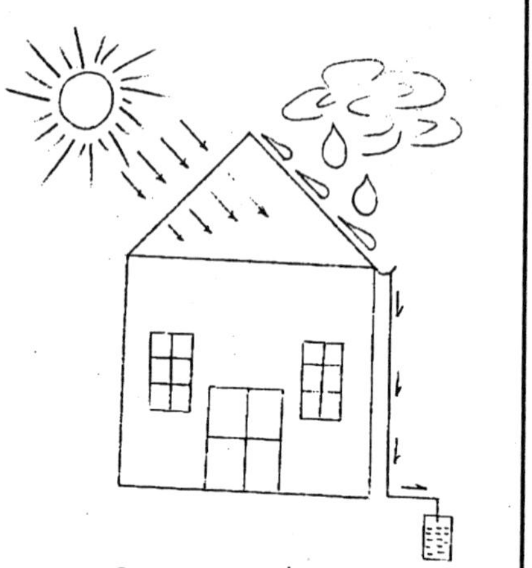

बिजली पानी बचाओं

पदार्थ है जिसके एक बार खत्म होने पर कोई भी सरकार कुछ नहीं कर पायेगी। बिजली नहीं होगी तो न केवल औद्योगिक उत्पादन में गिरावट आयेगी बल्कि आधुनिक सुख सुविधाओं पर गाज गिर जायेगी। बिजली व पानी को अब हमें बचाना है ये हमारी जीवन की सांसो को बचाने के समान है। माननीया मुख्यमन्त्री जी द्वारा दिया नारा **'बिजली–पानी बचाओ'** को अब हमें ही साकार कर दिखाना है। आपके प्रयास ही पुस्तक की उपयोगिता को सिद्ध करेंगे। राजस्थान देश का 10.41 प्रतिशत भू–भाग अपने में समेटे हुऐ है, लेकिन यहाँ पानी केवल एक प्रतिशत है। बिजली के लिए भी हम पड़ोसी राज्यों पर आश्रित रहते है अगर बिजली का हम संरक्षण करेगें तो वो बिजली के उत्पादन से भी अधिक मुल्यवान होगा। हमें जागरूक होना है नई तकनीक से ताकि हम उनका भरपूर लाभ ले सकें व

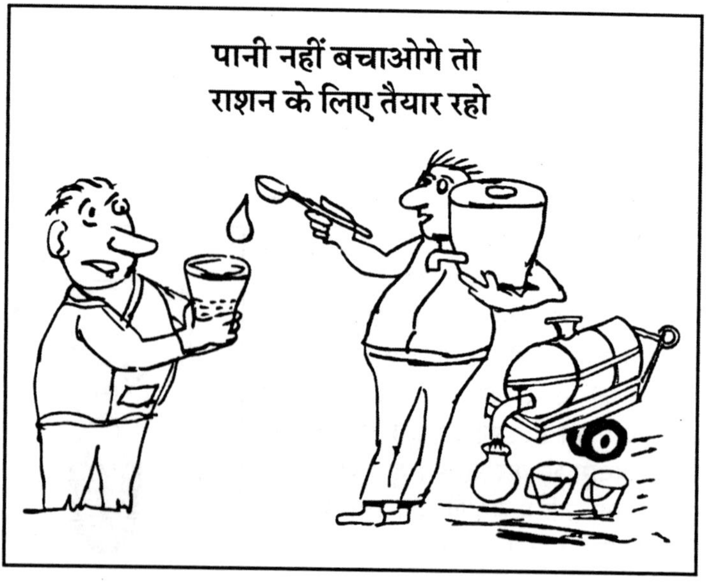

अपना जीवन आनन्दित रख सकें। बिजली–पानी बचत के लिए प्रयास के साथ उचित तकनीक का ज्ञान होना अतिआवश्यक है जैसे सर्वप्रथम वर्ष 2002 में मेरे द्वारा एल. ई. डी. लेम्प बनाकर उसे सी.एफ.एल से अधिक बचत करने वाला बताया गया जो अब काफी ऊर्जा की बचत कर राष्ट्र प्रगति में यह तकनीक सहयोग कर रही है। इसी पुस्तक में ड्रेन सेगरीगेटर, टबमय पाटा व पौध ट्रे नई तकनीक को सुझाया गया है जो भविष्य में पानी बचत एवं आर्थिक उन्नति में बेहद सहायक तकनीक साबित होगी। बिजली–पानी को बचाकर ही हम राष्ट्रीय प्रगति में अपना योगदान देकर सच्चे नागरिक बन सकते है ऐसा मेरा सोचना है।

पानी अगर मिलेगा राशन की कतार में।
तो बिन पानी होगा जीवन जीना दुष्कर।।

9 जल दिवस एवं भारतीय संस्कृति

भारतीय कलेण्डर एवं अन्तरराष्ट्रीय कलेण्डर दोनों ही सूर्य को ध्यान में रख कर बनाये गये है फिर भी भारतीय त्योहार भारतीय पर्यावरण के अनुरुप चलते है। यही कारण है कि हमारे त्यौहार भी जल संग्रहण के लिए प्रोत्साहित करते है। अन्तरराष्ट्रीय जल दिवस 22 मार्च को मनाया जाता है, और भारतीय नव वर्ष भी लगभग इसी माह में आता है। वर्ष 2015 में तो भारतीय नव वर्ष 22 मार्च को ही था यानि यह वह समय होता है जब हमें आने वाली ग्रीष्म ऋतु हेतु पानी की आवश्यकता को ध्यान में रखते हुए जागृत होना होता है।

भारत के मुख्य पर्व मानवता की मान्यताओं को संजोकर मनाये जाते है। सावन भादो में खेतों की खुदाई को पाप माना गया है और ऐसा माना जाता है इस समय धरती गर्भवती होती है यानि हमें हरियाले खेत देखने के लिए इस समय से पूर्व ही खेत जोत लेने चाहिये ताकि सावन के महिने में आने वाली भरपूर वर्षा का लाभ खेती में लिया जा सके। हमारा पहला जल दिवस देवउठनी

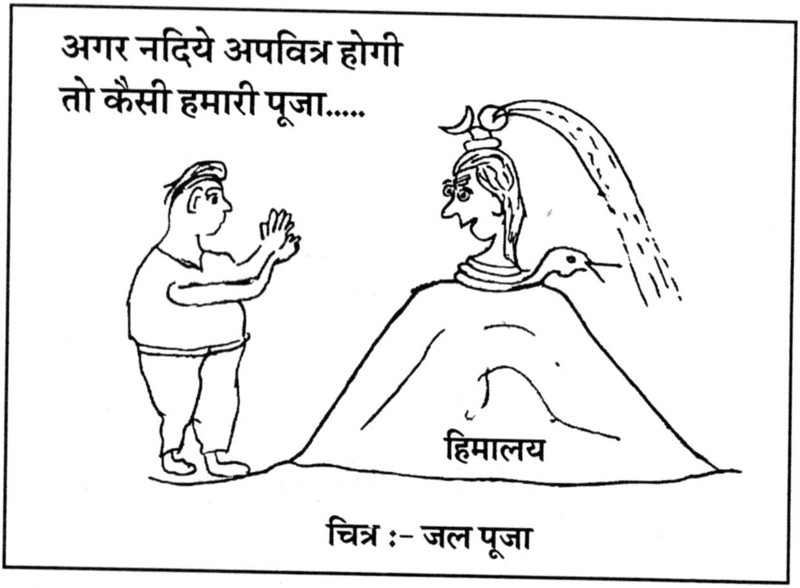

चित्र :- जल पूजा

एकादशी यानि चतुर्मास पूर्ण होने की तारीख कार्तिक मास में आती है जब मिट्टी नर्म होती है और उसे खोदना आसान होता है ताकि नई जल संरचना जैसे साधारणतया मिट्टी के बन्धे, तालाब, नालों को मिट्टी द्वारा आसानी से बनाये जा सकते है जो कि पूर्णतया जल संरक्षण द्वारा का मानवता के हित का कार्य होता है।

इसी तरह दूसरा जल दिवस आसाढ़ तीज यानि बैसाख मास के शुक्ल पक्ष की तृतीया तिथि को माना जाता है। मान्यता है कि इस समय पुराने जल स्त्रोत की सफाई करने से घर में नये सदस्यों का आगमन होगा यानि नये जोड़े बनेंगे। खेतो में अमावस्या को हल की पूजा होती है और जमीन में हल चलाकर भगवान बलराम से अच्छे जमाने की अरदास मंगल गीत गाकर की जाती है और यह क्रम तृतीया तक चलता है जिसे आखातीज का उत्सव कहते है। बैसाख आते–आते तालाबों, बान्धों में पानी स्तर कम हो जाता है। कृषि प्रधान देश में खेती के काम से भी किसान निवृत हो जाते हैं, ऐसे समय में तालाबों से जलकुम्भी, तल की मिट्टी का निकालना, टूटी–फूटी पालों को दुरस्त करना, बान्धों की सुरक्षा के उपाय करना ताकि जल संचयन ढांचों में पूर्ण क्षमता तक भरा जा सके। तालाबों

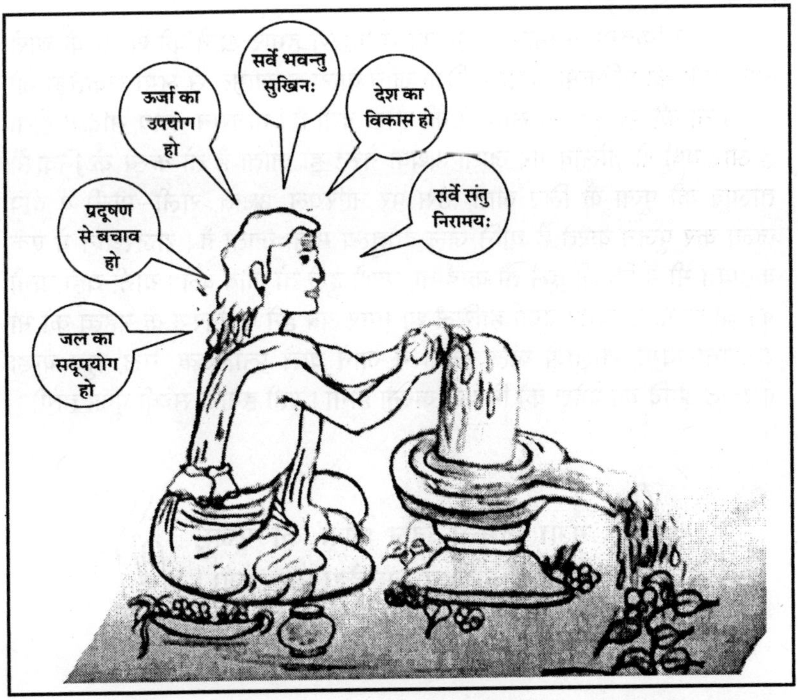

के अलावा खेतों की मेड़बंदिया, झीलों की सफाई, बावड़ी की सफाई का कार्य करने की प्रथा रही है ताकि जब बारिश आये तो इन कटोरों में पानी साफ व पूर्ण मात्रा में भरे जा सके। ताकि धरती प्यासी न रहे।

पृथ्वी, जल, अग्नि, वायु, आकाश हमारी सभ्यता के भौतिक प्रदार्थ ही नहीं है अपितु हमारी संस्कृति के मौलिक तत्व है, यानि समय समय पर इन प्रदार्थो की पूजा की जाती है और पर्यावरण सुरक्षा के लिए इनको महत्व दिया जाता रहा है। हमारे यहां तो तालाब, नदी और जल स्त्रोत की पूजा की जाती है ताकि उन्हें महत्व देकर पर्यावरण को सुरक्षित रखा जा सके। पर्वतों से जो दिव्य अमृत के समान जल प्रवाहित होता है वह सैकड़ों धाराओं में विभक्त होकर तीर्थ बन जाता है और वे धाराएं सुरम्य नदियाँ। हमारा पहला जल संरक्षण जन्म से ही शुरु हो जाता है जब बच्चे के जन्म पर मनाये जाने वाले सबसे बड़े उत्सव "जलवा पूजन" पर गृहणियां पानी के स्त्रोत की पूजा करती है और फिर उसमें से घड़े में पानी भर कर एक साथ में सिर पर उठा कर लाती है जिसे अमृत रुप में पीने के काम लिया जाता है। मकर संक्राति पर्व सामूहिक स्नान, होली–लोहड़ी ताप परिवर्तन के वाहक, शीतलाष्टमी रोग प्रतिरोधकता बढ़ाने के पर्व है।

पानी कितना अनमोल है इसका उदाहरण हमारे खाने की थाली के चारों ओर पानी की परिक्रमा, पूजा में दिया जाने वाला चरणामृत से लगा सकते है जो हमें पानी की हर बूंद को सहेजने की सीख देती है। मानसून जब सक्रिय होता है और वर्षा से तालाब भर जाता अथवा नेस्टे हो जाता है तो कस्बे के निवासी तालाब की पूजा के लिए जाते, उस पर नारियल, अक्षत, रोली–मौली व दीप जला कर पूजन करते है यानि जल देवतुल्य माना जाता है। राजस्थान में एक कहावत भी है कि घी ढुलै तो कांई नी, पाणी ढुलै तो जीव बलै। यानी यहाँ पानी को घी से भी उच्चत्तर दर्जा हासिल था मगर अब हमें पर्यावरण के महत्व को भी समझना होगा, तालाबों जल स्त्रोत में जाने वाले प्लास्टिक, मल, मूत्र कुड़ा करकट आदि का प्रवेश को निषिद्ध करना होगा। यही हमारी सच्ची पूजा होगी।

गंगा जमुना जल धारा की पूजा,
जल है जीवन, सन्देश ना दूजा।

10

मारवाड़ के पारम्परिक एवं वर्तमान जल स्त्रोत

यह शाश्वत सत्य है कि मनुष्य ने जहाँ जीवन यापन किया वहाँ जल का समुचित प्रबन्ध भी किया। मारवाड़ राजस्थान का वह रेगिस्थानी क्षेत्र हैजहाँ बहुत कम वर्षा होती है। यहाँ गर्मियों में तापमान 46 डिग्री सेन्टीग्रेट के पार पहुँच जाता है। ऐसे में पानी को सहेजने की तकनीक (कला) यहाँ रहने वाले लोगों ने विकसित की ताकि जल संरक्षण कर अपनी आवश्यकता को पूरी कर सके। इस हेतु प्रकृति ने उसे उपयोग के लिए दो तरह से जल दिया – वर्षा से और भूगर्भ से। मनुष्य ने जल को संग्रहित करने के लिए जो प्रबन्ध किये उन्हीं के स्वरूप कुएं, बावड़ियाँ (Step well), झालरा, टांका, कुण्ड आदि है। ये परम्परागत जल स्त्रोत सामाजिक व आर्थिक जीवन के सशक्त आधार तो है ही साथ में स्थापत्य कला के अनुपम उदाहरण भी है।

भू–गर्भ से अन्दर के पानी के उपयोग हेतु कुएं, बावड़ी, बेरा–बेरी आदि का निर्माण धरातल की खुदाई कर भू–गर्भ में रहने वाले पानी को निकालने का तरीका भी सालों तक चला जो बाद में गहराई बढ़ने के साथ ट्यूब–वेल,हैण्ड पम्प, बोर वेल में बदल गये। जल उपलब्धता के इन स्त्रोतों, स्थलों का महत्व सर्वत्र मानव सभ्यता के लिए रहा है फिर भी मरु भू– भाग में वर्षा जल को संग्रहित करने के लिए विभिन्न जल स्त्रोतों का निर्माण किया गया ताकि वर्षा की एक–एक बूंद को सहेज कर जल का उपयोग किया जा सके। मरू भू–भाग अर्थात मारवाड़ जिसका हृदय स्थल जोधपुर नगर रहा है यहाँ इसका विशिष्ट महत्व रहा है। इस समुचे भू–भाग में जलवायु की प्रतिकूलता के कारण अल्पवृष्टि तथा अनावृष्टि की स्थिति सदियों से बनी रही, जिससे जल की सदा कमी रही। ऐसे में जल की एक–एक बूंद संचित करने और उसके उपयोग में सतर्कता बरतने की मनोवृति मरू मानवों की सदा से रही है। मारवाड़ के कस्बो में तालाब और कुओं का सार्वजनिक निर्माण होता रहा है। इनके निर्माण में प्रत्येक परिवार हिस्सा लेता था। इन तालाबों की सामुदायिक खुदाई भी होती थी। जहाँ पानी लवणीय होता था वहाँ प्रत्येक घर में कुंड / टांका का निर्माण भी होता था। पानी को सहेजना और मितव्यता पर बहुत अधिक ध्यान दिया जाता था। पानी को पक्षियों, जीव जन्तुओ के लिए भी उपलब्ध कराया जाता था रसोई

के व्यर्थ बह रहे पानी को इकटठा करके पशुओ के लिए तो कपड़े खंगालने के बाद उसी पानी को सफाई में उपयोग लेना यहाँ की परम्परा रही है। झुठे बर्तनों की सफाई में पानी का उपयोग न करके उन्हे राख और मिट्टी से मांझे जाते थे ताकि पानी में मितव्यता रखी जा सकें।

मरू भू–भाग में कुएं, बावड़ी का अर्थ धरातल से भू–गर्भ में स्थित जल से है जबकि धरातल पर संग्रहित करने के लिए बांध–बधां, ताल–तलाई, नाडा–नाडी, कुण्ड–कुण्डी, झालरा, टांका–डिग्गी, तालाब, झीलों का निर्माण होता रहा है। वर्षा जल स्वतः तालाबों, जलाशयों में इकट्ठा हो सके इस के लिए इन्हें ढलान की तलहटी में बनाये गये ताकि वर्षा जल बह कर सीधे यहाँ आ सके। जब जल अधिक आ जाता था तो उसे नहरों से सिंचाई व अन्य स्थानों पर भेजने का प्रबन्ध होता था। प्राचीनकाल में समृद्ध लोग जल स्त्रोतों के निर्माण कार्य को प्राथमिकता देते थे। तालाब, बावड़ी, कुण्ड आदि के लिए उपयुक्त स्थान का चुनाव करने वाले 'मीरली' या 'मीरवी', कुआँ खोदने वाले उत्कीर्णक 'कीणिया' और चुनाई करने वाले 'चेजारे' होते थे। वैभवपूर्ण मारवाड़ के गौरवशाली अतीत में पानी सहेजने की परम्परा का उदात्त स्वरूप यहाँ की कलात्मक बावड़ियाँ, कुऐ, चित्ताकर्षक झालरे, सागर, जोहड़ में परिलक्षित होता है। स्थापत्य कला में बेजोड़ ये ऐतिहासिक धरोहरे जनजीवन के लिए जहाँ वरदान थी, वहीं सामाजिक मान्यताओं का प्रतिबिम्ब भी।

विभिन्न पारम्परिक मुख्य जल स्त्रोत निम्नलिखित थे –

1. बावड़ी – बावड़ी यानि चौड़ा कुआँ जिसमें नीचे उतरने व जल स्तर तक पहुंचने के लिए सीढ़िया बनाई जाती थी। बावड़िया स्थापत्य कला में बेजोड़

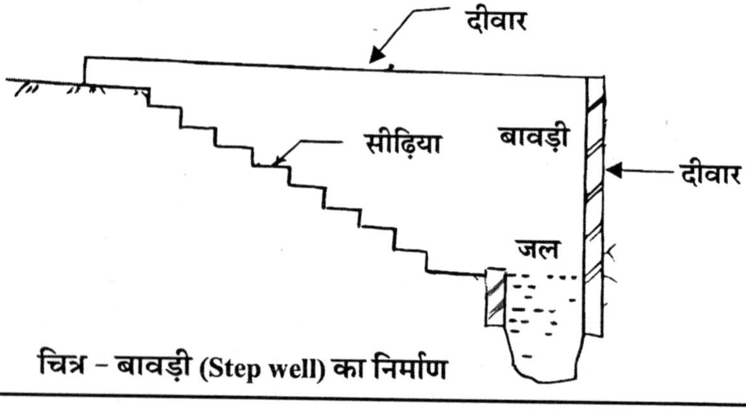

चित्र – बावड़ी (Step well) का निर्माण

होती थी। बावड़ी में पानी के लिए खुदाई तो होती थी मगर पाताल तोड़ कर (कठोर चट्टान) गहराई से पानी नहीं लिया जाता है।

2. झालरा – तालाब और बावड़ी के पास आयताकार हौदनुमा जलाशय होता था इस जलाशय की गहराई तक पहुँचने के लिए दो या तीन दिशाओं में सीढ़िया बनाई जाती थी। झालरे के पानी को साधारणतया पीने में उपयोग नहीं किया जाता है मगर पानी को बचाये रखने के लिए इनका उपयोग होता था।

3. कुण्ड – कुण्ड पानी के संग्रहण के लिए गड्डा खोदकर, गड्डे को दीवारों द्वारा पक्का करके बनाया जाता था। कुण्ड को गुंबद या ढक्कन बनाकर सार्वजनिक स्थानों पर ढक दिया जाता था। कुण्ड के तल में चूने एवं राख का फर्श बना दिया जाता था ताकि पानी में कीटाणु न पनप सके एवं रिसाव भी कम हो।

4. रपट – वर्षा के बहते जल को किसी ढके हुए टैंक में संग्रहित कर लिया जाता था। इस जल का उपयोग लम्बे समय तक किया जा सकता था। रपट का मुँह काफी छोटा होता है जबकि भीतर से ये टैंक बहुत विशाल बनाये जाते थे।

5. नाड़ा या बंधा – वर्षा के बहते जल को एक नाली के रूप में पत्थर के बांध तक ले जाया जा सकता है। जिसमें इस जल को एकत्र किया जा सकता है। बंधे के लिए ठोस एवं चट्टान वाली जमीन निर्धारित करते है ताकि पानी का रिसाव न हो। ठोस सतही परत पानी को जमीन में नहीं सोखने देती है और काफी समय तक पानी का उपयोग विभिन्न जरूरतों के लिए किया जाता है।

6. पाट – इसके तहत तेज ढलान पर बहने वाली नदियों में कट लगा कर पानी संरक्षित कर लिया जाता है। जिसका इस्तेमाल सिंचाई और अन्य सुविधाओं के लिए होता है। नदी से पहाड़ी ढलान को नाली बनाकर अपने खेतों तक ले जाया जाता है। मिट्टी से बनी ये नालियां बारिश आने पर अपने आप नष्ट हो जाती है।

7. जोहड़ – जोहड़ मिट्टी के छोटे बांध (डैम) होते है। वर्षा जल के बहाव क्षेत्र में बांध बनाकर इस पानी को रोका जाता है और छोटे–छोटे तालाबों के रूप में एकत्र कर लिया जाता है।

8. तालाब – भूमि का वह निचला भाग जहाँ वर्षा जल एकत्र किया जाता है तालाब कहलाता है चित्र में मारवाड़ के तालाब और उसके विभिन्न अंगो को दर्शाया गया है।

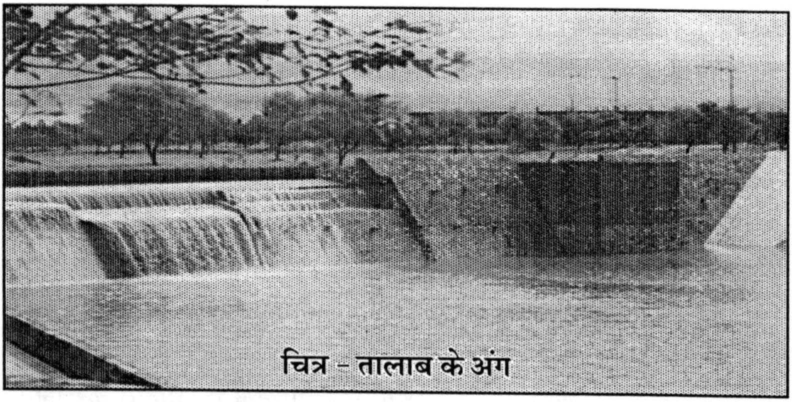

चित्र - तालाब के अंग

9. बांध – पानी को इकट्ठा करने के लिए मिट्टी अथवा चुनाई की दीवारें बनाकर पानी के बहाव को रोका जाता है ताकि पानी विभिन्न उपयोग के लिए मिल सके जैसे पीने, सिंचाई आदि कार्यो में।

10. झीलें – जमीन की सतह पर पानी इकट्ठा होने वाले जलाशयों को झीलें कहा जाता है।

11. सागर या संमद – बड़ी कृत्रिम झीलों को सागर या संमद कहा जाता है।

12. कुँआ – कुँआ शब्द भू–गर्भ से पानी के स्त्रोत के लिए लिया जाता है साधारण तया ये 10–12 फीट व्यास की गोलाई में गहरे खुदे होते है।

13. कुई – ये कुँओं की तरह ही होती है मगर कम व्यास का कुँआ होता है।

14. खैली – कुँओं व बावड़ी के बाहर जमीन तल पर नाली नुमा चुनाई से बनाया गया टैंक जिसमें जानवर आसानी से पानी पी सके खैली कहते है। इसमें पानी कुँओं से निकाल कर भरा जाता है ताकि पालतु जानवर भी अपनी प्यास यहाँ बुझा सके।

15. कुण्डी – आयताकार अथवा चौकोर छोटे कुण्ड जिसकी गहराई ज्यादा ना हो कुँए व बावड़ी के पास बनाये जाते थे यह कुण्डी बच्चों के लिए होती थी और इसमें अधिक पानी आने पर बहकर खैली में जाने की व्यवस्था होती थी।

16. डिग्गी – नहरी क्षेत्रों में पानी को इकट्ठा करने के लिए चोकोर खुला जलाशय होता है जो ऊपर से चौड़ा और नीचे से संकरा होता है इसमें दीवारे उर्ध्व (खड़ी) न होकर मिट्टी के ढाल अनुरूप ईटों की लाईनिंग से पक्का कर बनाई जाती है। इस टैंक में घुली हुई मिट्टी नीचे बैठ जाती है एवं सूर्य की किरणों से शुद्धिकरण भी होता रहता है। जलाशय में पानी नहरी नालों से भरा जाता है।

17. नाडी – प्राकृतिक अथवा कृत्रिम रूप से वर्षा जल को इकट्ठा करने के लिए बनाये गये छोटे तालाब को नाडी कहते है। इसमें एक वर्षा ऋतु से अगले वर्ष तक के लिए पानी का संग्रह होता है।

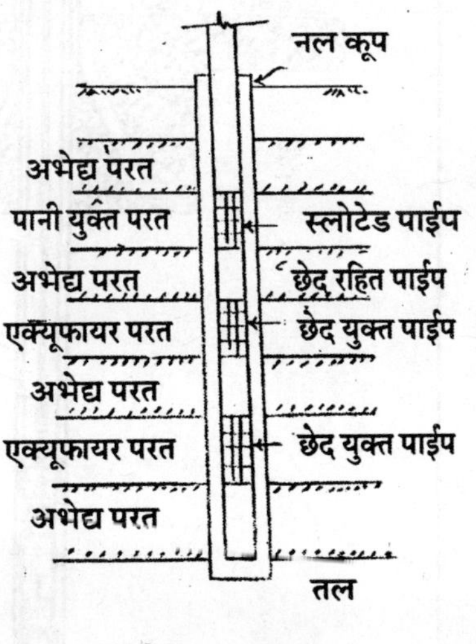

चित्र :- नलकूप

वर्तमान में भू–गर्भ से पानी निकालने के लिए कुँऐ का रूप नल कूप ने ले लिया है। जिनका व्यास 3 से 18 ईंच तक के होते है। इस प्रकार के कुओं की खुदाई ड्रिल मशीन से होती है। कुएं की मिट्टी धसने से रोकने के लिए पाईप को कुएं में उतार दिया जाता है (देखे चित्र) जहाँ जिस एक्यूफायर (पानी का स्त्रोत) से पानी मिल सकता है वहाँ छेद वाला पाईप (स्लोटेड पाईप) लगा देते है ताकि उससे रिस रिस कर एवं नल कूप के तल से पानी मिलता रहे। पानी निकालने के लिए सेन्ट्रीफ्यूगल (अपकेंद्री) पम्प अथवा हैण्ड पम्प का उपयोग किया जाता है। **चित्र में हैण्ड पम्प को दर्शाया गया है।** जो 50–60 मीटर गहराई से पानी को निकाल सकता है। सेन्ट्रीफ्यूगल पम्प को पाईप के अन्दर, पानी के स्तर से नीचे तक लगा देते है। भू–गर्भ का पानी स्वच्छ तथा विश्वसनीय होता है अगर रासायनिक संघटन निर्धारित सीमाओं के अन्तर्गत हो। वर्तमान में नलकूपों से भू गर्भ का पानी निकालने के साथ ही नहरों द्वारा भी पानी को लाया जा रहा है। पानी का परिवहन नहरो से करने में रिसाव एवं वाष्पोत्र्सजन, पाईप द्वारा परिवहन से, अपव्यय अधिक होता है। पाईप द्वारा परिवहन में विद्युत ऊर्जा का

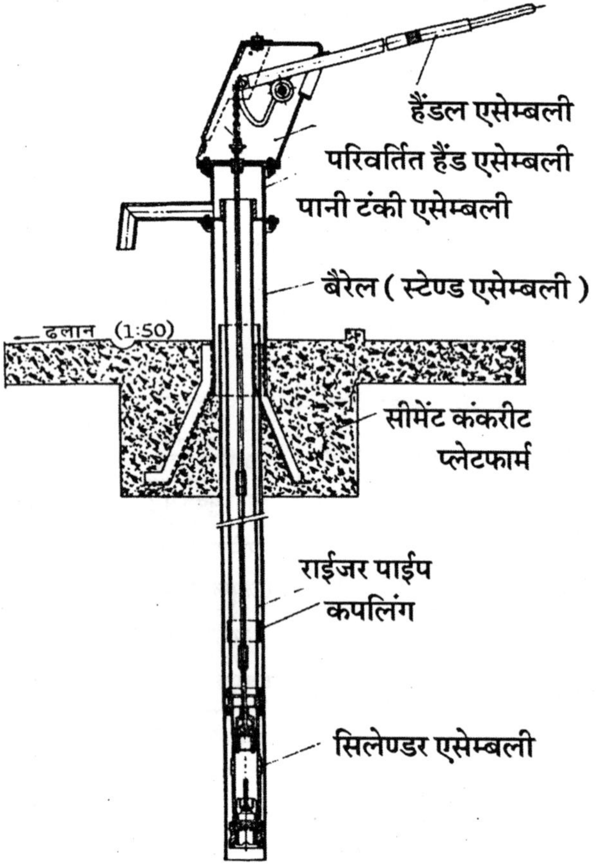

चित्रः- हैण्डपम्प

उपयोग करना पड़ता है जो मंहगा साबित होता है मगर नहरों से केवल उन्हीं जगहों पर परिवहन सम्भव है जहाँ इसके लिए उचित ढाल हो ताकि पानी ढाल से आगे बढ़ता रहे। नहरों के पानी को बड़े जलाशय में इकट्ठा करके, आवश्यक शुद्धिकरण के बाद पाईप द्वारा नगरों में वितरित कर दिया जाता है।

जल सुरक्षित तो, प्रकृति सुरक्षित,
प्रकृति सुरक्षित तो, जीवन सुरक्षित।

11 पारम्परिक तालाब निर्माण

तालाब यानि पानी का छोटा जलाशय (Reservoir) वर्षा जल को संग्रहित कर रखने के लिए तालाबों का निर्माण बरसों से होता रहा है। राजस्थान जो सूखा प्रदेश माना जाता है, में पानी की महत्वता इतनी अधिक रही कि अधिकतर गांवों के नाम ही तालाब और जलस्त्रोत के नाम से रखे गये।

तालाब में जल वर्षा से भरता है और वह साल भर भरा रहे इस हेतु इसके निर्माण के लिए जगह का उचित होना अतिआवश्यक है यानि तालाब हेतु जगह ढाल का निचला क्षेत्र हो ताकि वर्षा का पानी गुरुत्वाकर्षण प्रवाह (Gravity Flow) से बहता हुआ उसमें इकट्ठा हो सके। पानी भूमि में न रिसे इस हेतु जगह चिकनी मिट्टी, मुरुम वाली हो, उस तरफ मृत मवेशियों की खाल निकालने की जगह यानी हड़वाड़ा भी न हो और शौच आदि के लिए लोग भी न जा पाए। तालाब निर्माण की जगह चयनित हो जाने के पश्चात आगोर (Catchment) जहां से जल आयेगा, उसकी साफ–सफाई, सुरक्षा व्यवस्था को सुनिश्चित कर लिया जाता है। इसी तरह आगर, जहाँ पानी आएगा, उसकी सुरक्षा परख ली जाती है यानि पाल ऊँची होगी, कितनी ऊँचाई तक पानी का भराव होगा, पाल कितनी चौड़ी होगी, पाल में अपरा यानि अधिप्लव मार्ग (Spillway) अधिक भराव के समय कहां बनेगा इसका आंकलन कर लिया जाता है।

हर मिट्टी से पानी रिसता है मगर रिसने में बाधा के कारण पानी उसी स्तर से रिसकर नीचे की ओर जाने लगता है। इस तरह रिसने वाले पानी की ऊपर की लाईन जिसे तकनिकी भाषा में फेरेटिक लाईन (Paretic line) कहते है को

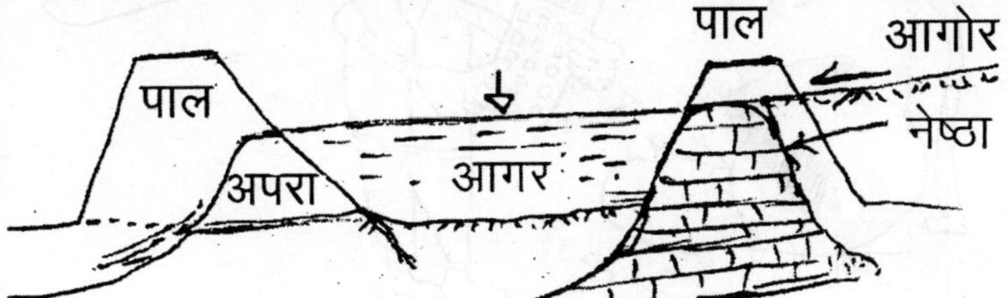

चित्रः– तालाब के विभिन्न अंग

पाल की मिट्टी में दबाना होता है, ताकि पानी पाल को तोड़ कर बाहर न निकल सके। पाल की ऊंचाई नेष्टा से अधिक ऊंचाई होती है। नेष्टा चुनाई व चूने के गारे से बनाई जाती है, ताकि पानी का प्रवाह होने पर वह कट न पाये। नेष्टा की ऊंचाई भूमि से कुछ ऊपर निर्धारित की जाती है, पाल और नेष्टा का काम पुरा होते ही तालाब का आगर बनकर तैयार हो जाता है।

आगोर तालाब का वह अंग है जहां से उसका जल आता है। यह वह ढाल जहां बरसा जल एक ही दिशा में चल पड़ता है। आगौर का जल जहां आकर भरता है वह तालाब नहीं है, वह तो आगर है जबकि तालाब तो सभी अंग–प्रत्यंगों का कुल जोड़ है यानी खजाना। एक तरह से आगर तालाब का खजाना ही है। जबकि नेष्टा पाल का कम ऊंचा भाग होता है जो गोलाई लिए रहता है ताकि जल का वेग इससे टकरा कर टूट सके । इस गोलाई वाले अंग का नाम है नाका। आगौर में जल की छोटी–छोटी धाराओं को मोड़कर कुछ प्रमुख रास्तों से आगर की तरफ लाया जाता है और तालाब में पहुंचने से काफी पहले इन धाराओं पर खुर्रा लगाया जाता रहा है ताकि खुर्रा की ऊपरी मंजिल जिसमें छेद द्वारा खिड़कियां बनी होती से साफ पानी बह सके एवं मिट्टी कंकर निचली मंजिल में ही जमा होती रहे। कई तरह के छोटे–बड़े, ऊंचे–नीचे छेदों से जल छनकर आगर में भेजने वाला ढाचा छेदी कहा जाता है। कुल मिलाकर तालाब में वर्ष भर पानी बना रहे ताकि अमृत तुल्य साफ पानी मिलता रहे।

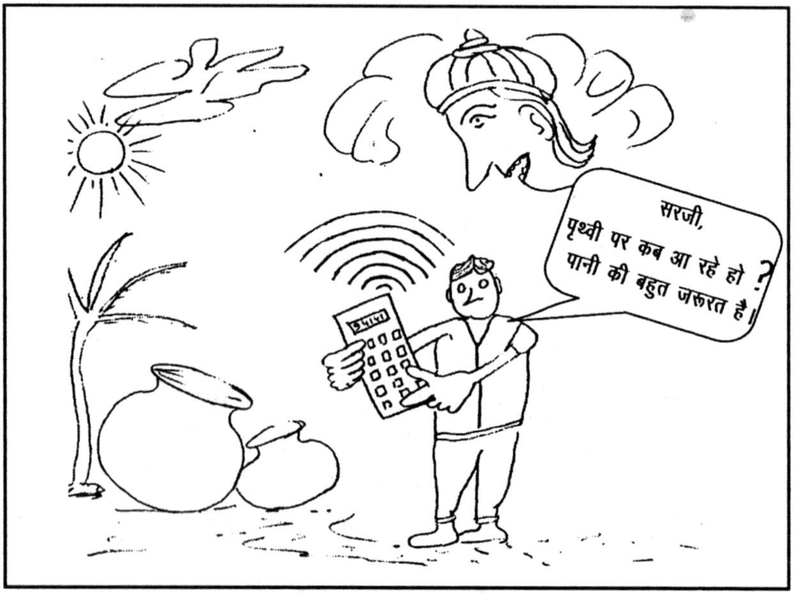

बिना रिसने वाला तालाब

मिट्टी के तालाब, कच्ची नहरों आदि से पानी की बहुत बड़ी मात्रा भूमि में रिस जाती है। पानी तालाब/रिजर्वायर से जमीन में कम से कम रिसे इस हेतु पक्का निर्माण के अक्तिरिक्त कई सस्ते उपाय भी होते है जिनका प्रयोगकर रिसने वाले पानी में कमी की जा सकती है।

1. मिट्टी में तालाब के लिए गड्डा करके प्लास्टिक फिल्म (L.D.P.E.) (साधारण भाषा में काला पोलिथीन शीट) को पैंदे व चारों और इस तरह से फैलाकर लगा देते है कि उसमें से पानी का रिसाव न हो पाये। ज्यादा बड़ा क्षेत्र होने पर फिल्म को जोड़ने वाले सोल्युसन से जोड़कर लगा सकते है यह शीट आसानी से क्षतिग्रस्त न हो इस हेतु शीट लगाने के बाद इस पर बिना कंकर पत्थर की मिट्टी बजरी बिछा देते है अब इस गड्डे में पानी भरने पर रिसने के द्वारा पानी की क्षति नहीं होगी।
2. तालाब में से पानी का रिसाव कम हो इस हेतु, चिकनी मिट्टी यानी क्ले, बैन्टोनाईट, जिप्सम आदि का गाढ़ा लेप भी पानी के रिसाव को कम करेगा। सीमेन्ट व चूने की सतह बनाना तो काफी प्रचलित है मगर चिकनी मिट्टी द्वारा बनाई सतह सस्ती होती है।

वर्षा का जल जलाशयों, तालाबों व झीलों में इकट्ठा किया जा सकता है। छोटे–छोटे नालों के पानी को इनमें लाकर रोक दिया जाता है। पानी इनमें स्थिर रहने के कारण अघुलनशील कण पैंदे में बैठ जाते है फिर भी तालाब वगैरह का पानी अशुद्ध ही रहता है इसके साधारणतया निम्न कारण होते है :–

- जलाशयों, तालाबों में नहाने, कपड़े, धोने का पानी मिल ही जाता है।
- तालाब के पास लगे पेड़ों की पत्तियाँ पानी में घुल कर सड़ान पैदा करती है।
- पानी स्थिर रहने के कारण कीड़े, मच्छर, विषाणु पैदा हो जाते है।
- पशुओं को इसी में पानी पिलाने से, पानी संक्रमित हो जाता है।
- तालाब व झीले खुले में होते है और बहती हुई हवा से उड़ –उड़ कर आने वाला कचरा भी पानी में जमा हो जाता है। यह कचरा पानी के सम्पर्क में कीचड़ बन जाता है, जो गन्दे जीवाणु के साथ सड़ान पैदा करता है।

- जलाशयों के भरण स्थल में शमशान, शौच वगैरह की गंदगी भी वर्षा जल के साथ बहकर इनमें आ जाता है।
- इनमें पानी शुद्धिकरण की व्यवस्था न होने के कारण एक बार जो जीवाणु पैदा हो जाते है वो बढ़ते ही रहते है। अतः वर्षा के पूर्व हो सके तो इनकी खुदाई व सफाई होनी चाहिये।

पानी की समस्या को कम किया जा सकता है।

1. वर्षा के पानी को जलाशयों में इकट्ठा करके।
2. पानी में औद्योगिक तत्वों का मिलन रोककर।
3. पानी का अपव्यय रोक करके।
4. उच्च तकनीक को अपनाकर।
5. पानी को प्रदूषण से बचाकर।
6. पानी को रिसाईकिल करके।

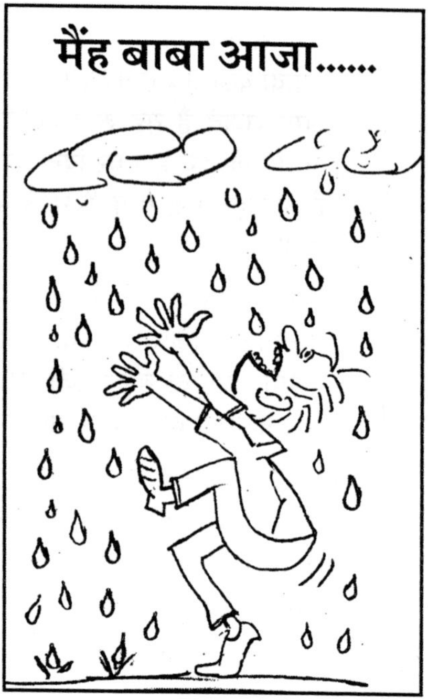

पानी जीवन का अमृत रस,
बिन पानी होगा जीवन निरस।

(ब) बिजली–पानी बचत के नुस्खे

12. छोटे नुस्खे बड़े फायदे–बिजली बचत

13. रंग बिजली के संग

14. स्विच बन्द करे जब बिजली का उपयोग ना हो।

15. रसाई में ऊर्जा बचाइये

16. छोटे टिप्स पानी बचत के

17. छोटी तकनीक बड़े फायदे– पानी बचत

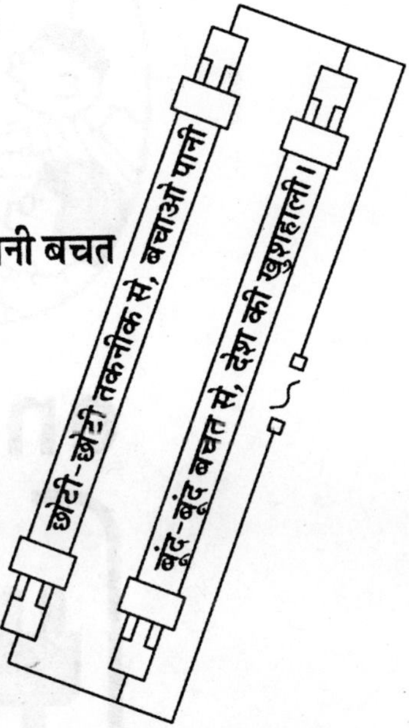

18. भवन निर्माण में पानी बचत

19. स्वचालित नल संकेतक

20. पानी को करें रिसाइक्लिंग

21. दोहरी पाईप प्रणाली

22. खाद्यान एवं उत्पादन की बर्बादी भी जल की बर्बादी

23. डस्टिंग में पानी का उपयोग

24. कपड़े धोने में पानी का उपयोग

पानी–बिजली बचत

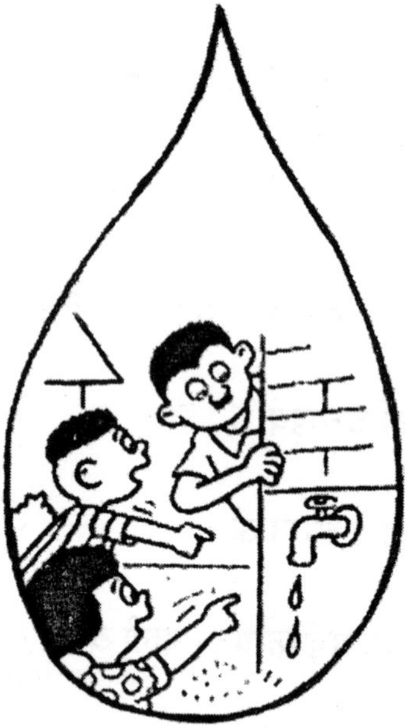

energy

saving

(सौजन्य – द्वारा गुगल नेटवर्क से)

12

छोटे नुस्खे बड़े फायदे – बिजली बचत

ऊर्जा का उपयोग प्रगति का द्योतक है। ऊर्जा का समुचित उपयोग करके अधिक उत्पादन प्राप्त किया जा सकता है, अतः आवश्यकता है ऊर्जा का सदुपयोग करने की। लक्ष्य यह होना चाहिये कि कम लागत में अधिक व बेहतर उपयोग कैसे किया जाये। जिन जगहों पर विद्युत का क्षय हो रहा हो, वहाँ निम्न सावधानियाँ बरतें :–

1. **रिमोट से बन्द किये गये टी.वी., ए.सी., कम्प्यूटर आदि में लगभग 22 वॉट की बिजली की खपत होती है।** अतः इन उपकरणों को विद्युत स्विच से बन्द करके बिजली में बचत करें।
2. स्टेण्ड बाई पॉवर को बचाने के लिये माइक्रोवेव, ओवन, वाशिंग मशीन, कम्प्यूटर व इंडीकेटर स्विचों को विद्युत सप्लाई से बन्द करें। मसलन टाइमर वाला माइक्रोवेव व ओवन स्टैंडबाय मोड में अपने इस्तेमाल में आने के दौरान की मात्रा से कही अधिक बिजली का उपयोग करते है।

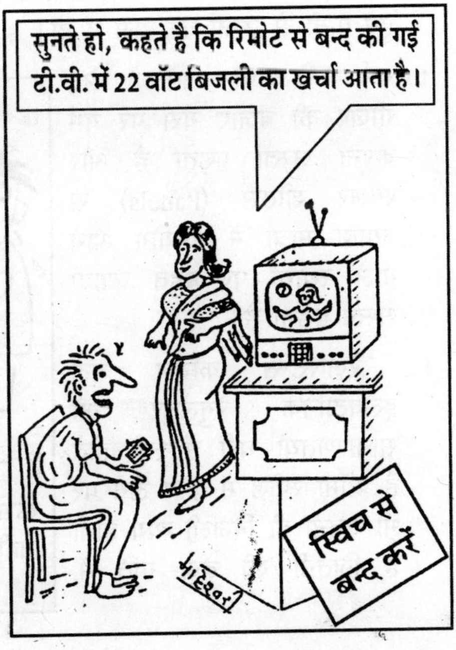

3. जहाँ तक हो सके टेबल लेम्प अथवा टास्क लाईट का प्रयोग करें ताकि जरूरत वाले स्थान पर उपयुक्त बिजली मिलती रहे।
4. घर के सारे स्विच बन्द करने के बाद भी यदि मीटर में यूनिट बढ़ रहे हो

तो इसका अर्थ है कि विद्युत लीक होकर अर्थिंग से कहीं जमीन या दीवार में जा रही है। अतः समय पर जांच अवश्य करें।

5. इमरजेन्सी लाईट, लेपटॉप, डिजीटल कैमरा, सेलफोन के बेटरी चार्जर जब उपयोग में होते हैं, तब बिजली खर्च करते हैं। यदि आवश्यकता नहीं हो तो चार्जर को प्लग से बाहर निकाल दें और बिजली अपव्यय रोकें।

6. प्रेस (इस्त्री) कुछ समय चालू छोड़नी हो तो अभ्रक अथवा एस्बेस्टस (फॉयर प्रुफ) पेड पर धीरे करके रखें एवं प्रेस का कार्य दिन में एक बार में ही पूरा कर लें। कपड़ों पर पानी छिटकने की बजाय पानी का हल्का स्प्रे ही करें।

07. गीजर से निकलने वाले गर्म पानी के नल व बाल्टी के मध्य रबड़ का लचीला पाईप लगा देने से ऊष्मा का क्षय कम होगा।

8. गीजर का तापक्रम 50 डिग्री से.ग्रे. पर सेट करलें, इससे विद्युत व्यय में 10 प्रतिशत तक बचत होगी गीजर छोटी क्षमता का उपयोग करें ताकि बचे हुए गर्म पानी में ऊष्मा का क्षय न हो।

9. गर्म पानी की तरंगे लगातार ऊपर रहने एवं ठण्डा पानी के नीचे रहने की प्रवृति के कारण गीजर छोटी क्षमता के लगाने चाहिए ताकि बचे हुए पानी से ऊर्जा का ह्रास न हो।

10. गर्म पानी प्राप्त करने के लिए गीजर की बजाए गैस पर गर्म करना सस्ता पड़ता है और सोलर शीट्स (Panels) से ज्यादा मात्रा में उपयोग आने वाले स्थानों पर बहुत ज्यादा सस्ता पड़ता है।

11. रेजीस्टेन्स कॉयल वाले इलेक्ट्रोनिक रेगुलेटर जो साधारणतया घरों में लगे होते है, धीमी स्पीड में काम लेने पर भी उतनी ही बिजली व्यय होती है जितनी की तेज गति में,

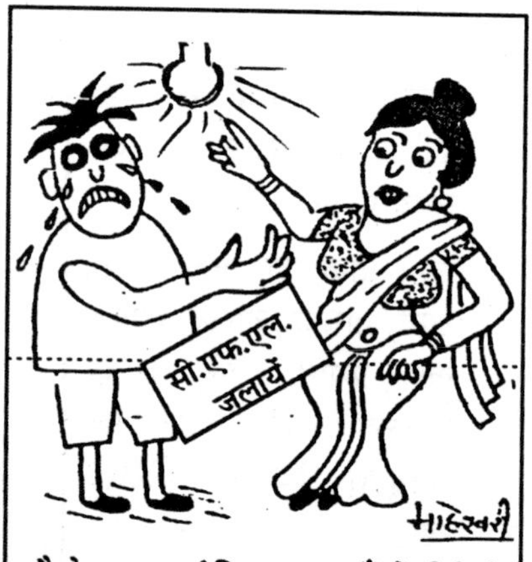

कैसे समझाऊं कि लाल आँखें पीने से नहीं, 200 वॉट के इन्केण्डेसेंट बल्ब की तेज रोशनी से हुई है।

अतः पंखों व कूलर आदि को तेज अथवा धीरे करने हेतु **इलेक्ट्रोनिक रेग्यूलेटर** लगा कर बिजली की बचत कर सकते है और रेजीस्टेन्स कॉयल द्वारा जो ऊर्जा हीट में व्यय हो जाती है उसे रोका जा सकता है।

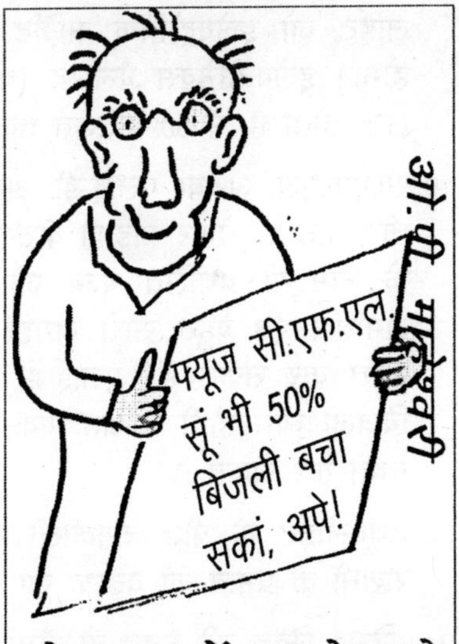

पढ़े पुस्तक में इस शोध को

12. वाशिंग मशीन में कपड़े धोने से आधा घण्टा पूर्व उन्हें सर्फ में भीगोकर रखने से सर्फ का पूरा उपयोग एवं बिजली की बचत की जा सकती है।

13. कुछ समय कम्प्यूटर चालू रखना पड़े मगर काम नहीं करना हो तो मोनिटर बन्द करके खर्च होने वाली आधी बिजली में बचत कर सकते हैं।

14. ए.सी., फ्रीज, टी.वी. में लगने वाला स्टेबलाइजर इनके करीब ही लगाये, दूरी पर लगे होने पर पॉवर लोसेज होगा। इसी तरह केपेसिटर, ट्रांसफोर्मर भी स्त्रोत के नजदीक लगाने चाहिये।

15. टेबल पंखा/कम ऊंचाई पर लगा पंखा ज्यादा प्रभावी होता है। अगर छत की ऊँचाई ज्यादा है तो रॉड की लम्बाई बढ़ाकर छत पंखे को नीचे किया जा सकता है।

16. इन्कैन्डैसेंट बल्ब (साधारण बल्ब) की जगह कम्पैक्ट फ्लोरोसेंट लेम्प (सी.एफ.एल.) के उपयोग से बिजली के खर्च में बहुत ज्यादा बचत होती है। एक वॉट के सी.एफ.एल. में करीब 100 ल्यूमन की रोशनी होती है जबकि एक इन्कैन्डैसेंट बल्ब में 35 ल्यूमन प्रति वॉट ही मिलती है।

17. नियोन लेम्प अथवा इंडीकेटर लेम्प लगातार जलते रहने से भी विद्युत व्यय होती है अतः इन्हें भी स्विच से जोड़ कर न रखें।

18. इलेक्ट्रोनिक्स उपकरणों में अन्य इलेक्ट्रिक उपकरणों के मुकाबले विद्युत खर्च कम होता है। जैसे फैन रेगुलेटर, इलेक्ट्रिक बैल एवं ट्यूब

लाईट जो इलेक्ट्रोनिक सर्किट पर बने हो, में विद्युत अपव्यय कम होगा। इलेक्ट्रोनिक्स बैलास्ट (चोक) वाली ट्यूब जिसके स्टार्टर नहीं लगा होता है, में 30 प्रतिशत तक बिजली का कम व्यय होता है।

19. सी.एफ.एल. अथवा एल.ई.डी. अथवा नियोन लैम्प से बनी डिम लाईट तीन वॉट से लेकर माइक्रो वॉट तक की मिल जाती है अतः जीरो वॉट के नाम से प्रचलित बल्ब जो 16 वॉट का होता है, के मुकाबले लगातार एवं बहुत सारी जगहों पर उपयोग से बड़ी मात्रा में विद्युत बचत कर सकते हैं। एल.ई.डी. के बने नाईट लेम्प में माइक्रोवॉट में बिजली व्यय होती है अतः एक घर में करीब 75 रूपये प्रति माह की बचत कर सकते है।

20. ट्यूबलाईट के पीछे चमकीली चद्दर, फॉइल या रिफ्लेक्टर लगाकर रोशनी के प्रभाव को बढ़ाया जा सकता हैं।

21. डिमर स्विच की मदद से लैम्प की रोशनी को आवश्यकतानुसार कम कर बिजली व्यय कम किया जा सकता है।

22. हीटर और फ्रिज की कॉइल एवं ट्यूब, ट्यूब लाईट, लैम्प आदि पर धूल जमा न होने दे। धूल से इनकी दक्षता कम होगी।

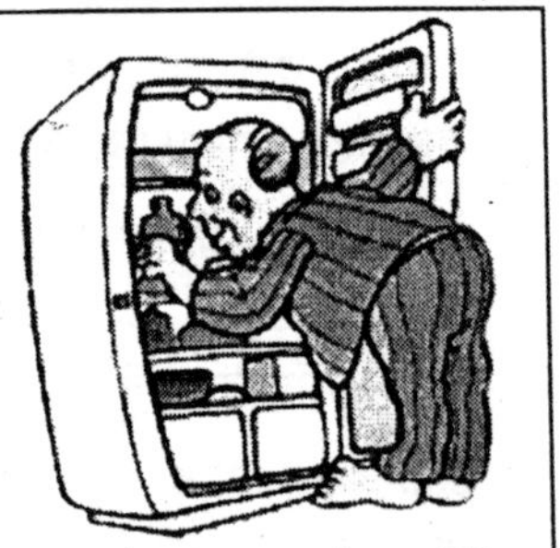

चित्र सौजन्य गुगल नेटवर्क से

23. फ्रीज के पीछे की दीवार में हवा का सरक्यूलेशन बनाये रखें एवं कन्डेन्सर कॅयल भी नियमित साफ करते रहें इस हेतु पीछे की दीवार छिद्रमय (जालीदार) भी रख सकते हैं।

24 फ्रिज के डीफ्रोस्ट स्विच का उपयोग कम करके बिजली की सप्लाई सर्दियों में 4 घण्टे तथा गर्मियों में 2 घण्टे बन्द कर दी जाये तो बिजली की खपत में कमी लाई जा सकती है।

25. सी.एफ.एल. अथवा डायोड लेम्प लगा कर बिजली खपत में बहुत अधिक बचत की जा सकती है। समान रोशनी हेतु इसमें 8 से 10 गुणा बिजली की कम खपत होती है।

26. स्टडी टेबल पर लेम्प मे लैड बल्ब लगाकर नगण्य विद्युत व्यय से अधिक रोशनी ले सकते है।

27. रात को जल्दी सोना व सुबह को जल्दी जगने की (अरली टु स्लीप, अरली टु राईज) आदत भी बिजली बचत में सहयोग देती है। खासकर दिन की पर्याप्त रोशनी में काम करने की आदत बनाये और रात्रि में विश्राम करें।

28. मशीनों की दक्षता बढ़ाने के सारे उपाय करें, घिसने वाले पार्ट्स में समय–समय पर ग्रीस आदि का उपयोग नियमित बनाये रखें।

29. फ्रिज में रखी जाने वाली गर्म वस्तु को पहले वातावरण के तापक्रम पर लाकर ही फ्रिज में रखें।

30. माईक्रोवेव का उपयोग सीमित करके एवं बिना ईंधन वाले बने हॉट केस का उपयोग बढ़ाकर खाना गर्म रखा जा सकता है।

31. सोलर उपकरणों के उपयोग से भी बिजली बचत की जा सकती है।

32. पानी के पम्प में सक्सन पाईप (पम्प से टैंक तक लगा पाईप) 3 मीटर ऊचाई से ज्यादा नहीं होना चाहिए। अतः टैंक में पानी भरा होने पर ही पम्प को चालु करे। यह जितना कम होगा उतनी ही पम्प की दक्षता बढ़ेगी। एच.डी.पी.ई. पाईप में घर्षण कम होता है अतः जी.आई पाईप के मुकाबले बिजली बचाने में ज्यादा उत्तम रहते है।

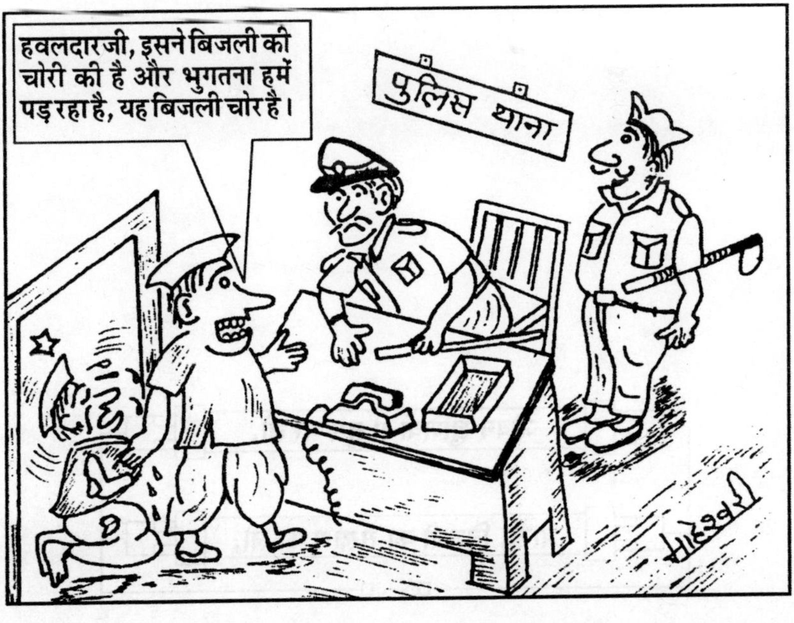

33. वॉटर पम्प के साथ पावर फेक्टर करेक्शन कैपेसिटर्स प्रयोग करें। मशीनों में अच्छी बियरिंग के उपयोग से बिजली व्यय में काफी बचत होती है।

34. स्क्रीन सेवर कंप्यूटर की स्क्रीन को सेव करते है, बिजली की बचत नहीं करते इसलिए स्क्रीन सेवर की जगह ब्लैंक (Blank) पर सेट करे इससे बिजली की बचत होगी।

35. कंप्यूटर, मोनिटर, प्रिंटर, कोपिएर (Copier) को स्लीप मोड में सेट करके रखे। इससे फायदा यह होगा कि जब उपकरण इस्तेमाल में नहीं होगा तब स्लीप मोड के कारण बिजली की बचत होती रहेगी।

36. जब सर्दी के दिनों में पॉवर कट नहीं के बराबर रहता है तब इन्वर्टर में विद्युत सप्लाई बन्द कर दें। हो सके तो बैटरी के टर्मिनल को हटाकर विपरीत दिशा में होने वाली विद्युत प्रवाह रोक कर बैटरी की उम्र भी बढ़ा सकते हैं।

37. डिजाइन वोल्टेज से कम वोल्टेज पर उपकरणों को चलाने पर अधिक करण्ट का प्रवाह होगा, जिससे विद्युत व्यय बढ़ेगा।

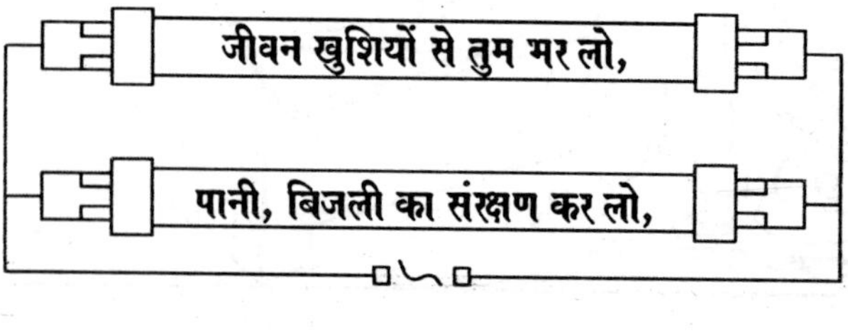

साधारण घरेलू उपकरणों में बिजली व्यय

उपकरण	वॉट (W)
ट्युब लाईट	06 से 40
टी.वी. (B/W)	80–110
रेफ्रिजरेटर (मध्यम साइज)	120
टी.वी. (रंगीन)	250
कॉफी मशीन	400
वेक्यूम क्लीनर	800–1000
लैड लैम्प	0.5 वॉट से कम
गीजर	2500–5000
नाईट लैम्प	15–16
प्रेस	1000–1500
एक एच.पी. पानी का पम्प	400–500
छत पंखा	40–80
कूलर	180
एयर कण्डीशनर (विण्डो)	2100
स्पिलट ए.सी., 1.5 टन	1800
माइक्रोवेव	900
मिक्सी (ग्राइंडर, ज्यूसर)	400
इन्कैन्डेन्सेंट लैम्प	15–1000
हैलोजन लैम्प	500–1500
टोस्टर	700
वॉशिंग मशीन	2500
रेडियो / ट्रॉंजिस्टर	15

1000 वॉट का उपयोग जब एक घण्टा होता है तो एक यूनिट का व्यय होता है । एक सौ वॉट के बल्ब से, दो 60 वॉट के बल्ब के मुकाबले ज्यादा प्रभावी रोशनी मिलती है ।

13 रंग बिजली के संग

बिजली को अगर बचाना है तो रंगों एवं प्रकाश का ज्ञान होना आवश्यक है क्योंकि रंग अपना प्रभाव दीवारों व साज–सज्जा पर ही नहीं छोड़ते अपितु मानव के मन मस्तिष्क में ऊर्जा का संचालन करते हैं। सफेद ग्लेज्ड टाईल 70 से 90%, पुरानी ईंटें 0.05%, मारबल सतह 50 से 60%, ग्रेनाईट सतह करीब 10 से 15%, पत्थर एवं कंकरीट की सतह 5 से 25% तक किरणों को परावर्तित करते हैं। अगर सतह फाईन टेक्सचर्ड है तो प्रकाश को परावर्तित करेगी एवं अगर सतह रफ टेक्सचर्ड (बड़े कणों वाली) है तो प्रकाश का विकिरण (डिफ्यूज्ड) होगा जिससे प्रकाश सभी ओर फेलेगा।

आसमान एवं पानी का रंग नीला, पेड़–पौधों का रंग हरा होता है अतः इन रंगों के मिश्रण से बनने वाले रंग ठण्डे व आरामदेह होते हैं। अतः शांत वातावरण की आवश्यकता वाले स्थानों पर इस रंग का उपयोग कर सकते है। इसी तरह पीला व लाल रंग सूर्य की तरह गर्मी का अहसास कराते हैं अतः कार्य स्थल पर इन रंगों से साहस एवं उत्साह का सृजन होता है। यही कारण है कि मन्दिर के गर्भगृह (मूर्ति स्थापित होने के स्थान) के रोशनदान से पूर्व की तरफ उगते हुए सूर्य की पहली किरण जब मूर्ति से टकराकर प्रकाश को परावर्तित करती है तो पूजा में मग्न व्यक्ति में नई ऊर्जा का संचार होता है और यही कारण हैं कि प्रातःकाल सूर्य नमस्कार करने वाले में दिनभर स्फूर्ति बनी रहती है।

प्रकाश जो कई रंगों से मिलकर बना होता है। जब सफेद प्रकाश प्रिज्म में से निकलता है तो बैंगनी, नीला, आसमानी, हरा, पीला, नारंगी और लाल रंग में विभक्त हो जाता है या यह कहें कि सफेद रंग का प्रकाश मूल रूप से पीला, लाल एवं नीला रंग का मिश्रण होता है। इन तीन रंगो को प्राइमरी रंग कहते हैं, लाल और पीले से ऑरेंज, पीला व नीले से हरा, नीला व लाल से वॉयलट कलर बनता है इन तीनों रंगो को सेकेण्डरी रंग कहते हैं सफेद व काला रंग उदासीन अरंग होते हैं। किसी रंग में सफेद रंग मिलाने से रंग का टिन्ट हल्का हो जाता है जैसे लाल

रंग में सफेद रंग मिला देने से गुलाबी रंग बन जाता है वैसे ही काला रंग मिलाने पर उस रंग का शेड गहरा हो जायेगा जैसे लाल में काला रंग मिलाने पर मेहरून रंग बन जाएगा।

प्रत्येक रंग की विशेष आवृति (फ्रिक्वैन्सी), चमक (ग्लेयर) होती है जो हमारे अन्तःस्त्रावी तंत्र पर असर डालते हैं जिससे विभिन्न हॉरमोन का नियन्त्रण होता है। यही कारण है कि नीला रंग शान्ति, अन्तता एवं शीतलता की अनुभूति कराता है, लाल रंग अग्नि और सूर्य का रंग माना जाता है यह रोमांस और भूख को जागृत करता है, नारंगी रंग उगते हुए सूर्य का रंग होता है लाल एवं पीले का मिश्रण होने के कारण शरीर में ऊर्जा का स्तर बढ़ाता है और हरा रंग आँखों में ताजगी देता है। काला रंग अवसाद जगाता है और गुलाबी रंग सदाबहार रंग है जो आक्रामकता को कम करता है। सफेद रंग मस्तिष्क में विचारों का संचरण करता है। सूर्य का प्रकाश विटामिन डी प्रदान करता है।

बिजली बचाने के लिए वैसे तो पीला, सफेद और हल्के रंग सदा उत्तम रहते है क्योंकि पीला रंग 35%, सफेद रंग 80%, लाल रंग 25%, काला रंग 10%, नीला रंग 27%, भूरा रंग 12%, हरा रंग 19%, एल्यूमिनियम पेन्ट 22%, सुनहरा पीला 62% तक किरणों को परावर्तित करते हैं। इसी तरह सिल्वर नई कोटिंग से 92%, पॉलिस्ड एल्यूमिनियम शीट से 62%, निकल प्लेट से 55% तक किरणों को परावर्तित कर आधुनिक भवन के विभिन्न कक्षों में उचित रंगों का प्रभाव लिया जा सकता

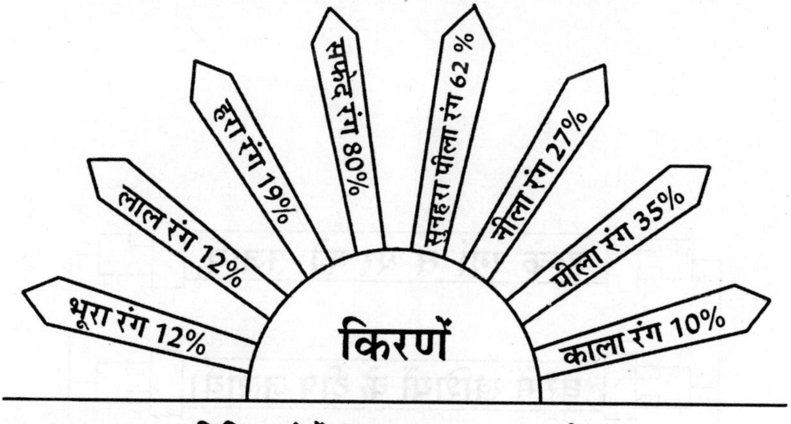

विभिन्न रंगों द्वारा प्रकाश का परावर्तन

है। परावर्तित किरणें जितनी ज्यादा रहेगी, रोशनी भी ज्यादा रहेगी। शयन कक्ष में नीला एवं हरा रंग शान्ति प्रदान करता है। रसोईघर में पीला रंग ऊर्जामय वातावरण प्रदान करता है।

अतिथि गृह (बैठक कक्ष) का प्रयोग कम समय के लिए होता है अतः आंखों को लुभाने वाले अलग–अलग रंगों का प्रयोग किया जा सकता है। प्रसाधन कक्ष में सफेद एवं नीला रंग सफाई एवं पानी के साथ रहने का एहसास कराते हैं। पूजा घर में शान्ति से स्मरण करना होता है अतः सफेद, नीला एवं पीला रंग उत्तम रहते हैं। बच्चों के कक्ष में बच्चों के जोश उमंग को देखते हुए विभिन्न दीवारों में अलग–अलग चमकीले, चटकीले एवं भड़कीले गहरे रंगों का प्रयोग किया जा सकता है। कार्यालय कक्ष में दिन के समय कार्य होता है, अतः सफेद, पीला एवं नीला रंग रोशनी एवं आकर्षण को बनाये रखते हैं। नीला रंग मस्तिष्क में ठंडक प्रदान करता है, अतः बेहतर सोच एवं प्रस्तुति में मददगार रहता है।

अतः विभिन्न कक्षों में सजावट, टेक्चर (बनावट) एवं विन्यास में रंगों का इस तरह इस्तेमाल हो ताकि भवन की सार्थकता बनी रहें।

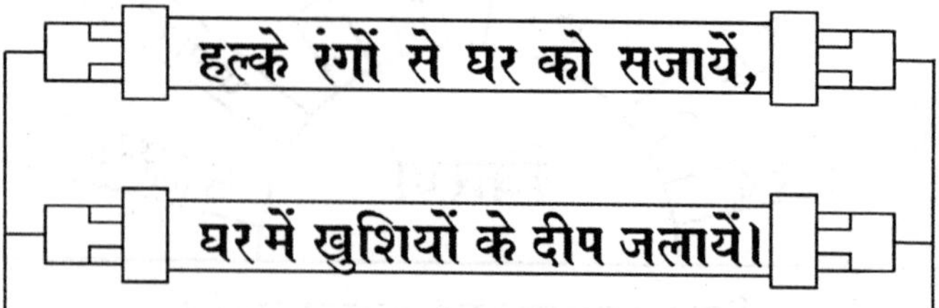

14 स्विच बंद करें, जब बिजली का उपयोग न हो

ऊर्जा का उपयोग प्रगति का द्योतक है। ऊर्जा का समुचित उपयोग करके अधिक उत्पादन प्राप्त किया जा सकता है, अतः आवश्यकता है ऊर्जा का सदुपयोग करने की। लक्ष्य यह होना चाहिये कि कम व्यय में अधिक एवं बेहतर उपयोग कैसे किया जाये। क्षय होने वाले कुछ कारण निम्न है :—

1. इमरजेन्सी लाईट, लैपटॉप, डिजीटल कैमरा, सेलफोन / मोबाईल चार्ज करने के बाद स्विच बन्द न करने के कारण बिजली का उपयोग चालु रहता है यानि एक चार्जर जिसमें फोन नहीं लगा है पर फिर भी स्विच चालु है तो उसमे 1 वॉट का विद्युत व्यय होता है। इसी तरह फोन पूरा चार्ज होने के बाद भी प्लग में से नहीं हटाते है और सप्लाई चालु रहती है, तो 4.5 वॉट बिजली का व्यय होता है, जब फोन चार्ज हो रहा होता है तो लगभग 8 वॉट बिजली का व्यय होता है।

2. रिमोट से बन्द किये गये टी.वी., ए.सी., कम्प्यूटर आदि में लगभग 22 वॉट की बिजली की खपत होती है, अतः इन उपकरणों को विद्युत स्विच से बन्द करके बिजली की बचत कर सकते है।

3. घर में लगे स्टीरियों सिस्टम जिसमें स्पीकर, सी.डी. प्लेयर, एफ.एम. रेडियों आदि लगे हो और स्विच से सप्लाई बन्द न हो तो उसमें 24.5 वॉट बिजली का व्यय चालु रहता है, अतः उपयोग न होने पर मुख्य सप्लाई बन्द कर दे।

4. डिमर स्विच की मदद से लैम्प की रोशनी को आवश्यकतानुसार कम कर बिजली व्यय कम किया जा सकता है जैसे रात्री में कुछ समय के लिए बिजली तेज एवं उपयुक्त ल्युमन की चाहिये मगर मध्य रात्री में केवल हल्की सी रोशनी चाहिये तो उसी लैम्प को डिमर से कण्ट्रोल कर तेज अथवा धीरे किया जा सकता है।

5. स्टैण्ड बाई पॉवर को बचाने के लिए माइक्रोवेव, ओवन, वाशिंग मशीन, कम्प्यूटर व इंडीकेटर स्विचों को विद्युत सप्लाई से बन्द करे मसलन टाईमर वाला माईक्रोवेव स्टैण्ड बाई मोड में अपने इस्तेमाल में आने के दौरान की मात्रा से कही अधिक बिजली का उपयोग करते है। कुछ समय कम्प्युटर चालू रखना पड़े मगर काम नहीं करना हो तो मोनिटर बन्द करके खर्च होने वाली आधी बिजली में बचत कर सकते है।

15 रसोई में ऊर्जा बचाईये

एक आवासीय भवन में ऊर्जा का अधिकतम उपयोग रसोई घर में होता है और ऐसे में अगर ऊर्जा बचाने की ठान ली जाये तो कुछ टिप्स का उपयोग कर ऊर्जा को बचाया जा सकता है।

1. गर्म करने के प्रयोग में आने वाले बर्तन ऊष्मा के सुचालक होना आवश्यक है। कॉपर, एल्यूमिनियम व धातु के बर्तन सुचालक होते हैं। अगर मिट्टी के बर्तन काम लेने हो तो उसका पैंदा काला कर देना चाहिए। आजकल स्टील के बर्तन के पैंदे पर तांबे (कॉपर) का तला लगा मिल जाता है जो ऊष्मा का अधिक सुचालक होता है।

2. दालों और सब्जियों को उबालने से पूर्व आधा घंटे भिगो देना चाहिए जिससे उबालने में कम ऊर्जा व्यय होगी। साथ ही उबालने में कुकर अथवा बन्द बर्तन का प्रयोग करना चाहिए।

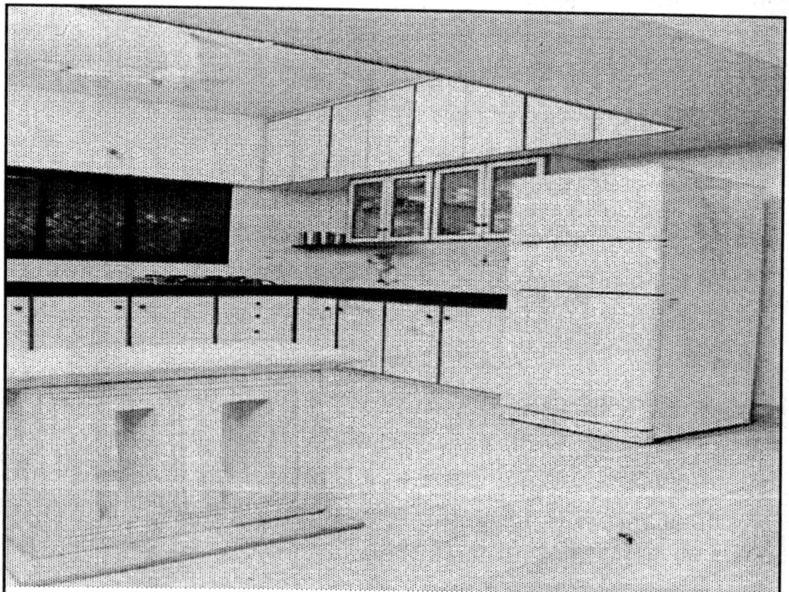

चित्र – स्टेण्डिंग रसोई (सौजन्य – गूगल डॉट कॉम)

3. किसी द्रव को उबालने के लिए ढक्कन लगे बर्तन में आधा गर्म होने तक तेज गति से ऊष्मा दी जाये व बाद में धीरे–धीरे गर्म करने से ईंधन की बचत होती है।

4. सोलर चूल्हों, सोलर गीजर का उपयोग सस्ता पड़ता है। लकड़ी व बिजली की बजाय गैस ईंधन का उपयोग अधिक सस्ता पड़ता है।

5. घर से रसोई की खिड़की का स्थान पूर्व अथवा पश्चिम में रख कर कार्यावधि बढ़ाई जा सकती है। जिससे कृत्रिम प्रकाश हेतु प्रयुक्त होने वाली ऊर्जा के व्यय में कमी की जा सकेगी। धुआंकश का निर्माण से अपशिष्ट गैसों को निष्कासित कर, एग्जॉस्ट फेन के प्रयोग में कमी लाई जा सकती है।

6. रसोई में पानी के घड़ों पर हवा का प्रवाह बनाये रखने से वाष्पीकरण अधिक होगा, जिससे पानी ठण्डा रहेगा। खाद्य सामग्री पर भी हवा का प्रवाह बना रहेगा तो वह फ्रेश बनी रहेगी व सड़ने की सम्भावना कम रहेगी।

7. रसोई में उचित प्रकाश बना रहेगा तो बिजली के प्रयोग में कमी आयेगी। रसोई की एक दीवार जो लॉबी अथवा डाईनिंग की ओर हो, नहीं बनाकर रसोई खुली–खुली बनाई जा सकती है।

8. किचन में गर्म किये हुए पदार्थ को स्टोरेज करने हेतु थर्माकॉल शीट की मदद से बन्द डिब्बा अथवा केसरोल बनाया जा सकता है, जिसमें खाने को अधिक देर तक गर्म अथवा ठंडा रखा जा सकता है। इस हेतु बाजार में मिलने वाले हॉटकेस आदि का भी प्रयोग किया जा सकता है।

9. खाने के बर्तन धोने का समय निर्धारित इस तरह से रखें कि घर में नल द्वारा मिलने वाला पानी सीधा उपयोग किया जा सके ताकि पानी को टंकी में ऊपर कम से कम चढ़ाना पड़े। इस हेतु कम ऊंचाई पर इन्टरमिडियेट टैंक भी लगाकर पानी की सप्लाई बनाई जा सकती है।

10. रसोई में बैठकर खाना बनाने की बजाय स्टेन्डिंग किचन सिस्टम से कार्य जल्दी सम्पन्न होता है एवं ऊर्जा में बचत होती है।

11. इलेक्ट्रोनिक उपकरण, सी.एफ.एल., डिमर, सोलर उपकरण आदि के प्रयोग से भी ऊर्जा बचाई जा सकती है।

12. ग्रामीण क्षेत्र में उन्नत चूल्हे का प्रयोग करके ईंधन का पूर्ण उपयोग किया जा सकता है। इनको बनाने के लिए ईंट एवं मिट्टी की आवश्यकता होती है एवं प्रशिक्षण कृषि विज्ञान केन्द्र से लिया जा सकता है। उन्नत फ्रीज, सोलर कूकर का उपयोग भी इस दिशा में क्रान्तिकारी कदम है। मध्यम सदस्यों वाले

परिवार में डिश सोलर कूकर का प्रयोग करके सालाना 5–10 एल.पी.जी. सिलेण्डर की बचत की जा सकती है जबकि छोटे परिवार के लिए बॉक्स सोलर कूकर का प्रयोग करके ईंधन बचाया जा सकता है। सोलर स्टीम कुकिंग सिस्टम को बड़े स्केल पर लगातार बनने वाले खाने में बहुत ज्यादा ईंधन बचाया जा सकता है।

13. उबालने में सेपरेटर लगाकर एक साथ कई चीजों को उबाला जा सकता है। बर्तन ढ़क कर में उबालने से विद्युत अथवा ईंधन की बचत की जा सकती है।

14. ग्रामीण क्षेत्रों में जहाँ घरों में पशुपालन करते हैं, वहां गोबर गैस प्लांट लगाकर कुकिंग गैस व कम्पोस्ट खाद प्राप्त की जा सकती है।

15. रसोई की सतह चिकनी व हल्के रंगों की बनी होनी चाहिए। खिड़कियों व दरवाजों से हवा का प्रवाह बना रहना चाहिए। रोशनी बनाये रखने के लिए स्काई लाईट, लालटेन सिस्टम अथवा चिमनी को बनाया जा सकता है।

16. थोड़ी मात्रा में भोजन सामग्री पकाने के लिये माइक्रोवेव, ओवन के मुकाबले कम विद्युत खर्च करता है।

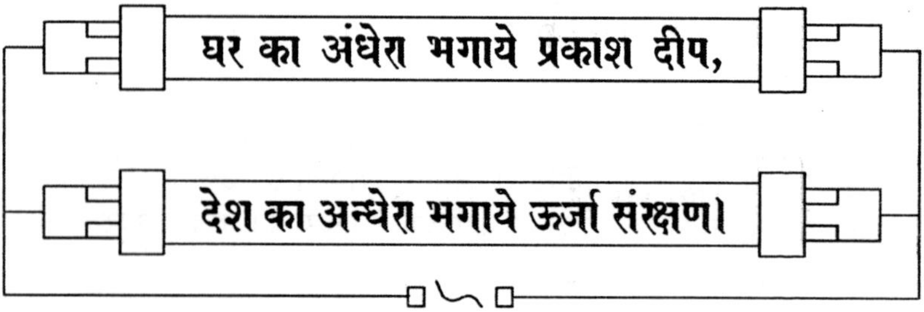

16 छोटे टिप्स पानी बचत के

आपके सजग एवं जागृत रहने से प्रतिदिन पानी के उपयोग में बचत कर सकते है। ईश्वर ने हर व्यक्ति को समान शक्तियाँ देकर भेजा है। एक ही आत्मा सब के भीतर कार्य करती है। अन्तर यही है कि हर व्यक्ति अपनी शक्तियों का उपयोग अलग–अलग तरीके से करता है। कोई व्यापक विस्तार कर लेता है तो कोई शक्तियाँ भीतर ही सुप्त करता रहता है। आपके कार्य से, आपकी सोच से, आपके प्रयास से पानी के उपयोग में बहुत कुछ बदलाव लाया जा सकता है, आईये जानते है छोटे–छोटे टिप्स कोः–

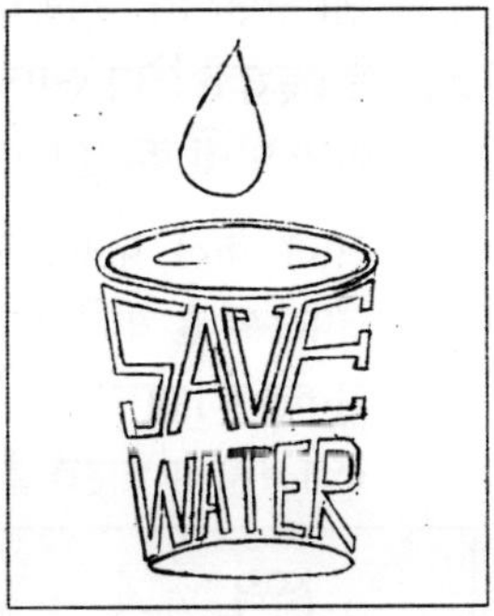

♦ **पानी पीने के तरीके से बचत** – पानी को बार–बार गिलास झुठी करके पीने की बजाय ऊपर से उड़ेल कर या हाथ की बुक बनाकर पीने से गिलास बार–बार झुठी नहीं होगी। अतः बार–बार गिलास धोने में पानी का व्यय कम किया जा सकता है। अगर गिलास से पीना ही आवश्यक हो तो प्रत्येक व्यक्ति के लिए अलग से गिलास का निर्धारण कर प्रयोग में लायें, इससे भी गिलास को बार–बार नहीं धोना पड़ेगा।

♦ **पानी स्प्रे बोटल से करें सफाई** – घर की सफाई करते समय पानी को स्प्रे बोटल में लेकर, आवश्यक जगहों पर स्प्रे करके डस्टर (Duster) से पौंछा जा सकता है।

♦ **फर्श व डेडोज की सफाई पौंछा द्वारा** – पाईप को खुला करके पानी बहाने की बजाय, गीला पौंछा व फिर सूखा पौंछा लगा कर बहुत पानी बचाया जा सकता है। पौंछा में इस्तेमाल पानी को पेड़ पौधों को पिलाया जा सकता है अगर इसमें कोई रसायन का इस्तेमाल नहीं किया गया हो।

♦ **दाढ़ी बनाने में मग के उपयोग से** – कुछ लोगों की आदत होती है कि ब्रुश भिगोने के लिए नल को खुला रख कर दाढ़ी बनाते है इससे 5–6

लीटर पानी यूँ ही बह जाता हे। अतः पानी को मग अथवा प्याले में लेकर ही दाढ़ी बनाये।

- **वाहन की सफाई हेतु हॉज पाइप की बजाय बाल्टी में पोछा लेकर** – हॉज पाइप द्वारा वाहनों की धुलाई में पानी बहुत अधिक लगता है जबकि बाल्टी में गीला कपड़ा लेकर धोने में व्यय होने वाले 90 प्रतिशत पानी को बचा सकते है, फिर भी अगर हौज पाईप से ही धोना आवश्यक हो तो नीचे गिरे पानी को बगीचे आदि में बहाकर उपयोग कर सकते है।

- **शौचालय सिसटर्न (Cistern) उपयोग में** –

1. शौचालय में एक बार फ्लश का उपयोग करने में 15 लीटर पानी खर्च हो जाता है अतः अगर सिसटर्न पावरफूल होगा तो पानी स्पीड़ के साथ प्रवाहित होगा ऐसे में कम पानी से भी मल का बहाव हो जायेगा।
2. पैशाब करने के बाद फ्लश चलाने की बजाय छोटी बाल्टी से पानी उडेला जा सकता है और बार–बार फ्लश में व्यय होने वाले पानी को बचा सकते है। इसके लिए स्नान में उपयोग किया गया पानी व कपड़े खंगालने में काम आये पानी को पुनः उपयोग कर सकते है।
3. आज कल फ्लश सिसटर्न भी पानी की अलग–अलग मात्रा के लिए उपलब्ध है यानि एक ही फ्लश से कम या ज्यादा पानी को प्रवाहित कर सकते है। अगर वह एडजस्टेबल सिसटर्न भी उपलब्ध न हो और आप पानी कम बहाना चाहते है तो सिसटर्न की खाली जगह में पानी व कंकर से भरी

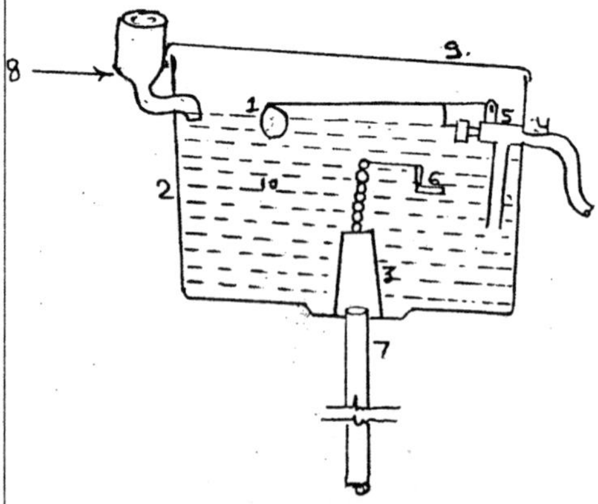

1. फ्लोट बॉल
2. फ्लश टैंक (सिसटर्न)
3. साईफन
4. सप्लाई पाईप
5. पुश टेप
6. साईफन हेण्डल
7. फ्लशिंग पाईप
8. किप/कटी बोटल
9. ढक्कन
10. पानी

चित्र - अशुद्ध पानी के उपयोग हेतु किप लगाना

हुई बन्द बोतल रख सकते है। ताकि बोतल के नाप के बराबर पानी हर बार फ्लस में बहने से बचा सकतें है। यदि फ्लश कई बार करना पड़ता है तो काफी अच्छी मात्रा की बचत कर सकते है।

4. फ्लस सिसटर्न के दायें व बायें पानी सप्लाई के लिये छेद होता है इनमें से एक छेद से सप्लाई दे दी जाती है एवं दुसरा बन्द ही रखते है। अगर इस बन्द छेद को खोल कर इस पर बोतल का पैदा काटकर बनाई हुई कीप (फनल) लगाकर उसमें फ्लस करने के तुरन्त बाद 5–7 लीटर अशुद्ध पानी (कपड़े खंगालने के बाद का इकट्ठा किया गया पानी) इसमें डाल दे तो प्रतिदिन अशुद्ध पानी का उपयोग कर सकते है।

5. फ्लश टैंक (सिसटर्न) के ऊपर ही वाँश बेसिन का पाईप सिसटर्न में लगा कर वाँश बेसिन से निकलने वाले अशुद्ध पानी को सिसटर्न में स्टोर कर सकते है क्योंकि टुथ ब्रुश करने व हाथ धोने वाला पानी आसानी से उपयोग हो सकता है। इससे शुद्ध पीने लायक पानी की आसानी से बचत कर सकते है (देखे चित्र में) सिसटर्न ज़ब खाली होता है तब किप द्वारा अशुद्ध जल सिसटर्न में भरकर अशुद्ध पानी का उपयोग कर सकते है।

6. खारा पानी (Saline Water) अथवा दोहरी पाईप प्रणाली से प्राप्त पानी भी फ्लश में उपयोग कर पीने योग्य पानी को बचा सकते है।

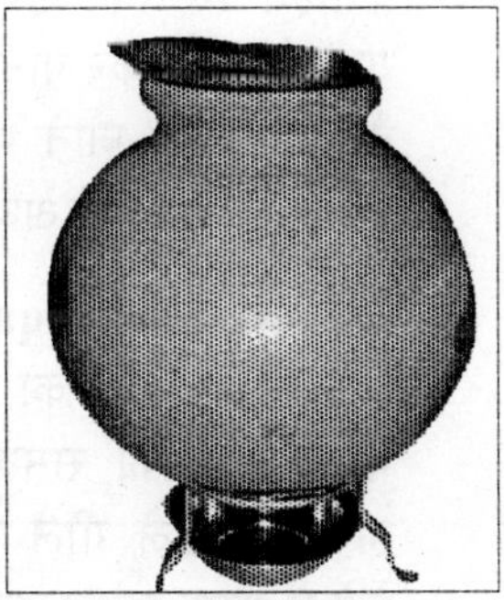

♦ **मटकी से रिसते पानी को इकट्ठा करके** – मिट्टी की बनी मटकी में रन्द्र होते है ताकि उसमें से पानी रिस–रिस कर बाहर आये। जब यह पानी बाहर की हवा से वाष्पीकरण होता है तो मटकी में रखा पानी ठण्डा होता रहता है। चुंकि यह रिसने से पानी बहुत अधिक बह जाता है अतः मटकी के नीचे एक प्याला/बर्तन रख देते है जिसमें रिसा हुआ पानी इकट्ठा हो जाता है जिसे बार–बार उपयोग हेतु लेकर खाली कर सकते है इस पानी का उपयोग आटा गूथने, उबालने आदि में भी कर सकते है।

♦ **वेस्ट वाटर पोट रख कर** – घर में कई बार पानी इसलिए फैकना पड़ता है कि पानी ढका नहीं था, बर्तन में बचा हुआ पानी गर्म हो गया, पानी काफी समय से उपयोग नहीं किया गया था अतः कीड़े कहीं उत्पन्न न हो गये हो।

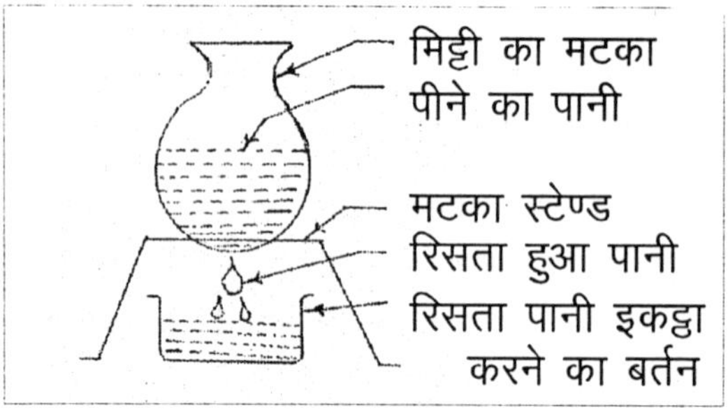

इन सम्भावनाओं को देखते हुऐ अगर घर में एक जगह डस्ट बीन की तरह ही वेस्ट वाटर पोट रख दे और उसमें इकट्ठा हुआ पानी को साफ सफाई, पौधों में सिंचाई, ठण्डक बनाने आदि में उपयोग कर पानी बर्बादी को कम किया जा सकता है।

- **आसवन (Condensing) द्वारा** – ए.सी. जब चलता है तो वातावरण की नमी को संग्रहित कर पानी में बदल देता है। जो बूंद–बूंद करके पाईप से टपकता रहता है। अगर इस पानी को किसी बर्तन में इकट्ठा करेंगे तो यह पानी डिस्टिल वाटर की जगह यानि मिनरल रहित पानी मिल सकता है।

- **ओवरफ्लो पाईप से पानी को संग्रह करके** – हर टंकी एक निश्चित क्षमता की बनती है। उसमें भराव से अधिक पानी आने पर उसे ओवरफ्लो पाईप से बाहर निकाल देते है अगर इस अतिरिक्त पानी को इस तरह प्रवाहित कराये कि इसका उपयोग हो सके। जैसे घर के बगीचे की तरफ या बर्तन से लेकर पानी को फ्लश, सफाई आदि में उपयोग कर सकते है। वैसे पानी भर जाने पर वॉटर लेवल इन्डीक्टेर लगा कर अलार्म द्वारा जाग्रत हो सकते है अथवा ऑटोमेटिक बन्द का सिस्टम रख सकते है।

- **लिक्विड शोप (Liquid Soap) से हाथ धोए** – हम देखते है कि हाथ धौने के लिए नल को खोलकर, हाथों को साबुन से मला जाता है, साबुन मलने में काफी समय लगता है व हाथ भी पहले गीले करने पड़ते है ऐसे में अगर साबुन का घोल से हाथों को पहले ही मल कर साफ करदे व फिर पानी से धोने में पानी की बर्बादी कम होगी।

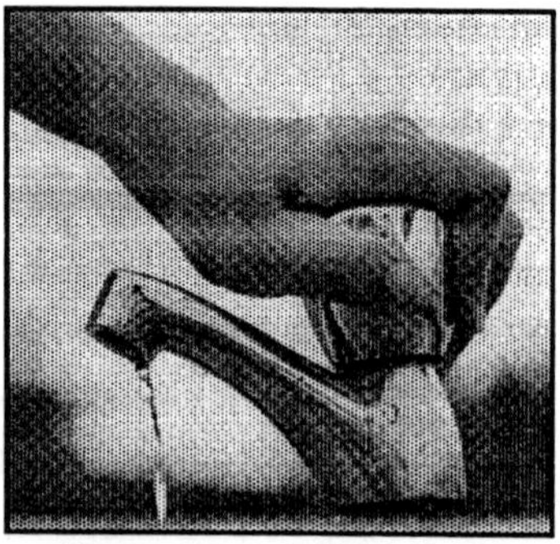

- **बन्द टुटी (टेप) एवं वाल्व से पानी टपकने न दे** – अगर टुट्टी का वाशर

या अन्दर की बाड़ी खराब हो गई है तो टुट्टी लगातार 24 घन्टे टपकने से करीब 20–30 लीटर पानी फिजुल में ही बह जाता है। अगर एक बूंद पानी प्रति सैकण्ड टपकता है तो एक टुटी से 9,120 लीटर पानी हर साल व्यर्थ बह जाता है। अतः लीक होने वाली टुट्टी को तुरन्त ठीक कराये। रबड़ का वाशर कुछ समय बाद कठोर (Hard) हो जाता है इससे वो पानी को अच्छी तरह से नहीं रोक पाता है और पानी टपकना (Leakage) शुरू हो जाता है। रबड़ का वासर बाजार में बहुत सस्ता उपलब्ध रहता है इसे आप स्वयं के स्तर पर भी बदल सकते है। अगर अन्दर की बाँड़ी घिस गई हो तो उसे भी अलग से लाकर बदला जा सकता है और लगातार रिसने वाले पानी के अपव्यय को रोका जा सकता है।

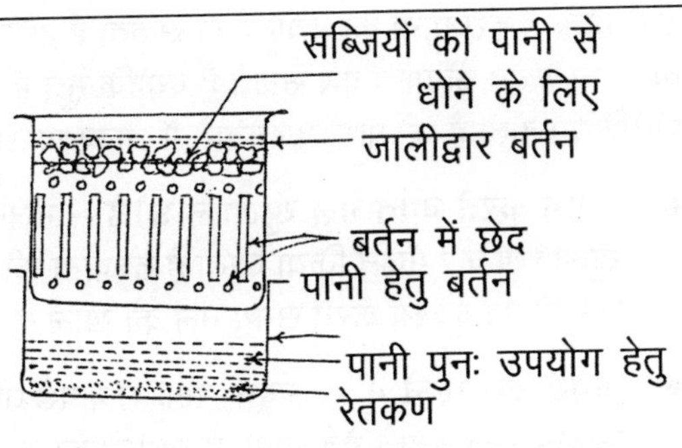

चित्र :- सब्जियों को धोने की विधि

- **सब्जियों व फलो को जाली लगा टब में धोयें** – सब्जियों धोने के बाद बचा पानी सीधे–पौधों में डाला जा सकता है। अतः इसे नल के नीचे सीधे धोने की बजाय टब में धोना चाहिये। सब्जियों में उपयोग होने वाली पेस्टीसाईड व पत्तों पर लगे मिट्टी के कणों को हटाने के लिए उन्हें उपयोग लेने से पूर्व जाली लगा टब में पानी डाल कर कुछ देर रख देना चाहिये। जाली में से मिट्टी नीचे टब में जम जाती है इस टब के पानी को पौधों में डाला जा सकता है। यह सफाई की क्रिया तब तक करते है जब तक टब में मिट्टी जमना बन्द न हो जाये और पानी को घरेलु बगीचे, गमलों आदि में उपयोग कर सकते है।

- **मिलजुल कर रहने व एक ही जगह कूलर चलाने से** – गर्मी के मौसम में रेगिस्तान में कूलर में 30–40 लीटर पानी का उपयोग हर रोज हो ही जाता है ऐसे में अगर अलग–अलग कमरों में अलग–अलग व्यक्तियों द्वारा कई सारे कूलर की बजाय एक स्थान पर ही कूलर चलेगा तो पानी व बिजली दोनों की बचत होगी।

- **रिसाईक्लिंग द्वारा फ्लस करके** – पैशाब की बदबु ना फैले इस हेतु बार–बार फ्लश करने की बजाय मग से थोड़ा पानी उडेला जा सकता है। इस हेतु कपड़े खगालने के बाद बचा हुआ पानी का उपयोग कर सकते है। जहाँ तक हो सके पैशाब करने की जगह हवा का प्रवाह बना रहना चाहिए इससे बदबु कम फैलेगी। पैशाब घर में कपूर अथवा नैफ्न्थलिन की गोलियां रख देने से भी पैशाब की गंध कम महसूस होगी।

वर्तमान में **निर्जल मूत्रालय**, जिनमें पानी की जरूरत नहीं होती है आई. आई.टी. दिल्ली ने विकसित किये है इनसे लगातार पानी की बहुत बचत होती है। मान लीजिए देश में एक करोड़ मूत्रालय है और हर दिन चार व्यक्ति एक मूत्रालय का इस्तेमाल करते तो हर दिन कम से कम चार करोड़ लीटर पानी खर्च होता है इस पानी को बचाया जा सकता है और साथ खेती के लिए विशाल खाद का स्त्रोत भी प्राप्त कर सकते है क्योकि मूत्र में नाईट्रोजन, फॉस्फोरस और पोटेशियम होता है जो पोधों को बढ़ाने में आवश्यक तत्व होता है।

- **मंजन करते वक्त नल खुला न छोड़े** – मंजन करते समय यदि नल को खुला रख कर मंजन किया जाता है तो पानी की बर्बादी होती है। अतः ब्रुश भिगोने एवं कुल्ला करते समय नल को खोलें एवं तुरन्त बन्द कर दें।

- **कपड़े खंगालने में** – साबुन–सर्फ से कपड़े धोने के बाद कपड़ों से वापस साबुन–सर्फ हटाने हेतु पानी से खंगालकर साफ करने में पानी की बचत कर सकते है। इसके लिए अधिक मात्रा में एक साथ कपड़े धोने से कम पानी उपयोग होता है। अगर कम कपड़ों से सर्फ–साबुन हटाना है और बाल्टी पानी से भरकर उसमें थोड़े से कपड़े डालेंगे तो पुर्णतया सफाई हेतु तीन से चार बाल्टी पानी लग जाता है अतः इसे बचाने के लिए पानी इतना ही लें कि कपड़े उसमें डुब जायें। इससे साबुन पहली बार ही काफी घुल जाता है और कम पानी में इस क्रिया को तीन चार बार दोहराने में कपड़े कम पानी से ज्यादा साफ हो जाते है। इस तरह कपड़ों खंगालने में प्रतिदिन काफी पानी की बचत कर सकते है।

- **धर्म–कर्म में** – सुर्य को जल अर्पित करते हुऐ ध्यान रखें कि नीचे गिरने वाला जल पौधो में जाए। होली त्यौहार पर रसायनिक रंगों का उपयोग ना केवल त्वचा को हानि पहुंचाता है अपितु इन रंगो को शरीर व कपड़ो से हटाने में भी बहुत अधिक पानी का व्यय करना होता है जबकि प्राकृतिक रंगो को हटाने में पानी बहुत कम लगता है। वजु करने के लिए हाथो को

हथेली से कोहनी तक धोया जाता है। वैसे तो इस तरीके में पानी हाथ के अधिक क्षेत्र को गीला करता है मगर नल को बहने के लिए खुला रखने में पानी का व्यय होता है अतः तुरन्त नल को बन्द करें।

- **फर्श सफाई** – फर्श की सफाई हेतु नल से पानी नाली में बहने हेतु खुला ना छोड़ें। वाईपर, पोचे का उपयोग कर गन्दगी को ढकेला जा सकता है हो सके तो पहले झाडु लगाकर, वेक्युम क्लिनर चला कर गन्दगी को सुखा ही हटाया जा सकता है।

- **ओवर फ्लो रोककर** – नल से बाल्टी में पानी भरने के बाद बाल्टी से बाहर बहने के लिए खुल्ला न छोड़ें। जिस तरह आपके हाथ मन्दिर देख कर हाथ जोड़ने को उठते है, वैसे ही फ़िज़ुल बह रहे नल की टुट्टी को बन्द करने हेतु बढ़ायें। ओवर हैड टेंक आदि में फ्लोट बॉल लगाकर स्वतः बन्द कर पानी का ओवर फ्लो रोका जा सकता है। टंकी के एक लेवल तक पानी भरने के बाद अलार्म से सूचना मिल जानी चाहिये।

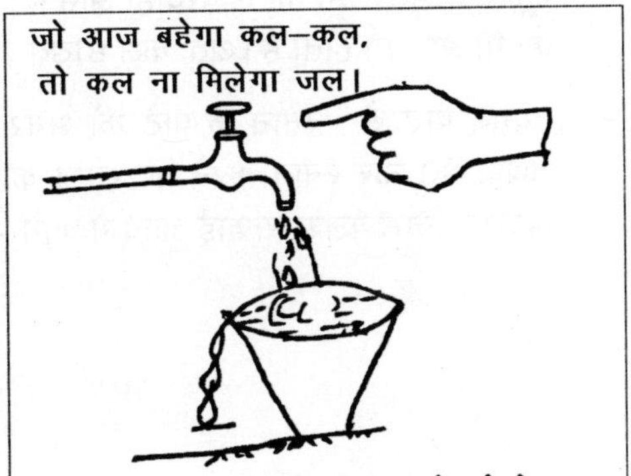

चित्र :– व्यर्थ पानी को रोके

- **आर. ओ. मशीन के व्यर्थ पानी का संग्रह** – आर. ओ. मशीन द्वारा पानी शुद्धिकरण में 70 प्रतिशत पानी व्यर्थ जाता है अतः उसे अलग से इकट्ठा करके अथवा पाईप लम्बी करके उसे पौधों को सींचने के काम लिया जा सकता है।

- घरो में नल खुले रह जाते है और जब पानी आता है तो व्यर्थ नहीं बहता है अतः जब उपयोग न हो तो नल बन्द ही रखे।

- टुटियो के वाशर सूख जाने व खराब हो जाने पर उन्हे समय पर ना बदलने पर पानी टपकता रहता है। इस लापरवाही से हजारो लीटर पानी व्यर्थ नाली में बह जाता है।

- जमीन एवं छत लेवल पर बने टैंक से ओवर फ्लो ना हो इसके लिए इसमें फ्लोट वॉल एवं जल संकेतक लगा दिया जाये तो तत्परता से ओवर फ्लो बन्द किया जा सकता है।
- जलदाय विभाग ही सप्लाई लाईन कई बार टूट जाती है ऐसे में हम विभाग को तुरन्त सूचित कर पानी की बर्बादी को रोक सकते है।
- कार्यालय के कमरो से एवं घरो के कक्ष से बाहर जाने पर बिजली एवं रूम कूलर चालू छोडने की लापरवाही आम है। इससे बिजली के साथ ही पानी का भी अपव्यय होता है। अतः कक्ष छोडते ही कूलर एवं स्विच बन्द करे।
- टबमय पाटे से –स्नान के पाटे को अगर टब में रख कर, उस पर खड़े अथवा बैठ कर स्नान करने पर स्नान का पानी नीचे टब में इकट्टा हो जायेगा, जिसे फ्लश, सफाई आदि में काम लिया जा सकता है।

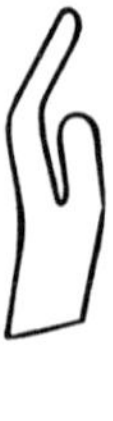

आज बहते पानी को बचा रहे हो,
कल अपने बच्चों का जीवन बचेगा।

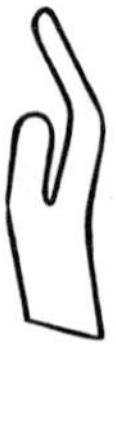

17 छोटी तकनीक बड़े फायदे
(पानी बचत)

1. **पुल अथवा पुश टाईप टुटी, वाल्व के प्रयोग से** – नल से पानी प्राप्त करने के लिए पुल टाईप टुटी को खिंचकर व पुश टाईप को दबा कर पानी लेना होता है अतः इस तरह के नल में मानव द्वारा गलती से बहने वाले पानी का अपव्यय नहीं होता है क्योंकि दबाव हटने पर ये स्वतः ही बन्द हो जाती है। एक बार में कम समय तक पानी लेने के लिए व पब्लिक उपयोग वाले स्थानों पर इस तरह की टुटी, वाल्व लगा कर लापरवाही द्वारा होने वाले पानी के अपव्यय को रोका जा सकता है।

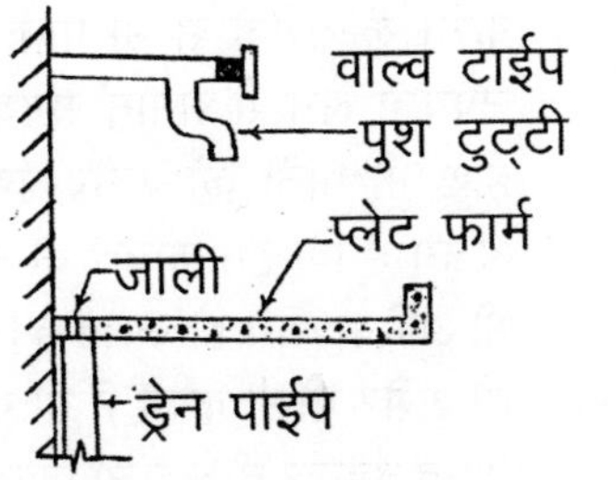

चित्र - पुश टाईप टुट्टी

2. **फ्लोट बॉल, स्टोप काक के प्रयोग से** – निश्चित ऊँचाई तक पानी भर जाने पर स्वतः ही बन्द हो जाये इस हेतु फ्लोट बॉल, स्टोप कोक के प्रयोग से पानी भर जाने पर यह पानी के प्रवाह को रोक देता है। जिसमें पानी ओवर फ्लो से अपव्यय नहीं हो पायेगा।

3. **फ्लोट लेवल स्विच से** – निश्चित ऊँचाई तक पानी का लेवल पहुँच जाने पर पानी की मोटर से स्वतः सप्लाई बन्द हो जाती है ताकि पम्प द्वारा पहुँचने वाला पानी और भरना बन्द हो जाये पानी का ओवरफ्लो द्वारा होने वाला अपव्यय पर रोक लग सकें।

4. **टुटी पर छोटा फंव्वारा से** – स्नान करने से शरीर की गर्मी पसीने की बदबू व शरीर पर चिपकी हुई गन्दगी हट जाती है यानि शरीर खुजली तथा संक्रमण से भी बच जाता है। स्नान करने से सभी इन्द्रियों की शुद्धि हो जाती है। साथ ही शरीर में ताज़गी व स्फुर्ती का अनुभव होने लग जाता है। स्नान करने के कई सारे तरीके है मगर साधारण तौर पर घरों में स्नान

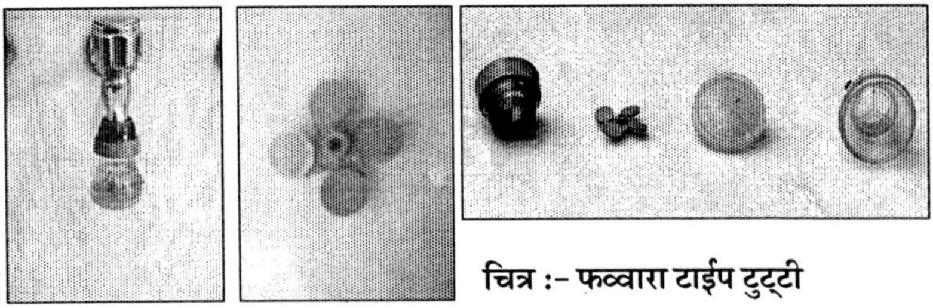

चित्र :– फव्वारा टाईप टुट्टी

करने के तरीके से भी पानी बचा सकते है। स्नान में पानी फव्वारे द्वारा उपयोग लेने से समान समय के लिए पानी कम लगता है। क्योंकि दोनों हाथ भी पानी को शरीर पर फैलाने का कार्य करते रहते हैं। यह बात अलग है कि हम फव्वारे के नीचे ज्यादा समय तक रहते है तो थोड़ा पानी भी अधिक व्यय हो जाता है। मग द्वारा जब पानी शरीर पर उडेला जाता है तो शरीर गीला करने में तो मात्र 2 प्रतिशत ही उपयोग होता है, शेष पानी तुरन्त बहकर नीचे चला जाता है। मग द्वारा सिर पर डाला गया पानी 2–3 सैकण्ड में ही बह कर नीचे चला जाता है जबकि उतना ही पानी फव्वारे से अधिक क्षेत्र में 20 सैकण्ड तक उपयोग कर सकते हैं।

अतः फटा–फट नहाने में, फव्वारे द्वारा सिंचाई में फव्वारा पद्धति की तरह ही कम पानी व्यय होता है, क्योंकि थोड़े से पानी से ही पूरा शरीर गीला हो जाता है। इस हेतु आप पानी के नल पर डिटेचेबल फव्वारा लगा सकते है। जिसमें एक घूमने वाली चकरी लगी होती है ताकि पानी के प्रवाह से वह घूमती रहे वह पानी स्प्रे के रूप में गिरता रहे । चुकि कम पानी ज्यादा क्षेत्र में फैलता है अतः यह फव्वारा उपयोगी साबित हो रहा है। चित्र में घूमने वाली चकरी व फव्वारे को दर्शाया गया है।

5. **हवा पानी जेट से** – नोजल जेट से हवा पानी की तेज धार निकलती है तो सफाई में पानी की धार ज्यादा प्रभावी रहती है। अगर टॉयलेट में लगे जेट में पानी की तेज धार के साथ हवा का दबाव होगा तो इससे यह जेट अपना सफाई का कार्य भी कर लेगी और पानी की बचत भी होगी। पानी की तेज धार बनाने के लिए यह आवश्यक है कि सप्लाई पाईप एवं छत पर लगी टंकी के मध्य ऊँचाई इतनी हो कि हवा पानी का अच्छा दबाव बन सके। यह तरीका जहाँ पानी केवल शौचालय में ही उपयोग होता है बड़ी आसानी से अपनाया जा सकता है। पानी में हवा को मिक्स करने के लिए पानी जहाँ से पाईप में प्रवेश करता है उसका मुहँ हवा लेने हेतु खुला हो

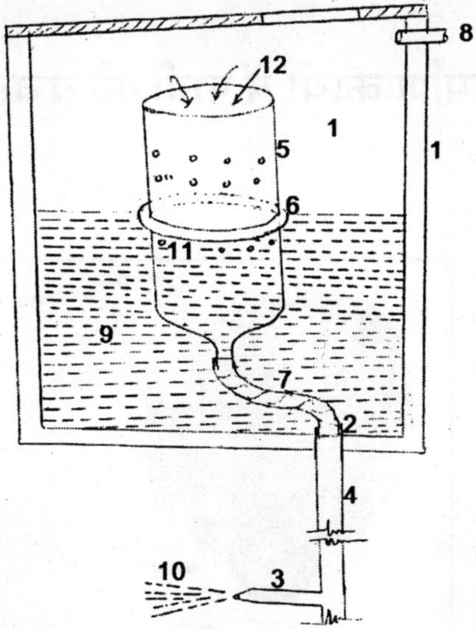

1. ओवर हैड पानी का टैंक
2. पानी का आउट लेट
3. नोजल जेट
4. सप्लाई पाईप
5. फ्लोटिंग इनलेट बोतल
6. फ्लोटिंग रिंग
7. लचीला पाईप
8. इनलेट
9. पानी
10. पानी–हवा जेट
11. पानी प्रवेश के लिए छेद
12. हवा

चित्र :- फ्लोटिंग आऊटलेट इन ओवर हैड वॉटर टैंक

एवं पानी भी धींरे–धींरे उसमें प्रवेश करता रहे। इसके लिए तैरता लचिला (फ्लोटिग फ्लेक्जीबल) माऊथ रखते है ताकि पानी के लेवल के साथ ऊपर–नीचे होता रहे और पानी के साथ हवा भी प्रवेश करती रहे। चित्र में फ्लोटिंग माऊथ को दर्शाया गया है जिस में बोटल में छेद होते है एवं बोटल को फ्लोटिंग रिंग में इस तरह से लगा देते है कि रिंग व बोटल मिलकर नाव का कार्य करते रहे। बोटल में बने छेदो से हवा पानी सप्लाई पाईप में जाने से पानी के साथ हवा का प्रवाह भी चालु हो जाता है जिससे जेट के लिए उपयोग होने वाले पानी में 40 प्रतिशत तक बचत हो सकती है।

पानी पेड़, और हवा, जीवन की अनमोल दवा,
जब हम करेंगें इन सब की बर्बादी,
तब हम मारेंगे भावी पीढ़ी के पांव पर कुल्हाड़ी।

18 भवन निर्माण कार्यों में पानी की बचत

निर्माण कार्यो में उपयोग होने वाला पानी ईटों को खराब करने वाला नहीं होना चाहिए। यानि पानी खारा, क्षारीय, तेलीय, घास–फूस मिला, अम्लीय नहीं होना चाहिए। सीमेन्ट के कार्यो की तराई (Curing) हेतु, मसाला बनाने व साफ सफाई आदि कार्यो में पानी का उपयोग के साथ अपव्यय भी बहुत होता है जिन्हें कुछ सावधानियाँ बरत कर पानी का सदुपयोग किया जा सकता है।

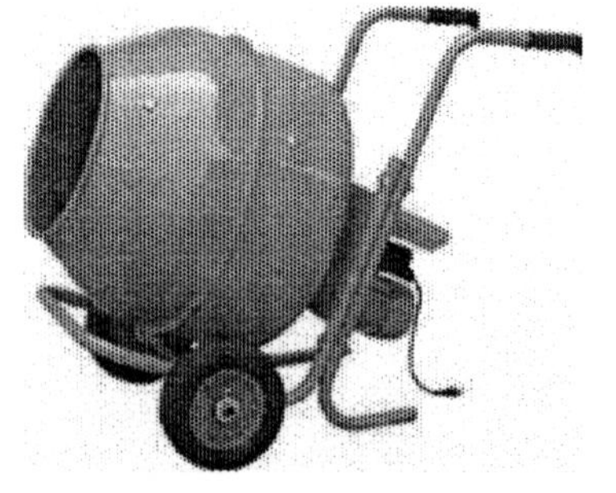

चित्र – मिक्सर

- भवन निर्माण में मसाला एवं कंक्रिट को मिक्सर में तैयार करने से पानी का व्यय कम होगा एवं मसाला भी अच्छा बनेगा।
- अगर मसाला मानव परिश्रम से (Manually) बनाना हो तो उसे मिट्टी में बनाने की बजाय पक्के फर्श, लोहे की चद्दर पर बना कर सीमेन्ट चूने के साथ पानी का सही उपयोग कर सकते हैं।
- सीमेन्ट मसाला एवं कंक्रिट में पानी उतना ही डालें कि उन्हें आसानी से अपने रूप में अपनी जगह पर लगाया जा सके। पानी अधिक होगा तो सीमेन्ट बहेगी, रन्द्र (छेद) ज्यादा होंगे, ताकत घटेगी। अतः पानी कम से कम सीमेन्ट में ड़ाले।
- मसाला व कंक्रिट की तराई के लिए उसमें मिलाये गये पानी से कई गुणा अधिक पानी लगा देते है जबकि मसाला व कंक्रिट को उसमें मिलाये गये पानी से अतिरिक्त जरूरत नहीं होती है। केवल तराई में उतना ही पानी छिड़कना होता जितना ऊपरी की सतह से वाष्पीकरण (Evaporation) द्वारा उड़ जाता है।

- इस वाष्पीकरण को कम करने के लिए कंक्रिट मसाले की सतह को 'वाटरपुफ्र' शीट अथवा केमिकल कोटिंग से ढक सकती है ताकि अन्दर का पानी बना रह सके।
- तराई में पानी तालाब की तरह भरने की बजाय, उस पर स्प्रे अथवा छिड़काव किया जा सकता है। नमी को ज्यादा समय तक बनाये रखने के लिए सतह को जूट की चटाई अथवा मिट्टी की चद्दर से भी ढक सकते हैं।
- तराई अगर भाप चेम्बर (Steam Chamber) में की जाती है तो सीमेन्ट कुछ ही घण्टों में जम (Set) जाती है यानि जो तराई 28 दिन तक करनी होती है उसे चेम्बर में कुछ ही घण्टे रख कर उतनी ही ताकत प्राप्त की जा सकती है। यानि तराई के पानी की बचत कर सकते हैं।
- तराई व निर्माण कार्यो में रिसाईक्लिंग किया हुआ पानी जिसकी पी. एच. वेल्यु पीने वाले पानी के समान हो, का उपयोग कर सकते हैं।
- निर्माण कार्यों में उपयोग होने वाला पानी भारतीय मानक आई. एस. 3025 की सीमा में होना चाहिये–

अशुद्धि	सीमा
क्लोराईड	आर.सी.सी. के लिए पानी में 500 मिली ग्राम प्रतिलीटर से कम हो और बिना आर.सी.सी. के लिए पानी में 2000 मिली ग्राम प्रतिलीटर से कम हो।
सल्फेट	400 मिली ग्राम प्रतिलीटर से कम।
कार्बनिक पदार्थ	200 मिली ग्राम प्रतिलीटर से कम।
अकार्बनिक पदार्थ	3000 मिली ग्राम प्रतिलीटर से कम।
घुले हुऐ कण	2000 मिली ग्राम प्रतिलीटर से कम।
पी.एच. वेल्यू	6 से 8 के मध्य

आओ, राष्ट्र निर्माण में सहयोग करें
बिजली, पानी का हम सब संरक्षण करें।

19 स्वचलित नल संकेतक

प्रायः पानी की कमी को देखते हुऐ, जल व्यवस्था में पानी कुछ अन्तराल से सप्लाई किया जाता है। ऐसे में हम अपनी टुटी खुली छोड़कर रखते है ताकि पानी आते ही हमें मिलना शुरू हो जायें। अगर ध्यान नहीं दिया जाऐगा तो पानी आने के बाद व्यर्थ ही बहता जायेगा। इस समस्या का समाधान हेतु तकनीक आधारित नल संकेतक लगा सकते है ताकि जैसे ही पानी आता है तो बल्ब चालु हो जाये अथवा बर्जर बजने लग जाये। पानी टैंक में भर जाने पर मोटर स्वतः ही बन्द हो जाये आदि। पानी आने की सुचना के लिए एवम पानी को सेन्स करने के लिए दो तार नल के मुंह पर चित्रानुसार लगाने है, जैसे ही नल में पानी आयेगा परिपथ अलार्म बजने लगेगा, जिससे आप तुरन्त उठकर पानी भर सकते है। पानी के नल को सीधा पानी के टैंक में खोल रखा है तो उसमें फ्लोट या तैरने वाली बॉल लगा कर बॉल के लेबल पर पानी आते ही बॉल ऊपर उठेगी और बॉंल के ऊपर उठते ही सर्किट (परिपथ) चालू हो जायेगा जिससे बर्जर बज उठेगा और आप आकर पानी के नल को बन्द कर सकते है या पानी की मोटर को चालु किया जा सकता है।

परिपथ की कार्यप्रणाली

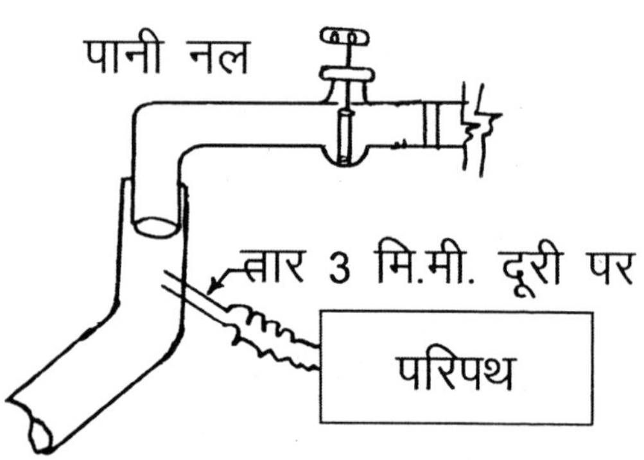

स्वचलित जल संकेतक

प्रस्तुत परिपथ बनाने में बेहद सरल है जो कि 500 मिली एम्पियर तक की धारा वहन कर सकता है। पानी से सेन्स करने के लिए इसमें ट्रांजिस्टर के बेस एवं घनात्मक सप्लाई से दो तार लेकर उन्हें तीन मिली मीटर की दूरी पर रखा

है। इस सेंसर को हम नल के नीचे इस तरह रखेंगे कि पानी की धार इस पर इस तरह पड़े जिससे दोनों तार आपस में शौर्ट हो जाए। तारों के शौर्ट होते ही बर्जर बज उठेगा साथ ही ट्रांजिस्टर रिले को भी आन कर देगा। रिले से आप पानी की मोटर जोड़ सकते है। परिपथ में प्रयुक्त वेरिएबल रजिस्टेंस ट्रांजिस्टर की संवेदशीलता एडजस्ट करने के लिए है। नल में पानी आते ही मोटर ऑन हो जायेगी और पानी खींच लेगी।

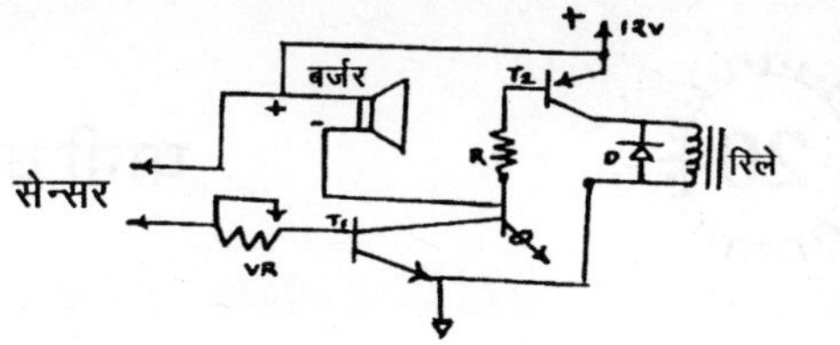

T1 - ट्राजिस्टर (BC 548)

T2 - ट्राजिस्टर (BC 558) - PNP ट्राजिस्टर

VR - वेरिएबल रजिस्टेन्स (470 k)

R - रजिस्टेन्स (1k)

D - डायोड (1 N 4007)

RLY - रिले SPDT

बजर - 12 v D.C

चित्र :– जल संकेतक परिपथ
(सौजन्य एवं आभार – विज्ञान पत्रिका)

इसी तरह पानी की मोटर को बन्द करने के लिए वाटर लेवल इण्डीकेटर (संकेतक) लगा सकते है। जब टैंक में समुचित लेवल तक पानी का भराव हो जायेगा तो लेवल फ्लोट के ऊपर उठने से परिपथ में विद्युत प्रवाह को रोका जा सकता है जिस से निश्चित लेवल पानी आने पर मोटर स्वतः बन्द हो जायेगी और ओवर फ्लो में बरबाद होने वाले पानी को रोका जा सकता है।

अपव्यय की आदत बनाती है लापरवाह,
संरक्षण की आदत बनाती है सक्रिय।

20 पानी को करे रीसाईक्लिंग (पुनः उपयोग)

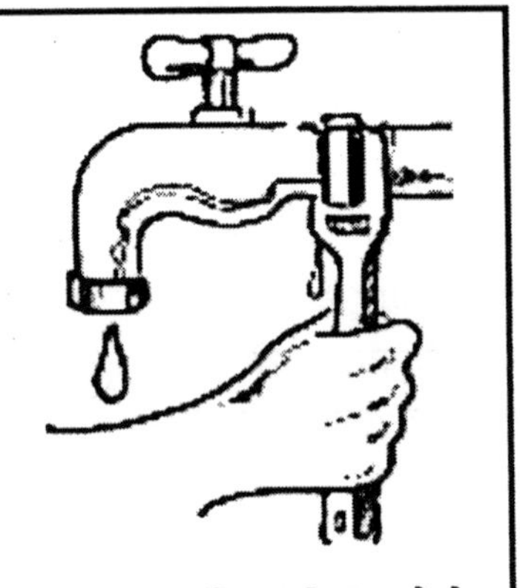
चित्र :- पानी का रिसाव रोके

पानी सबके लिए जीवन है, अमृत है। पानी मज़हब–जाति–रंग आदि के भेद करना नहीं जानता। सभी की यह जीवन रेखा संकट में पड़े तो भोगना सभी को पड़ेगा। अगर उपलब्ध पानी की सप्लाई से कुछ पानी की सप्लाई पुनः उपयोग करते है तो पानी की मात्रा में काफी राहत प्राप्त की जा सकती है। पानी को उपयोग करने के बाद पुनः साफ करके उपयोग लेने की क्रिया रिसाइक्लिंग कहलाती है। यह क्रिया औद्योगिक इकाईयों, घर, दफ्तर आदि में की जा सकती है ताकि गन्दे पानी से वातावरण प्रदुषित न हो एवं साफ मिलने वाले पानी को पुनः औद्योगिक इकाईयों में, सिंचाई में, फव्वारों व रंगाई छपाई के उद्योगों में उपयोग कर सकते है। इस पानी को पीने में उपयोग नहीं करते है। शहरी इलाकों में रोजाना सप्लाई किये जाने वाले करोड़ो लीटर पानी का 80 फीसदी हिस्सा इस्तेमाल के बाद सीवरेज में बहा दिया जाता है। अगर इस 80 फीसदी हिस्से को रीसाईकिल / ट्रीट कर लिया जाए तो यह पानी की बहुत बड़ी बचत होगी। नहाने, कपड़े धोने, साफ सफाई और बर्तन धोने में इस्तेमाल पानी 'ग्रे वाटर' कहलाता है और इसे रीसाईकिल किया जा सकता है। जबकि टॉयलेट में इस्तेमाल पानी 'ब्लेक वाटर' कहलाता है जिसे ट्रीट करना पड़ता है।

घरों के लिए जमीन में गड्डा बनाकर उसमें रसोई व वाशवेसिन के गन्दे पानी को उसमें डाल सकते है। गड्डे में बजरी, कोयला चूरी व कंकड़ डालकर उसमे से पानी को रिसा कर इकट्ठा करके बगीचे में उपयोग कर सकते है। पानी में मिले बारीक कणों को निकलने के लिए, पानी को कुछ समय के लिए स्थिर छोड़ देते है। जिसे तकनीकी भाषा में स्थिरिकरण (Sedimentation) कहते है,

इस क्रिया से अघुलनशील कण धीरे –धीरे पेंदे में बैठ जाते है व उपर का निथरा (स्वच्छ) पानी को पूनः उपयोग कर सकते है।

रसोई में सब्जियाँ, चावल–दाल, बर्तन धोने व बार–बार हाथ धोने में प्रयुक्त पानी एक बार प्रयोग के बाद किसी में काम नहीं लिया जाता है। यदि इस पानी का पुनः उपयोग कर अन्य कार्यो में जैसे सफाई, गृह वाटिका, गमलों में पानी उपयोग करें तो पूरे वर्ष में एक मध्यम परिवार में लगभग 12 हजार लीटर अतिरिक्त पानी प्राप्त होगा।

पानी को रीसाईक्लिंग करने के लिए पानी को फिल्टर व कुछ रासायनिक ट्रिटमैन्ट करना होता है। फिल्टर करने के लिए गन्दे पानी को कंकर व रेत (बड़े दाने से घटती हुई महीन दाने के कणों की रेत) से गुजारा जाता है ताकि अघुलनशील ठोस पदार्थ इस फिल्टर पर रूक जाये व पानी रिस कर साफ हो जाये। इस पानी में से हानिकारक जीवाणुओं को मारने के लिए इसमें क्लोरिन जो साधारणतया ब्लीचिंग पाऊडर (Bleaching Powder) से मिल जाती है, का प्रयोग किया जाता है। ऐसे ही पानी की अशुद्धि के अनुरूप उसमें रसायन मिला कर शुद्ध किया जाता हैं। निर्माण में काम आने वाले पानी की पी.एच वेल्यू 6 से कम हो तो पानी अम्लीय हो जाता है अतः उसमें कास्टिक सोड़ा (NaOH) मिलाकर पी.एच वेल्यू को बढ़ा सकते है। क्षारीय पानी में चूने का पानी मिलाकर पी.एच वेल्यू को कम किया जा सकता है यानी निर्माण में काम आने वाले पानी की पी.एच वेल्यू 6 से 8 के मध्य रखकर उपयोग कर सकते है।

पानी का तुम करो संरक्षण,
होगा मानवता का रक्षण।

21

दोहरी पाईप प्रणाली

पानी की बचत एवं उपयोग हेतु उन क्षेत्रों में जहाँ पानी की बहुत अधिक किल्लत है, वहाँ हर घर में दो अलग–अलग पाईपों से पानी की सप्लाई रखी जाये, एक पाईप से पीने योग्य मंहगा पानी मिले एवं दुसरे पाईप से रिसाईक्लींग किया हुआ सस्ता पानी मिले तो पीने योग्य पानी की सप्लाई में 40 से 60 प्रतिशत तक बचत कर सकते है। इसके लिए वॉटर हार्वेस्टिंग अर्थात जल संवर्धन और रिसाईक्लींग से प्राप्त पानी का प्रयोग किया जा सकता है। हमारे देश में वर्षो जल का पूर्ण उपयोग नहीं हो रहा है ऐसे में अगर सड़कों, छतों, मैदानों से बरसात के पानी को इकट्ठा कर शुद्धता के अनुरूप पानी की सप्लाई हो तो, पीने योग्य शुद्ध पानी में काफी बचत हो सकती है। सड़क आदि के पानी हार्वेस्टिंग में यह भी ध्यान रखना होगा कि पानी जमीन में अप्रत्यक्ष तरीके से ही पहुँचे ताकि प्रदूषित पानी से भु–गर्भ का पानी दुषित न हो पाऐ।

शुद्ध पानी के संकट की स्थिति में वॉटर हार्वेस्टिंग अर्थात जल संवर्धन के साथ वाटर कन्जरवेशन यानि जल संरक्षण दोनों का सहारा लेना होगा। जल संरक्षण तो हर रोज की जाने वाली क्रिया है। हम सब इसके बारे में बहुत कुछ जानते है फिर भी लापरवाह रहते है। जल संवर्धन के लिए बनने वाले घरों के टेंक आदि के अलावा सार्वजनिक जलाशयों, कुओं और तालाबों आदि में भी पानी के संचय हेतु प्रणाली विकसित की जा सकती है। इस संचित पानी को उपयोग कर आने वाले विकट संकट का सामना किया जा सकता है। पानी की शुद्धता के अनुरूप आवश्यक ट्रीटमेन्ट (शुद्धिकरण) कर, पानी को बैक्टीरिया मुक्त कर सस्ते और मंहगे पानी की सप्लाई बनाई रखी जा सकती है। हमारा पीने और रसोई में बहुत कम पानी लगता है जबकि सफाई, बागवानी, फ्लश, कारखानों आदि में बहुत अधिक पानी का व्यय होता है जिसे दोहरी पाईप प्रणाली रखकर जल संकट में काफी राहत प्राप्त की जा सकती है मगर यह मंहगा तरीका है। अतः इस शुद्धिकरण हेतु बहुत अधिक खर्चा करने की बजाय इस बचत को जल संवर्धन से प्राप्त मात्रा को अनुदान देकर दोहरी पाईप प्रणाली में उपयोग करने हेतु प्रोत्साहित किया जा सकता है

''अगर देखना चाहते हो जल की निर्मल धारा,
उसे बचाने का हम सब को करना होगा वादा।

22

खाद्यान्न एवं उत्पादन की बर्बादी भी जल की बर्बादी

यह तो हम भली भांति जानते है कि कोई भी पैदावार, उत्पादन में पानी का उपयोग तो होता ही है। खेती में पानी पौधों को सिंचाई के लिए दिया जाता है तो उद्योगों में पानी वस्तु के निर्माण, मशीनों को साफ एवं ठण्डा रखने में कई तरह से उपयोग होता है तब जाकर उत्पाद हमारे हाथ में आते है। उदाहरण के तौर पर कपड़ा उद्योग में विभिन्न प्रक्रियाओं के लिए 150–200 घन मीटर पानी का प्रति मैट्रिक टन रेयॉन फाईबर के निर्माण में उपयोग होता है जबकि मशीनों को चलाने के लिए, थर्मल युनिट के लिए, शीतलीकरण के लिए अतिरिक्त पानी की आवश्यकता पड़ती है, एक टन कोयले से बिजली बनाने के लिए थर्मल पॉवर स्टेशन पर 50 हजार लीटर पानी व्यय हो जाता है।

इसी तरह फसलों द्वारा विभिन्न खाद्यान्न एवं फल सब्जी के पैदावार में पानी का उपयोग होता है। उदाहरण के तौर पर एक किलोग्राम गेहुँ पैदा करने के लिए 300–500 लीटर जल का उपयोग होता है ऐसे में अगर हमने उपजी हुई फसलों को सहेजना नहीं सीखा, खाद्यान्न की बर्बादी, झुठन पर नियन्त्रण नहीं रखा तो यह खाद्यान्न की बर्बादी के साथ पानी की बर्बादी है। विश्प खाद्य संगठन के प्रतिवेदन के अनुसार देश में हर साल 50 हजार करोड़ रूपये का भोजन बर्बाद चला जाता है जो देश के उत्पादन का 40 फीसदी है एक तरफ देश पानी की कमी से जुंझ रहा है लेकिन अपव्यय किये जाने वाले इस भोजन को पैदा करने में 230 क्यूसिक पानी व्यर्थ चला जाता है जिससे 10 करोड़ लोगो की प्यास बुझाई जा सकती है। अगर हमें राष्ट्र निर्माण में सहयोग करना है तो पानी का सही उपयोग के साथ पैदावार और उत्पादन की बर्बादी पर भी ध्यान देना होगा तभी पानी और ऊर्जा की बचत होगी। **मेरे इस सुझाव को मानकर माननीय प्रधानमंत्रीजी ने मन की बात में 25.3.17 को देश की जनता को संदेश दिया गया।**

भविष्य के लिए पानी का संरक्षण करें,
जीवन में अच्छा करने में देरी ना करें।

23 डस्टिंग में पानी का उपयोग

मिट्टी के बारीक कण वातावरण की हवा में उड़ते रहते हैं। ये कण धीरे–धीरे नीचे बैठते रहते हैं, इन जमे हुए कणों को हटाने की क्रिया को "डस्टिंग" कहते हैं। इस डस्ट को हटाने में हम बहुत अधिक पानी अपव्यय कर लेते हैं जैसे कार पर लगी डस्ट को प्लास्टिक कवर से बचा सकते हैं, गीले डस्टर से भी साफ कर सकते हैं। मगर हम लोग पानी का तेज प्रवाह चालू करके उसे साफ करते है और पीने योग्य पानी का अपव्यय करते हैं। डस्ट हटाने के निम्न तरीके प्रचलित है :–

1. **ब्रश अथवा सुखे कपड़े से** – ब्रश अथवा सुखे कपड़े को साफ करने वाली सतह को रगड़ा जाता है ताकि डस्ट या तो उसके चिपक कर हट जाये अथवा छोटे–छोटे कण पुनः वहां से हट कर हवा में उड़ने न लग जाये। इस क्रिया में पानी का उपयोग नहीं करते है। मगर ज्यादा डस्ट जमी होने पर यह क्रिया ज्यादा उपयोगी नहीं रहती है।

2. **गीले ब्रश अथवा डस्टर से** – इस क्रिया में डस्टर को गीला कर सतह पर रगड़ा जाता है, ताकि डस्ट इसके चिपक कर सतह से हट जाये। फिर डस्टर को पानी के बर्तन में धोकर डस्ट को हटा दिया जाता है और गंदे पानी का उपयोग गमलों में किया जा सकता है।

3. **वैक्यूम क्लिनर से** – इस क्रिया में एक मशीन जो हवा को अपने अन्दर खिंचती है, का उपयोग कर साफ करने वाली सतह से मिट्टी के कणों को खींच लिया जाता है जो मशीन में लगे फिल्टर पर जमा हो जाते है। इस तरह सतह साफ हो जाती है।

4. **पानी से सतह को धोकर** – इस क्रिया में सतह पर पानी को दबाव के साथ नोजल द्वारा फैंका जाता है ताकि पानी अपने साथ जमी हुई डस्ट को लेकर उस जगह से हट जाये। इस क्रिया में पानी का बहुत अधिक व्यय होता है। मगर पानी को पुनः इकट्ठा करके (रिसाईकलिंग) द्वारा उपयोग किया जा सकता है। डस्ट मिले पानी को बागवानी में भी उपयोग में किया जा सकता है।

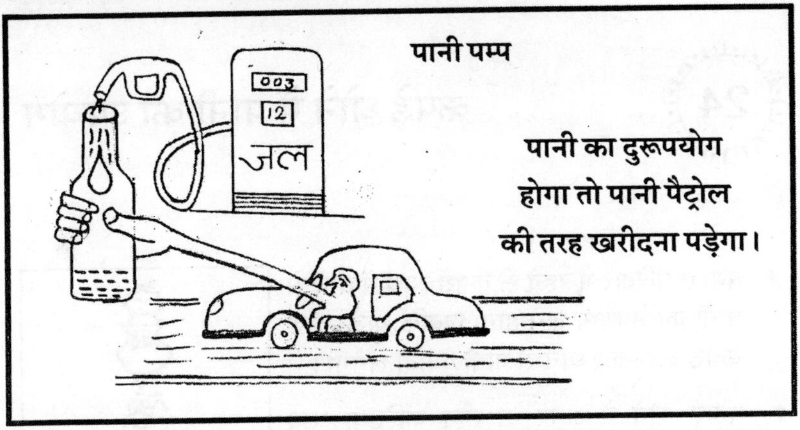

5. **पानी में डुबाकर –** छोटी–छोटी पानी में खराब न होने वाली वस्तुओं को पानी से भरे बर्तन में डुबाकर साफ किया जा सकता है इस क्रिया में पानी का पुनः उपयोग सम्भव है अतः काफी बचत होती है।

6. **हवा के दबाव से –** इस क्रिया में ब्लोवर द्वारा दबाव के साथ हवा को सतह पर डाला जाता है, ताकि मिट्टी के कण वहां से हट कर हवा में उड़ने लग जाये। इस क्रिया मे ऊर्जा का व्यय तो होता है मगर पानी की बचत हो जाती है।

7. **वाईपर द्वारा –** इस क्रिया में पानी, साबुन आदि से साफ करके वाईपर द्वारा सतह से हटाया जाता है। इसमें कम पानी में भी डस्ट को खिंच कर हटाया जा सकता है।

8. **कवर द्वारा –** जिस वस्तु को साफ रखना है उस पर प्लास्टिक का कवर चढ़ा देते है ताकि डस्ट उस पर जमा हो व मुख्य वस्तु साफ ही रहे फिर उपयोग के समय कवर को हटा कर हवा में झटक कर अलग से साफ कर दिया जाता है।

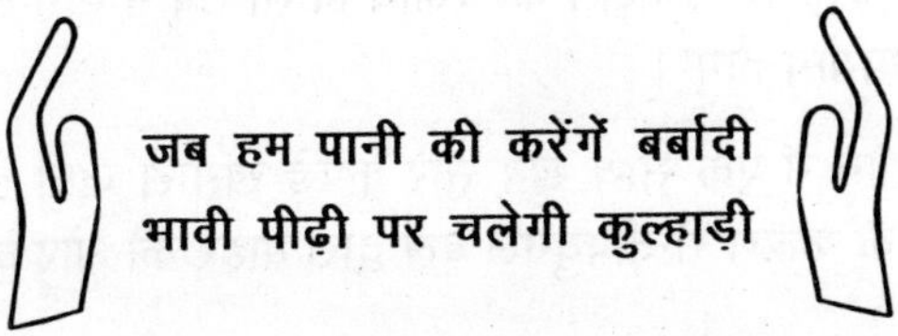

24 कपड़े धोने में पानी का उपयोग

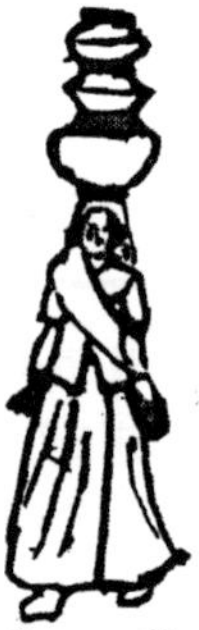
हमारी 21 वीं सदी

- संयुक्त परिवार में रहने से कपड़े साथ में धोने से पानी का उपयोग कम होगा जबकि थोड़े–थोड़े कपड़े बार–बार धोने से पानी ज्यादा लगेगा।
- कपड़े धोने में अगर दो तीन बाल्टियां/टब काम में लेंगें तो भी थोड़ा उपयोग आया हुआ पानी पुनः काम आ जाता है व बार–बार पानी नहीं बदलता पड़ता है।
- कपड़े धोने से पहले कपड़ों को पानी में भिगो देने से उन पर चिपकी हुई गन्दगी कुछ हद तक निकल जाती है। इस पानी में कोई रासायनिक भी नहीं होता है अतः गृह वाटिका में उपयोग कर सकते है। इस क्रिया से कपड़े धोने में इस्तेमाल होने वाला डिटर्जेन्ट में करीब 40–45 प्रतिशत तक बचत भी हो जाती है।
- कपड़े खंगालने में पानी तीन–चार बार बदला जाता है अतः पहली बार इतना ही पानी लें कि कपड़े उनमें डूब सके। इससे खंगालने में लगने वाले पानी की कुल मात्रा कम लगेगी।
- कपड़े खंगालने में, अन्तिम बार में जो पानी होता है वह काफी साफ होता है अतः ऐसे पानी को प्रस्तावित ड्रेन सेगरीगेटर, जिसे इस पुस्तक में दर्शा रखा है, द्वारा इकट्ठा कर अन्य सफाई और फ्लश में काम लिया जा सकता है।
- कपड़ों को फर्श पर खंगालने की बजाय किसी टब में खंगालेंगे तो भी कम पानी का उपयोग होगा।
- वाशिंग मशीन में एक साथ खुब सारे कपड़े खंगाले जाते है जिसमें पानी गोल गति के कारण सेन्ट्रीफ्युगल बल द्वारा बाहर की ओर धकेला जाता है

अतः कपड़ों पर लगा डिटर्जेन्ट, सर्फ वगैरह भी निकल जाता है। साथ ही कुछ पीछे का पानी को पुनः डाल कर भी बचाया जा सकता है।

- वाशिंग मशीन और ड्रायर का उपयोग तभी करें, जब पर्याप्त मात्रा में धूलने वाले कपड़े एकत्रित हो जाये।
- ड्रायर का उपयोग सिमित ही रखे। कपड़े सूखाने के लिए धूप का उपयोग करे।
- वाशिंग मशीन के ड्रायर से निकले वेस्ट साबुन के पानी को इकट्ठा करके तेलीय व गन्दे जगहों की सफाई में उपयोग कर सकते है क्योंकि साबुन के पानी से तेल जल्दी निकल जाता है व वेस्ट पानी का उपयोग भी हो जाता है।
- कपड़ों में साबुन का घोल निकालने में काम आने वाले पानी को घर का पौचा (Wet Duster), धुलाई एवं फ्लश आदि में भी काम ले सकते है।

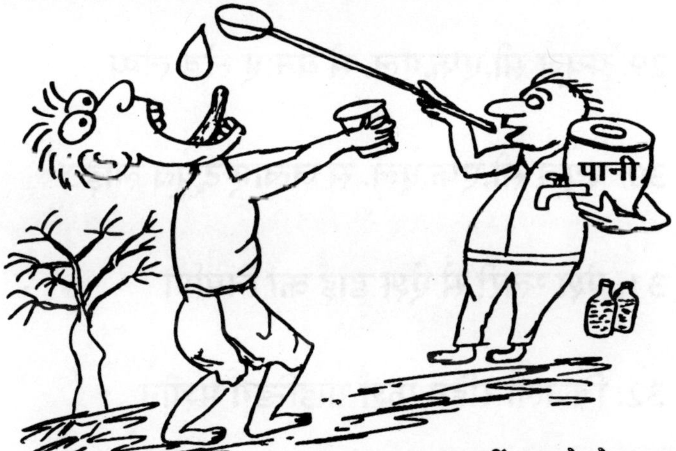

अब नहीं सम्भले तो ....
बोतल नहीं बूंद-बूंद मिलेगी।

शुद्ध जल अगर बहेगा गन्दी नाली में
भावी पीढ़ी का जीवन होगा कंगाली में।

(स) बिजली पानी सम्बन्धित नये शोध प्रस्ताव

25. पौध ट्रे से भवनों में पैदा करें फल – सब्जियाँ

26. ड्रेन सेगरीगेटर एवम टबमय पाटा

27. भू–गर्भ उष्मा से अनुकूल तापक्रम

28. एनर्जी डिसीपेअर का उपयोग

29. फ्यूज सी.एफ.एल. से बनाए लेड लेम्प

30. फ्यूज सी.एफ.एल. से जलाए ट्यूब लाईट

31. ऐश स्लरी से ऐश डाई का निर्माण

32. बिजली रहित फर्श ग्राइन्डिग मशीन

33. प्राकृतिक हवा–वेन्टिलेटिग डक्ट से

बिजली–पानी बचत के सरल तरीके जानो,
नई शोध, नये तरीको को अपनाओ।

25

पौध ट्रे से भवनों में पैदा करें फल-सब्जियाँ

हर घर में ताजी एवं स्वयं की उत्पन्न की हुई सब्जियां एवं फल प्राप्त करने के लिए सब्जियों की पौध लगी हुई ट्रे अगर नर्सरी से मिल जाये तो लोग सब्जियों की तोल में लेने की बजाय हर घर में ताजी हरी सब्जी प्राप्त कर सकते है। इसके लिए अगर मिट्टी की बनी पुनः उपयोग लेने वाली ट्रे अथवा प्लास्टिक की छेद युक्त (एक फुट x दो फुट) ट्रे में सब्जियां पैदा कर सीधे ही उपभोक्ताओं को पौधों सहित मिल जाये तो उपभोक्ता उस ट्रे को घर में रख कर जब भी आवश्यकता होगी, जितनी आवश्यक होगी उतनी सब्जी उपयोग कर शेष ट्रे को और पैदावार उत्पन्न होने के लिए घर में ही अन्य ट्रे के साथ रख देगा और जब सारी सब्जी उपयोग हो जाये तो इस ट्रे को पुनः लौटाकर नई आवश्यक ट्रे खरीदी जा सकती है। ट्रे की ऊँचाई बढ़ाने के लिए बिना तल वाली ट्रे या यूं कह दें की कोई पट्टी (स्ट्रीप) या पाईपनुमा बोतल को लगा कर पौधें हेतु चार से छः इंच ऊँचाई बढ़ाई जा सकती है। **जिस तरह गैस का सिलेन्डर खाली होने पर गैस एजेन्सी को लौटा कर नया भरा हुआ सिलेन्डर ले लिया जाता है उसी प्रकार सब्जी खाली होने पर ट्रे को लौटा कर नई पौध की ट्रे ली जा सकती है और यह प्रणाली विकसित की जा सकती है।** इस हेतु नर्सरी में सब्जियों एवं फुट को ट्रे में विकसित किया जाता है और

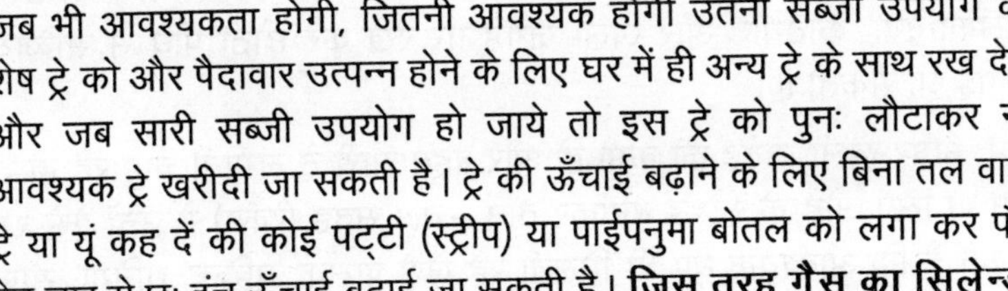

चित्र :–पौध ट्रै

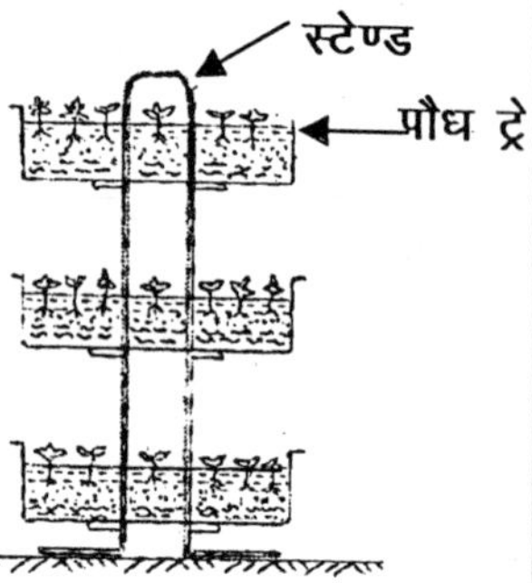

चित्रः– पौध ट्रै रेक्स

पौध लगी ट्रे को उपभोक्ता को गैस सिलेण्डर की तरह बेचना होगा ताकि उपभोक्ता अपने स्तर पर उस पौध में पानी – धूप, खाद देकर सब्जी उत्पन्न कर सके। इससे जहाँ रसोई में अनुपयोगी पानी इन ट्रे में उपयोग हो सकता है और रासायनिक खाद, कीटनाशक एवं प्रदुषण रहित सब्जी फल उत्पन्न कर उपयोग किया जा सकता है। इसके लिए ग्राहक को केवल समय पर सिंचाई एवं आवश्यक धूप का ही ध्यान रखना होता है। अन्य पौध लगाने का कार्य नर्सरी वाले तैयार कर पौध ट्रे के रूप में उपलब्ध करायेंगे। ट्रे में मिट्टी, कम्पोस्ट गोबर की खाद वगैरह डाल कर बीजों से छोटी छोटी पौध तैयार करने का कार्य नर्सरी वाले करेंगे जिन्हें घरों की छतों, बालकॉनियों, कोर्टयार्ड और खुली जगह पर रख कर छोटी पौध से सब्जियाँ उगाई जा सकती है।

अगर खुली जगह की कमी हो और बहुत सारी ट्रे लगानी चाह रहे हो तो इस के लिए लोहे के स्टेण्ड बनाकर तीन –चार सतह (रेक्स) में उन्हें ऐसे रख सकते है कि आवश्यक धूप भी मिलती रहे जैसे पालक, पुदिना, धनिया, सौफ, भिन्डी, मिर्च, मैथी, और कई बेलें एवं ताजे पत्तेदार सब्जियां उत्पन्न की जा सकती है ऐसा मेरा सोचना है। चुंकि पौध नर्सरी में एक आध माह ही रहती है और शेष समय में इसे हमें अपने घरों मे देख–रेख करनी होती है अतः हर व्यक्ति उत्पादन में सम्मिलित होगा। इससे देश की आय में बहुत वृद्धि होगी। इस पद्धति से उत्पादन के प्रति, प्रदूषण के प्रति भी जागरूकता बढ़ेगी। वर्तमान में बायोपेस्टिसाइड के मिश्रण में विभिन्न किस्म की सब्जियों के पौधे और लताएं चार से पांच साल तक के लिए बिना किसी तरह के अतिरिक्त प्रयास से फल–फूल प्राप्त कर सकते है। जो नर्सरी में उपलब्ध रहती है। **अगर यह पद्धति समूचे देश में विकसित हो जाये तो न सिर्फ करोड़ों रूपयों से ज्यादा देश की सालाना आय बढ़ेगी अपितु बिना रसायनिक खाद की और पेस्टिसाईड रहित ताजी सब्जियां व फल का आनन्द लिया जा सकता है।** साथ ही दुषित मैले के पानी और पेस्टिसाईड आदि से होने वाली बिमारियों में भी राहत पा सकते हैं और स्वास्थ्य में खर्च होने वाली राशि की बचत कर सकते है। इस पद्धति में हर व्यक्ति व परिवार में उत्पादन की आदत बनेगी जो देश के लिए बहुत ज्यादा सार्थक रहेगी। इससे हर घर के वातावरण

में कार्बनडाई ऑक्साईड की कमी होगी जो स्वास्थ्य जीवन के लिए आवश्यक कड़ी है। सब्जियों की धुलाई, खुला पड़ा पीने का पानी, घड़े का रिसता हुआ पानी को इकट्ठा कर इन पौध–ट्रे में उपयोग किया जा सकता है और दुषित सब्जियों, फलों से राहत पाकर ताजी सब्जियो का आन्नद लिया जा सकता है और देश के विकास में हम भी सहयोगी बन सकते है। अगर इस पद्धति को हर शहरों में विकसित कर लिया जाये तो **उत्पादन के साथ देश की अर्थव्यवस्था में बहुत अधिक योगदान मिल सकता है ऐसा मेरा सोचना है।**

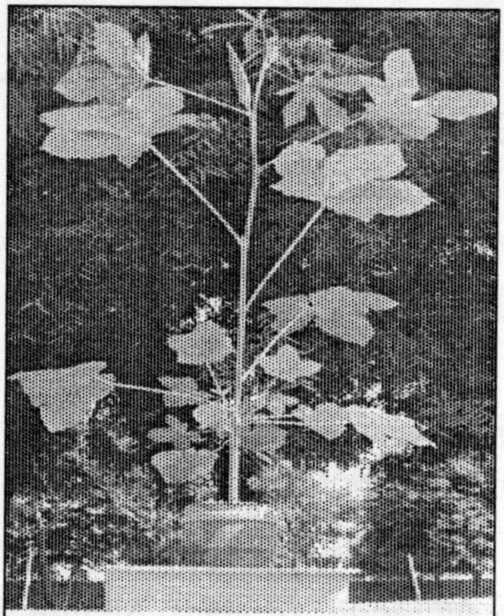

चित्र - पौध ट्रे में लगा पाईप एवं सब्जी

इस विधि के मुख्य फायदें

1. देश के करोड़ों घरों में खेती का उत्पादन शुरू हो सकता है। 2. देश की अर्थव्यवस्था में बहुत बड़ा योगदान होगा। 3. पेड़–पौधों को सहेजने की आदत परिवार के समी सदस्यो में विकसित होगी। 4. व्यर्थ बहाये जाने वाले पानी का उपयोग होगा। 5. वातारण का प्रदूषण कम होगा। 6. घर के वातावरण में शीतलता एवं प्रकृति का समावेश होगा। 7. बिना हानिकारक दवाओं के, घरों में उपजी ताजी सब्जी फल हर समय उपलब्ध होंगे। 8. पौध नर्सरी में तैयार कर, कम समय में बहुत अधिक पैदावार की जा सकती है। रोजगार के अवसर भी बढेंगे। 9. हर परिवार की आय में भी वृद्धि होगी। 10. ताजी सब्जियें स्वास्थय के लिए फायदेमंद मिलती है।

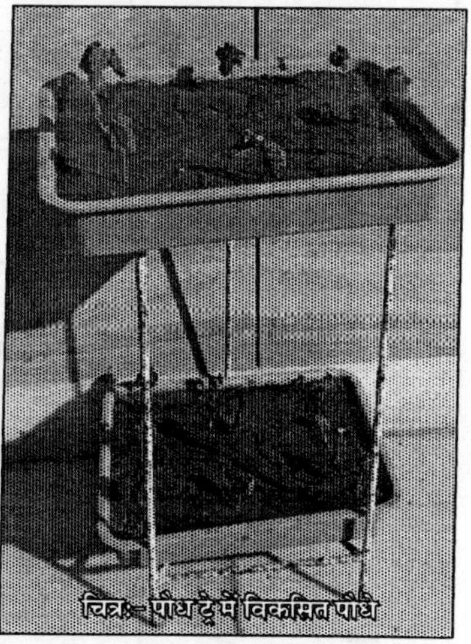

चित्र- पौध ट्रे में विकसित पौधे

जब हर घर मे होगा पानी संरक्षण और पैदावार का कार्य,
तब होगी अधिक ऊपज और राष्ट्र प्रगति का कार्य।

26

ड्रेन सेगरीगेटर एवम् टबमय पाटा

(देश हित में प्रस्ताव)

हम कई बार सोचते है कि यह पानी तो बगीचे में काम आ सकता है, कुछ साबुन का पानी फर्श आदि की सफाई में काम आ सकता है तो कुछ पानी इतना गन्दा हो जाता है कि उसे तो सीवर लाईन में प्रवाहित कराना ही ठीक रहेगा।

इस हेतु अगर पानी को अपनी इच्छा अनुसार अलग – अलग ड्रेन (नाली) में प्रवाहित करे तो इकट्ठे हुए पानी को पुनः उपयोग ले सकते है। इसके लिए पानी ट्रेप की जाली **(Multiple Setting) वाली ऐसी लगाते है कि एक**

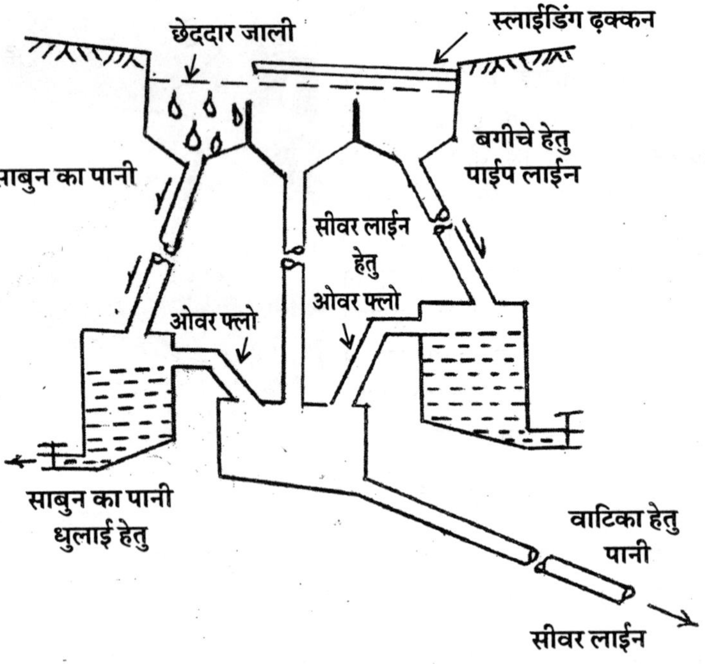

चित्र :- स्लाईडिंग नन्ही ट्रेप

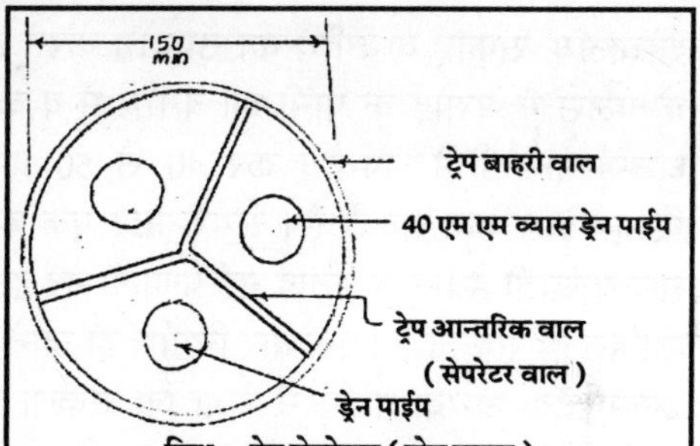

चित्र :- ट्रेप सेपरेशन (टोप प्लान)

समय में एक ही क्षेत्र के छेदों से पानी ट्रेप में जा सकें। यह जाली स्लाईडिंग पेटर्न में लगी होनी चाहिये ताकि आवश्यकता अनुसार इसे स्लाईड कर पानी को प्रवाहित कर सके। जिस ड्रेन में पानी को भेजना हो, उस ओर उसे खोल देते है ताकि इसमें से पानी प्रवाहित होकर आगे संग्रहित हो सकें। इस क्रिया को करने में कुछ ही सैकण्ड का समय लगता है। अतः एक बार निर्माण हो जाने के बाद यह प्रतिदिन पानी इकट्ठा करने के लिए एवं पुनः उपयोग करने के लिए बहुत उपयोगी तरीका साबित होगा। इस विधि में ट्रेप में अलग–अलग पाईप व उपयोग हेतु पानी को संग्रहित करने के लिए अलग–अलग टैंक बनाते है ताकि कुछ पानी इन टैंक से वापस लेकर उपयोग कर सके एवं कुछ गन्दे पानी को सीधे ही सीवर लाईन में प्रवाहित कर सके। (देखें चित्र) इस क्रिया से पानी का वितरण व्यय, शुद्धिकरण व्यय में भी बचत होगी। भारत में प्रति व्यक्ति 135 से 150 लीटर पानी का उपयोग प्रतिदिन होता है। इसमें से आधा पानी हम

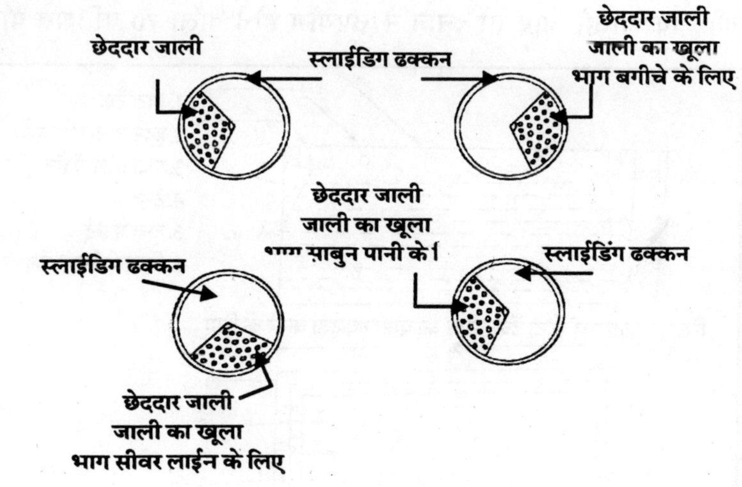

चित्र :- स्लाईडिंग ट्रेप

शौचालय, सफाई व बगीचे का उपयोग करते है। साबुन के पानी को शौचालय के फ्लस में, रसोई के पानी को बगीचे में व कपड़े खगालने के साफ पानी को धुलाई सफाई मे उपयोग कर 40 से 50 प्रतिशत तक प्रति दिन पानी को रिसाईकिल कर सकते है। सेगरीगेटर एक बार लग जाने के बाद लागत भी नगन्य रहती है। उपर बताई गई प्रणाली मेरे द्वारा प्रस्तावित है और यह उपयोगी साबित हो सकती है। एक बार निर्माण हो जाने के बाद वर्षो तक पानी को अलग अलग टैंक अथवा पाईप में भेजा जा सकता है। बगीचे एवं सफाई हेतु लगने वाले टैंको की कुछ समय के अन्तराल से सफाई जरूरी हो जानी चाहिए। इस तरह से **पानी की बहुत बड़ी मात्रा का हम उपयोग वर्षों तक कर जल संरक्षण में सहयोगी बन सकते है। ऐसा मेरा सोचना है।**

स्नान के पानी को इकट्ठा करने का सरल पाटामय टब तरीका – नल के नीचे बैठ कर अथवा बाल्टी से पानी लेकर स्नान में प्रति व्यक्ति 8 से 20 लीटर पानी का उपयोग प्रतिदिन करता है। अगर इस उपयोग किये गये पानी को इकट्ठा कर लिया जाये तो यह पानी साफ सफाई आदि कार्यो में आसानी से उपयोग हो सकता है। इस तरीके से बहुत अधिक पानी पुनः उपयोग के लिए मिल जाता है। प्रतिदिन हर घर में, प्रत्येक व्यक्ति स्नान में पानी का उपयोग करता है। भारतीय पद्धति में स्नान करने के लिए लकड़ी अथवा प्लास्टिक का पाटा जिसे पाटीया भी कहते है उस पर बैठ कर स्नान करने का तरीका है। **मेरा ऐसा सोचना है कि अगर इस प्लास्टिक के पाटे में पानी इकट्ठा करने की व्यवस्था हो जाएं तो स्नान में उपयोग होने वाला 70 प्रतिशत पानी**

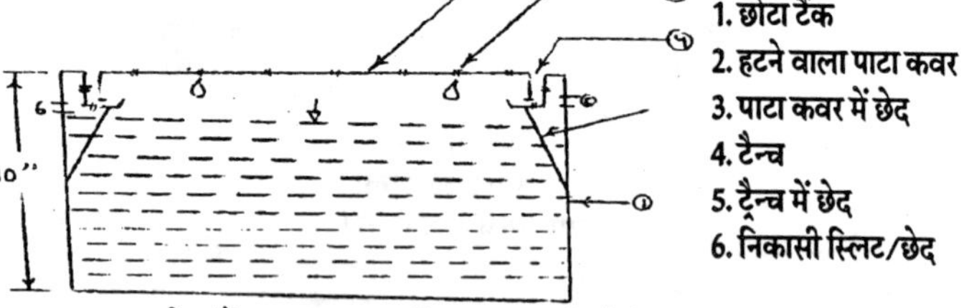

चित्र :- पाटा मय छोटा टैंक स्नान का पानी इकट्ठा करने के लिए

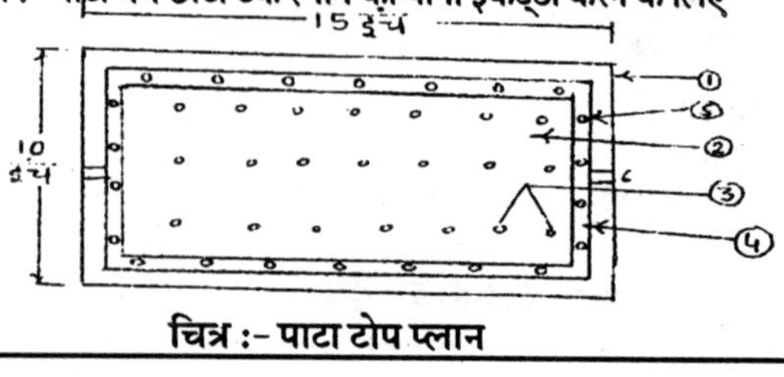

चित्र :- पाटा टोप प्लान

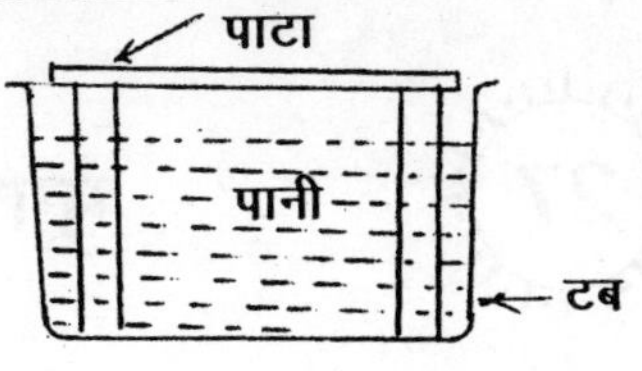

चित्र–पाटा और टब, पानी इकट्ठा करने के लिए

इस पाटे के नीचे बने छोटे टब में इकट्ठा हो सकता है और इस इकट्ठे हुऐ पानी को प्लास्टिक के टैंक में खाली किया जा सकता है। जिसे फ्लश, साफ–सफाई, धुलाई आदि कई सारे कार्यो में उपयोग कर प्रतिदिन बहुत अधिक पानी को हर घर में उपयोग कर सकते है। चित्र में प्लास्टिक का टब नुमा पाटा निर्माण का तरीका सुझाया गया है इस पाटे के नीचे छोटा टब होता है जो स्नान में उपयोग हुए पानी से भरता है पानी इस टब में जाऐ उसके लिए पाटे के चारो और आधा इंच की ट्रेन्च बना देते है ओर ट्रेन्च में कुछ अन्तराल से छेद कर देते है जिन से पानी टब में प्रवेश कर सके। ऊपर का हिस्सा भी छेद युक्त हटने वाला होता है ताकि समय–समय पर टब की सफाई भी की जा सके। टब को खाली करने के लिए दोनो साईड़ो में स्लिट रखी जा सकती है जो टब को उठाने में भी काम आएगी। जब एक बार पाटे नुमा टब स्नान के पानी से भर जाता है तो उसे सीधा ही फ्लश में अथवा बड़े टैंक में साफ–सफाई के लिए उपयोग हेतु संग्रहित किया जा सकता है। घर पर इस क्रिया को करने के लिए अगर टब में, पाटा रखकर उस पाटे पर स्नान की जाये तो पानी नीचे टब में ही गिरेगा।

इस पानी को ऊपर बताऐ गए ड्रेन सेगरीगेटर में भी प्रवाहित कर बड़े टेंक में इकट्ठा किया जा सकता है। प्रतिदिन घर–घर में मुत्रालय एवम फ्लश में इस पानी को बिना ट्रिटमेंट के सरलता से उपयोग कर पानी की बहुत मात्रा का लगातार पुनः उपयोग सम्भव है। इससे देश में हर घर में सप्लाई होने वाले पानी की मात्रा में बचत कर सकते है देश की करोड़ो घरो में, पानी को पुनः उपयोग कर, देश प्रगति में बहुत बड़ा सहयोग मिल सकता है। **ऐसा मेरा सोचना है।** इसीलिए इस प्रस्ताव को माननीय प्रधानमंत्रीजी को भी जनसाधारण के उपयोग हेतु भेजा गया है।

हर घर–घर प्रतिदिन शोचालय में पानी होगा।
पाटामय बल राष्ट्र प्रगति का पायदान होगा।।

27 भूगर्भ ऊष्मा से अनुकूल तापक्रम

कुओं का पानी सर्दियों में गर्म एवं गर्मियों में ठण्डा रहता है ठीक ऐसे ही घरों में बने हुए बेसमेंट (अण्डर ग्राउण्ड) जमीन के लेवल से नीचे बना होता है इस बेसमेंट में तापक्रम बाहरी वातावरण के विपरीत रहता हैं यानि सर्दी के मौसम में गर्म एवं गर्मी के मौसम में ठण्डक रहती है। अब अगर जमीन में पानी का टैंक गाड़ दिया जाये व इस टैंक को ओवरहैड टैंक व पानी के आउटलेट से जोड़ दिया जाये तो आउटलेट में अनुकूल तापक्रम का पानी मिलता रहेगा क्योंकि **जमीन में दबे हुए टैंक में पानी जमीन के तापक्रम के अनुसार रहेगा जबकि ओवरहैड टैंक में पानी गर्मियों में गर्म व सर्दियों में ठण्डा रहता है।** पानी की कितनी मात्रा की आवश्यकता रहती है यानि पानी के डिस्चार्ज के अनुरूप टैंक का नाप तय करना होता है क्योंकि जमीन में दबे हुए टैंक में पानी को कुछ समय के लिए ऊष्मा ग्रहण करने हेतु रोकना होता है।

चूंकि जमीन की ऊष्मा के कारण पानी उचित तापक्रम का मिलता रहता है एवं पानी भी बिना किसी पम्प के द्वारा मिलता है। निर्माण के समय एक टैंक को जमीन में दबा देने व पाइप जोड़ने से अनुकूल पानी मिल जाता है।

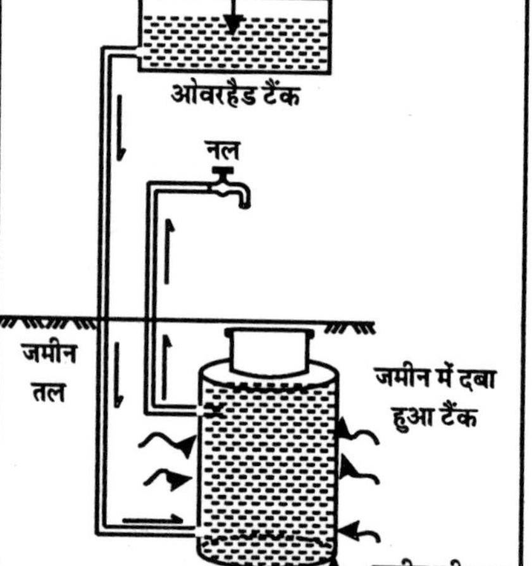

जमीन की ऊष्मा से अनुकूल तापक्रम का पानी

इसी तरह जमीन की ऊष्मा के सम्पर्क में कृत्रिम हवा को प्रवाहित किया जाये तो हवा गर्मियों में ठण्डी मिल सकती है। इस हेतु जमीन में पाइप दबाकर या ट्रैन्च बनाकर उसमें इम्पेलर फेन से हवा प्रवाहित करवाई जाये या कमरे में ही एक्जोस्ट फेन लगाकर इसमें से हवा खींची जाये

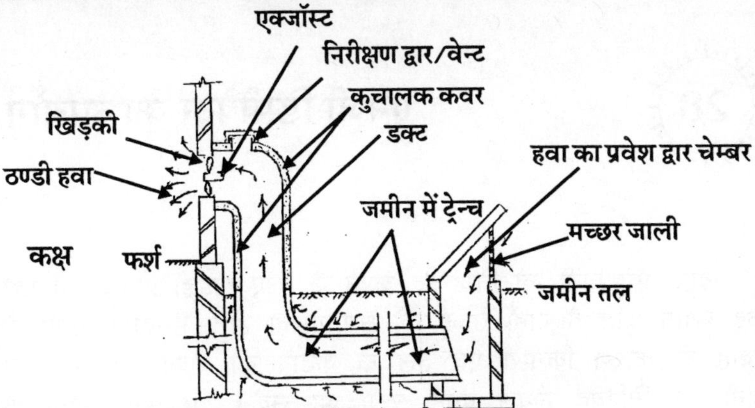

जमीन की ऊष्मा से हवा का ठण्डा होना

जमीन की ऊष्मा से कक्ष में ठण्डी हवा का प्रवाह

तो हवा गर्मियों में ठण्डी मिलती रहेगी। इस हेतु कूलर में चलने वाले पम्प की बिजली बचत के साथ पानी के व्यय में भी बचत होगी। साथ ही प्राकृतिक ठण्डी हवा का प्रवाह कक्ष में बनाये रखा जा सकता है। ट्रैन्च के तापक्रम को नियंत्रित करने वाले मुख्य निम्न घटक रहते हैः–

1. ट्रैन्च निर्माण का पदार्थ एवं उसकी पोरोसिटी (छिद्रमयता)
2. ट्रैन्च में रहने वाली नमी एवं आर्द्रता (Humidity)
3. ट्रैन्च की जमीन तल से गहराई एवं लम्बाई
4. आवश्यक हवा की तीव्रता (Intensity) एवं तापक्रम
5. ट्रैन्च का आकार, प्रवेश द्वार व उसकी दिशा आदि

ट्रैन्च में हवा दक्षिण–पश्चिम दिशा से प्रवाहित करवाई जाये तो गर्मियों में कुछ समय के लिए बिना पम्प के भी ठण्डी हवा मिल सकती है। इस तरह बनी ट्रैन्च मे लगे फेन से अनुकूल हवा कक्ष में बनाये रखी जा सकती है।

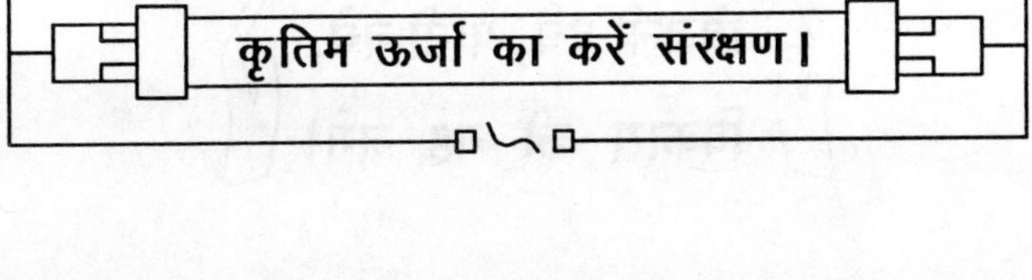

28 एनर्जी डिसीपेटर का उपयोग

बहते हुए पानी को नियन्त्रित करने के लिए हाइड्रो प्रोजेक्ट में ऐसे कई स्थान आते है जहाँ ऊर्जा को क्षय करना होता है ताकि पानी के प्रवाह के कारण किनारों एवं तल के कटाव को रोका जा सके एवं पानी का निश्चित लेवल बनाए रखा जा सके। यह ऊर्जा पानी के प्रवाह में नहरों एवं नदियों में लेवल अंतर के कारण हो सकता है। टरबाईन से निकलने वाले पानी में भी काफी ऊर्जा रहती है जिसे एनर्जी डिसीपेटर लगा कर हाईड्रो प्रोजेक्ट में नष्ट किया जाता है। ये डिसीपेटर बड़े–बड़े कंकरीट के ब्लॉक/चट्टानें आदि हो सकते है। कई तरह के वाटर फॉल और सर्ज टैंक बना कर ऊर्जा को नष्ट करना होता है ताकि पानी के प्रवाह को नियन्त्रित रखा जा सके। ऐसे समय में अगर पानी की गतिशील ऊर्जा से हाईड्रोलिक जम्प उत्पन्न कर दी जाये और इस ऊर्जा को हाईड्रोलिक रैम की मदद से पानी को लिफ्ट करने में उपयोग किया जाये तो बिजली जनरेट होने के बाद भी 40% से 50% पानी को दुबारा उपयोग में लाया जा सकता है एवं ऐसे स्थान जहाँ **ऊँचाई पर पानी की आवश्यकता हो वहाँ पर बिना किसी ईंधन के** पानी को लिफ्ट किया जा सकता है ताकि उसको ऊँचाई वाले सिंचित क्षेत्र में वाटर सप्लाई हेतु एवं पानी के रिसाईक्लेशन में उपयोग कर ऊर्जा का लाभ लिया जा सकता है। ऊँचाई पर पानी पहुचने के कारण ग्रेविटी फ्लो द्वारा सिंचाई कर देश में बहुत बड़ा लाभ लिया जा सकता है।

बिजली बचे, पानी बचे,
विकास की राह जगे।

29

फ्यूज सी.एफ.एल. से बनाये एल.ई.डी. लैम्प

फ्यूज सी.एफ.एल. से बना एल.ई.डी. बल्ब में बिजली की खपत नगण्य होती है अतः इसका उपयोग कर लगातार बचत की जा सकती है। साधारणतया रात्रि में कम रोशनी के लिए जलने वाला बल्ब जो जीरो वॉट के नाम से प्रचलित है। उसमें 16 वॉट के लगभग बिजली का व्यय होता है और यह व्यय भी काफी लम्बी अवधि तक चलता रहता है। इसके लिए अगर एल.ई.डी. {लाईट एमिटिंग डायोड} से बना बल्ब यानि बल्ब लगा दिया जाये तो एल.ई.डी.बिजली के व्यय में का।फी कमी लाई जा सकती है। एल.ई.डी. बल्ब में छोटा सा सेमी कन्डक्टर होता है जो प्रकाश पैदा करता है। छोटे बल्ब की तरह दिखने वाले एल.ई.डी. में कोई फिलॉमेन्ट नहीं होता है एवं पारे का उपयोग भी नहीं होता है। सफेद रोशनी के लिए इनडियम गेलिलियम नाईट्राईड (InGaN) पदार्थ का सेमीकण्डक्टर प्रयोग लेने से उजली सफेद

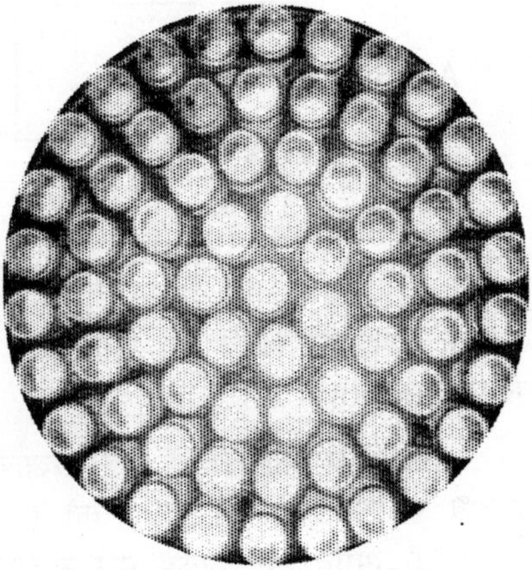

फ्यूज सी.एफ.एल. से एल.ई.डी. का जलता हुआ लैम्प

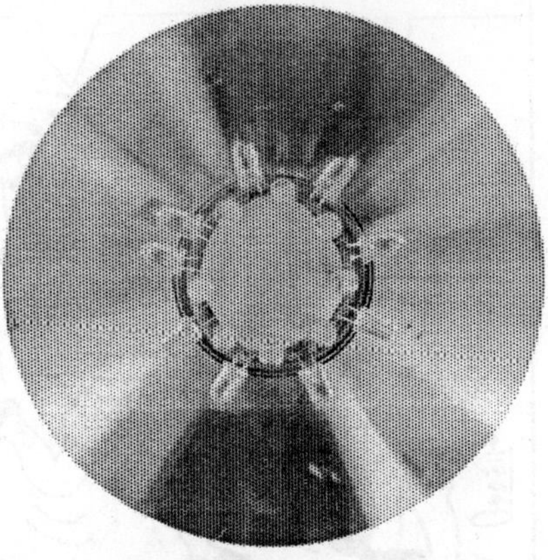

सी.डी.पर बना एल.ई.डी.लैम्प

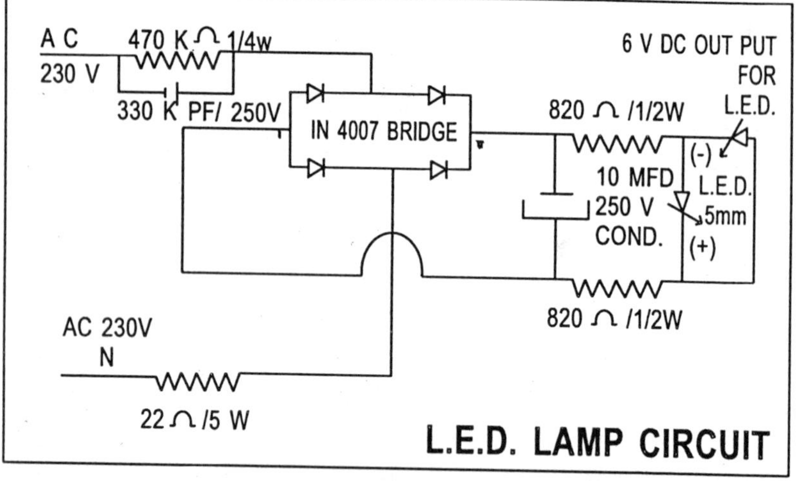

L.E.D. LAMP CIRCUIT

रोशनी प्राप्त हो जाती है। एल.ई.डी. हरे नारंगी एवं लाल रंग की रोशनी में उपलब्ध रहती है।

इस बल्ब को बनाने हेतु बाजार से एल.ई.डी. खरीद कर लाएँ एवं खराब सी.एफ.एल. की ट्यूब को हटाकर उसमें लगे डायोड, रेजिस्टेन्स, के.पी.एफ. आदि को दर्शाये गये सर्किट डाईग्राम में लगा कर एवं कन्डेन्सर को सामानान्तर में एवं एल.ई.डी. को सीरीज में लगा कर घर पर बल्ब तैयार किया जा सकता है। इसको और प्रभावशाली बनाने के लिए एल.ई.डी. को कम्प्यूटर की खराब सी.डी. पर लगाया जा सकता है ताकि प्रकाश के रिफ्लेक्शन का लाभ भी मिल सके। डिम लाईट को ज्यादा ऊंचाई पर न लगाकर होल्डर अथवा स्विच बोर्ड पर लगे प्लग में भी लगाया जा सकता है एवं सामने की दीवार पर दर्पण लगाकर प्रकाश को परावर्तित कराकर रोशनी के प्रभाव को बढ़ाया जा सकता है।

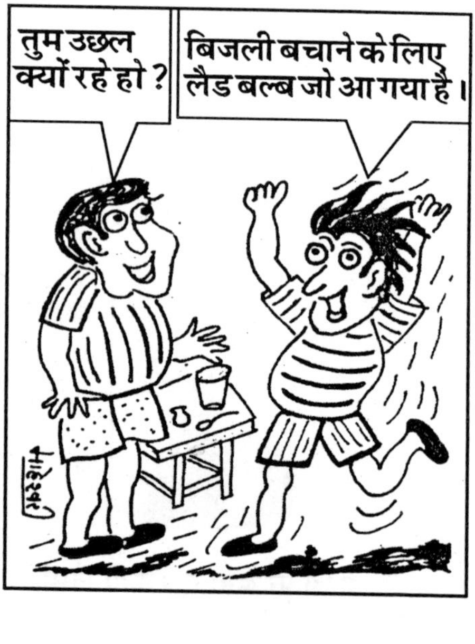

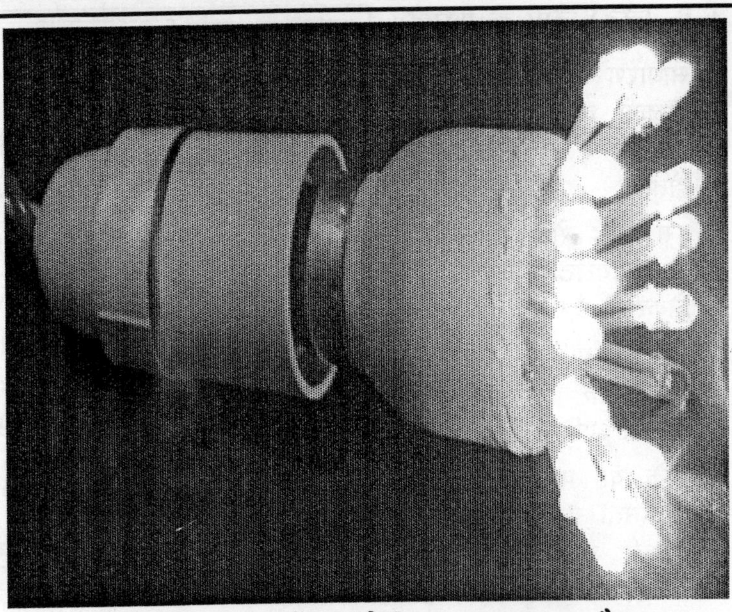

फ्यूज सी.एफ.एल. से एल.ई.डी. का जलता हुआ लैम्प

उपरोक्त विधि द्वारा बनाई गई डिम लाईट से प्रतिमाह विद्युत खर्च में काफी बचत की जा सकती है। प्रत्येक घर, आफिस एवं भवनों में एक या अधिक स्थान पर सिक्योरिटी पोइन्ट रो भी डिम लाईट जला कर रखी जाती है और यह प्रति रात 8–12 घंटे तक जलाये रखनी होती है। अतः विद्युत व्यय में काफी बचत करके स्वयं एवं देश हित में ऊर्जा की बचत की जा सकती है।

एल.ई.डी. से रोशनी एक ही दिशा में रहती है अतः स्टडी टेबल पर इसका बहुत अच्छा उपयोग हो सकता है। ऐसे ही किसी वस्तु को उजागर करने हेतु इससे रोशनी को केन्द्रित किया जा सकता है। 24 एल.ई.डी. को सीरीज में लगाने पर एक वॉट का बिजली का व्यय होता है उतनी ही रोशनी पाने के लिए साधारण बल्ब (इन्कैण्डैसेन्ट) बल्ब 40 वॉट के बराबर होता है। बाजार में आधे से तीन वॉट तक की सी.एफ.एल. भी प्रचलित है, उनका उपयोग करके भी विद्युत व्यय पर अंकुश लगाया जा सकता है। लैड बल्ब में ऊर्जा की खपत अन्य लेम्प के मुकाबले नगण्य रहती है और यह लेम्प आधे वाट से कम वाट का भी बनाया जा सकता है जो ऊर्जा बचत का बेहतरीन विकल्प है।

L.E.D. (लैड़) लैम्प के फायदे

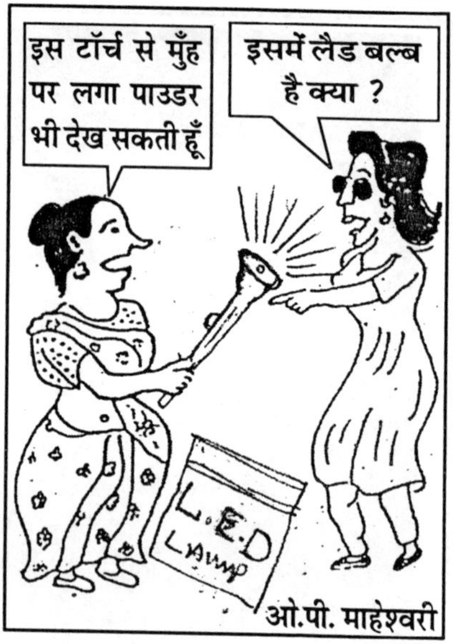

1. साधारण लैम्प में होने वाली बिजली व्यय के मुकाबले इस लैम्प में व्यय नगण्य होता है।
2. इस बल्ब से इन्फ्रारेड और अल्ट्रावायलेट किरणें नहीं निकलती है।
3. इस लैम्प में कोई भी हानिकारक गैस अथवा मरकरी आदि नहीं होती है।
4. चुकि यह फ्यूज सी.एफ.एल. से बनती है अतः लागत भी मरकरी और सोडियम लेम्प के मुकाबले बहुत कम होती है।
5. रंगीन, दुधिया एवं सफेद रोशनी भी इससे सभंव है।
6. यह लाइट "इको फैन्डली" होती है अतः पर्यावरण में किसी तरह की हानिकारक गैस अथवा किरणों का विसर्जन नहीं करती है।
7. इसमें मरम्मत की आवश्यकता नगण्य रहती है।
8. साधारण बल्ब, सोडियम लैम्प आदि के मुकाबले इस लैम्प की उम्र बहुत अधिक (10 गुणा से ज्यादा) होती है।
9. एल.ई.डी. बाहरी क्षेत्र एवं उपकरणों के अन्दर रोशनी के लिए भी उपयोगी रहती है।
10. फ्लड लाइट, होर्डिंग्स (विज्ञापन पटल), फोक्स लैम्प आदि में भी इसका उपयोग बहुत प्रभावी रहता है।
11. स्ट्रीट लाइट में प्रयोग करने पर बिजली के व्यय में प्रतिदिन बहुत अधिक बचत हो सकती है।
12. पढ़ने हेतु टेबल पर रोशनी लेने के लिए यह लैम्प उपयोगी रहता है व हानिकारक किरणें नहीं होने के कारण आँखों पर भी बुरा प्रभाव अन्य लैम्प के मुकाबले नहीं पड़ेगा।

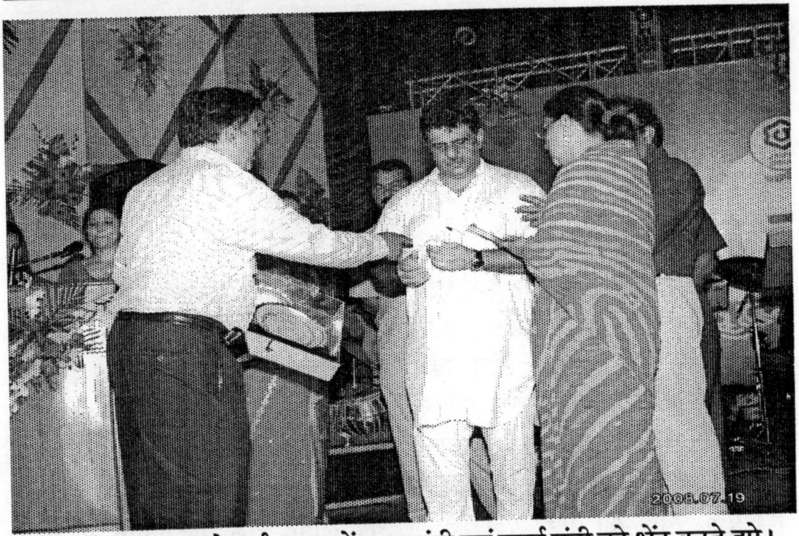

एल. ई. डी बल्ब को वर्ष 2008 में मुख्यमंत्री एवं ऊर्जा मंत्री को भेंट करते हुऐ।

13. ऊर्जा की बहुत अधिक बचत होती है।
14. सजावट के लिए भी अन्य बल्ब के मुकाबले ज्यादा प्रभावी रहता है।
15. एक दिशा में लाइट काम आने वाली टॉर्च के लिए भी उपयोगी रहता है।
16. एल.ई.डी. लैम्प छोटी बैटरी से भी प्रकाशित हो जाता है अतः बिजली का बहुत कम व्यय होता हैं।
17. इस बल्ब में ब्लास्ट नहीं होती है अतः रोशनी में व्यवधान (इन्टरफरैन्स) नहीं पड़ता है।
18. मरकरी लैम्प एवं सोडियम लैम्प के मुकाबले बहुत छोटा सा लैम्प बनाना संभव है।
19. वर्तमान में बाजारो में एल.ई.डी. लेम्प 100 वॉट तक के भी उपलब्ध है एवं सरकार द्वारा 20 वॉट के एल.ई.ड़ी. टयूब लाईट भी उपलब्ध करवाई जा रही है जो बहुत उपयोगी साबित हो रही है। फ्यूज सी. एफ. एल से एल.ई.डी बल्ब सर्वप्रथम वर्ष 2002 में बनाकर जोधपुर डिस्काम को बताया गया एवं पहली पुस्तक बिजली कैसे बचाये में वर्ष 2007 में एवं मुख्यमंत्री राजस्थान सरकार को वर्ष 2008 में इसे सार्वजनिक विस्तृत उपयोग हेतु भेंट किया गया था एवं जानकारी दी गई।

30 फ्यूज सी.एफ.एल. से जलाये घर पर ट्यूब लाईट

प्रायः फ्यूज हो गई सी. एफ. एल. को बाहर फेंक दिया जाता है और बाजार से नई लाकर लगा दी जाती है । फ्यूज हो गई सी. एफ. एल. से घर पर ही इलेक्ट्रोनिक ट्यूब लाईट बिना खर्च के बनाई जा सकती है। जिसमें स्टार्टर और चौक की भी आवश्यकता नहीं रहती है। यह ट्यूब लाईट सी. एफ. एल. की तरह ही एक ही पल में रोशनी देनी शुरू कर देती है। घर पर यह इलेक्ट्रोनिक ट्यूब लाईट बनाने के लिए निम्न सामग्री की आवश्यकता रहती है। एक फ्यूज सी. एफ. एल., तार, ट्यूब लाईट रोड़ को लगाने के लिए होल्डरमय स्ट्रिप (स्ट्रिप में चौक व स्टार्टर नहीं लगा हुआ होना चाहिए) आदि। फ्यूज सी.एफ.एल. पर से ट्यूब हटाने पर आप देखेंगे कि, सी.एफ.एल. के दोनों सिरों पर 2–2 टर्मिनल निकले होते है। अब अगर इन टर्मिनल को ट्यूब रोड से जोड़ देंगे तो ट्यूब लाईट प्रकाशित हो जायेगी। साधारण घर पर लगी ट्यूब लाईट में स्ट्रिप पर चौक, स्टार्टर, साइड होल्डर लगे होते है। और इन्हीं दो होल्डर के मध्य ट्यूब रॉड को लगाया जाता है। अब अगर इसी तरह की व्यवस्था जिसमें चौक एवं स्टार्टर नहीं लगे हो और साईड होल्डर सी. एफ.एल. के आउट टर्मिनल से जोड़ दिये जाते है। यह ध्यान रखें कि सी. एफ. एल. के

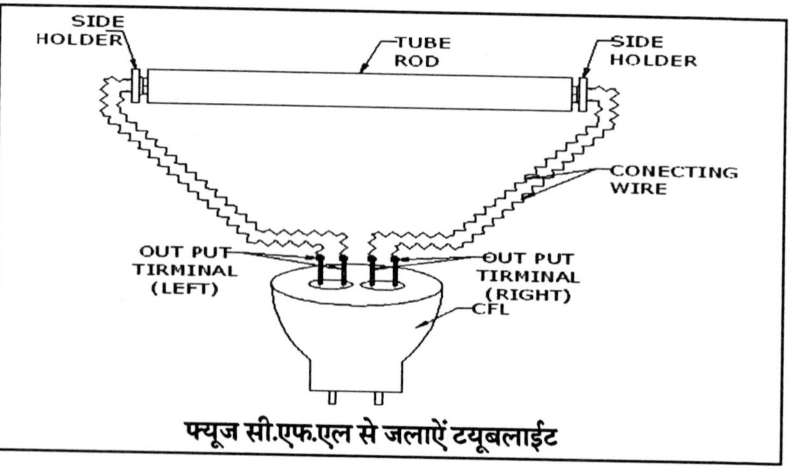

फ्यूज सी.एफ.एल से जलाऐं टयूबलाईट

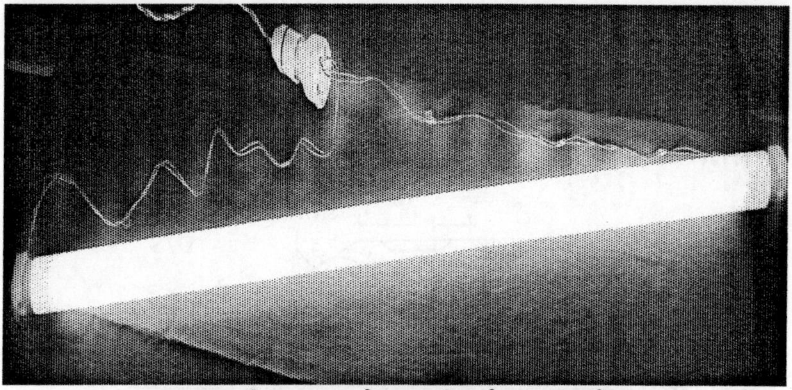

फ्यूज सी.एफ.एल से जलती हुई ट्यूबलाईट

एक साइड के टर्मिनल ट्यूब स्ट्रिप के एक साईड से जोड़ दिये जाये व दूसरी साइड के सी.एफ.एल. के टर्मिनल को ट्यूब के दूसरी साइड से तारों द्वारा जोड़ देने पर ट्यूब स्ट्रिप तैयार हो जाती है। अब सी.एफ.एल. को बल्ब के होल्डर में लगाकर रोशनी ली जा सकती है।

साधारणतया सी. एफ. एल. जितने वॉट की होती है। उससे डबल वॉट की ट्यूब रोड़ को स्ट्रिप में लगाकर रोशनी ली जा सकती है। उदाहरण के लिए 36 वॉट की ट्यूब रॉड को प्रकाशित करना है तो 18 वॉट की सी.एफ.एल. से टर्मिनल निकालने होते हैं। और अगर 23 वॉट की सी. एफ. एल. उपलब्ध है। तो 40 वॉट की ट्यूब रॉड को प्रकाशित कर सकते हैं। हो सके तो सी. एफ. एल. के आउट टर्मिनल को सोल्डिंग द्वारा जोड़ें ताकि तारों के आपस में जुड़ने की सम्भावना नहीं रहे। चूंकि इस तरह की ट्यूब लाईट में चॉक एवं स्टार्टर नहीं लगे होते है एवं सी.एफ.एल. के डबल वॉट की ट्यूब प्रकाशित हो जाती है। **अतः 40 से 50 प्रतिशत तक बिजली के व्यय में बचत की जा सकती हैं** और हर समय चॉक एवं स्टार्टर के द्वारा होने वाली परेशानी से भी बचा जा सकता है। चॉक व स्टार्टर न होने के कारण यह ट्यूब लाईट बहुत ही सस्ती पड़ती है। जिससे बिजली बचाने में आप भी अपना योगदान दे सकते हैं।

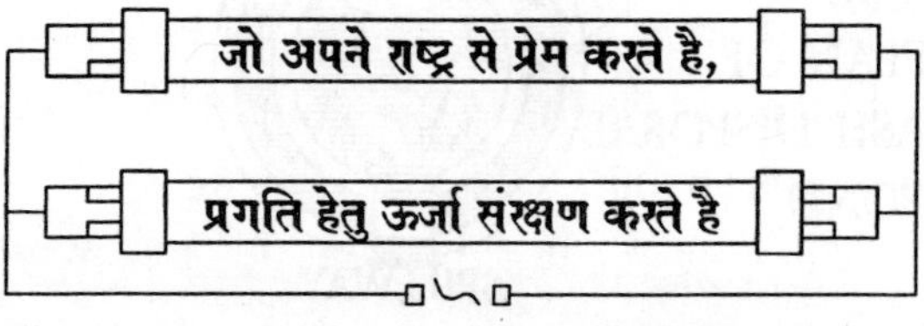

31 ऐश स्लरी से ऐश डाईक का निर्माण

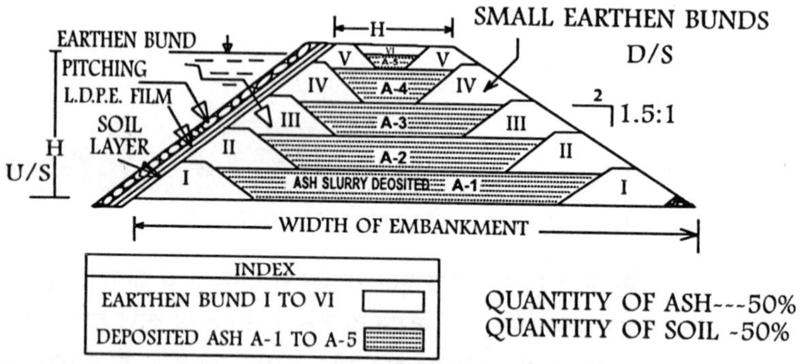

CROSS SECTIONAL VIEW OF EMBANKMENT / ASH DYKE

थर्मल पॉवर प्रोजेक्टस से निकलने वाली ऐश स्लरी का उपयोग कर, ऐश स्लरी को मिट्टी के बने दो बण्ड्स के मध्य सेटल होने देते है एवं पानी को स्पिलवे के द्वारा तालाब/रिजर्व वायर के मध्य जाने देते है एवं किनारों पर मिट्टी के बण्ड्स होने के कारण बड़ा एम्बेकमेन्ट/डाईक बन जाता है जिसके मध्य राख इकट्ठा कर सकते है चूंकि इस कार्य में थर्मल का वेस्ट प्रोडक्ट ऐश का उपयोग कर निर्माण सामग्री में 50 प्रतिशत तक बचत कर सकते है। अतः इस विधि से बने रिजर्ववायर/तालाब की **लागत में करोड़ों रूपये की बचत के साथ–साथ राख व पानी का उपयोग** हो सकता है मेरे इस प्रस्ताव का उपयोग कर देश में थर्मल प्रोजेक्ट पर करोड़ों भी रूपये बचाये जा सकते है।

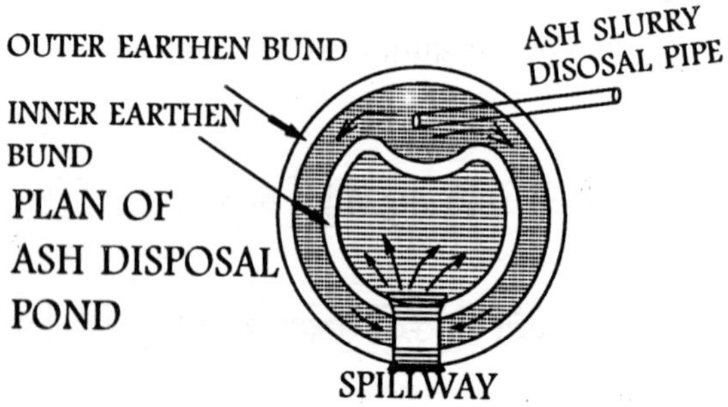

32 बिजली रहित फर्श ग्राइन्डिंग मशीन

ऐसे निर्माण स्थलों पर जहाँ विद्युत सप्लाई उपलब्ध नहीं होती है ऐसे स्थानों पर हाथ से घिसाई करने के बजाय हाथ से चलने वाली मशीन से अगर घिसाई की जाये तो ऊर्जा का कई गुणा उपयोग एवं दक्षता बढ़ाई जा सकती है।

इस मशीन में बिलोना करने की मथनी (झेरनी) की तरह ही सिस्टम बनाना होता है। मथनी के तल पर कार्बोरेण्डम स्टोन की बनी तीन बट्टियाँ अथवा गोल चपटी डिस्क को लगा देते है। अब मथनी की खड़ी सॉफ्ट पर रस्सी लपेट कर बिलोना करने की तरह ही शॉफ्ट को घुमाया जाता है तो एक चक्र में कई गुणा ऊर्जा का उपयोग मिल जाता है जो दक्षता बनाने में सहयोग करता है। इस यंत्र को बनाने के लिये लकड़ी का स्टूल जिस पर पानी की टंकी व वजन लगा हो एवं स्टूल से जुड़ा बैठने व वजन देने के लिये पट्टा लगा हो ताकि शॉफ्ट को इस पर बैठकर घुमाया जा सके। चूंकि इस विधि में एक साथ कई बट्टियाँ फर्श पर घूमती है अतः ऊर्जा का पूर्ण उपयोग होकर दक्षता बढ़ाई जा सकती है।

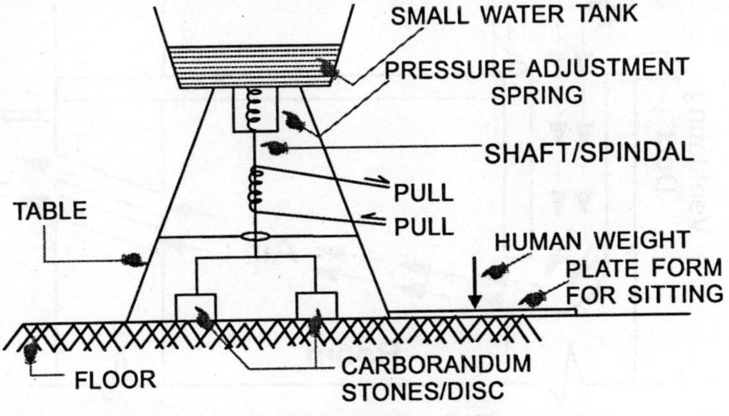

MANUAL GRINDING MACHINE

33 प्राकृतिक हवा – वेन्टीलेटिंग डक्ट (हवाकश) से

उन भवनों में, जहाँ बाहरी दीवारें एक दूसरे से सटी हो एवं भरपूर हवा का प्रवाह बनाने के लिये खिड़कियाँ, रोशनदान, दरवाजें कम मिल रहे हो, ऐसे भवनों में छत से कमरों की दीवार में अथवा दीवार के बाहर डक्ट बना कर प्राकृतिक हवा को कमरों में प्रवेश कराया जा सकता है। वैसे यह विधि गाँवों में प्रचलित है एवं रसोई में बनने वाली चिमनी की तरह हवामय डक्ट एवं ऊपर होपर बनाया जाता है। अगर भवन बनाते समय ही इसे बनाया जाए तो विशेष अतिरिक्त लागत नहीं आती है। मगर बाद में बनाने पर इसमें छत से कमरों तक उतरने वाली डक्ट की लागत अतिरिक्त आ जाती है। इस विधि से भवन की छत पर तीनों पार्श्व दिशाओं एवं ऊपर से बन्द चिमनीनुमा होपर/प्रवेश द्वार बना देते हैं, होपर की ऊपरी छत तिरछी रखते है ताकि अधिक से अधिक हवा का प्रवेश डक्ट में होसके एवं डक्ट से इस हवा को कक्ष

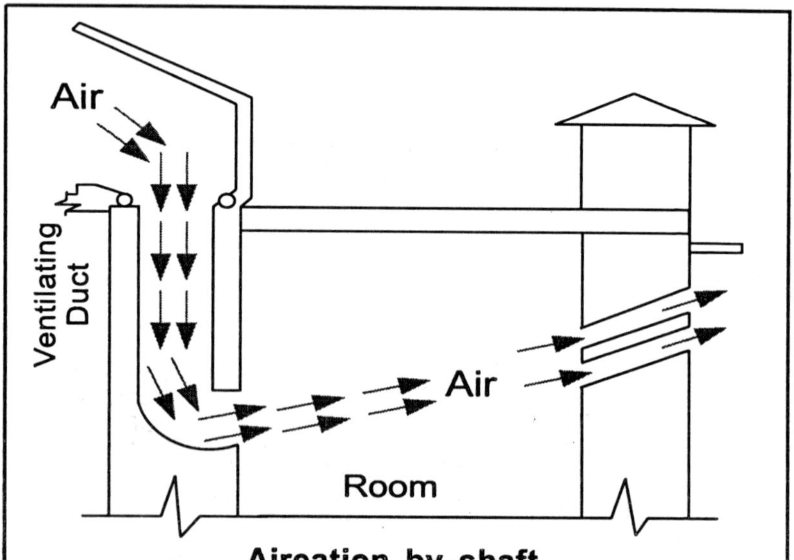

Aireation by shaft

में खिड़कीनुमा द्वार बना कर प्रवाह का नियंत्रण किया जा सकता है।

इसको और अधिक प्रभावी बनाने के लिये छत पर कूलर अथवा हवा को अन्दर की ओर धकेलने वाला पंखा भी लगा सकते हैं ताकि नीचे के कमरों में बिना शोर गुल किये हवा का प्रवाह बढ़ाया जा सके। उत्तर पश्चिमी भारत में गर्मियों में हवा दक्षिण पश्चिम दिशा से प्रवाह होकर आती है एवं सर्दियों में जब आवश्यकता कम रहती है तब यह उत्तर दिशा से प्रवेश करती है। अतः चिमनी/होपर का खुला मुँह दक्षिण पश्चिम दिशा में रखना उपयुक्त रहता है। होपर को प्रभावी बनाने के लिये इसमें रिवॉल्विंग व्यवस्था भी बनाई जा सकती है ताकि हवा की दिशा के अनुरूप इसको घुमा कर एवं रोक कर अधिक से अधिक हवा को प्रवेश कराया जा सके। कमरों में हवा का प्रवाह प्रभावी बनाने के लिये जिस दिशा में खिड़की बनाई जाती है उसके ठीक विपरीत दिशा की दीवार में रोशनदान अथवा ओपनिंग बना कर हवा के निकास की व्यवस्था की जानी चाहिए। इस तरह जब शहरीकरण में प्राकृतिक हवा का प्रवाह बना रहेगा तो बिजली की खपत में कमी लाई जा सकेगी।

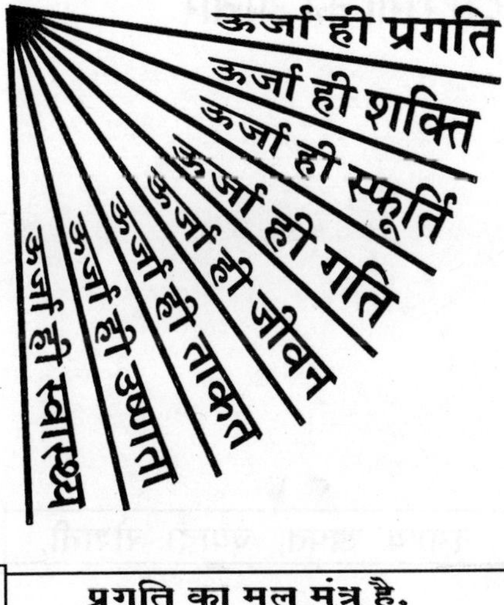

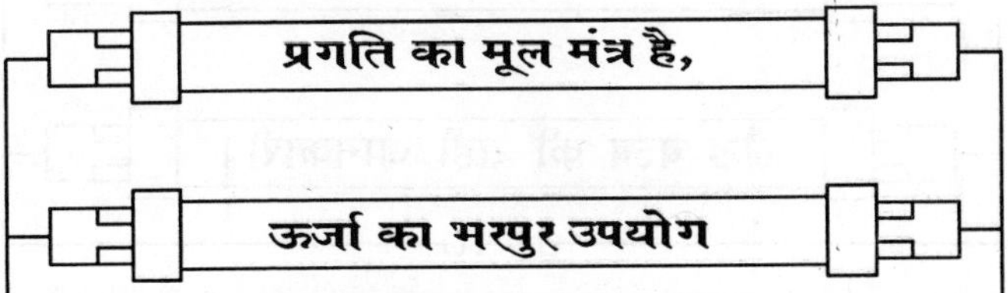

(द) पीने का पानी

34. कैसा हो पीने का पानी यानि पोटेबल वॉटर

35. जल शुद्धिकरण की विधियाँ

36. पानी से रोगो का उपचार

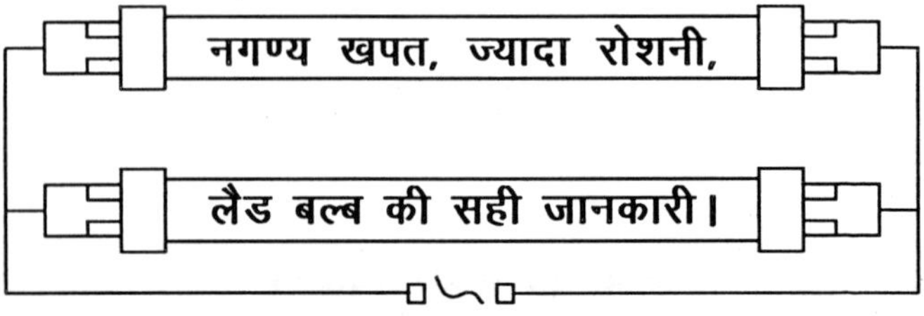

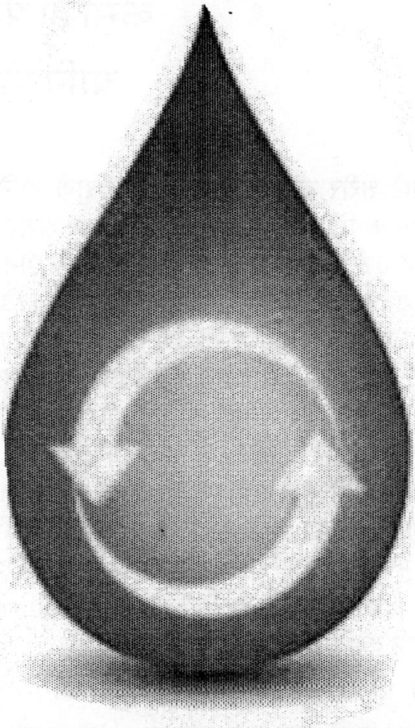

जल ही जीवन है

शुद्ध–शुद्ध जल पीओ,
जुग–जुग जीवन जीओ।

34 कैसा हो पीने का पानी यानि पोटेबल वॉटर

जो पानी हमारे शरीर को स्वस्थ बनाये रख सके यानि जिसको पीने से पानी के द्वारा आवश्यक मिनरल की प्राप्ति तो हो मगर शरीर में किसी तरह की बीमारी उत्पन्न न हो उसे पोटेबल (Potable) वाटर यानि पीने योग्य पानी मानते है। पानी की शतप्रतिशत शुद्धता की कल्पना तो व्यर्थ है। डिस्टिल वाटर न तो स्वादिष्ट होता है ना ही इसे पीने से शरीर की रोग प्रतिरोधकता बनी रह सकती है। स्वस्थ शरीर के लिए जहाँ शरीर को कुछ मिनरल की आवश्यकता होती है वहीं सेहत के लिए सहायक पेथोजेनिक जीवाणु की आवश्यकता रहती है। पानी में हानिकारक विषाणुओं, बैक्टीरिया व मानव स्वास्थ्य के लिए हानिकारक रसायनों का मिला होना ही जल संक्रमण कहलाता है। पेयजल को संक्रमण से बचाने का सबसे सुलभ तरीका है कि हम उसे विषाणु व बैक्टीरिया रहित बनाएं। इसमें मिली हुई भौतिक, रासायनिक एवं जैविक अशुद्धियों को पीने योग्य पानी से बाहर निकाल दें। इस क्रिया को शुद्धिकरण (Purification) कहते है। हमारी पुरानी कहावतो में भी कहते है कि –

' पानी पीजो छान के, गुरू कीजो जान के .....'

अर्थात् पीने का पानी छान कर, कीटाणु रहित करके ही उपयोग करना चाहिये। वास्तव मे पानी की जादुई खूबियों को ज्यादातर लोग नहीं जानते। मसलन लोगों को नहीं पता कि 80 फीसदी से ज्यादा शारीरिक बीमारियों की वजह शरीर में पानी की कमी व पानी की अशुद्धता होती है। शुद्ध व निर्मल जल जहाँ मानव के लिए स्वास्थ्य की दृष्टि से बहुत जरूरी चीज है, वहीं मानव शरीर को मिलने वाले अनेक रासायनिक व पौष्टिक अव्यवों का कारक भी है। पानी शरीर के जहरीले तत्वों को शरीर से बाहर निकालने का काम भी करता है। यह शरीर के तापमान को नियंत्रित करता है। अगर नियमित रूप से खूब पानी पीते है तो यह खून को पतला करता है। शरीर में पानी की पर्याप्त मात्रा का होना पाचन में मदद करता है। मतलब यह कि शुद्ध जल स्वास्थ्य की बुनियादी आवश्यकता होती है। पेयजल यदि साफ व स्वच्छ नहीं है तो कई तरह की बीमारियाँ उत्पन्न हो जायेगी। पानी में साधारणतया तीन तरह की अशुद्धियाँ रहती है।

(1) भौतिक अशुद्धियाँ (Physical Impurities)

(2) रासायनिक अशुद्धियाँ (Chemical Impurities)

(3) जीवाणु द्वारा अशुद्धियाँ (Bacteriological Impurities)

(1) भौतिक अशुद्धियाँ – यह अशुद्धि पानी में अकार्बनिक पदार्थ (Inorganic Substances) जैसे कंकर (Pebbles) मिट्टी आदि से होती है। जैसे चिकनी मिट्टी (Clay) सैण्ड (Sand) सिल्ट (Silt) कोयला आदि जिससे पानी धुंधला (Turbid) हो जाता है। जबकि इससे पानी में रंग, स्वाद व गन्ध आ जाती है। इस तरह की अशुद्धि ज्यादा खतरनाक नहीं होती है और इन्हें आसानी से हटाया भी जा सकता है।

(2) रासायनिक अशुद्धियाँ – यह अशुद्धि पानी में मिलने वाले रासायनिक तत्व यानि कार्बनिक या अकार्बनिक पदार्थो के कारण होती है।

घुलनशील अकार्बनिक अशुद्धियाँ

क्र.सं.	घुलनशील लवण या गैस	प्रभाव
1.	केल्सियम, मेग्निसियम, व सोडियम के कार्बोनेट, व बाईकार्बोनेट क्लोराईड, सल्फेट	कठोर (Hardness), क्षारिय (Alkalinity), लवणीय
2.	आयरन ऑक्साईड	लाल रंग, कठोर
3.	मैगनीज	भुरा रंग
4.	कार्बनडाई ऑक्साईड	अम्लीयता (Acidity), धातु पर जंग उत्पन्न करना
5.	हाईड्रोजन सल्फाईड	बदबु (Odour)
6.	ऑक्सीजन	अच्छा टेस्ट बनना, धातु पर जंग उत्पन्न करना।
7.	आर्सेनिक, पारा	अन्धा हो जाना
8.	लैड, क्रोमियम व कैडमियम धातु	शारीरिक विकास का रूकना उच्च रक्तपात होना, किडनी खराब होना

(अ) **अकार्बनिक अशुद्धियाँ** – (Inorganic Impurities) यह अशुद्धि घुलनशील और अघुलनशील पदार्थ के कारण होती है पानी में लवणों (Mineral), धातु, गैस के घुल जाने से भी पानी अशुद्ध हो जाता है। ऐसे घुलनशील लवणों की अधिकता से पीने के पानी के स्वाद में परिवर्तन हो जाता है जैसे –पानी में क्लोराईड की मात्रा अधिक होने से पानी खारा हो जाता है। ऐसे खारे पानी का पीने में खपत कम हो जाती है जिससे भी बीमारियां बढ़ जाती है। इसी प्रकार पानी में सल्फेट की अधिक मात्रा से दस्त हो जाती है। नाइट्रेट की अधिकता से शरीर में नाईट्राइटस बनते है इस कारण हिमोग्लोबीन की तुलना में मैथोग्लोबीन अधिक होने से रक्त की ऑक्सीजन प्रवाहित करने की क्षमता में कमी आती है और त्वचा नीली पड़ जाती है। पानी में फ्लोराईड की अधिकता होने से दांतों पर पीले दाग बन जाते है तो हड्डी में विकृति आ जाती है। चूंकि फ्लोराईड की न्यूनतम आवश्यकता की पूर्ति भोजन के अन्य पदार्थो से हो जाती है अतः पानी में इसका मिला होना हानिकारक रहता है। पानी में आर्सेनिक की अधिकता होने पर नये जन्म लेने वाले बच्चे तक अन्धे पैदा होते है। इसका उदाहरण बिहार के भोजपुर जिला में वर्ष 2010 में एक के बाद एक 18 बच्चे इसी आसैर्निक अधिकता से अन्धे पैदा हुऐ क्योंकि इनके परिवार लम्बे समय से आसैर्निक युक्त पानी का उपयोग कर रहे थे।

(ब) कार्बनिक (Organic) अशुद्धियाँ – यह अशुद्धियाँ भी घुलनशील या अघुलनशील होती है। ये अशुद्धियाँ साधारणतया पानी में पेड़ पत्तों, काई (Algae), सड़ी हुई पत्तियाँ (Decayed Leaves), फंगस (Fungi) आदि के कारण पानी को अम्लीय व हरा–भूरा रंग उत्पन्न कर देती है। मरे हुऐ एवं जिन्दे जीव जन्तु, जानवरों के द्वारा भी पानी में हानिकारक जीवाणु उत्पन्न कर देते है, जो स्वास्थ्य के लिए बहुत खतरनाक होते है।

जल के रासायनिक गुणों के बारे में महत्वपुर्ण जानकारियाँ

I. पी.एच.वेल्यूज– पानी में उपस्थित हाइड्रोजन आयन एवं हाईड्रॉक्सिल आयनो से पानी अम्लीय एवं क्षारीय की क्षेणी में आता है। जल में हाइड्रोजन एवं हाईड्रॉक्सिल आयनों की संख्या बराबर होती है। ऐसा जल उदासीन (डिस्टिल) होता है। अम्लीय जल का पी.एच मान 7 से कम व क्षारीय का 7 से अधिक तथा उदासीन जल का 7 होता है। पीने योग्य पानी न ज्यादा अम्लीय होना चाहिए ना ही क्षारीय। अतः यह वेल्यू 6 से 8.0 के मध्य ही रहनी चाहिए। अगर इससे ज्यादा वेल्यु है तो पानी पीने योग्य नहीं रहता है। अगर यह वेल्यु जीरो या 6 से कम है तो इसमें चुना मिलाकर और 8 से ज्यादा हो तो गंधक का अम्ल मिलाकर पानी का शुद्धिकरण किया जा सकता है।

II. कठोरता – जल में घुले हुए कैल्सियम और मैग्नेसियम लवणों के कारण कठोर माना जाता है। ये लवण जमीन पर बहते जल के कारण उनमे घुल जाते है। जल में साधारणतः चार लवण घुल जाते है, इनमें मुख्य है कार्बोनेट, सल्फेट, नाईट्रेट और क्लोराईड। इनके कारण जल अशुद्ध बन जाता है। कठोर जल में घुले लवणों के कारण बॉयलर, पाईप आदि में परत (स्केल) जमा हो जाती है, जो मशीनों की दक्षता घटा देती है। कठोर पानी से अधिक साबुन का व्यय होता है और शरीर पर इनके लवणों के जमाव से त्वचा खुरदरी एवं शुष्क, बाल कड़क हो जाते है। जल की कठोरता का निर्धारण उसके एक लीटर में-उपस्थित लवणों की मात्रा कैल्सियम और मैग्नेसियम के आधार पर किया जाता है। यदि मात्रा 70मिली ग्राम / लीटर से कम है तो जल मृदु, 70– 100 मिली ग्रा / लीटर मध्यम मृदु, 100–200 मिली ग्रा / लीटर तो मध्यम कठोर एवं 200 से अधिक है तो कठोर जल माना जाता है। मृदु जल पीने में स्वादिष्ट होता है और साधारण हर घरेलु कार्यो में इसे उपयोग कर सकते है।

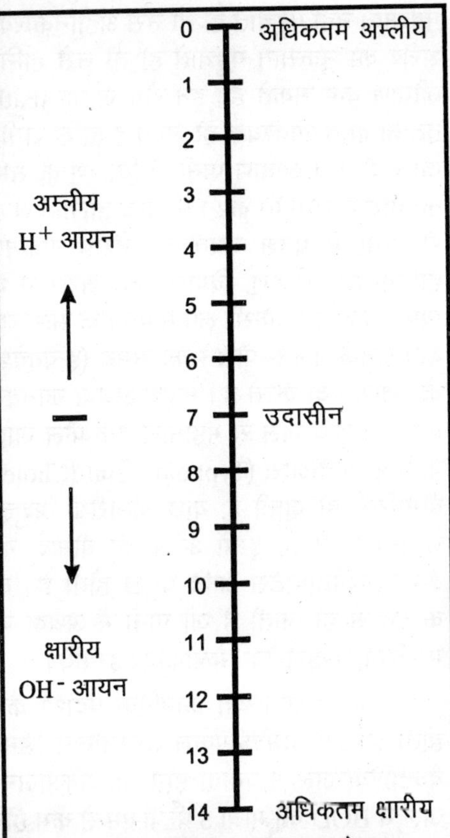

चित्र :– पी. एच. पैमाना

III. अन्य मापदण्ड (Parameters) – जल में घुले हुऐ लवण जैसे – लोहा, कैडमियम, मेग्नीज आदि के सल्फेट, नाईट्रेड, बोरेट, कार्बोनेट, फ्लोराइड की अधिकता से मानव स्वास्थ्य पर बुरा प्रभाव पड़ता है।

(3) जीवाणु द्वारा अशुद्धियां (Bacteriological Impurities) – पानी में कुछ न कुछ जीवाणु की उपस्थिति रहती है। अगर ये जीवाणु शरीर को

नुकसान नहीं पहुंचाते हो तो उसे अहानिकारक (Harmless) कहते है और अगर शरीर को नुकसान पहुंचाते हो तो उसे हानिकारक (Harmful, Pathogenic) जीवाणु कह सकते है। इन रोग जनक (Pathogenic) जीवाणुओं को पानी से हटाना बहुत आवश्यक हो जाता है ताकि पानी द्वारा होने वाली बिमारियों से बचा जा सके । ये जीवाणु पानी के वितरण के समय गन्दे पानी के सम्पर्क से, पानी को हौद में संग्रहित करने में, गन्दे तालाबों से व सड़े हुए जीव जन्तुओं, पेड़ पौधों से पानी में प्रवेश करते है। जिन्हे रोकना अति आवश्यक हो जाता है। हानिकारक जीवाणु, विषाणु द्वारा शरीर में कई रोग उत्पन्न हो जाते है। ये विषाणु किसी न किसी रूप में पानी के साथ व्यक्ति के शरीर में चले जाते है और वहां उनके पलने–पौसने का समय (इन्क्युवेशन पीरियड) पूर्ण होने पर बीमारी के लक्षण पैदा करते है। मनुष्य अथवा जानवर के मल से पानी के प्रदुषित होने कारण अशुद्ध जल से महामारी तक फैल जाती है। साधारणतया जीवाणु युक्त पानी से मोतीझारा (Typhoid), हैजा (Cholera), अतिसार (Diarrhoea) आदि बीमारियाँ हो जाती है, कुछ बीमारीयाँ अशुद्ध पानी से शरीर को धोने से भी उत्पन्न होती है, इनमें आँख की बीमारी कन्जक्टीवाइटिस और चमड़ी की बीमारी डर्मेटाइटिस आदि प्रमुख होती है। कुछ बीमारियाँ मच्छरों (कीटों) के काटने से हो जाती है जो पानी में अथवा पानी के पास रहते है। जैसे डेंगू, मलेरिया, फाइलेरिया, येलोफीवर इत्यदि।

जल में उपस्थित कार्बनिक पदार्थो के विघटन में जो ऑक्सीजन व्यय होता है उसे बायोकेमिकल ऑक्सीजन डिमाण्ड यानि BOD कहते है। जब बैक्टीरिया जल में ज्यादा होंगे तो ऑक्सीजन की डिमाण्ड ज्यादा रहेगी। अतः जल में BOD की मात्रा 5 पी.पी.एम से कम होनी चाहिए।

पीने योग्य पानी की टेस्ट वेल्युज़ (मानक आई. एस 10500)

(1) pH वेल्यु 7 के आस पास यानि 6 से 8 तक की रहनी चाहिये।

(2) टोटल कठोरता ($CaCO_3$) – 300 पी. पी. एम से कम

(3) अमोनिया 0.15 पी.पी.एम. से कम रहे।

(4) टोटल डिजोल्वड सोलिडस (TDS) 500 पी.पी.एम. से कम रहे

(5) नाईट्रेट 45 पी.पी. एम. से कम रहे

(6) क्लोराईड (Cl) 250 पी.पी. एम से कम

(7) सल्फेट (SO_4) 150 पी.पी. एम से कम

(8) कैल्सियम (Ca) 75 पी.पी. एम से कम

(9) मैग्नीश्यिम (Mg) 30 पी.पी. एम से कम

(10) फ्लोराइड कि मात्रा 1 पी.पी.एम. से कम हो।

(11) ऑक्सीजन – 5 से 6 पी.पी.एम. से कम होना चाहिये।

(12) टर्बीडीटी (Turbidity) – 10 पी.पी.एम. से कम

(13) तापक्रम 10 से 25 डिग्री सेन्टीग्रेट के मध्य

(14) कोबाल्ट स्केल पर रंग – 10 से कम

(15) आगर प्लेट टेस्ट–टोटल बैक्टीरिया काउन्ट 100 सी.सी से कम रहे

(16) बी कोली टेस्ट – नेगेटिव रहना चाहिये।

(17) बी कोली इन्डेक्स – तीन से कम रहना चाहिये।

(18) मेटल्स (धातु)

तांबा – तीन पी.पी.एम. से कम रहे

क्रोमियम – 0.05 पी.पी.एम. से कम रहे

केडमियम – 0.01 पी.पी.एम. से कम रहे

आयरन और मैग्नीज – 0.3 पी.पी.एम. से कम रहे

सीसा – 0.1 पी.पी.एम. से कम रहे

जिंक – 15 पी.पी.एम. से कम रहे

जहरीली धातु – होनी ही नहीं चाहिये जैसे पारा, ऑर्सेनिक आदि।

पीने के पानी में सर्तकता

1. जहाँ तक हो सके, पारदर्शी काँच के गिलास में पानी पीने से भौतिक अघुलनशील अशुद्धियाँ पीने से पहले नजर आ जायेगी।

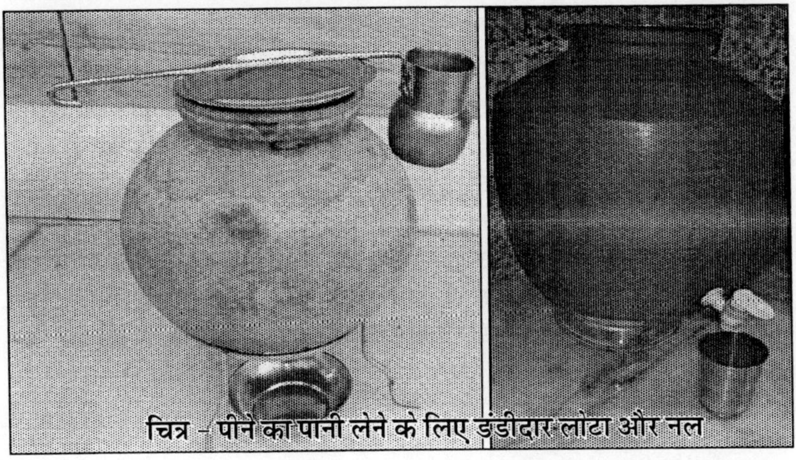

चित्र – पीने का पानी लेने के लिए डंडीदार लोटा और नल

2. पानी बर्तन से निकालने के लिए डंडीदार लोटा (कलश) का उपयोग करने से, अंगुलियाँ, नाखुनों में छुपे कीटाणु, गन्दगी से पानी अशुद्ध नहीं होगा।
3. पीने के पानी को शौचालय एवं गन्दे नाली से दूर रखना चाहिये ताकि छोटे–जीवाणु पीने के पानी में प्रवेश न कर सके।
4. पानी के बर्तन को ढक कर रखना चाहिये क्योंकि समय के साथ छोटे छोटे जीवाणु इसमें प्रवेश कर जाते है।
5. मिट्टी की मटकी में लम्बे समय तक पानी रहने से जीवाणु इसमें अपना घर बना देते है। अतः पुराने पानी को स्वच्छता में उपयोग ले एवं क्लोरिनेटेड पानी यानि बिना संक्रमण का पानी भर देना चाहिये।
6. पानी को उबालकर पीने से सारे जीवाणु मर जाते है।
7. पानी पीने लायक स्त्रोत से प्राप्त हो रहा है यह समय समय पर जाँच द्वारा परख लेना चाहिये।
8. मिट्टी के घड़े को जमीन से कुछ ऊँचाई पर रखने से गीली मिट्टी द्वारा संक्रमित नहीं होगा।
9. पानी की मटकी पर सुबह या शाम कुछ देर धूप की किरणें आनी चाहिये ताकि वातावरण के जीवाणु सक्रिय न हो पाये। साथ ही हवा का प्रवाह बनाये रखने से पानी ठण्डा होता रहेगा एवं वातावरण स्वच्छ रहेगा।
10. आजकल बाजारों में नल (टुटी) लगी हुई मटकी, केम्पर आदि मिल रहे है अतः नल (टुटी) के उपयोग से पानी में गन्दगी प्रवेश नहीं कर पायेगी और पानी संक्रमित नहीं होगा।
11. चालु वॉटर कुलर एवं फ्रिज में रखा शुद्ध पानी में आसानी से जीवाणु उत्पन्न नहीं हो पाते है क्योंकि जीवाणु की उत्पत्ति अधिक ठण्ड़ा एवं गर्म में नहीं हो सकती। अतः इसमें रखा पानी लम्बे समय तक शुद्ध ही रहता है।

पानी कैसे पीए – पानी पीने का सर्वोतम ढंग पारदर्शी कॉच की गिलास ही है। गिलास से पानी पूरी तरह से नियंत्रित तरीके से पीया जाता है जबकि पानी को ऊपर से मुँह में उडेलने पर गले में एक साथ अधिक मात्रा में पानी प्रवेश कर जाता है। इससे पानी के साथ हवा का बुलबुला भी प्रवेश कर जाता है जो पानी के प्रवाह में कई बार अवरोध उत्पन्न कर देता है। इसके अलावा जब बर्तन नहीं हो तो पानी बुक अथवा ओक से पीते है। इस क्रिया में अपने एक अथवा दोनों हाथों को होठों से सटाकर छोटा पानी का जलाशय बना देते है। इस जलाशय में पानी धीरे–धीरे भरते रहते है और हाथों को ऊपर नीचे कर आवश्यक मात्रा में पानी को मुँह में प्रवेश कराते है। इस विधि में अगर हाथ

स्वच्छ नहीं होंगे तो हाथों में छुपे विषाक्त जीवाणु भी पानी के साथ शरीर में प्रवेश कर सकते है, अतः इस विधि से पानी पीने के लिए पहले हाथों को बहुत अच्छी तरह से साथ करना आवश्यक होता है।

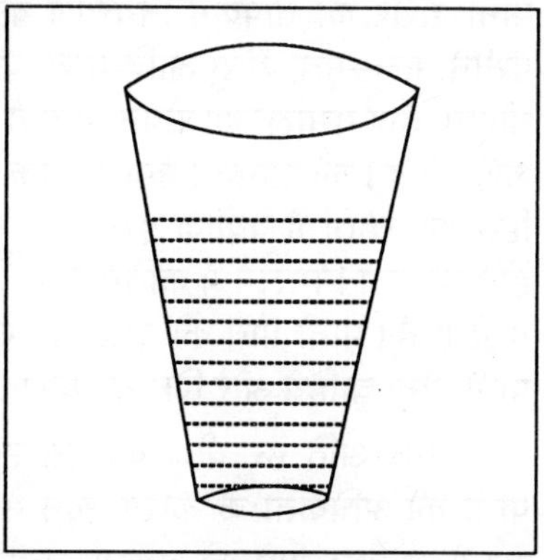

प्यास क्यों लगती है :– हमारा शरीर का 70–80 प्रतिशत भाग पानी से ही बना है। हमारे रक्त का 82 प्रतिशत भाग पानी ही होता है हमारी कोशिकाओं का 90 प्रतिशत, मस्तिष्क का 74.5 प्रतिशत, गुर्दे का 82.7 प्रतिशत, मासंपेशियों का 76.6 प्रतिशत, दंत ऊतक एवं हड्डियों में भी लगभग 10 प्रतिशत पानी होता है। प्रतिदिन की क्रिया–कलापों, वातावरण की ऊष्णता एवं शरीर में विद्यमान लाखों की संख्या में लाभकारी जीवाणुओं की क्रिया हेतु पानी की आवश्यकता रहती है। हमारे मस्तिष्क का हाइपोथैलेमस (मस्तिष्क थर्स्ट मैकेनिज्म) भाग शरीर में प्यास का नियन्त्रण करता है, यानि जब शरीर में विद्यमान द्रव की सान्द्रता (Concentration) बढ़ जाती है तो कोशिकाओं में प्रवाह बनाये रखने के लिए मस्तिष्क द्वारा निर्देश दिये जाते है। फलस्वरूप द्रव की सान्द्रता कम करने के लिए पानी की आवश्यकता बन जाती है यानि शरीर को प्यास लगती है। पानी पीने से शरीर में द्रव की सान्द्रता नियन्त्रण में रहती है अन्यथा विषैले पदार्थो के जमाव से शरीर में कई बिमारियां उत्पन हो जायेगी। पानी पीने से रक्त में मौजूद इलेक्ट्रोलाइटस पतले होने लगते है वही कम मात्रा से पानी पीने से डिहाईड्रेशन की समस्या हो जाती है। शरीर में पानी का संतुलन बनाने का कार्य गुर्दो को करना होता है और यह तभी सम्भव होता है जब प्रवाहित होने वाले द्रव में विषैले व बेकार चिकने पदार्थ पानी के साथ मिलकर तनु (Dilute) हो जाए। अगर –द्रव गाढा यानि सान्द्रता अधिक होगी तो इसका शरीर में जमाव होगा, इससे शरीर में होने वाली विभिन्न क्रियाओं में व्यवधान उत्पन्न होने लगता है। अतः प्यास लगने पर पानी पीना आवश्यक होता है।

पानी कब और कितना पीये – पानी पीने की मात्रा, कार्य करने के तरीके, वातावरण एवं पेट में ग्रहण किये गये खाद्य पदार्थो पर निर्भर करता है। सर्दी में प्रायः पानी कम पीया जाता है तो गर्मी में अधिक पानी की आवश्यकता रहती है। वातानुकुलित कमरों में बैठने वाले व्यक्तियों के शरीर से भी पानी का वाष्पीकरण बहुत कम होता है अतः उन्हें भी कम पानी की आवश्यकता रहती है।

एक स्वस्थ व्यक्ति को लगभग 2–3 लीटर पानी का सेवन करना चाहिये। अगर आप चाय, दुध, ठण्डा द्रव लेते हैं तो उनमें भी पानी की मात्रा बहुत अधिक होती है। यही कारण है कि नवजात शिशु को माँ के दुध में ही पानी मिल जाता है। पानी शरीर का तापक्रम नियन्त्रण करने के साथ शरीर से विषैले पदार्थों को पसीने, मल–मूत्र, आँसु आदि द्वारा विसर्जन का काम करता है। जब भी गरिष्ठ भोजन, तेज मसालों का सेवन होता है तो शरीर पानी की मांग बढ़ा देता है ताकि शरीर में द्रव की सान्द्रता कम हो सके। थोड़ा–थोड़ा पानी बार बार पीना अधिक हित कर रहता है क्योंकि इससे पेट नहीं फूलता है। पानी की अत्यधिक मात्रा होने पर उसे निगलने में कठिनाई होगी जिसका सकेंत हमारा मस्तिष्क स्वयं हमे दे देता है। पानी पीने की मात्रा का सबसे उचित तरीका है जब भी प्यास लगे पानी पीना चाहिये और जितनी प्यास लगे उतना ही पानी पिये।

मगर अति हर चीज की बुरी होती है और पानी भी कोई अपवाद नहीं। पानी की अधिकता के कारण खून में सोडियम का स्तर गिर जाता है। इससे सुस्ती, चक्कर आने की समस्या उत्पन्न हो जाती है। पेंसिलवेनिया यूनिर्वसिटी के किडनी एक्सपर्ट डॉक्टर स्टेनले गोल्डफैर्ब के अनुसार जरूरत से ज्यादा पानी पीने से किडनी को अपनी क्षमता से ज्यादा काम करना पड़ता है इससे किडनी की समस्या हो सकती है।

भारतीय आयुर्वेद में खाना खाने के एक घण्टे तक पानी न पीने की सलाह दी जाती है क्योंकि ज्यादा पानी से भोजन को पचाने वाला रस तनु (पतला) हो जाता है। इससे भोजन पचने में समय अधिक लगता है। डॉक्टरों का यह भी कहना है कि शयन से पूर्व पानी अधिक पीने पर बार–बार पेशाब आना स्वभाविक है। इससे नींद में खलल होगा एवं गहरी निद्रा में आप सो नहीं पायेंगे अतः आवश्यक है कि पानी की मात्रा उतनी ही रखें जितनी प्यास हो। पानी शीतल स्वादिष्ट है तो ज्यादा पी लिया जाये, यह उचित नहीं है। पानी तभी पीयें जब मस्तिष्क पीने के लिए इच्छा जताए यानि प्यास लगे तब पानी पीना हितकर रहता है।

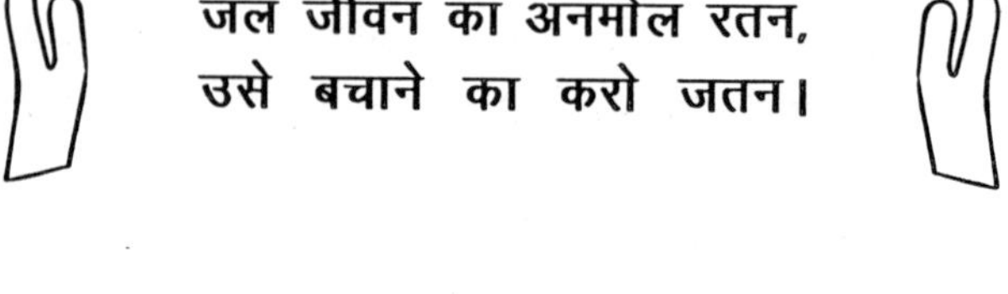

35 जल शुद्धिकरण (Water Purification) की विधियाँ

जल शुद्धिकरण जल संरक्षण के लिए बहुत जरूरी है ताकि गन्दा मानकर उसे नाली में बहने से रोका जा सके। जल में मिली हुई कई प्रकार अशुद्धियों को बाहर निकालने की क्रिया को जल शुद्धिकरण कहते है। पानी को उपयोग लेना ही जल संरक्षण (Water Conservation) होता है। शुद्धिकरण क्रिया से जो जल मिलता है व सफाई की दृष्टि से, मशीनों में उपयोग एवं पीने के लिए उत्तम रहता है। भौतिक पदार्थ, रासायनिक पदार्थ व जीवाणु द्वारा पानी अशुद्ध हो जाता है इसे शुद्ध करने में निम्न विधियाँ अपनाते हैं :–

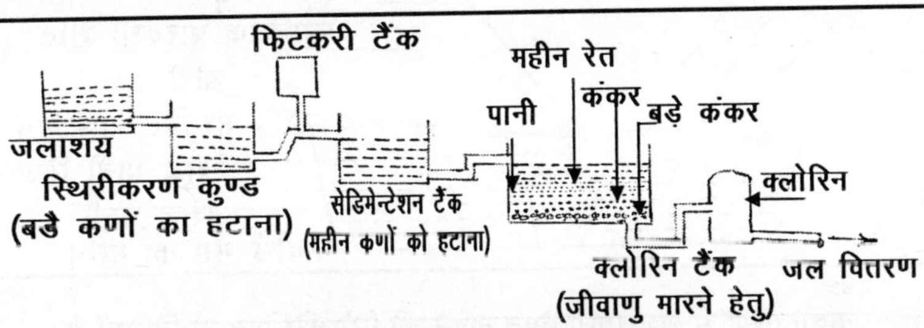

नगरीय जल शुद्धिकरण का तरीका

(अ) प्राकृतिक (Natural) विधियाँ – प्राकृतिक यानि सुर्य, हवा, पृथ्वी के द्वारा पानी का शुद्धिकरण। इस तरीके में आता है जल का स्वतः ही शुद्ध हो जाना जिसके लिए बहुत अधिक खर्च न करना पड़ता हो, वो केवल प्राकृतिक तरीका ही हो सकता है क्योंकि प्रकृति से ही हमारा जीवन है। प्रकृति और मानव शरीर में जन्मजात सहचर्य रहा है। इन्सान प्रकृति की शस्य–श्यामल–गोद में जन्म लेता, पलता और इसी के विस्तृत प्रांगण में क्रीड़ा कर अंतर्ध्यान हो जाता है। हमारे शरीर का निर्माण भी, जल, अग्नि, आकाश, मिट्‌टी और वायु – इन पाँच प्राकृतिक तत्वों से ही हुआ है। ये पाँचों तत्व मानव जीवन के लिए कल्याणप्रद है। इन्हीं का उपयोग कर जल को शुद्ध किया जा सकता है। ये प्राकृतिक विधियाँ निम्न होती है–

1. स्थिरीकरण (Sedimentation) – जल में घुले अघुलनशील पदार्थ को निकालने के लिए उसे कुछ समय के लिए स्थिर छोड़ देते है, ताकि मिट्टी के कण वगैरह जिनका घनत्व अधिक होता है वो पानी में पैंदे की ओर बैठते रहते है और निथरा हुआ पानी को धीरे से निकाल कर प्रयोग कर सकते है। ऊपर का यह पानी स्वच्छ पानी होता है।

2. वाष्पीकरण (Evaporation) – सूर्य की तीव्र किरणों की उष्णता व हवा के प्रवाह के कारण पानी वाष्प बनकर उड़ता है। वर्षा का जल वाष्पीकरण का जीवंत उदाहरण है। तालाब, समुद्र, नदियों, पेड़–पौधों आदि से पानी उड़कर वाष्प में बदल जाता है। यही वाष्प संघनित होकर बादलों का रूप ले लेती है। बादल से आने वाला पानी नितान्त शुद्ध होता है।

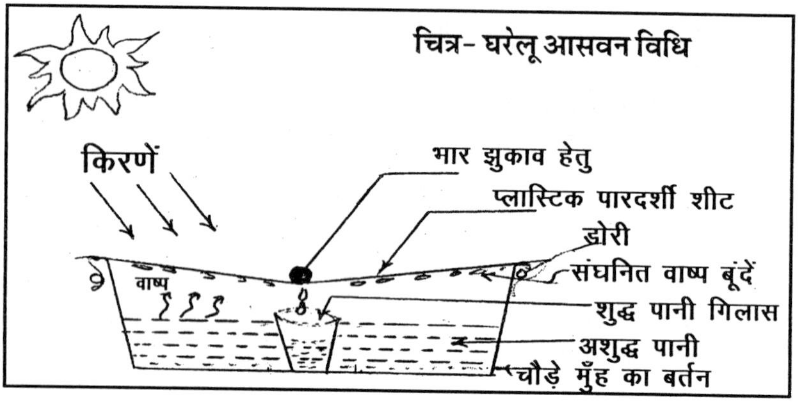

चित्र- घरेलू आसवन विधि

वाष्पीकरण से शुद्ध पानी प्राप्त करने की निम्नलिखित दो विधियाँ है।

(i) घरेलु आसवन विधि – किसी तरल पदार्थ को गरम कर उसे वाष्प रूप में लाना और फिर उस वाष्प को ठंडा करके तरल रूप में लाने की क्रिया आसवन विधि है। इसके लिए घर में उपलब्ध चौड़े मुँह के बर्तन में पानी भर देते है। इस बर्तन के बीच में दूसरा छोटा भारी बर्तन रख देतें है ताकि उसमें शुद्ध पानी इकट्ठा किया जा सके। चौड़े मुँह के बर्तन पर पतली पारदर्शी प्लास्टिक शीट लगा कर शीट को धागे से बर्तन पर लगा देते है। अब शीट के मध्य में कंई भारी वस्तु जिससे शीट में झुकाव आ सकें, रख कर धूप में रख देते है। धूप से पानी गर्म होगा एवं वाष्प में बदलेगा। यह वाष्प ऊपर उठकर प्लास्टिक सीट पर बूंद–बूंद में संघनित (condense) होगा। ये बूंदे बीच में रखे भार के नीचे से शुद्ध पानी के बर्तन में टपकनी शुरू हो जायेगी। इस विधि से संघनित पानी डिस्टिल वॉटर ही होता है जो शुद्ध होता है मगर मिनरल नहीं घुले होने के कारण

स्वादहीन होता है। इस विधि से भभके (Fumes) की सहायता से अरक, शराब आदि का डिस्टीलेशन (आसवन) भी करते है।

(ii) सोलर वाष्प संघनित संयत्र (भभके) द्वारा – केन्द्रीय नमक एवं समुद्री रसायन अनुसंधान संस्थान, भावनगर (CSMCRI) ने शुद्ध जल प्राप्त करने के लिए एक सयंत्र विकसित किया गया है। **(देखे चित्र में)** इस संयत्र में खारा, नमकीन व लवणीय जल को वाष्पीकृत करके शुद्ध जल के रूप में इकट्ठा कर दिया जाता है। वो क्षेत्र जहाँ दूर दराज तक शुद्ध पानी नहीं उपलब्ध होता है वहाँ सयंत्र से पानी प्राप्त किया जा सकता है। वर्तमान में यह सयंत्र गुजरात में स्थापित है। इस सयंत्र में खारा और अशुद्ध पानी को 1–2 इंच की मोटाई में इस तरह भर देते है कि पानी पर सूर्य की किरणें आ सके व उससे पानी गर्म होकर वाष्पीकृत हो सके। पानी शीघ्र गर्म हो इसके लिए फर्श जिसमें पानी रहता है वह काली धातु की बनाई जाती है एवं वाष्प को इकट्ठा करने के लिए चेम्बर में ढलान से ढक्कन होता है ताकि वाष्प बूंद–बूंद बनकर ढक्कन के सहारे बहकर नीचे नाली में इकट्ठा होता रहे। यही संघनित वाष्प का पानी, शुद्ध पानी होता है जो डिस्टिल वाटर ही होता है जिसे किसी भी उपयोग में लिया जा सकता है।

3. ऑक्सीकरण (Oxidation) – बन्द रहने वाले पानी में हानिकारक जीवाणु पैदा हो जाते है। अतः पानी को हवा के सम्पर्क में रखने से उसमें ऑक्सीजन घुल जाती है। जिस से पानी में निहित विभिन्न प्रकार की सुक्ष्म

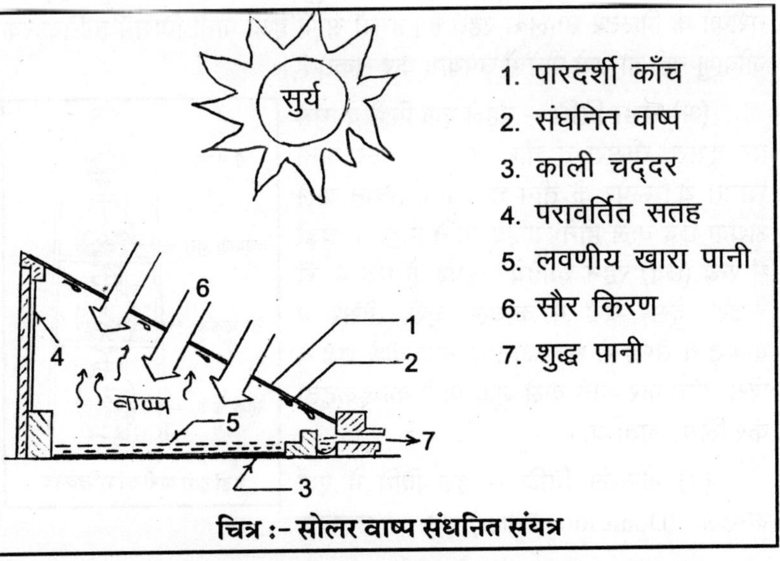

चित्र :– सोलर वाष्प संधनित संयत्र

अशुद्धियाँ व जीवाणु नष्ट होते रहते है। सूर्य की किरणों से भी जीवाणु नष्ट होते है व तत्व ऑक्सीजन से क्रिया कर भारी बन जाते है। जिससे जल से अलग हो जाते है।

4. सूर्य द्वारा शुद्धिकरण (Purification by Sun) – जीवन की रक्षा करने वाली सभी शक्तियों का मूल स्त्रोत सूर्य ही है। जिस तरह से सूर्य की किरणों के शरीर पर पड़ने से हमारे शरीर के अनेकों रोग–कीटाणु नष्ट हो जाते है। ऐसे ही बहता हुआ पानी सूर्य की किरणों, हवा के सम्पर्क, चट्टानों से मिलने वाले लवणों द्वारा शुद्ध हो जाता है। सूर्य की किरणों व पृथ्वी के लवणों (मिनरल्स) से पानी में जीवाणु नहीं पनप पाते है और जल स्वतः शुद्ध बना रहता है। पानी के प्रवाह के कारण छोटे जीव पनप ही नहीं पाते है और पानी शुद्ध रहता है।

5. भूमि द्वारा जल का शुद्धिकरण – पानी में तैरते हुए व अघुलनशील कण मिट्टी के ऊपर ही रह जाते है और पानी रिस–रिस कर भूगर्भ में जाता रहता है। जिसे पुनः निकल कर छना हुआ शुद्ध जल प्राप्त सकते है। इसी क्रिया द्वारा कुओं में पानी साफ सुथरा रहता है। रेन वाटर हारवेस्टिंग द्वारा पानी जमीन में डालना उसे फिर उपयोग लेने हेतु निकालना शुद्धिकरण का ही तरीका है।

(ब) कृत्रिम विधियाँ – उपकरणों, रसायनों व तकनीकी द्वारा पानी को शुद्ध इन तरीको में करते है।

1. यान्त्रिक विधि – आजकल घरों में शुद्ध पानी प्राप्त करने के लिए कई तरीकों के फिल्टर उपलब्ध रहते है। इनसे साफ हुआ पानी जिसमें हानिकारक जीवाणु नहीं हो उसे पीने में उपयोग कर सकते है।

(अ) घड़ा विधि – पहले एक मिट्टी के घड़े पर दूसरा, तीसरा व चौथा घड़ा रखकर पानी छानते थे। ऊपर के तीन घड़े पानी रिसने वाले अथवा छेद वाले होने चाहिए यानि मिट्टी के घड़ों में रन्ध्र (छेद) रहने चाहिये। ऊपर के घड़े में 'रॉ वाटर', दुसरे घड़े में कोयला चुरी, तीसरे में कंकड़ व सैण्ड से छन जाने के बाद चौथे घड़े में रिस–रिस कर आने वाले शुद्ध पानी को इकट्ठा कर लिया जाता था।

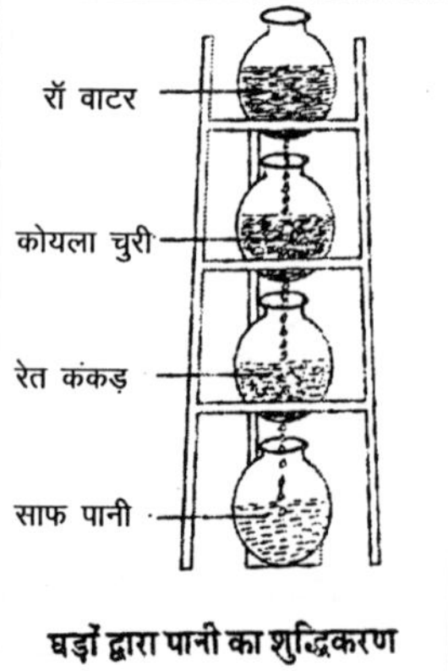

घड़ों द्वारा पानी का शुद्धिकरण

(ब) केन्डल विधि – इस विधि में एक केन्डल (Domestic Filter) से छानकर

अघुलनशील तत्वों को अलग कर सकते है। ऐसे ही बाजार में फिल्टर शीट, कपड़े का फिल्टर, आदि मिलते है। जिनसे पानी के अघुलनशील तत्वों को अलग कर सकते है। केन्डल फिल्टर में दो बर्तन होते है, एक बर्तन में केन्डल व 'रॉ वाटर' होता है। केन्डल के छोटे–छोटे छेदों से पानी रिस –रिस कर नीचे बर्तन में इकट्ठा हो जाता है। केन्डल को समय – समय पर धोकर उस पर जमा अघुलनशील पदार्थ को हटा दिया जाता है ताकि फिल्टर की दक्षता बनी रहे। नीचे के बर्तन में इकट्ठे हुऐ पानी का उपयोग घर में कर सकते है।

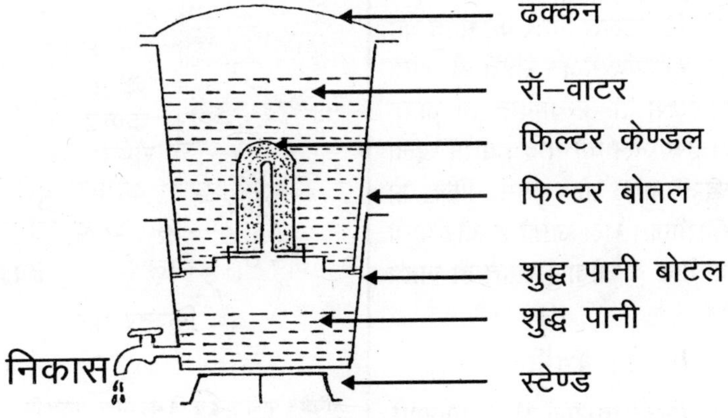

फिल्टर केन्डल

चित्र :– पानी शुद्ध करने का घरेलु बोटल फिल्टर

(स) बोटल विधि – ऐसे स्थानों पर जहाँ पानी में अघुलनशील तत्व बहुतायत में है और पानी छानने के साधन उपलब्ध नहीं है तों बोटल, बजरी, कंकड़, कोयला चुरी का उपयोग कर फिल्टर बनाया जा सकता है। इसके लिए बोटल के ढ़क्कन में बारीक छेद कर देते है ओर बोटल के पैंदे को काट कर उसमें चित्र में बताये अनुसार कोयला चुरी, बजरी, कंकड़ की परतें लगा दी जाती है। इस बोटल को धागे की तिपाई बनाकर बोटल का ढ़क्कन वाला भाग नीचे रखते हुए किसी वस्तु से लटका देते है। इस बोटल में अशुद्ध पानी को भर देते है पानी फिल्टर परतों में से गुजर कर साफ पानी ढ़क्कन के मध्य बनें बारीक छेद अथवा ढ़क्कन को इतना ढीला लगायें कि उसमें से बूंद–बूंद पानी टपकता रहे। जिसे अन्य बर्तन में इकट्ठा करके उपयोग में किया जा सकता है।

2. भौतिक विधियाँ

(i) उबालने से – धातु के बर्तन में रखकर उबाल लेने से जल की कुछ अशुद्धियाँ नष्ट हो जाती है। जैसे– जीवाणु गर्म पानी में मर जाते है, पानी में घुले लवणों से क्लोरीन, कार्बन डाई ऑक्साइड वगैरह गैस बनकर उड़ जाते है। मगर डिस्टिलड वॉटर की भांति यह जल भी ऑक्सीजन रहित हो जाता है। जिस से अस्वादिष्ट हो जाता है। इस जल को यदि हवा में खुला रखा जाए तो इसमें फिर से ऑक्सीजन घुल जाती है और पानी स्वादिष्ट व जीवाणु रहित हो जाता है।

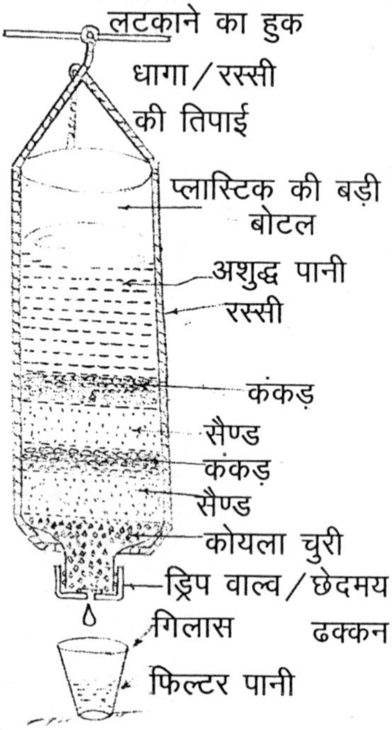

चित्र – पानी शुद्ध करने का घरेलु बोतल फिल्टर

(ii) परा बैंगनी (अल्ट्रावायलेट) किरणों द्वारा – बाजार में मिलने वाले पानी शुद्धिकरण यन्त्रों में अधिकतर इसी विधि से जीवाणुओं को हटाया जाता है। इस विधि में पारे का वाष्पयुक्त बल्ब लगा होता है, जिससे अल्ट्रावायलेट किरणें निकलती है। 30 वॉट के पारे का लेम्प द्वारा 125 एम.एम. मोटाई में 2.5 से 17 क्युबिक मीटर प्रति घन्टा की दर से बहते हुए पानी द्वारा 90 प्रतिशत परा बैंगनी किरणों को सोख लिया जाता है। उससे पानी के 99.9 प्रतिशत जीवाणु खत्म/निष्क्रिय हो जाते है। ऐसे में उनका प्रजनन रूक जाता है और पानी कुछ समय तक जीवाणु रहित रहता है।

(iii) ओजोन गैस से – जब इलेक्ट्रोड लगी ट्यूब में ऑक्सीजन भरकर उसमें विद्युत विसर्जन किया जाता है तो ओजोन गैस उत्पन्न होती है। $O_2+O=O_3$ यानि ऑक्सीजन का तीसरा अणु मजबुती से नहीं चिपक पाता है अतः यह नवजात अणु जल्दी से अलग होकर जीवाणुओं को मारने का काम करता हैं। यह गैस तीव्र जीवाणुनाशक होती है। यह विधि मंहगी होने के कारण व्यापक प्रचलन में नहीं हैं।

(iv) आसवन (Distillation) क्रिया से – भाप को संघनित कर उसे पुनः पानी में बदलने को आसवन क्रिया कहते है। पानी को गर्म करके उसे भाप में बदला जाता है और भाप को दूसरे बर्तन में ठण्डा कर उसे पानी का रूप दे दिया जाता है। यह पानी डिस्टिलड वॉटर ही होता है। सोलर हीटर के उपयोग से पानी को भाप में बदला जा सकता है। मगर पानी में ऑक्सीजन और मिनरल नहीं होने के कारण पानी स्वादहीन रहता है। अतः इसे पीने में उपयोग न करके दवाईयों, बैटरीयों आदि में उपयोग करते है।

3. **रासायनिक विधियाँ** – इसके अन्तर्गत पानी में कुछ तत्व मिलाकर उसे शुद्ध किया जाता है।

(i) ब्लीचिंग पाउडर ($Ca(ClO)_2$ – पानी में इस सफेद पाउडर को मिलाने से जीवाणु मर जाते है। यह विधि अधिकतर स्विमिंग पूल वगैरह में उपयोग लाई जाती है। इसकी मात्रा 0.5 किलो प्रति एक लाख लीटर पानी के लिए उपयुक्त है। पीने के पानी के लिए यह मात्रा कम कम से कम 2–3 ग्राम प्रति 1000 लीटर पानी में घोल को आधा धन्टा रखने से हानिकारक जीवाणुओं का नाश हो जाता है। इस पानी को सक्रिय कार्बन के घोल में से प्रवाहित कर क्लोरिन की गन्ध को खतम किया जा सकता है।

(ii) क्लोरीन गैस – जल विभाग अधिकतर इसी विधि का उपयोग करता है क्योंकि यह काफी विश्वसनीय, सस्ती व हानि रहित होती है। जल में जीवाणु का नाश करने के लिए साधारण तया 15 लीटर में 2 क्लोरीन की गोलियां (500 मिलीग्राम) घोल बनाकर आधा घन्टा पानी में रखने से जीवाणु का नाश हो जाता है।

(iii) फिटकरी (Alum) – पानी में फिटकरी घोल देने से पानी में जाले बनते है। इन जालों में अघुलशील कण चिपक कर जालों को भारी कर देते है। जिससे जाले धीरे–धीरे नीचे बैठते रहते है। नीचे बैठे जालो को हटा दिया जाता है और ऊपर का स्वच्छ पानी का उपयोग पीने वगैरह में कर सकते है। इसमें थोड़ा सा चूना मिला देने से जीवाणु भी नष्ट हो जाते है। यह तरीका सस्ता व जनउपयोगी होता है।

(iv) लालदवा (पोटेशियम परमेगनेट) – इसके दाने पानी में घोलने पर पानी में मिले जीवाणु निष्क्रिय हो जाते है। एक हजार लीटर पानी में पाँच ग्राम दाने ही काफी रहते है। यह विधि हैजा या अन्य रोग फैलने पर, तालाब के पानी से जीवाणु मारने के लिए काफी उपयोगी साबित हो रही है।

(v) आयन विनिमय पद्धति – आयन विनिमय एक ऐसी प्रक्रिया है जिसमें पानी की कठोरता, लोहा, नाइट्रेट, फ्लोराईड आदि को हटा सकते है। इसमें एक ही तरह की तकनीक के दो उपयोग है। पहली में पानी को सौम्य (शुद्ध) बनाना है। इस प्रक्रिया में पानी के अंदर से आयन को हटाना या उन्हें सोडियम आयन और क्लोराईड आयन से उनका प्रतिपादन करना है। आयन विनिमय पानी को सौम्य बनाता है और इस प्रक्रिया में सोडियम क्लोराईड (नमक) का प्रयोग किया जाता है। Na या K पानी में Ca, Mg, Fe, Mn इत्यादि को प्रतिस्थापित करती है। इसका सबसे अधिक प्रयोग रिहायशी क्षेत्र में होता है। जहाँ घर में पानी की कठोरता को कम करके पानी के स्वाद को बेहतर बना सकते है।

दूसरा प्रयोग आयन का पृथकीकरण है। इस पृथकीकरण में पानी में कठोरता के कारण बनने वाली परते व पपड़ी (Scale Formation) कम हो जाता है। इस तरीके में बीड्स पर Na^{+} और Cl^{-} की परत चढ़ाई जाती है। पानी में आयन विनिमय बीड्स (मोती) जिन्हें सक्रिय किया गया है की तरफ आकर्षित होते है। पानी में आयन अपने आप को रेजिन से जुड़ जाते है और पहले से जुड़े हुए आयन को हटा देते है। यह बहुत ही मंहगी पद्धति है।

(vi) सक्रिय कार्बन निस्पंदन विधि – इस विधि में लकड़ी, लिगनाईट (कोयला) और नारियल के खोल से बना कोयला चूरी का उपयोग किया जाता है। सक्रिय कार्बन छिद्रित दाने है जिसमें अधिशोषण नामक प्रक्रिया का प्रयोग होता है। जिसमें अणु (मोलीक्यूलस) रासायनिक आकर्षण से कार्बन की सतह से जुड़ जाते है। यह विधि रंग और गंध हटाने में बहुत उपयोगी है। साथ ही भारी धातुओं को हटाने में जैसे – निकल, आरसेनिक, क्रोमियम और पारा आदि को हटाने में भी प्रयोग होता है। कार्बन में क्लोरिन हटाने की अच्छी क्षमता होती है।

(vii) फ्लोराइड निराकरण नालगोंडा तकनीक – राष्ट्रीय पर्यावरण इंजीनियरिंग अनुसंधान संस्थान नागपुर (NEERI) द्वारा फ्लोराइड युक्त पानी से फ्लोराइड एवं अन्य अघुलनशील तत्वों को निकालने के लिए सरल तकनीक विकसित की गई जिसे नालगोंडा विधि के नाम से जाना जाता है इस विधि में फ्लोराइड युक्त पानी में फिटकरी (सोडियम एल्युमिनेट) यानि एलम (Alum) ब्लीचींग पाउडर एवं चूने के घोल को बाल्टी में मिलाकर, डण्डे से 10 मिनट तक हिलाया जाता है जिसे तकनीकि भाषा में फलोक्युलेशन (Flocculation) कहते है। फिर पानी को एक घंटे तक स्थिरिकरण के लिए रख देते है। इससे सारी अशुद्धियाँ नीचे बैठ जाती है और ऊपर शुद्ध पानी रह जाता है। पीने योग्य पानी

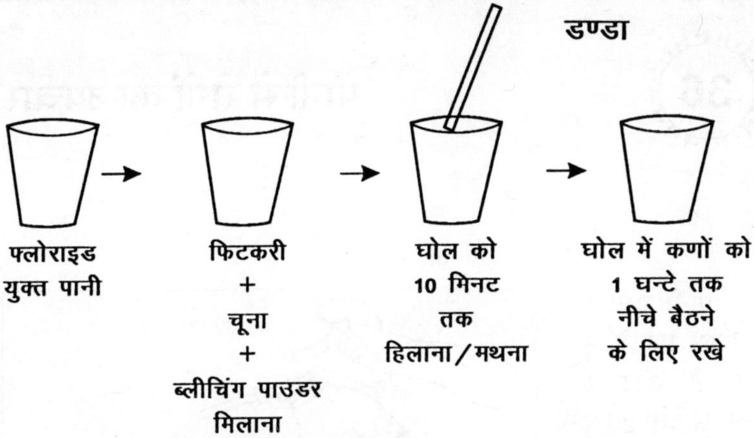

चित्र :– फ्लोराईड शुद्धिकरण का घरेलु तरीका

में फ्लोराइड की मात्रा 1 पी.पी.एम. से कम होनी आवश्यक है क्योंकि अधिक होने पर दाँतों पर पीली परत जम जाती है एवं हड्डियों के लिए भी नुकसानदेह रहता है। पानी की कठोरता को कम करने के लिए ही चूने का घोल एवं जीवाणुओं को निष्क्रिय करने के लिए ब्लीचिंग पाउडर पानी में मिला लेते है और पानी में अशुद्धियों को नीचे बैठने दिया जाता है। इस क्रिया को स्थिरीकरण (Sedimentation) कहते है इस क्रिया के बाद में पानी को निथार कर काम में लिया जा सकता है। (देखे चित्र में)

जल सुरक्षित तो, प्रकृति सुरक्षित,
प्रकृति सुरक्षित तो, जीवन सुरक्षित।

36 पानी से रोगों का उपचार

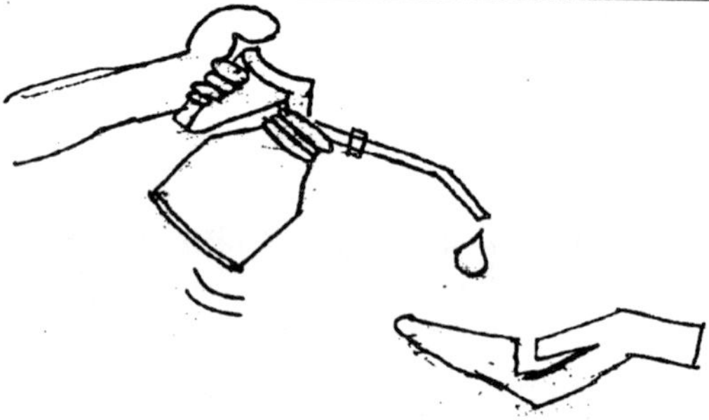

हर बूंद है उपचार

पानी ऐसा तत्व है जिसे प्रकृति मुफ्त देती है और खुले हाथों से देती है। पानी को दुनिया का सबसे पुराना डॉक्टर कहा जा सकता है। यह रसायन अनेक बीमारियों से राहत दिलाने में अमृत का कार्य करता है। घाव को भरने, थकी मांसपेशियों को आराम पहुँचाने, शरीर की साफ सफाई, दिल और दिमाग को तरोताजा रखने के लिए इसका उपयोग होता रहा है। शरीर रुपी मशीन चलाने में इसकी अहम भुमिका है। पानी के कारण ही हमारी किडनियां (गुर्दा) रक्त शुद्धिकरण और संतुलन का कार्य करने में सक्षम होती है। पानी शरीर की भीतरी मशीन की साफ सफाई करता है। शरीर के जहरीले तत्वों को शरीर से बाहर निकालने का काम पानी करता है। पानी की पर्याप्त मात्रा खून को पतला करने का काम करता है साथ ही पाचन क्रिया व नया खून का खून बनाने में मदद करता है।

जिस तरह ऑयल के बिना इंजन नहीं चलता, पानी के बिना शरीर काम नहीं कर सकता। शरीर की मशीनरी में पानी मुख्य ओर्गन का काम करता है, लार भोजन पचाता है वह भी पानी से बनती है। पानी जोड़ों में तरलता लाता है, शरीर का तापमान स्थिर रखता है मल बाहर फैकने में मदद करता है। मांसपेशियों को सहायता प्रदान करता है। पैशाब, पसीने के जरिये शरीर के विष को बाहर फैंकता है। केवल शुद्ध पानी पीने से कई बीमारियों को होने से रोका

जा सकता है। पानी के एक नहीं बहुत फायदे है। अगर शरीर में पर्याप्त पानी है तो यह शरीर के अंदर मौजूद गैर जरूरी सोडियम की मात्रा को कम करने का काम करता है। शरीर की तमाम दिक्कतों की वजह, शरीर में तरल प्रदार्थो का एकत्रीकरण होता है। लगातार खूब पानी पीने से शरीर में तरल प्रदार्थो के अवरोधन से जुड़ी दिक्कतें दूर हो जाती है। पानी मांसपेशियों के लचीलेपन को कायम रखने में मदद करता है। पानी की नियंत्रित मात्रा से धमनियों व शिराओं में खून का बहाव सही ढ़ंग से होता है। इस प्रक्रिया से खून का घनत्व सामान्य हो जाता है। पानी उच्च रक्तचाप को घटाने में और रक्त में मिलकर रक्त के प्रवाह को बेहतर बनाने में बहुत मददगार होता है। इससे शरीर में थकावट नहीं होती है।

अगर शरीर में पानी की मात्रा प्रर्याप्त है तो शरीर में मौजूद वसा का पाचन होगा जिससे शरीर का वजन भी कन्ट्रोल होगा। हमारे खून का तीन चौथाई से ज्यादा हिस्सा ही नहीं बल्कि हमारे मस्तिष्क का तीन चौथाई हिस्सा भी पानी ही है। जल महान आरोग्य – प्रदायक है । कुछ प्राकृतिक चिकित्सक तो सुबह के समय पानी पीने के बाद एक घंटे तक कुछ ना खाने की हिदायत देते है। उनके अनुसार सुबह के समय पानी पीने से शरीर के टॉक्सिन (विषैले तत्व) बाहर आते है और यह दवाई का काम करता है। स्वास्थ्य ठीक रखने के लिए जहाँ यह आवश्यक तत्व है, वहीं यह बीमारी का उपचार भी करता है।

1. मूर्च्छित (Unconscious) व्यक्ति पर पानी छिड़कने से मूर्छा दूर हो जाती है।
2. प्रातः ताजा पानी पीने से दमे से राहत मिलती है।
3. गर्म (गुन–गुने) जल में पैर भिगोने से नींद जल्दी आती है और अगर सिर दर्द हो तो राहत मिलती है।
4. शरीर पर सुजन को कम करने के लिए व पेट दर्द में गुन–गुना पानी पीकर व पेट पर सिकाई करने से पेट दर्द में राहत मिलती है।
5. प्रतिदिन स्नान से संक्रमण द्वारा फैलने वाले रोग मिटने के साथ त्वचा के रन्ध्र खुल कर साफ हो जाते है।
6. घाव को गर्म पानी से धोने पर संक्रमण नहीं होता है।
7. शरीर में अम्लता बढ़ने पर, पथरी होने पर अधिक पानी का सेवन राहत पहुँचाता है। ज्यादा पानी पीने से गुर्दे (किडनी) की पथरी में लाभ मिलता है।

8. गर्मी के कारण कई बार नाक से रक्त का बहाव यानि नक्सीर चालु हो जाती है उसे रोकने के लिए सिर पर ठंडा पानी डालने से रक्त प्रवाह रूक जाता है।
9. पेट में जलन, अजीर्ण होने पर पानी पीने की मात्रा बढ़ाने से पेट में राहत मिलती है यानि पेट साफ होता है।
10. आँख में मिट्टी का कण, मच्छर अथवा रसायन द्वारा जलन होने पर ठंडे पानी से आँख धोने पर कण निकल जाता है।
11. वजन कम करने वाले भी ज्यादा जल का सेवन कर सकते है क्योंकि जल में कोई कैलोरी नहीं होती।
12. पानी की शरीर में कमी (डिहाइड्रेशन) से शरीर में सोडियम व पोटेशियम का संतुलन गड़बड़ा जाता है जिससे शरीर के दूसरे अंगो पर प्रभाव पड़ता है। अतः पानी को ज्यादा पीया जाये।
13. पानी की पर्याप्त मात्रा से शरीर व चेहरे की त्वचा कांतिमय बनती है।
14. मौसमी बिमारी से लड़ने के लिए शरीर में अधिक से अधिक पानी का होना जरूरी है।
15. हाई ब्लड प्रेशर व कॉलेस्ट्रोल को नियंत्रण करने के लिए भी आवश्यक पानी पीना लाभदायक रहता है।
16. पानी की पर्याप्त मात्रा से शरीर के अंदर मौजूद बलगम शरीर से बाहर आ जाता है।
17. मूत्राशय में जलन अथवा संक्रमण से राहत हेतु उचित मात्रा में पानी पीना लाभदायक रहता है।

एक गिलास पानी :–

1. घुमने के बाद एक गिलास पानी पीने पर शरीर के आन्तरिक ओरगन्स (ऊत्तक) सक्रिय हो जाते है।
2. खाना ग्रहण करने के आधा घन्टा पूर्व एक गिलास पानी लेने पर पाचन सही होता है।

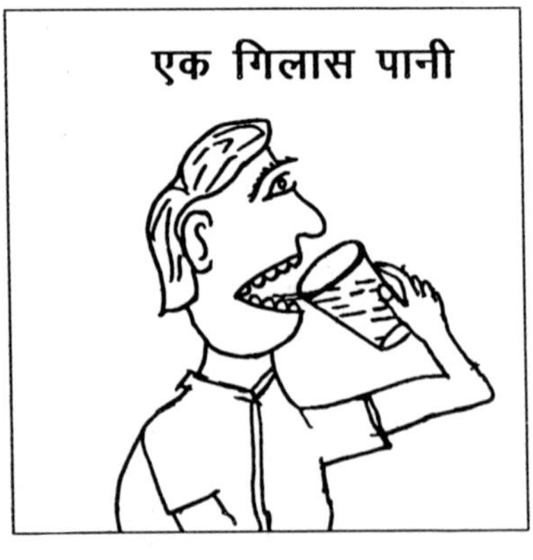

3. स्नान से पूर्व एक गिलास पानी लेने पर उच्च रक्त चाप (हाई ब्लड़ प्रेशर) कम होता है।

4. बिस्तर पर सोने से पूर्व एक गिलास पानी लेने पर हृद्‌यघात से बचाव के साथ स्किन का ग्लो बढ़ता है क्योकि स्किन रात भर हाइड्रेट रहती है ठीक वैसे ही जैसे पौधो में पानी रात को देने पर अगले दिन हरे भरे लहराते है वैसे ही स्किन पर प्रभाव पडता है।

5. प्रातः एक गिलास पानी पीने से कब्ज की संका नही रहती है।

6. चाय या कॉफी पीने से पहले, एक गिलास पानी पिएं, एसिडिटी नहीं होगी।

7. एक्सरसाइज से पहले एक गिलास पानी पीने से एनर्जी मिलेगी, शरीर में पानी की पानी की कमी नहीं होगी।

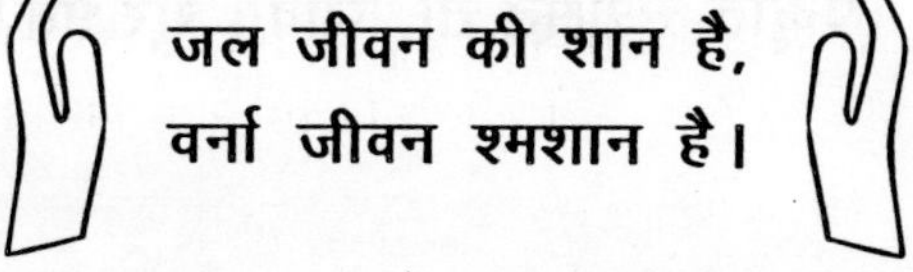

(च) प्रदूषण

37. जल – प्रदूषण

38. पानी में प्रतिमाओं से प्रदूषण

39. जैसा पीयें पानी, वैसा होगा दूध

जल सुरक्षित तो, प्रकृति सुरक्षित है,
प्रकृति सुरक्षित तो, जीवन सुरक्षित।

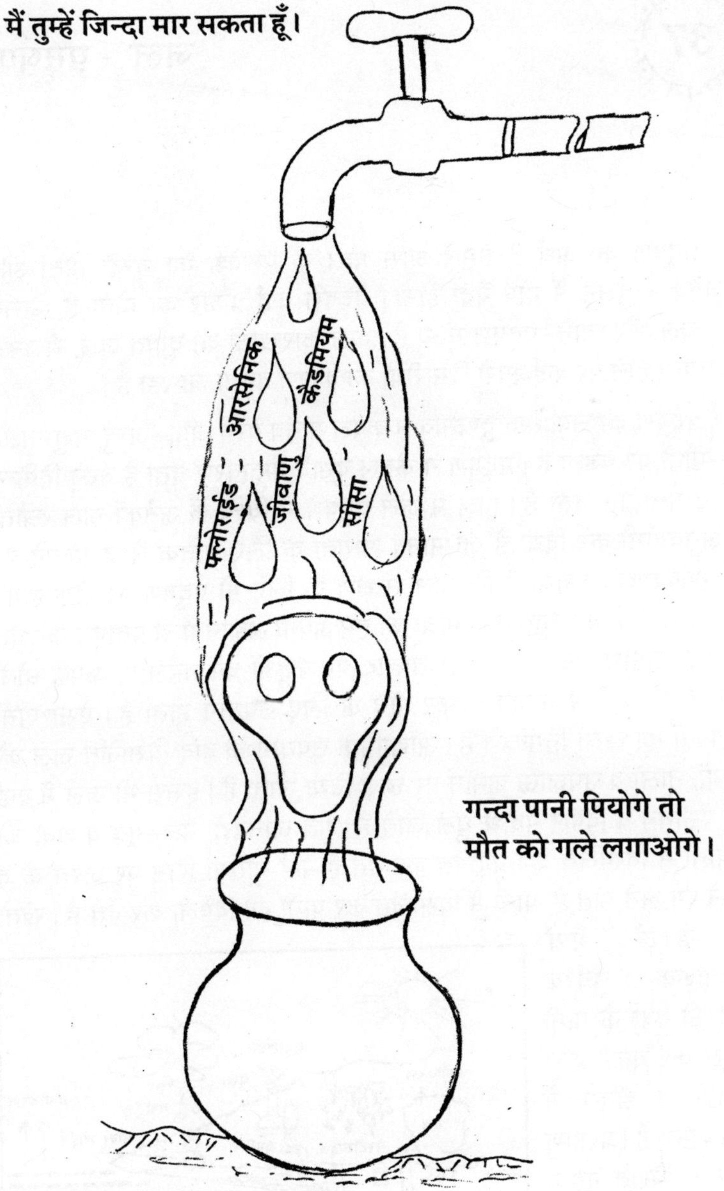
मैं तुम्हें जिन्दा मार सकता हूँ।
आरसेनिक
कैडमियम
फ्लोराईड
जीवाणु
सीसा
गन्दा पानी पियोगे तो
मौत को गले लगाओगे।

37 जल – प्रदूषण

प्रदूषण का अर्थ है हमारे आस पास के परिवेश का गन्दा होना और प्राकृतिक संतुलन में दोष पैदा होना। प्रदूषण कई प्रकार का होता है जिसमें वायु, जल और ध्वनि–प्रदूषण मुख्य है। कल कारखानों का दूषित जल, रोजमर्रा में उपयोग होने पर कई सारी बिमारीयों का कारण बनता जा रहा है।

प्रदूषण का सर्वाधिक दुष्प्रभाव न केवल मानव वरन् जीव–जन्तु, पशु–पक्षी, पेड़–पौधो पर पड़ता है। प्रदूषण न केवल दुखद वातावरण देता है वरन् विभिन्न रोग उत्पन्न कर देता है। हाल में जल प्रदूषण ने विश्व के अनेकों जल स्त्रोतों को अनुपयोगी कर दिया है जो मानव सभ्यता के लिए घातक सिद्ध हो रहे है। अतः आवश्यक हो गया है कि जल संरक्षण के लिए भी प्रदूषण पर रोक लगे। पीने योग्य पानी की बहुत बड़ी मात्रा को हम अपनी अज्ञानता से प्रदूषित कर देते है। कई ग्रामीण क्षेत्रों में एक ही तालाब पर पशुओं को नहलाते, कपड़े धोने, स्नान करने व फिर मटका भरकर पीने के लिए उपयोग होता है। ऐसा पानी बीमारियों का खुला निमन्त्रण है। औद्योगिक उपयोग के बाद विसर्जित जल को नदियों, नालों व उपजाऊ जमीन पर छोड़ दिया जाता हैं। इससे भी जल में कई सारे रसायन व विषैले पदार्थ घुल जाते हैं। मृत जानवरों, मल–मूत्र व शवों को भी पानी में विसर्जित कर प्रदूषित कर देते है कई मूर्तियां जिन पर जस्ते के व विषैले रंग लगे होते है, पानी में विसर्जित कर पानी को विषैला कर देते है। खेतों में डाले गये कीटनाशक, उर्वरक आदि भी वर्षा के पानी में घुल कर नालों द्वारा तालाबों व झीलों में पहुँच जाता है। परमाणु रियेक्टर, विद्युत गृह व बड़े–बड़े कारखानों से रेडियों एक्टिव पदार्थ,

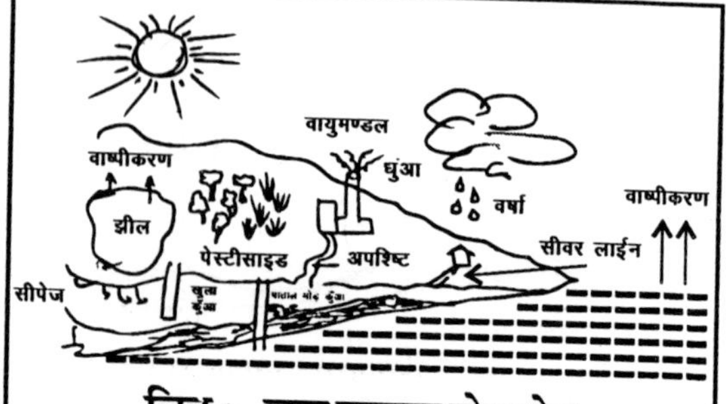

चित्र :- जल प्रदूषण के स्त्रोत

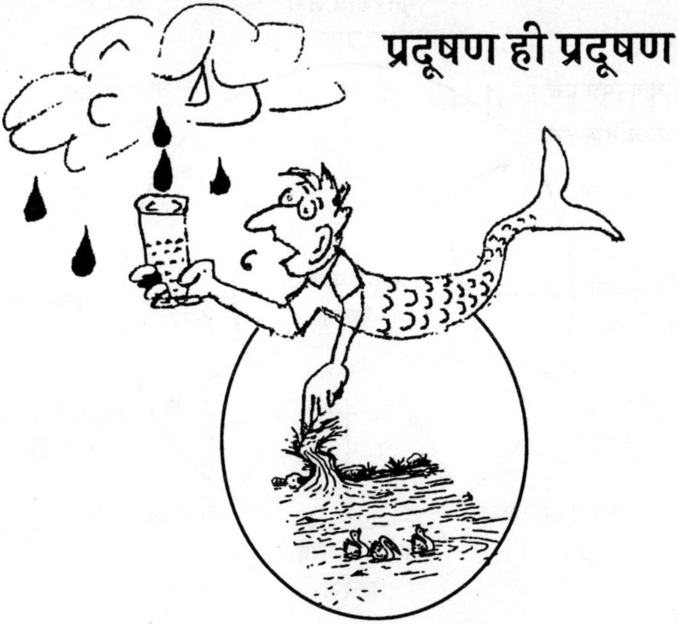

हर ओर प्रदूषण ही प्रदूषण है
मछली से भी पूछो, कैसा पानी है

नाभिकीय विखंडित पदार्थ (यूरेनियम, प्लुटोनियम आदि) से भी पानी प्रदूषित हो जाता है।

जिसका सीधा असर न केवल जीव– जन्तुओं पर अपितु मानव शरीर पर भी पड़ता है। जल में उपस्थित जस्ता, टिन, मैगनीज, तांबा, मरकरी आदि धातुओं से कैंसर, मस्तिष्क रोग उत्पन्न हो जाते है। कीटाणुओं द्वारा प्रदूषित जल से आंत ज्वर, चर्म रोग, मलेरिया, डेंगु, नारू, हैजा, दस्त, पीलिया, उल्टी आदि कई खतरनाक रोग उत्पन्न हो जाते हैं।

कीटाणुओं द्वारा प्रदूषित पानी को उबाल कर ठण्डा करने पर यह पीने लायक बन जाता है मगर रसायनिक पदार्थो को निकालने के लिए पानी का ट्रीटमेन्ट करना होता है। रसायनिक पानी से जलीय जीव–जन्तु, उपजाऊ जमीन, पेड़ पौधे, खाद्य पदार्थ आदि सभी प्रदूषित हो समाप्त होने लग जाते हैं।

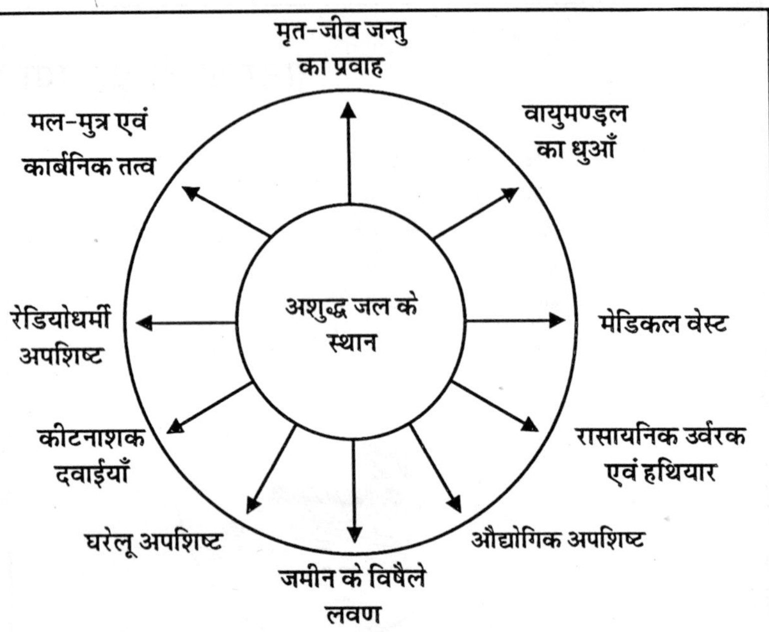

चित्र - अशुद्ध जल के स्थान

जीवन का आधार जल को प्रलयंकारी प्रदूषण से बचायेंगे तो ही जल का संरक्षण होगा। किसी वस्तु का प्रचुर मात्रा में उपलब्धि इस बात की गारंटी नहीं देती कि वह हमें सदैव मिलती रहेगी। अतः वस्तु का सीमित और सदुपयोग ही श्रेयस्कर है। जल प्रदूषण से न केवल मानव अपितु जीव – जन्तु, पशु – पक्षी एवं वनस्पति पर भी प्रभाव आ जाता है, प्रदूषित जल न केवल कई सारे रोगों को जन्म देता है अपितु मानव, जीव – जगत को समाप्त बनने का कारक बनता जा रहा है। कार्बनिक अपशिष्टों के सड़ने से उसमें अमोनिया, हाईड्रोजन सल्फाइड जैसे तत्वों में वृद्धि हो जाती है। प्रदूषित जल को उद्योगों से बाहर भूमि पर प्रवाहित और इकट्ठा होने से भूमि बंजर बन जाती है जिसमें उर्वरता की कमी से कोई पेड़ – पौधे नहीं पनप पाते है।

अतः आवश्यक हो गया है कि वर्षा के पानी को सीधा ही नदियों, तालाबों में मिलने से पूर्व ही ट्रेस रेक्स (पानी छानने की जाली) में से प्रवाहित कर लिया जाये ताकि मरे हुऐ जानवर, पेड़–पौधे आदि को नदियों में सड़ने से रोका जा सके। नदियों में पूजा अर्पण करने के लिए फूलों को पानी में न डालें। इनके

सड़ने से भी प्रदूषण होता है। कार्बनिक पदार्थो को भी पानी में न प्रवाहित कर पीने योग्य पानी के प्रदूषण को कम किया जा सकता है। मोहल्ले में इकट्ठे हुऐ कचरे को जला कर नष्ट करने से भी वातावरण में जहरीली गैसें पहुंच जाती है। इनमें मुख्यतया कार्बन मोनो ऑक्साईड, सल्फर डाई ऑक्साईड व नाईट्रोजन आदि गैसें होती है जो वर्षा के पानी के साथ फिर घुल कर जहरीली अम्लीय वर्षा करते है। अतः कचरे को जलाने की बजाय कचरे को नमी के साथ गढ़े में इकट्ठा करके इसकी खाद बनाई जा सकती है। साथ ही कल कारखानों से निकला पानी का ट्रीटमेन्ट (संशोधन) हो, कूड़ा–करकट, मलमूत्र, मृत शवों, अपशिष्ट को पानी में न मिलने दें। जल कुंभी (Weed) को प्रदूषित जल में पनपाने से जल में उपस्थित प्रदूषित तत्वों का अवशोषण होता है अतः जल कुंभी जो जलीय घास, जलीय पौधा होता है जो जल में उपस्थित लैड, केडमियम, निकल, पारद, फास्फोरस, नाईट्रेट को अवशोषित करके उनकी हानिकारक मात्रा को कम करता है और अन्त में इस पौधे की बायोगैस व खाद में उपयोग किया जा सकता है। प्रदूषण के लिए लापरवाह व दोषी व्यक्तियों को कारगर व कठोर नियम बनाकर आर्थिक दंड के साथ शारीरिक दंड का प्रावधान भी रखा जा सकता है। सरकार भी जल प्रदूषण बोर्ड के माध्यम से ट्रीटमेन्ट प्लान्ट (संशोधन यंत्र) लगा रही है। साथ ही अस्पतालों का अपशिष्ट को जलाया जा रहा है।

कुछ बड़े शहरों की नगरपालिका द्वारा सीवर लाईन के अपशिष्ट से मिथेन गैस व खाद बनाने में उपयोग हो रहा है। यही मिथेन गैस यानि एल.पी.जी. भी जलाने में काम आ रही है। मानव जीवन के लिए पर्यावरण का अनुकूल और संतुलित होना बहुत जरूरी है। पर्यावरण के प्रदूषित होने से हमारे स्वस्थ जीवन में कांटे पैदा हो गए है। विभिन्न असाध्य बिमारीयों ने हमें अक्षमय अंधे कुएं की और धकेल दिया है जिसमें गिरना तो आसान है मगर बचना बहुत मुश्किल रहता है।

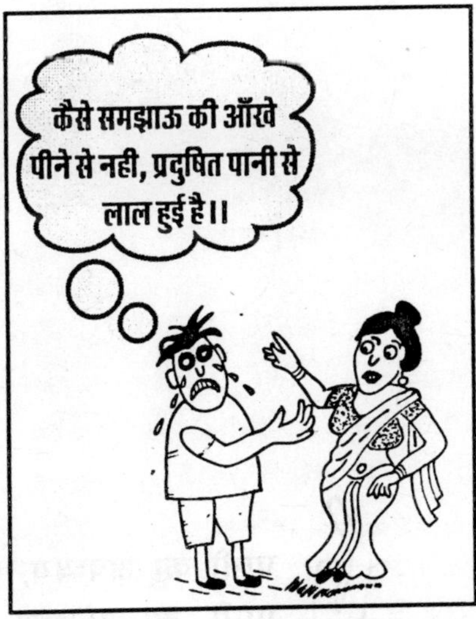

प्रधानमंत्री जी का स्वस्थ भारत अभियान से जन–जन में सफाई के प्रति चेतना

जगी है, अगर सफाई रहेगी तो बीमारीयों में भी कमी आयेगी। हम अगर जागृत रहेंगे तो प्रदूषण पर नियन्त्रण रह सकेगा और मानवता के लिए पीने योग्य पानी का संरक्षण हो पायेगा।

पानी का अपव्यय, प्रदूषण का जन्म,
पानी का संरक्षण जीने की राह।

38 पानी में प्रतिमाओं से प्रदूषण

त्यौहार और परम्पराऐं हमारे सामाजिक जीवन का ताना बाना है। परम्पराओं की लकीरें जब धुंधली पड़ जाती है तो नई लकीरें खीचने से परहेज नहीं करना चाहिये। परम्पराएं इन्सान की भलाई के लिए होनी चाहिये, न कि गलत परम्पराओं से जीवन में हानि उठाते रहे। प्रतिवर्ष मनाऐं जाने वाले कई त्यौहारों में प्रतिमाओं का हजारों की संख्या में नदी, तालाबों एवं जल कुण्डों में विसर्जित किया जाता है। प्रतिमाओं का विसर्जन करने के पीछे सोच यह रही है कि मूर्तियों का प्रतिवर्ष सर्जन हो, प्रतिवर्ष उत्साह बना रहे और सर्जन भी स्थाई न होकर अस्थाई हो यानि प्रतिमाएं धातु, पत्थर आदि की नही बनाई जाए अपितु पानी में विलय और नष्ट होने वाली सामग्री से बनी हो जैसे चिकनी मिट्टी और प्राकृतिक फलों के रंगो वनस्पतियों के आभुषण से सुशोभित हो। ऐसी सामग्री का उपयोग न हो, जो पानी को विषैला बना दे और जीव जन्तुओं को हानि पहुंचा दे। जिराका असर जलस्त्रोतों पर ही नहीं पड़ता अपितु प्रकृति का इको सिस्टम को ही नष्ट कर दे और संतुलन बिगाड़ दे। इंड़िया टॉक्सिकोलाजी रिसर्च इस्टीट्यूट द्वारा किए गए एक सर्वेक्षण में पाया कि हर साल दुर्गा पूजा,

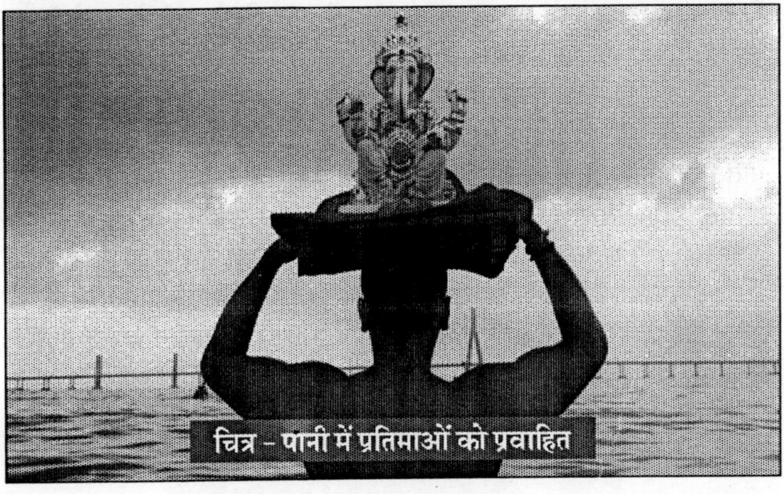
चित्र - पानी में प्रतिमाओं को प्रवाहित

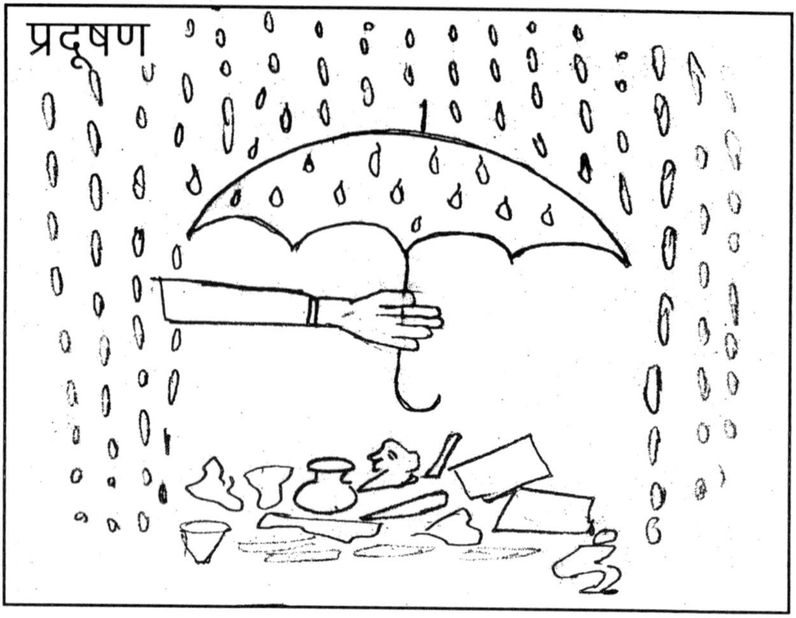

गणेश चतुर्थी में विसर्जित प्रतिमाओं के हर ग्राम में मूर्ति को रंगने के लिए इस्तेमाल होने वाले रसायनों में लैड (सीसा) का स्तर 6 से 10 माईक्रोग्राम पाया गया था, जबकि यह शुन्य होना चाहिये। मूर्तियों को बनाने में खतरनाक विषैले रसायनों का इस्तेमाल होता है। मूर्तियों को रंगने मे इस्तेमाल होने वाले रसायनों में मैग्नीशियम, मोलीबिडिनियम, कैल्शियम और सिलिकॉन जैसे रसायनों के साथ आर्सेनिक, जिंक, सीसा और मरकरी का भी इस्तेमाल किया जाता है जिसका मानव स्वास्थ्य पर बुरा असर होता है। यह जिस पानी में घुलते है उन स्त्रोतों के जल को पीने, नहाने के बाद स्वास्थ्य पर कई किस्म के खतरे पैदा हो जाते है। इन विषैले रंगों का न केवल इन्सान पर अपितु पानी में रहने वाले जीव जन्तुओं पर भी बुरा प्रभाव पड़ता है। छोटे–छोटे जीवों के साथ मछलियों की मौत गली मौहल्लों के तालाबों में आसानी से देखी जा सकती है। अतः हमें अब जागना होगा, जलाशयों की पीड़ा के बहाने यह समझना होगा कि नदियों के मलीन होने से उसकी आर्थिकी, भूगोल, खेती और सेहत सब कुछ मलीन हो रहे है। इससे उबरने के लिए जरुरी है कि हम खुद वैकल्पिक व्यवस्था करने की पहल करें। हम केन्द्रीय प्रदुषण बोर्ड के मार्ग निदेर्शो का पालन करना न भूले। ऐसा कर हम अपने सेहत के साथ जलाशयों नदियों का सहयोग करेगें।

मूर्तियों को बनाने में प्लास्टर ऑफ पेरिस का मुख्य तौर पर उपयोग हो रहा है जो कि जिप्सम (केल्शियम सल्फेट) को 150 डिग्री सेंटीग्रेड तापमान पर गर्म करने से बनता है। यह एक ऐसा पाउडर है जो पानी की ऊपरी सतह पर न रहकर नदियों, झीलों और तालाबों की निचली सतह पर जाकर जम जाता है और बाद में धीरे–धीरे घुलकर उसे प्रदूषित करता है। यह पानी में मौजूद ऑक्सीजन का खात्मा करता है जिसके कारण पानी में रहने वाले जीव जंतुओं को सांस लेने के लिए ऑक्सीजन की कमी हो जाती है। इसके पानी में घुलने के बाद मीठा पानी भारी पानी में बदल कर स्वाद एवं रंग में भी परिवर्तन आ जाता है। इस क्रिया से प्रकृति का संतुलन बिगड़ता है। इन प्रतिमाओं को सुन्दर बनाने के लिए रंगों के अलावा कई धातुओं के आभुषण, जरी (बारीक धातु) के कपड़े, फूल मालाएं, तेलीय दीपक, प्लास्टिक की मालाएं, थर्मोकोल, बरक की सामग्री का भी इस्तेमाल किया जाता है जो प्रदुषण बढ़ा कर प्रकृति के संतुलन को बिगाड़ते है। केन्द्रीय प्रदुषण नियंत्रण बोर्ड ने वर्ष 2010 में अलग–अलग प्रकार की जल संरचनाओं में मूर्ति विसर्जन के लिए अलग–अलग मार्गदर्शी निर्देश जारी कर दिये थे। इन निर्देशो के मुताबिक, मूर्ति विसर्जन से पहले जैविक–अजैविक पदार्थो को मूर्ति से उतारकर अलग–अलग रखना जरुरी है वस्त्रों को उतारकर अनाथलयों में पहुँचाना चाहिये। सिंथेटिक पेन्ट (रंग) के स्थान पर प्राकृतिक रंगो का इस्तेमाल करना चाहिए। अतः परम्पराओं के निर्वाह हेतु चिकनी मिट्टी की बनी मूर्तियों को फलो के रगों से सुसज्जित करे। इन्हें अलग से बनाऐ छोटे कुण्ड में प्रवाहित करे जिसमे से इन्हें कुछ समय बाद बाहर निकाल कर पानी का ट्रीटमेंट किया जा सकता है और परम्पराओं को निर्वाह भी किया जा सकता है। **मेरे इस मूर्तियो द्वारा प्रदूषण के सुझाव को माननीय प्रधानमंत्री जी ने दिनांक 30.7.17 को मन की बात में देश की जनता को संदेश प्रेषित किया गया।**

अगर देखना चाहते हो जल की निर्मल धारा,
इसे बचाने का हम सबको करना होगा वादा।

39 जैसा पीये जल वैसा होगा दूध

हम देखते है कि पालतु पशु भी नालों और गड्डों का पानी पीते दिख जाते है। अगर पशुओं द्वारा केमिकल, जीवाणु युक्त और जहरीला पानी पीया जाऐगा तो उनके द्वारा मिलने वाला दूध में भी इसका असर आ जाता है। अगर गाय लसन के खेत में चरकर आती है तो दूध में लसन की दुर्गन्ध हम अनुभव करते है। ठीक इसी प्रकार से केमिकल का जहरीला पानी पीने पर न केवल जानवरों की उम्र कम होगी अपितु दुध में भी इसका प्रभाव आ जाता है जो हमारे स्वास्थ्य पर प्रभाव डालते है। वैसे पशु मनुष्य की अपेक्षा लवणीय जल पीने में सक्षम होते है मगर जहरीली धातुओं का सीधा असर दूध पर होता है। अतः पारा, आर्सेनिक, तांबा, केड़मियम, सीसा, जस्ता आदि की पानी में नहीं घुले होने चाहिऐ एवं मात्रा किसी भी हालत में भारतीय मानक (आई. एस. 1172) में दर्शायी सीमा के अन्दर ही रहनी चाहिऐ। अतः अशुद्ध पानी को पालतु जानवरों से भी दूर रखना आवश्यक हो जाता है। कारखानों का निकला हुआ केमिकलयुक्त पानी पीने से कई बार जानवर मौत के शिकार भी हो जाते है। ऐसे में इस अपविष्ट पानी तक जानवर न पहुँचे उस हेतु ऐसे तालाबों, पोखर व नालों के चारों और तारबन्दी करके उन्हें सुरक्षित कर सकते है। अतः जल सरक्षण के साथ जल शोधन पर भी हमें लगातार ध्यान देना होगा, तभी हम अपने पालतु पशु को सुरक्षित रख पायेंगे।

WATER

W - Wealth of Life

A - Alive of Breath

T - Taste of Life

E - Energy of Body

R- Respect of Humanity

चाहते से हो अपना कल,
तो प्रदूषण से बचाओ जल।

(छ) कृषि जल संरक्षण

40. कृषि सिंचाई

41. पौधों को पानी कब कितना डाले ?

42. जल संवर्धन हाईड्रोफोनिक एवं एक्वापोनिक पद्धति से

43. क्या होता है सेम पानी

44. टैरिस गार्डन

जीवन रक्षा की अनमोल दवा,
पानी-पेड़ और बहती हवा।

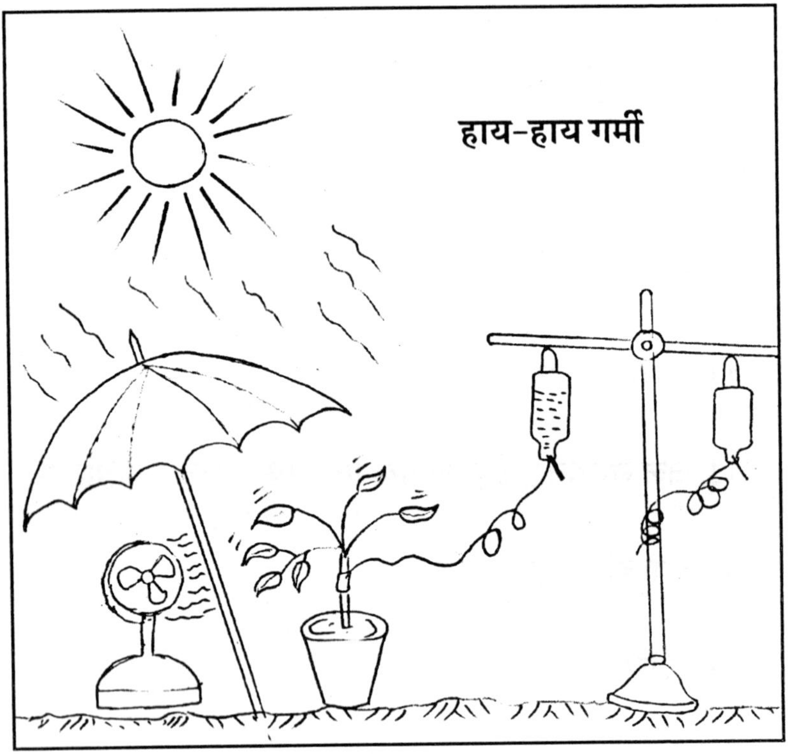

कही जीवन में अच्छा करने में,
जल संरक्षण में देरी ना हो जाये।

40 कृषि सिंचाई

भारत कृषि प्रधान देश है और पानी का सर्वाधिक उपयोग लगभग 70 प्रतिशत सिंचाई में ही होता है। देश में नहरों का जाल बिछता जा रहा है। सिंचाई के लिये नल कूपों की संख्या भी बढ़ती जा रही है। पारम्परिक तरीकों से सिंचाई में पानी का बहुत अधिक अपव्यय होता है। जिसमें मुख्य कारण पानी का जमीन में रिसाव, वातावरण में वाष्पोत्सर्जन एवं सिंचाई संबधी ज्ञान की कमी ही रहीं है। वर्तमान में बहुत सारी तकनीकों का विकास हुआ है जिनका उपयोग कर सिंचाई में बहुत अधिक पानी बचा सकते है। पारम्परिक तरीके में पानी खेतों में, क्यारियों में भर दिया जाता था। उसमें अधिक पानी के साथ खाद बहुत अधिक लगती थी और अधिक सिंचाई से जमीन में पानी का स्तर बढ़ कर जल उत्पलन (Water logging) की स्थिति आ जाती थी। वर्तमान में सिंचाई की बहुत तकनीक विकसित हुई है अतः जानकारी प्राप्त कर उपयोग करें तो पानी की बहुत बड़ी मात्रा को बचा सकते है और कृषि फल सब्जियाँ में उत्पादन भी ज्यादा लिया जा सकता है। जल संरक्षण एवं अधिक उपज के लिए भारत के प्रधानमंत्री जी ने नारा दिया है–

"पर ड्रॉप मोर क्रॉप" (Per Drop More Crop)

(अ) फव्वारा सिंचाई (स्प्रिंकिल इरिगेशन) – इस पद्धति में सिंचाई के लिए पानी का हवा में छिड़काव किया जाता है और यह पानी भूमि की सतह पर

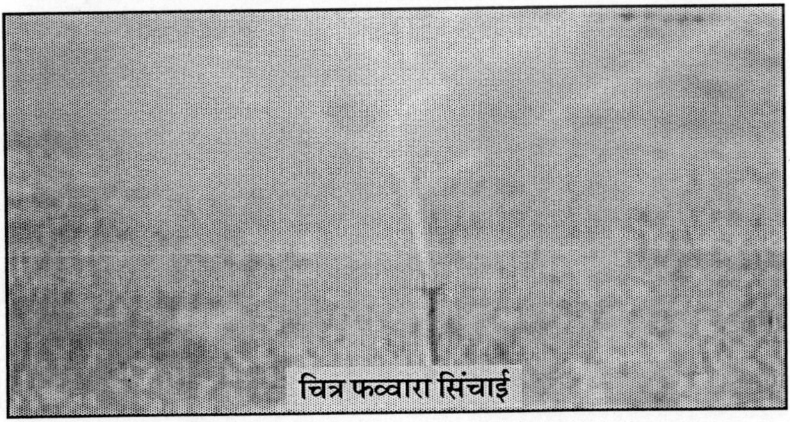

चित्र फव्वारा सिंचाई

कृत्रिम वर्षा के रूप में रिमझिम गिरता है ताकि कम पानी से अधिक क्षेत्र में भुमि को तृप्त कर पैदावार ली जा सके। पानी को अधिके क्षेत्र में फैलाने के लिए इस फव्वारे को जमीन से दो तीन फीट की ऊंचाई पर लगाने से इससे फायदा मिलता है। ऊंचाई पर फव्वारा लगे होने से पानी लम्बी दूरी तक जाता है, यानि बड़े क्षेत्र में रिमझिम टपकता है। इससे भी पानी की बचत होती है। क्योंकि कम पानी अधिक क्षेत्र को सिंचित कर देता है। इस विधि में बूंद–बूंद सिंचाई पद्धति से अधिक पानी लगता है मगर फिर भी 30 से 50 प्रतिशत तक पानी जो परम्परागत सिंचाई में लगता था में बचत हो जाती है।

इस पद्धति का पानी बचत के साथ एक और फायदा है कि रेगिस्तान के टीले जो सालों से खेती के लिए अनुपयोगी साबित हो रहे थे और नाली द्वारा सिंचाई नहीं हो पा रही थी वहाँ भी इस प्रणाली से टीलों पर पानी बरसा कर फसलें मुख्यतया ग्वार, मुंगफली आदि की पैदावार प्राप्त हो रही है। सिंचाई का और अधिक उपयोग हेतु सिंचाई सुबह, शाम अथवा रात्रि में अधिक हितकर रहती है क्योंकि पानी जड़ों तक पहुंचने से पूर्व वाष्पीकृत नहीं हो पाता है।

पानी के सही उपयोग के लिए खरपतवार को उखाड़ फैकना चाहिए एवं जड़ों तक हवा पानी लगे उस हेतु मिटटी की गुड़ाई भी समय समय पर करते रहना चाहिए। इससे पौधों में बीमारियों से भी बचाव होगा व पानी का सही उपयोग पौधों में ही होगा। यह भी सिद्ध हो चुका है कि रासायनिक उर्वरक की अपेक्षा जैविक खाद (उर्वरक) से जमीन में नमी को लम्बे समय तक बनाये रख सकते है।

(ब) बूंद–बूंद सिंचाई (Drip Irrigation)

यह एक ऐसी विधि है जिसमें पानी और खाद की बचत होती है इस विधि में पानी को पौधों की जड़ों पर बूंद–बूंद करके टपकाया जाता है। इस कार्य के

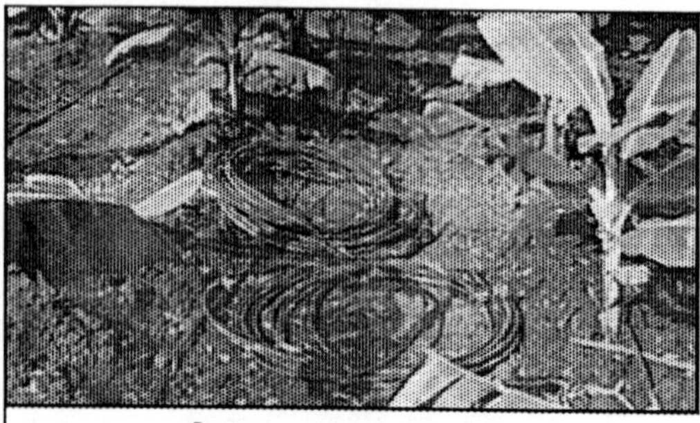

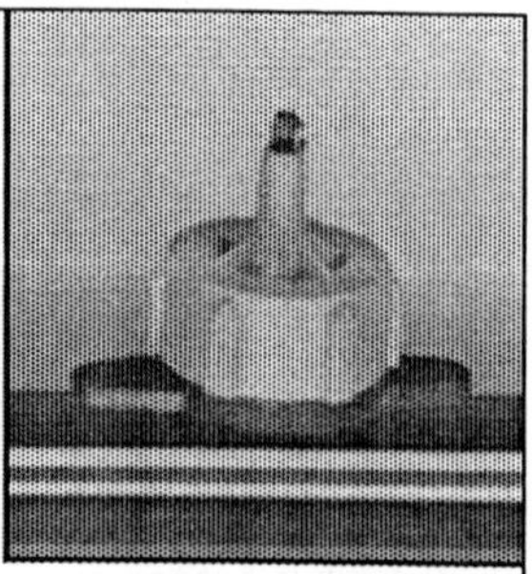

चित्र :- बूंद-बूंद सिचाई (इन्टरनेट से चित्र) चित्र :- वाल्व

लिए वाल्व, पाईप, नलियां तथा ड्रिपर (एमीटर्स) का नेटवर्क लगाना पड़ता है। (देखें चित्र) इसमें पानी थोड़ी थोड़ी मात्रा में कम अन्तराल पर, प्लास्टिक की नलियों द्वारा सीधा पौधों के जड़ों तक पहुंचाया जाता है। परम्परागत सतही सिंचाई द्वारा जल का उचित उपयोग नहीं हो पाता था क्योंकि अधिकतर पानी, जो कि पौधों की जड़ों को मिलना चाहिए, जमीन में रिसकर या वाष्पीकरण द्वारा व्यर्थ चला जाता है। अतः उपलब्ध जल का सही और पूर्ण उपयोग करने के लिए बूंद बूंद सिंचाई प्रणाली उचित तरीका है ताकि जल का कम से कम भुमि में रिसाव हो और पानी पौधों की जड़ों को उपलब्ध हो पाये। इस विधि में सिंचाई के पानी में 50 से 60 प्रतिशत तक बचत होती है, फसल ज्यादा, कम कीट व रोग, कम खरपतवार आदि कई लाभ है।

पेड़–पौधों में सिंचाई – पानी बचत के लिए सिंचाई के निम्न तरीके भी अपना सकते है।

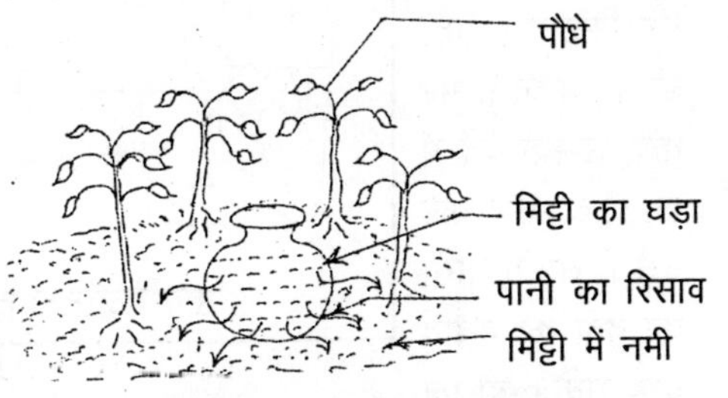

चित्र - घड़ा विधि द्वारा सिंचाई

- **घड़ा विधि** – पेड़–पौधों की जड़ों के पास मिट्टी के घड़े में पानी भर कर रख देने से पेड़ कम पानी से हरे भरे रह सकते है क्योंकि घड़े के रन्द्रों (छोटे–छोटे छेदों) से पानी रिसता रहता है, उसमें कम पानी से मिट्टी में नमी बनाये रख सकते हैं और अधिक दक्षता बढ़ाने के लिए मिट्टी के घड़े को गड्ढ़ा खोद कर मिट्टी में दबा लें। घड़े का मुंह जमीन तल पर रखें, घड़े में जल को भर कर ऊपर से ढक्कन द्वारा बन्द कद दें। इस घड़े के आस–पास पेड़–पौधे लगा कर, घड़े से पानी रिसने के कारण नमी बनाई जा सकती है, जो पौधे को कम पानी से भी बड़ा कर सकता है। जब घड़े में पानी का स्तर कम हो जाये तो इसे पुनः भरा जा सकता है यह तकनीक जमीन में फैलने वाली बेलों को उगाने के लिए उपयोगी साबित हो रही है जैसे तरबूज, काशीफल, काचरा आदि बेलों के लिए कम जल में अच्छे परिणाम मिल सकते है।
- यदि गमले में पौधे को पानी से सन्तृप्त (Saturate) रखना है तो प्लास्टिक

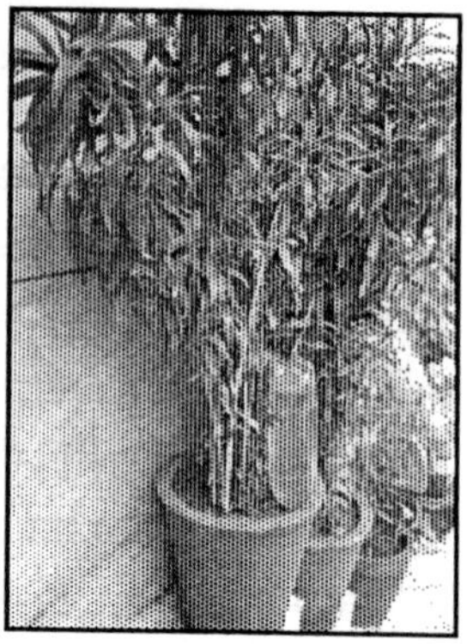

की बोतल में पानी भर कर बोतल के मुँह को उल्टा रखते हुए मिट्टी में दबा देते है इससे बोतल का पानी एकदम खाली नहीं होगा, मगर गमले में से पानी कम होने पर बोतल में से पानी स्वतः ही मिट्टी में रिसने लगेगा। जब एक दो दिन बाद बोतल खाली हो जाये तो यह क्रिया पुनः दोहराई जा सकती है। बोतल से रिसने वाले बूंद–बूंद पानी से गमले कि मिट्टी लम्बे समय तक गीली रखी जा सकती है।

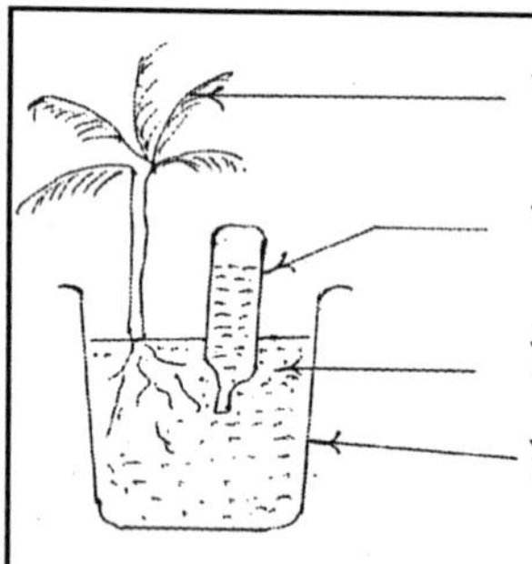

उल्टी बोतल द्वारा गमले में सिंचाई

- गमले में पोधों को बूंद–बूंद पानी देने के लिए प्लास्टिक की बोतल में पानी भर कर, उसके पैंदे में छोटा सा छेद कर देते है ताकि पानी पर हवा का दबाव बन सके। बोतल पर ढक्कन इस तरह से लगा देते है की बोतल में से पानी उल्टा रखने पर रिसता रहे। इस उल्टी बोतल को गमले या पेड़ के पास रख देने से बोतल से रिसने वाले पानी द्वारा पोधों को हरा भरा रख सकते हैं।
- गर्मियों में पानी कम से कम गमलों से उड़े (वाष्पीकरण) उस हेतु गमलों में ऊपर की खाली जगह पर सूखी पत्तियां डाल गमले की मिट्टी में नमी को अधिक समय तक बनाये रख सकते हैं।
- **बोटलमय गमला एवं पुनः पानी का उपयोग** – घर की बागवानी के लिए पौधों को दो–तिहाई कटी हुई दो से पाँच लीटर की बोतल से बनाये गमले से की जा सकती है इसके लिए बोतल के हिस्से में हवा हेतु छोटे–छोटे छेद भी कर लेते है ताकि जड़ो तक हवा का प्रवाह बना रह सके। इस बोतलनुमा गमलो का खुला कटा हुआ चौडा मुँह ऊपर रखते है और ढक्कन वाला गोलाई का छोटा मुँह नीचे की और रखते है। इस दो

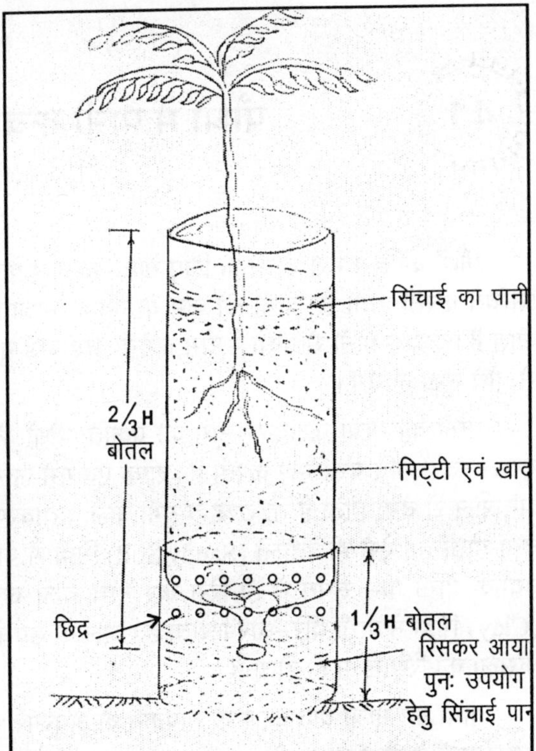

चित्र - बोतल से बना गमला एवं रिसे पानी का पुनः उपयोग

तिहाई बोतल के हिस्से को एक तिहाई हिस्से में लगा देते है ताकि बोतल व पौधा खड़ा रह सके एवं सिचाई के लिए पानी बोतल में डालने पर अतिरिक्त पानी मिट्टी से रिसकर एक तिहाई वाले भाग में पहुँच जाये। यह पानी यहाँ इकट्टा हो जाता है इस पानी को बोतल से हटाकर पुनः मिट्टी वाले भाग में उपयोग के लिए डाला जा सकता है यानि रिसकर आये पानी का पुनः उपयोग कर बोतलनुमा गमले में पौधे तैयार कर सकते है। जड़ो में हवा बनी रहे इसके लिए एक तिहाई वाले भाग में गर्म की हुई कील से एवं दो तिहाई वाले भाग में बोतल के ढक्कन के नीचे वाले गोलाई वाले हिस्से में कई सारे छेद कर देते है। इस तरीके से बहुत कम पानी से घर की बागवानी की जा सकती है जिससे गमले की लागत में बचत कर प्लास्टिक की बोतल एवं रिसकर आये पानी का उपयोग सम्भव है।

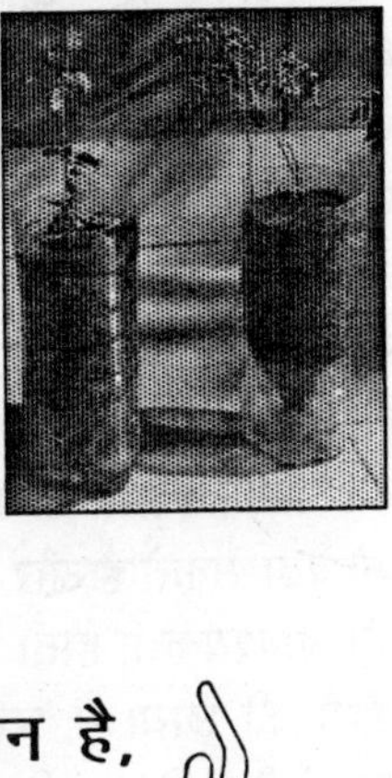

पानी है तो हम सब का जीवन है,
पानी किसान का पहला सुख है।

41 पौधों में पानी कब, कितना डालें ?

पौधों को हरा भरा रखने के लिए खाद के साथ पानी की निश्चित मात्रा से सिंचित करनी होती है। पानी की कम या ज्यादा मात्रा मिलने पर पौधे खत्म हो जाते है। ज्यादा पानी से पौधों में रोग लगेंगे, जड़ें सड़ गल जायेगी तो कम पानी से पौधे सूख जायेंगे।

पानी की मात्रा जलवायु, भुमि की प्रकृति, पौधों के प्रकार, तापक्रम, ऋतु, भूजल स्तर आदि पर निर्भर करती है। शुष्क एवं गर्म जलवायु में पानी कम समय अन्तराल से देना होता है तो ठण्डे व नमी वाले वातावरण में पौधों को पानी कम देना होता है। ऐसे ही रेतीली (Sandy Soil) मिट्टी में पानी ज्यादा देना होता है क्योंकि पानी कम समय में ही रिस कर नीचे चला जाता है। जबकि चिकनी (Clay) मिट्टी में पानी धीरे–धीरे रिसता है। जल के उपयोग में सर्वाधिक उपयोग फसलों की सिंचाई में ही होता है।

पानी की मात्रा वातावरण के तापक्रम के अनुसार भी रखनी होती है। तेज धूप व गर्मी में पौधों को पानी देने से पानी की काफी मात्रा का वाष्पीकरण में व्यय हो जायेगा जबकि रात्रि एवं प्रभात में पानी देने पर, पानी रिस–रिस कर पौधों की जड़ों में पहुँचेगा, जिससे पौधा तरोताजा बना रहेगा। वाष्पीकरण को कम करने हेतु, यानि गर्म एवं शुष्क प्रदेश में पौधे सूर्य की सीधी पड़ने वाली किरणों से न जले, इस हेतु पौधों पर हरे रंग का जालीदार कपड़े से छाया करते है ताकि जाली से छन–छन करके हल्की–हल्की धुप तो पौधों पर लगे मगर सूर्य की तेज धूप से उनकी पत्तियां भी न जले। जहाँ कृत्रिम छाया नहीं बना पाते है वहां धूप से पानी का वाष्पीकरण रोकने हेतु गमलों में पत्तियों एवं घास फूस की परत बिछा सकते है ताकि ये परत पौधों की जड़ों पर एक छायादार झोपड़ी का काम कर सके। इस तरह पानी के वाष्पीकरण को कम करके पानी देने के अन्तराल को बढ़ा सकते है और पानी की बचत कर सकते है। गमलो में लगे पौधों को धूप की आवश्यकता होती है, लेकिन गर्मियों में सीधे तेज धूप में न रखकर उन्हे बड़े पौधों की छाया में, बरामदे में, हरी नेट के नीचे अथवा खिड़की के पास रख सकते है ताकि हल्की धूप मिल सके और गर्मी में पत्ते जले भी नहीं।

एक ही जलवायु, तापक्रम व भुमि में भी अलग–अलग किस्मों के पौधों को अलग–अलग पानी की मात्रा की जरूरत रहती है। जैसे गर्मियों के मौसमी फूल वाले पौधे, बारह मासी, जीनिया, गेलर्डिया आदि में कम पानी व हजारा, कोचिया आदि पौधों में अधिक पानी की जरूरत रहती है। पौधों में समुचित पानी मिलने पर उनके पत्ते व फूल हरे भरे व चटकीले रंगों में खिलते है, यही कारण है कि कुछ पानी का छिड़काव पौधों की पतियों पर भी कर देना चाहिये जैसे पाम, फर्न, क्रोटन पर पानी के छिड़काव से पौधे और अधिक खिलजाते है व उन पर लगी मिट्टी भी साफ हो जाती है। पौधों में पानी कम लगे इस हेतु, बहुत सारी पद्धतियां विकसित हो चुकी है जैसे – बूंद–बूंद सिंचाई, फव्वारा पद्धति आदि।

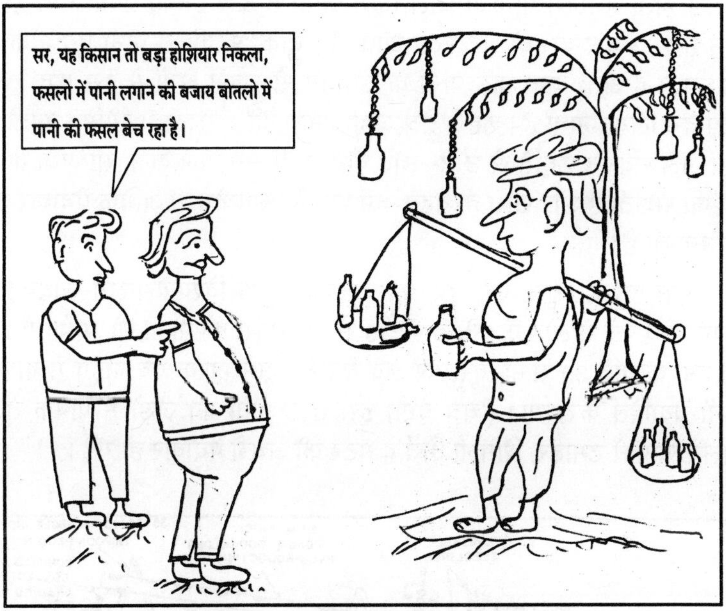

चित्र – पानी का औद्योगिकरण

सफल कृषक की यह पहचान,
कम पानी खर्च से ज्यादा पैदावार।

42 जल संवर्धन हाईड्रोफोनिक एवं एक्वापोनिक पद्धति से

हाईड्रोपोनिक (Hydroponics) शब्द ग्रीक शब्दावली से बना है, हाईड्रो (Hydrous) का मतलब पानी संबंधी एवं पोनिक (Ponic) का मतलब मेहनत से है। यानि जल संवर्धन प्रक्रिया में पौधों को बिना मिट्टी के पोषक (Nutrient) द्रव से पैदा किया जाता है। ये पोषक तत्व युरिया, पोटाश, नाईट्रोजन, आदि का मिश्रण होता है जिसे पानी में घोल दिया जाता है और इनका प्रवाह पम्प द्वारा दिन में 2–3 बार दो–दो घंटे रखा जाता है। चुकि अतिरिक्त पानी पुनः टैंक में आ जाता है अतः बहुत कम पानी के उपयोग से शहरी क्षेत्रों में इस पद्धति से उत्पादन लिया जाता है। शहरी क्षेत्र जहां जमीन की उपलब्धता सीमित रहती है वहां जल संवर्धन पद्धति से छोटे–छोटे पौधों से मिलने वाले फल, सब्जियां प्राप्त की जा सकती है और साथ ही बहुत कम पानी के उपयोग से अधिक पैदावार ली जा सकती है।

इस हेतु डॉ. एल. एन. हर्ष, पूर्व कुलपति, कृषि विश्वविद्यालय जोधपुर ने अपने शोध पत्र में लोहे के स्टेण्ड पर 10 से. मी. व्यास की पी.वी.सी. पाईप में 7.5 सी.एम. के प्रति 30 से.मी. दुरी पर छेद करके उसमें मास्क एवं पाईप में पोषक पानी प्रवाहित करवाया। (चित्र देखें) इस तरह पौधों की जड़ों में पोषक तत्व मिलने से पौधे टमाटर, शिमला मिर्च व मटर की अच्छी पैदावार हो गई।

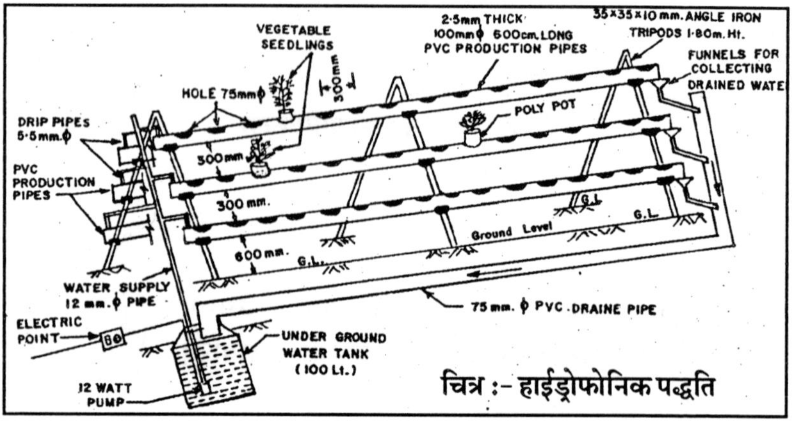

चित्र :– हाईड्रोफोनिक पद्धति

बूंद बूंद पद्धति में उपयोग होने वाले पानी के मुकाबले इस विधि में 4.2 से 10.6 प्रतिशत ही पानी लगेगा अतः इस पद्धति से बड़े पैमाने पर खेती करने पर बहुत अधिक पानी को बचाया जा सकता है।

जैल बॉल से –. घरेलु पौधों के लिये इस विधि में पौधों की जड़ो में पानी के लिए जैल बॉल बर्तन में ड़ाल दी जाती है, जैल बॉल छोटे कंकर नुमा होती है जो पानी के सम्पर्क में आते ही पानी को सोक कर अपना आकार बड़ा कर देती

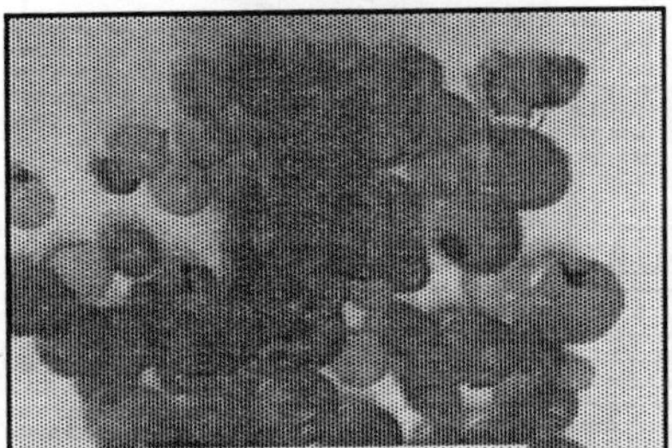
चित्र - जैल बॉल

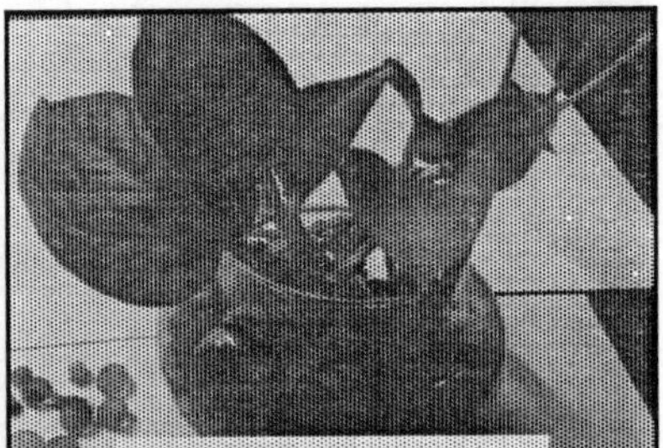
चित्र - जैल बॉल में पौधा

है। जब तक पानी इन बॉल से खतम नहीं होता है तब तक ये बड़े आकार में रहती है। चुंकि इन बॉल में खुब पानी होता है अतः पौधों के लिए जल संवर्धन का कार्य इनके सम्पर्क में आने से पूरा हो जाता है और पौधें विकसित होते रहते है। चित्र में जैल बॉल एवं विकसित पौध को दर्शाया गया है।

एक्वापोनिक पद्धति :– पौधों में पानी की बचत के लिए, अगर फल एवं सब्जियां एक्वापोनिक पद्धति द्वारा उत्पन्न करे तो जमीनी खेती के मुकाबले 90 प्रतिशत पानी की बचत कर सकते है। पानी में पौधों की खेती करने की पद्धति एक्वापोनिक कहलाती है जिसका संबंध एक्वा कल्चर से है। जहां मछलियों की पालने के लिए एक्वेरियम या टैंक बने हो वहां मछलियों के लिए दाना पानी की व्यवस्था करनी होती है।

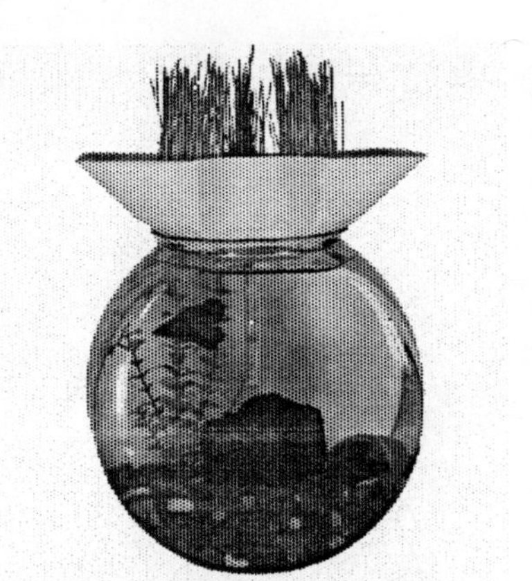
चित्र :- एक्वाफोनिक पद्धति से उत्पादन

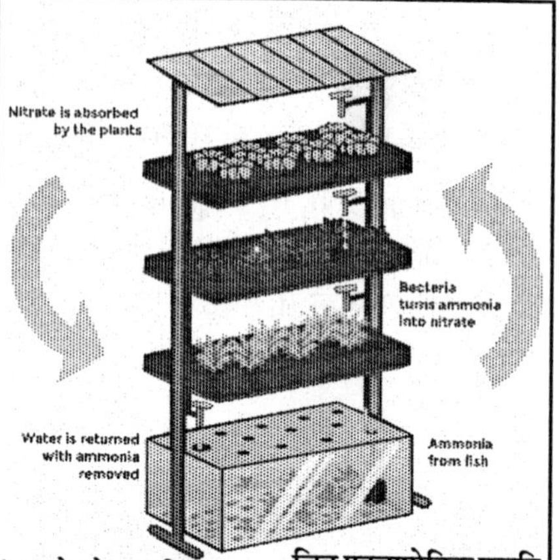

(इन्टरनेट से प्राप्त चित्र) चित्र एक्वापोनिक पद्धति

फिश टैंक के ऊपर स्पेशल ग्रो बेड होता है, जो स्टोन्स से भरा होता है मछलियों के मल से मिश्रित पानी इस बेड पर फसल उगाता है। इसमें टमाटर, मिर्ची, स्ट्रोबेरी उगाए जा सकते है और घर पर ताजी सब्जियों के अलावा पानी की बचत कि जा सकती है।

इस पद्धति में पाईप की जगह प्लास्टिक की ट्रै का भी उपयोग किया जा सकता है (देखे चित्र) पानी को पम्प करने के लिए सोलर सैल आधारित छोटा पम्प लगा दिया जाता है ताकि धूप में बिना बिजली के भी पानी चलता रहे और ट्रै में पोषक तत्वो अथवा मछलियों द्वारा उत्पादित पौषक तत्वों से पौधो को उपजाया जा सकता है। पोषक तत्वों में धुलनशील के साथ अधुलनशील रेशे युक्त जूट का भी प्रयोग कर सकते है ताकि जब पम्प नही चले उस अन्तराल में पोषक तत्व पौधो को मिलने रहे। नीचे टैंक में मछलियों को रखने की व्यवस्था होती है। चुकि पानी का पुनः उपयोग होता है अतः फव्वारा पद्धति से भी बहुत कम पानी का उपयोग कर फल–सब्जियां उत्पादित किये जा सकते हैं।

पानी को बचाना, जीवन की सांसो, को बचाने के समान है।

43 क्या होता है सेम पानी ?

सिंचाई के द्वारा पानी खेतों में दिया जाता है तो उसमें से 70–80 प्रतिशत पानी भुमि में रिस जाता है। ऐसे ही ऊंचाई पर बनी नहर, नालों से भी पानी का रिसाव जमीन में होता है। अगर भू–गर्भ में अभेद्य परत (Impervious Layer) हो तो पानी रिसकर नीचे जाने की बजाय इस परत पर जमा हो जाता है। इस जमा पानी से भू–गर्भ में पानी का स्तर बढ़ता है और धीरे–धीरे सतह की जमीन पर भी आ जाता है। इसमें पानी की अधिकता के कारण खेती नहीं हो पाती है क्योंकि इस पानी में जीवाणु उत्पन्न हो जाते है। साथ ही इस पानी में जमीन से कुछ लवण घुल जाते है जो फसल के लिए हानिकारक रहते है। इन लवणों के कारण पानी खारा (लवणीय) हो जाता है, जिससे फसल की सिंचाई नहीं हो सकती है। इस सेम से जमीन का बहुत बड़ा भाग अनउपजाऊ बन जाता है। क्योंकि लवण पानी में धुल कर नीचे से ऊपर सतह पर आ जाते है यह आवश्यक हो जाता है कि इस पानी को यहाँ से हटा कर जहाँ जरूरत हो वहाँ भेजा जाये। इस हेतु पानी की पम्पिंग से भू–गर्भ के पानी का स्तर कम कर सकते है। जिस क्षेत्र में सेम की समस्या हो वहाँ सतह से गहरी खाई (Trench) नाला बना दिया जाता है ताकि पानी लगातार रिस–रिस कर इसमें आता रहे। इस नाले को ऐसी जगह पर ले जाते है जहाँ पानी की कमी हो। सतह के पानी को नाले में प्रवाहित कर सेम की समस्या को कम किया जा सकता है। इस पानी को उपयोग कर जहाँ सेम की समस्या से निपटा जा सकता है। वही इस पानी का उपयोग कई कार्यो में सम्भव हो जाता है। सेम की समस्या उत्पन्न न हो इसके लिए कम पानी की सिंचाई करनी चाहिये यानि पानी को क्यारियों में भर कर नहीं रखना चाहिये। साथ ही जमीन से भी नलकुप द्वारा निकाल कर सिंचाई आदि उपयोग में लेते रहना चाहिये।

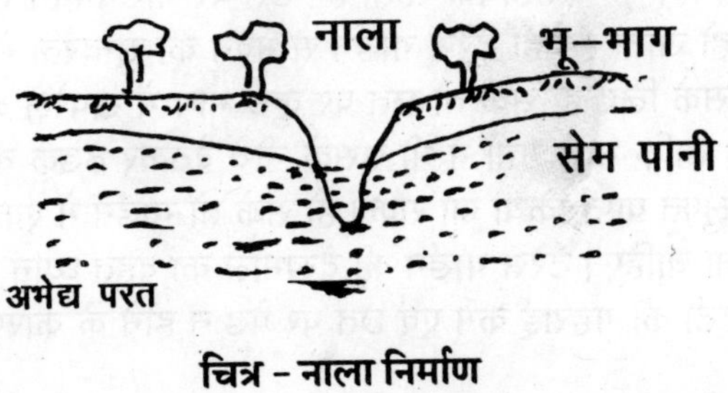

चित्र - नाला निर्माण

44

टैरेस गार्डन

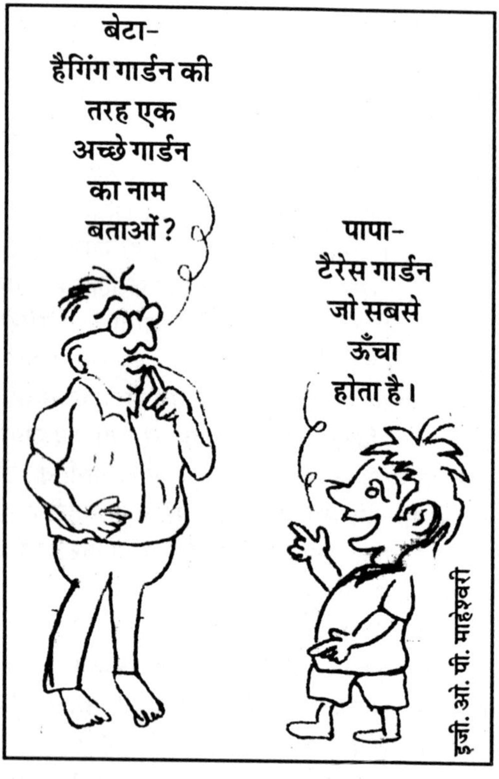

ऐसे व्यक्ति जिन्हें बगीचे का शौक है मगर खुला भुखण्ड नहीं होने के कारण हरियाली का आनंद नहीं ले पाते हैं। वे इस हेतु टैरेस पर गार्डन लगाकर प्राकृतिक छटा का आनंद एवं भवन के आन्तरिक भाग में प्राकृतिक ठण्डक का मजा ले सकते हैं। इस हेतु छत पर मुंडेर (पैरापिढ दीवार) में स्टेण्ड लगाकर गमले लगाये जा सकते हैं। छत पर हरी घास (लोन) लगाने की व्यवस्था भी बनाई जा सकती है। गमलों में कई तरह के फूलों के पौधे, केक्टस, बेलें व बोन साईज फलों के पौधे लगाये जा सकते हैं बेंलों को छत से दीवारों एवं खिड़कियों पर लटकाकर हरियाली का क्षेत्र बढ़ाया जा सकता है जो भवन को सुन्दर बनाने में भी सहायक रहती है। छत पर गार्डन होने से जहाँ गर्मी का असर कम हो जाता है वहीं टेरेस गार्डन से भवन की सुन्दरता में चार चाँद लग जाते हैं। इसके लिए हो सके तो छत पर कुछ भाग में खपरेल का शेड भी बना देना चाहिए ताकि भारी गर्मी में भी उसके नीचे बैठकर ठंडक का अहसास एवं प्रकृति का लुफ्त प्राप्त किया जा सके। हो सके तो गार्डन में एक लोहे का झूला भी लगा देना चाहिए। टैरेस गार्डन की देखभाल का बहुत ध्यान रखना पड़ता है क्योंकि मिट्टी की गहराई कम एवं छत पर पेड़ न होने के कारण पानी देने का

समय कम रखना पड़ता है। सूर्य की रोशनी में पौधों की देखभाल हेतु गमलों को आगे पीछे सुरक्षानुसार रखना होता है। छत पर लॉन लगाने के लिए मिट्टी की चादर बिछानी पड़ती है जो साधारणतया 6 से 9 इंच मोटी होती है। इस तह के नीचे ईंटों के टुकड़े, सूखी घास की तह भी लगा देते हैं ताकि जड़ों को फैलने में सहायक रहे मगर टैरेस गार्डन में सबसे बड़ी समस्या छत से नीचे पानी के रिसाव की रहती है। जिसके कारण सीलन बढ़ जाती है और रंग खराब होने की संभावना रहती है दूसरी समस्या गमलों एवं मिट्टी के वजन से छत ढह जाने (Collapse) की रहती है। पहली रिसाव की समस्या से बचाव हेंतु निम्न सावधानियाँ अपना सकते हैं –

1. छत के फर्श का ढाल ऐसा रखें की पानी स्वतः ही बहता हुआ नालियों से निकल जायें व छत पर इकट्टा न हो पायें।

2. छत पर पानी के निकास व्यवस्था को सही रखने हेतु थोड़ी–थोड़ी (साधारणतया तीन मीटर) दूरी पर एक नाली की व्यवस्था तय कर लें।

3. छत से पानी का रिसाव नहीं हो इस हेतु छत के फर्श में ग्लेज्ड टाईल लगाई जा सकती है रबड़ पेन्ट अथवा सिलिकेट वाटर प्रुफ कम्पाउण्ड (मिश्रण) की कोटिंग चढ़ाकर छत की फर्श बनायी जा सकती है।

4. छत से पानी के रिसाव को रोकने के लिए अतिरिक्त सुरक्षा के तौर पर छत पर एल.डी.पी.ई. सीट (प्लास्टिक सीट का कवर) इस तरह से लगाते है कि पानी का रिसाव संभव ही नहीं हो पाये। सीट कहीं से भी नुकीली चीज से पंचर न हो इसकी सावधानी बनाये रखें इस हेतु सीट के ऊपर व नीचे मिट्टी की तह लगा देते है ताकि सीट में किसी तरह छेद न हो पाये।

दूसरी समस्या छत व ढाँचा दोनों की मजबुती की होती है ताकि टैरेस पर आने वाले वजन को ढाँचा सहन कर सके। इस हेतु छत की आर.सी.सी. डिजाईन ऐसी बनवायें कि छत पर आने वाला वजन दीवारों एवं खम्भों पर चला जाये।

एल.डी.पी.ई. फिल्म बहुत सस्ती होती है एवं इसके बिछ जाने पर पानी के रिसाव से छुटकारा मिल जाता है इस तरह छत पर गार्डन तैयार कर प्रकृति का आनंद अपने छोटे से घर में भी लिया जा सकता है।

जीवन खुशियों से तुम भरलो,
प्राकृतिक छटा का तुम आनंद लेलो।

(ज) उपकरणों में बिजली बचत

45. गीजर के उपयोग में विद्युत क्षय की रोकथाम

46. बिना बिजली से चलने वाला पम्प 'हाईड्रोलिक रेम'

47. फ्रीज का उपयोग, विद्युत क्षय रोकें

48. गर्म पानी का मिक्सर नल

49. बल्ब और बिजली व्यय

50. बल्ब लगाने की जगह एवं रोशनी

51. विद्युत लीकेज न हो

52. एयर कण्डीशनर एवं हॉट ब्लोवर का उपयोग

53. कैसे लगाये पम्प कि ऊर्जा की हो बचत

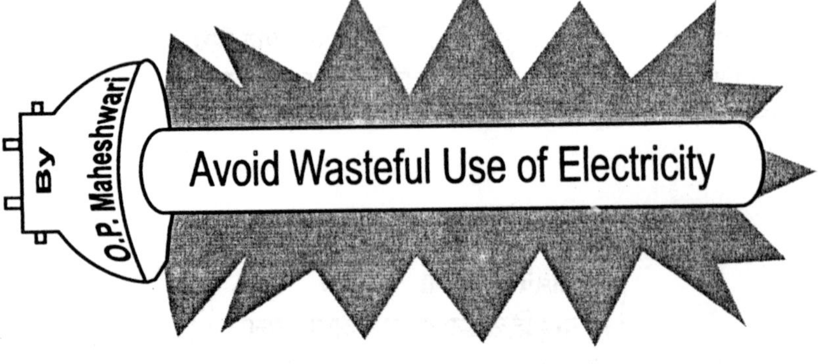

45 गीजर उपयोग में विद्युत क्षय की रोकथाम

आज कल बिजली के उपकरणों का उपयोग लगातार बढ़ रहा है। सर्दी के समय गीजर का उपयोग आम हो गया है। गीजर के उपयोग में अगर कुछ सावधानियाँ बरती जाये तो ऊष्मा का विकिरण कम करके बिजली के क्षय में कमी लाई जा सकती है। इस हेतु कुछ टिप्स इस प्रकार है–

गीजर से निकलने वाले गर्म पानी के नल व बाल्टी के मध्य अगर **रबड का छोटा पाईप (लचीला पाईप) लगा दिया जाए** तो पानी गिरते समय ऊष्मा का ठंडे वातावरण के कारण होने वाले ह्रास को कम किया जा सकता है।

गीजर की पाईप लाईन लगाते समय,गीजर से निकलने वाले डिलीवरी पाईप पर ही इन्सूलीशन शीट जैसे वूलन शीट आदि लपेट कर गर्म पानी की ऊष्मा के क्षय को कम किया जा सकता है। अगर पाईप चुनाई में दबाना है तो पाईप को चुनाई में दबाने से पूर्व ही उस पर वुलन शीट लगा कर दबा देना चाहिए। गीजर कनेक्शन के लिए प्रयोग में आने वाले दोनो इनलेट व आउटलेट पाईप धातु की बजाय पी.वी.सी. सिंथेटिक आदि कुचालक पदार्थ के लगाने चाहिए, इससे ऊर्जा क्षय की रोकथाम के साथ विद्युत फॉल्ट में भी सुरक्षा बनी रहती है।

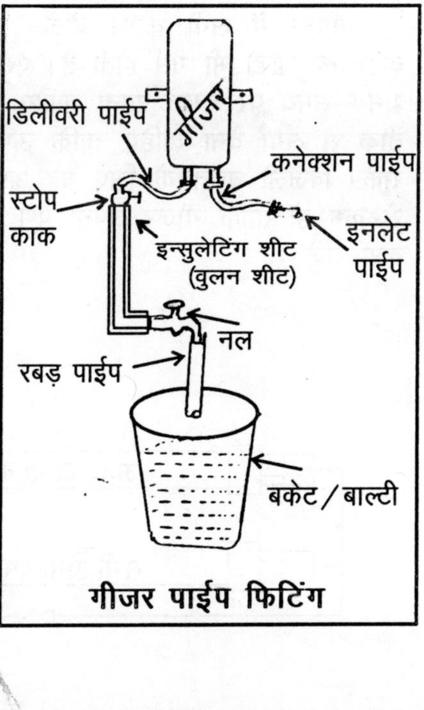

गीजर पाईप फिटिंग

गीजर के थर्मोस्टेट को 35 डिग्री से 50 डिग्री सेन्टिग्रेट के मध्य ही सेट

करके रखने से ऊष्मा का कम ह्रास होगा और इससे 15 से 20 प्रतिशत तक बिजली व्यय में बचत होगी।

गर्म पानी की तरंगें नीचे से ऊपर की ओर उठती हैं। अतः पानी गर्म होने के बाद गीजर से लगा इनलेट पाईप एवं मिक्सर नल के द्वारा ऊष्मा का क्षय होना चालू रहता हैं अतः आवश्यक है कि जरूरत के समय ही पानी गर्म करें एवं गीजर भी कम क्षमता वाला लगाऐं क्योंकि गीजर कभी भी पानी से खाली नहीं रहता है। गीजर से अन्तिम बार जो गरम पानी निकाला जाता है उसी तापक्रम का पानी गीजर में स्टोर भी रहता हैं अतः ज्यादा बड़े गीजर में बचा हुआ पानी थोड़े समय बाद ठंडा हो जाता है जिससे फिर जरूरत होने पर पुनः पानी को दोबारा गर्म करने के लिए अतिरिक्त बिजली की जरूरत पड़ती है। जहां तक हो सके अच्छी कम्पनी के आई.एस.आई. मार्क अच्छा थर्मोस्टेट लगा गीजर ही उपयोग में लाना चाहिए एवं सुरक्षा के लिए ई.एल.सी.बी. भी लगा देनी चाहिए।

गीजर के उपयोग आने वाली कोईल कम वॉट या अधिक वॉट का होना, बिजली की खपत में इसका प्रभाव नहीं पड़ता है। अतः यह सोचना कि ज्यादा वॉट का गीजर लेने पर बिजली ज्यादा खर्च होगी, यह सही नहीं है।

गीजर में लगी कॉपर बॉटल से ऊष्मा का परिचालन होने पर बाहर की बॉडी भी गर्म होती है। ऐसे में बॉटल पर लगे इन्सूलेटर को समय–समय पर देखते रहना चाहिए एवं ढंग से लगा हुआ नहीं हो तो ठीक से लगा देना चाहिए, ताकि ऊष्मा विकिरण कम से कम रखा जा सके। बिजली बचत के लिए यह आवश्यक है कि ऊर्जा का क्षय कम से कम हो ताकि गीजर अपनी पूर्ण क्षमता के साथ गर्म पानी उपलब्ध करा सके।

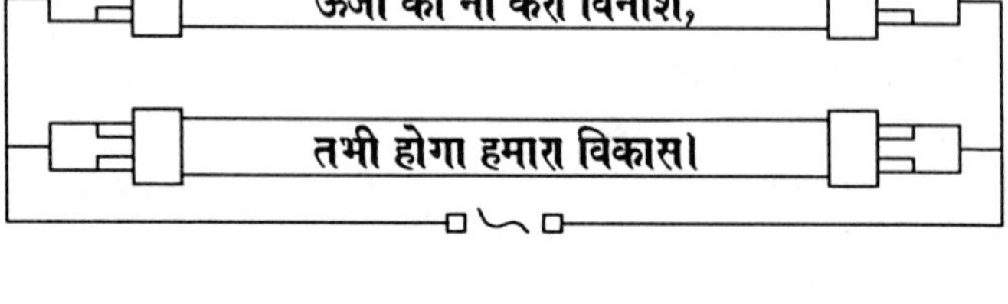

46

बिना बिजली से चलने वाला पम्प 'हाईड्रोलिक रेम'

हाईड्रोलिक रेम एक ऐसा पम्प है जिससे अधिक मात्रा में थोड़ी ऊँचाई से गिरने वाले पानी को थोड़ी मात्रा में अधिक ऊँचाई पर चढ़ाया जा सकता है अतः जहाँ अंडरग्राउंड टैंक व ऊँचाई पर पानी का टैंक बना हुआ है वहाँ कम ऊँचाई से आने वाले नल के पानी को इस पम्प के द्वारा ऊपर बने हुए पानी के टैंक में चढ़ाया जा सकता है। इसमें किसी तरह की बिजली अथवा अतिरिक्त फ्यूल की आवश्यकता नहीं रहती है। इसलिए इस पम्प में कोई बाह्य ऊर्जा की जरूरत पम्प चलाने में नहीं पड़ती है। ऐसी जगह जहाँ बिजली की कमी रहती है एवं पानी कम ऊँचाई पर उपलबध है उसमें से थोड़ा पानी सप्लाई हेड का 8–12 गुना अथवा पाईप के व्यास का 800 से 1000 गुना अधिक ऊंचाई पर बिना किसी अन्य ऊर्जा के पानी को चढ़ाया जा सकता है, एवं नीचे गिरने वाले पानी को कम दबाव वाले क्षेत्रों में उपयोग किया जा सकता है। एक बार यह पम्प चालू होने के बाद इसके रख रखाव पर नगण्य ध्यान की आवश्यकता रहती है।

यह पम्प बहुत ही सस्ता होता है एवं हाईड्रोलिक जम्प के सिद्धान्त पर कार्य करता है, चित्र में इसके कार्य करने की प्रणाली को समझाया गया है। इसमें कम ऊंचाई से जब पानी चैम्बर 'सी' में आता है

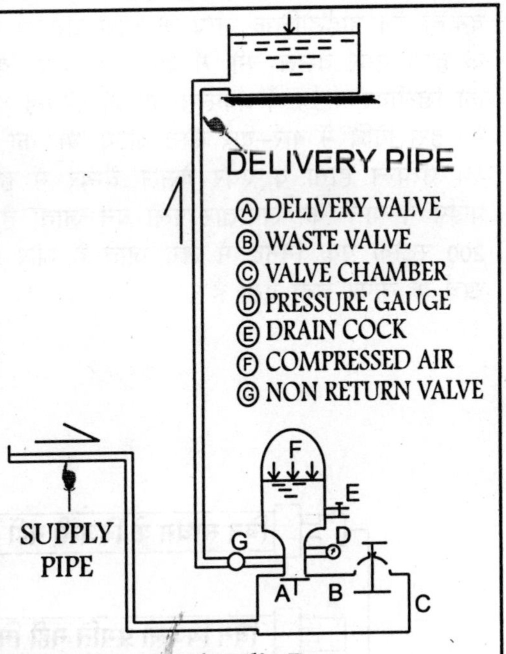

Hydraulic Ram

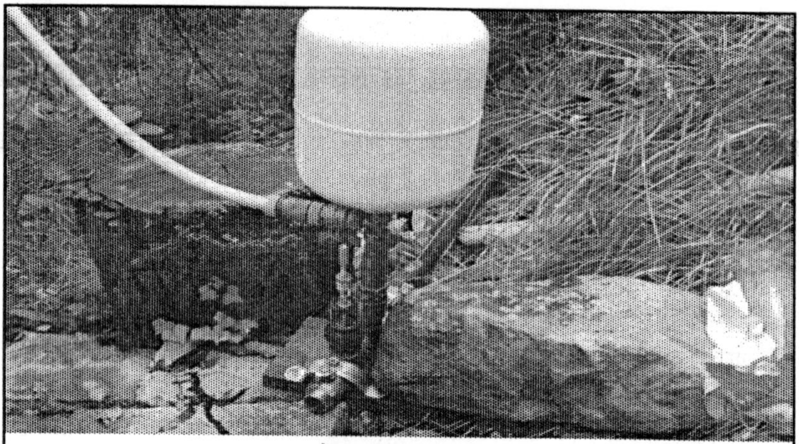

रेम पम्प उद्यान में

और इसी चैम्बर में लगा वेस्ट वाल्व से बाहर निकलता रहता है और कुछ समय बाद पानी की गति बढ़ने पर यह वाल्व 'बी' बन्द हो जाता है। इसके बंद होने से पानी की गतिशील ऊर्जा (Kinetic Energy) के कारण हाईड्रोलिक जम्प बनती है जो इस चैम्बर में लगे एयर वेसल से हवा को दबाता है। हाईड्रोलिक जम्प के द्वारा उत्पन्न दबाव नोन रिटर्न वाल्व 'ए' के द्वारा एयर वेसल 'सी' में जाता है। एयर वेसल में कम्प्रेसर एयर पानी को डिलीवर पाईप में धकेलता है जो ऊँचाई पर बनी टंकी में चला जाता है। इस विधि में बार–बार वेस्ट वॉल्व 'बी' का बंद होना, हाईड्रोलिक जम्प का उत्पन्न होना व एयर वेसल चैम्बर में हवा को दबाने से डिलीवरी पाईप में पानी का लगातार फ्लो बन जाता है। एक अच्छे पम्प में करीब 200 स्ट्रोक एक मिनट में लग जाते हैं और 50 प्रतिशत पानी को बिना खर्च के ऊपर चढ़ा देता है।

बिन साधन के बिजली नहीं बनती,

बिन बिजली प्रगति नहीं मिलती।

47 फ्रीज का उपयोग – विद्युत क्षय रोकें

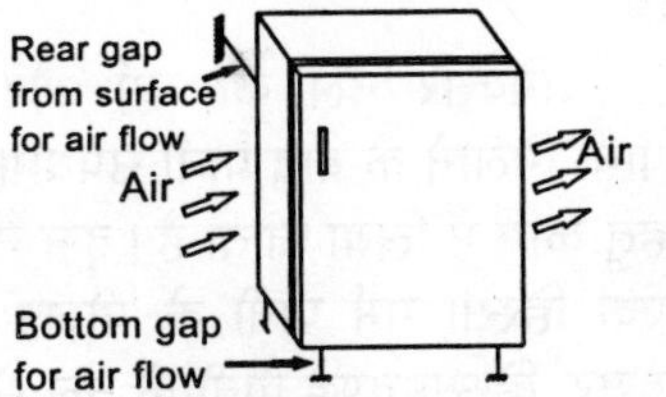

AIRATION OF REFFRIGERATOR / FREEZE

- फ्रीज को दीवार एवं फर्श से 15–20 सेन्टीमीटर दूर रखना चाहिए ताकि कम्प्रेशर से निकलने वाली गर्म हवा कम्प्रेशर की कार्य क्षमता को कम नहीं करे।
- फ्रीज के पीछे की दीवार छिद्रयुक्त सामग्री (पोरस ईंट/जाली) से बनानी चाहिये।
- फ्रीज को केबीनेट में लगाना हो तो पीछे की दीवार के ऊपर व नीचे स्लिट छोड़े व खड़ी स्लिट पाईपों को समानान्तर खड़ा करके भी प्राप्त कर सकते हैं।
- फ्रीज के कन्डेन्सर कॉइल में धूल जमा हो जाने पर मोटर धीरे चलती है अतः कॉइल को नियमित रूप से साफ करते रहें और हवा का वेन्टीलेशन उस पर बनाए रखें।
- फ्रीज के फ्रीजर में छेददार प्लास्टिक मेट लगा देने से बर्फ जमने पर बर्तन नहीं चिपकेगें। इससे बर्तन एवं बर्फ निकालने गें कम समय लगेगा एवं ऊर्जा की बचत होगी।
- फ्रीज के पीछे की दीवार पर प्लास्टर जिप्सम अथवा क्ले अथवा छिद्रयुक्त मसाले का होना चाहिये।
- फ्रीज में गर्म सामग्री न रखें, इससे अन्दर का तापमान बढ़ जाने के कारण ऊर्जा ज्यादा व्यय होती है।
- फ्रीज डिफ्रोस्ट करने हेतु विद्युत सप्लाई को आधे घंटे के लिये बन्द करके विद्युत खर्च बचाया जा सकता है। अगर ऐसा सम्भव न हो तो डिफ्रोस्ट स्विच से नियमित डिफ्रोस्ट करना चाहिये क्योकि फिजर में जमी बर्फ कॉइल को इंसूलेट कर उसकी ठंडक करने की शक्ति कम करती है।
- फ्रीज की रबड़ सील कसी हुई एवं प्रभावी होनी चाहिये तथा फ्रीज का दरवाजा बार बार खोलने से भी ठंडक का क्षय होता है एवं विद्युत व्यय में बढ़ोतरी होती है।

48 गर्म पानी का मिक्सर नल

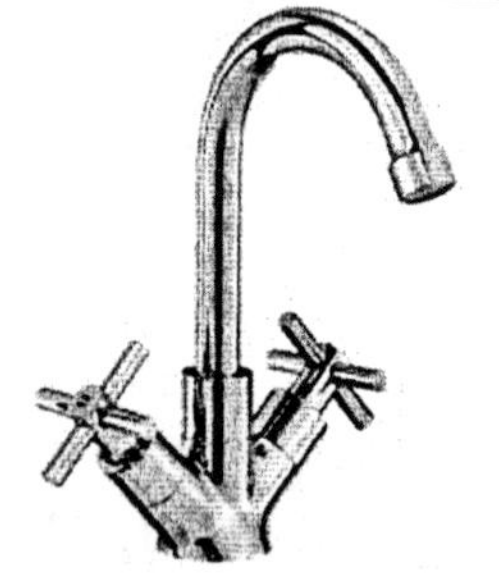

चित्र :— मिक्सर नल

मिक्सर नल को गर्म और ठण्डे पानी मिलाने के बाद पानी उपयोग करने हेतु काम में लिया जाता है। इस नल का एक हिस्सा गर्म पानी के गीजर से तो दूसरा हिस्सा ठण्डे पानी के नल से जुड़ा होता है। अतः कम गर्म पानी, नल से लेने हेतु ठण्डे नल को थोड़ा–थोड़ा खोला जाता है ताकि मिक्स होकर उचित तापक्रम का पानी मिलता रहे। गीजर से गर्म पानी का प्रवाह होता है और यदि गीजर में गर्म कर रखा है, तो कुछ समय बाद पानी का तापक्रम धीरे–धीरे कम होता जाता है क्योंकि गीजर के आवक नल में ठण्डा पानी होता है। ऐसे में मिक्सर नल में भी पानी का तापक्रम कम होता रहता है। यदि गीजर चालू रखेंगे तो गीजर में पानी बचे रहने पर बिजली का व्यय होगा और अगर बंद कर देते हैं तो तापक्रम में कमी आ जाती है। अतः गीजर में उतना ही पानी गर्म करें कि उसे कम से कम मिक्स कर सीधा ही कम समय में काम लिया जा सके। गीजर में बिना उपयोग के पानी रहने पर गर्म पानी की तरंगे जो नीचे से ऊपर की ओर उठती है, द्वारा गीजर में पानी धीरे–धीरे ठण्डा हो जाता है जो एक तरह से उपयोग की गई विद्युत की हानि है।

अतः सावधानी रखने वाली बात यह है कि गीजर उतनी ही साईज का हो जिसका पानी एक बार गर्म होने के बाद पूरी तरह से उपयोग हो जाए। गीजर के गर्म पानी का बचा रहना व उसका उपयोग समय पर न होना ही ऊर्जा का अपव्यय है। गीजर का थर्मोस्टेट भी बहुत अधिक तापक्रम पर निर्धारित नहीं रहना चाहिए। पानी जितना आवश्यकता से अधिक गर्म होगा, उतना ही ऊर्जा का अपव्यय होगा। जैसे अगर पानी 30 डिग्री तापक्रम का चाहिए और उसे 90 डिग्री गर्म करके छोड़ देते हैं तो कुछ समय तक पानी का तापक्रम धीरे–धीरे वातावरण के तापक्रम पर आ जाएगा और गर्म करने में व्यय की गई बिजली का अपव्यय होगा।

49 बल्ब एवं बिजली व्यय

कृत्रिम रोशनी के लिए उचित बल्ब का निर्धारण कक्ष के उपयोग के अनुसार करना होता है । जब प्राकृतिक रोशनी नहीं मिल पा रही हो एवं रात्रि के समय रोशनी के लिए बल्ब की आवश्यकता रहती है। बल्ब की रोशनी का नाप ल्यूमन में होता है एवं प्रतिवर्ग मीटर पर मिलने वाली रोशनी को लक्स कहते है। इंसान की आँखें साधारणतया एक लाख लक्स तक रोशनी सहन कर सकती है। इससे ज्यादा रोशनी होने पर चमक को आँखे सहन नहीं कर पाती है। अगर रोशनी 0.01 लक्स से कम है तो अन्धेरा अमावस्या की रात्रि की तरह लगता है। रोशनी कितनी होनी चाहिए इसके लिए निम्न अनुमान है –

साधारण देखने के लिए	–	100–150 लक्स
कुछ कार्य या पढ़ने हेतु	–	300–400 लक्स
बहुत ही बारीक कार्य करने के लिए	–	700–2000 लक्स

इसके अलावा आवश्यक रोशनी के निर्धारण में बल्ब की लागत, उम्र और उसमें होने वाली बिजली का व्यय मुख्य बिन्दू रहता है जिसे देखते हुए साधारणतया निम्न बल्बों का प्रयोग करते है

(A) साधारण बल्ब अथवा इन्कैण्डैसेन्ट बल्ब – जब विघुतधारा पतले तार फिलामेन्ट में बहता है तो फिलामेन्ट गर्म होकर प्रकाश देता है। इस बल्ब की दक्षता बहुत कम होती है और इससे रोशनी लेना मंहगा पड़ता है। इस बल्ब में 70 प्रतिशत एनर्जी उष्मा के रूप बर्बाद होती है जो सी.एफ.एल. में नहीं होती है। इस बल्ब की उम्र भी बहुत कम होती है मगर सस्ते होने के कारण अधिकतर यह बल्ब काम में लिया जा रहा है। अधिक रोशनी के लिए इसी श्रेणी में होलोजन बल्ब आते हैं जो फ्लड लाईट रोशनी के लिए काम आते है और इनकी उम्र भी अधिक होती हैं।

(B) फ्लोरोसेन्ट लैम्प – एक काँच की ट्यूब में आर्क उत्पन्न कर गैस में प्रवाहित किया जाता है। इस आर्क से अल्ट्रावायलेट किरणें उत्पन्न होती है जो ट्यूब में लगे फास्फोरस कोटिंग के साथ मिलकर सफेद प्रकाश देता है। विद्युत प्रवाह को बनाये रखने के लिए इसमें चाँक (बैलास्ट) लगी होती है इनकी उम्र एवंम लागत तुलनात्मक अधिक होती है। सी.एफ.एल. भी

इसी श्रेणी में आती है इलेक्ट्रानिक्स सर्किट होने के कारण इसमें हिट के रूप एनर्जी का व्यय नहीं होता है। सी.एफ.एल. हरे, गुलाबी, औरेंज, लाल, पीले एवं सफेद रंग की ट्यूब में मिल जाती है मगर बाहरी क्षेत्र में पीले व आन्तरिक क्षेत्र में सफेद ही काम लेते है। प्रारम्भिक लागत, बल्ब के मुकाबले तीन से दस गुणा होती है मगर बिजली व्यय में बचत करने के कारण कुछ ही माह मे इसकी लागत की भरपाई हो जाती है।

(III) सी.सी.एफ.एल. (Cold Cathode Fluresent Lamp)

यह सी.एफ.एल. का नवीन तरीका है जिसमे इलेक्ट्रोड़ बिना फिलामैंट (Filament) के होता है इसमें वोल्टेज 5 गुणा ज्यादा व करण्ट 10 गुणा कम रखना होता है यही कारण है कि इसकी दक्षता (ल्युमन प्रति वॉट) सी.एफ.एल. के मुकाबले आधी ही होती है। इस लैम्प की उम्र भी 50,000 घण्टो के लगभग होती है यह बल्ब भी तुरन्त चालु होने वाला होता है और इसकी ट्यूब 3 मि.मी व्यास की होती है। इस लेम्प को टाईमर्स, डिमर, फोटो सैल्स से भी जोड़कर, कण्ट्रोल कर सकते है।

(C) **मर्करी लैम्प** – ये बल्ब भवनों में लगाने के लिए उपयुक्त नहीं है मगर बाहरी क्षेत्र में लगाकर 60 प्रतिशत तक बिजली के व्यय में कमी लाई जा सकती हैं। मर्करी लैम्प साधारणतया निम्न प्रकार के होते है –

1 मर्करी वेपर लैम्प

2 मेटल हैलाईड लैम्प

ये बल्ब भी फ्लोरोसेन्ट बल्ब की तरह ही होते है मगर चालू करने के बाद रोशनी में कुछ मिनट का समय लेते है ।

(D) **सोडियम लैम्प** – इसमें पीले रंग की रोशनी मिलती है एवं बाहरी क्षेत्र में घनी रोशनी लेने के काम आते है। लो प्रेशर सोडियम लैम्प तुरन्त चालू हो जाता है, मगर पीले रंग की रोशनी देता है। ये निम्न प्रकार के होते हैं –

1 हाई प्रेशर सोडियम लैम्प

2 लो प्रेशर सोडियम लैम्प

(E) **नियोन लैम्प** – ये बल्ब कलर बल्ब के लिए तो उत्तम है मगर रोशनी इसमें कम मिलती है। अतः पार्किंग, सिग्नल आदि स्थानों पर काम में ले सकते हैं।

(F) **लैड लैम्प** – छोटे बल्ब की तरह दिखने वाले इस एल॰ई॰डी॰ लैम्प में कोई फिलामेन्ट अथवा गैस नहीं होती है। इसमें सेमी कण्डेक्टर होता है

जो रोशनी उत्पन्न करता है। इसे चलाने के लिए डी. सी. करन्ट को डायोड के सेमी कण्डेक्टर में गुजारा जाता है जिससे इलेक्ट्रोन व पोजिटिव चार्ज आपस में मिल जाते हैं जो अपनी ऊर्जा को रोशनी में बदल देते हैं। लैड बल्ब प्लेन, प्लास्टिक अथवा ऐक्रेलिक मेटेरियल में लगा होता है और एक ही दिशा में रोशनी देता है। लैड बल्ब कई रंगों में उपलब्ध रहता है मगर सफेद रोशनी के लिए इण्डीयम गैलीयम नाईट्राईड का सेमी कण्डेक्टर काम में लिया जाता है। इससे बिजली का खर्चा इन्कैण्डैसेन्ट बल्ब की अपेक्षा नगण्य रहता है और उम्र भी बहुत अधिक रहती है। एक लैड की रोशनी बहुत कम होती है मगर सीरीज में साथ लगाकर रोशनी को काफी बढ़ाया जा सकता है।

ल्यूमन – रोशनी नापने की इकाई जो एक मोमबत्ती को जलाने पर एक फीट की दूरी पर उपलब्ध रोशनी होती है।

लक्स – ल्यूमन प्रति वर्ग मीटर

बल्ब से रोशनी कम होने के निम्न कारण हो सकते है, जैसे –

1 बल्ब के पीछे एवं साईड में रिफ्लेक्टर का नहीं लगा होना।

2 बल्ब को कार्य स्थल से बहुत दूर लगा देना।

3 डस्ट एवं उम्र के साथ रोशनी का कम होना।

4 दीवारें, छत, फर्श, फर्निचर, आदि का सही चुनाव एवं सही रंगों का चुनाव न करना।

5 बल्ब को सही दिशा में केन्द्रित नहीं करना।

6 पुरानी तकनीक एवं बैलास्ट का उपयोग करना।

7 बारीक कार्य के लिए टास्क लाईटों का प्रयोग न करना।

अतः आवश्यकता है कि बिजली बचाने के लिए बल्ब का सही चुनाव एवं व्यवस्थित उपयोग करना होता है ।

बल्ब (इन्कैण्डैसेन्ट) से सी. एफ. एल. उत्तम क्यों?

1. सी.एफ.एल. की दक्षता बल्ब से चार गुणा ज्यादा रहती है।
2. सी.एफ.एल. प्रत्येक होल्डर में लग सकती है जहाँ बल्ब (इन्कैण्डैसेन्ट) लगा सकते है।
3. सी.एफ.एल. में बल्ब के मुकाबले 50 से 80 प्रतिशत कम बिजली का व्यय होता है।

4. एक 18 वॉट की सी.एफ.एल. को 75 वॉट के बल्ब की जगह लगाकर 570 किलो वॉट बिजली अपनी उम्र में बचाई जा सकती है।

5. अच्छी एवं नई सी.एफ.एल. से दूधिया सफेद रोशनी मिल सकती है।

6. सी.एफ.एल. आधा वॉट तक की भी बाजार में उपलब्ध रहती है जबकि नाईट लैम्प में काम आने वाला जीरो वॉट के नाम से प्रचलित बल्ब 16 वॉट का होता है।

7. सी.एफ.एल. लगाने से वातावरण में कॉर्बन डाई ऑक्साइड तथा सल्फर ऑक्साइड का उत्सर्जन, परमाणु वेस्ट के खतरे से बचा जा सकता है।

समान रोशनी के लिए बल्ब व सी.एफ.एल. की तुलना

इन्कैण्डैसेन्ट बल्ब	*सी.एफ.एल.*	*एल. ई. डी.*
40 वॉट	7 से 9 वॉट	4 से 5 वॉट
60 वॉट	13 से 16 वॉट	6 से 8 वॉट
75 वॉट	18 से 19 वॉट	9 से 12 वॉट
100 वॉट	26 से 27 वॉट	13 से 16 वॉट

एक 40 वॉट के ट्यूब रॉड से 2200 ल्यूमन रोशनी मिलती है। अतः भवन के विभिन्न कक्ष के लिए आई.एस.आई. 4648, रोशनी के लिए निम्न मात्रा को दर्शाया है।

स्थान	**इल्यूमिनेशन लक्स**	**साधारण बल्ब के वॉट**
रहने का कमरा, सिंक, बैड रूम,पढ़ने का कमरा	**300**	**60**
एप्रोच, बाथरूम, सीढ़ियां	**100**	**25**
ड्रेसिंग, रसोईघर, लोंड्री वर्कशॉप	**200**	**40**
गैरेज	**70**	**25**
सिलाई हेतु	**700**	**100**
डाईनिंग रूम	**150**	**25**

यह आवश्यक है कि बल्ब का चुनाव आवश्यक रोशनी की मात्रा के अनुसार किया जाये। क्योंकि उपयुक्त बल्ब नहीं लगा होने पर कार्य करने में परेशानी आती है। जैसे अखबार पढ़ने के लिए 15 वॉट के 4 बल्ब लगा दिये तो उससे उतनी तेज रोशनी नहीं मिलेगी जितनी कि एक 40 वॉट की ट्यूब रॉड से।

बल्ब रोशनी एवं अनुमानित उम्र

बल्ब	रोशनी ल्यूमन प्रति वॉट	उम्र घण्टो में लगभग	बल्ब की तुलना में उम्र
इन्कैण्डैसेन्ट (फिलामेंट) बल्ब	12	1000	–
फ्लोरोसेन्ट ट्यूबलाइट	52	10000	10
मर्करी एच.आई.डी.	76	22000	22
मेटज हैलाईड	80	10000	10
सोडियम एच.आई.डी.	96	23000	23
सी.एफ.एल.	100	12000	12
लैड (100 नम्बर) 5mmsize	120 (एक दिशा में)	100000	100

बल्ब में बिजली व्यय का तुलनात्मक विश्लेषण

(प्रति ल्यूमन रोशनी हेतु)

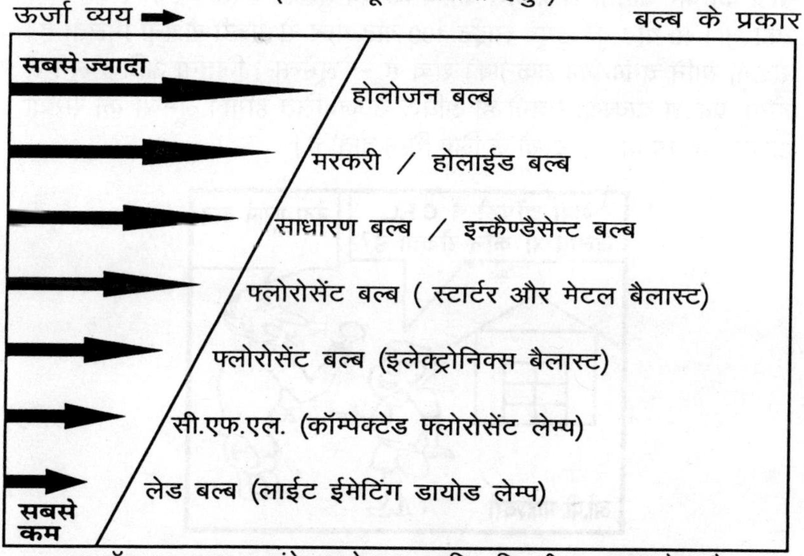

100 वॉट का बल्ब 10 घंटे जलने पर 1 यूनिट बिजली का व्यय होता है।

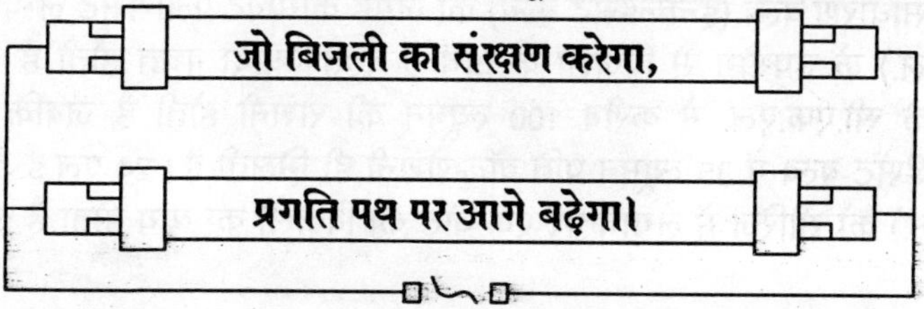

50 बल्ब लगाने की जगह एवं रोशनी

अच्छी प्रकाश व्यवस्था भवन में सकारात्मक पहलुओं को उभारती है। जिससे हर्ष और उल्लास का वातावरण बनता है, जबकि अंधेरे से विषाद और अवसाद का। प्रतिदिन जीवन में हलचल उजाले से होती है जबकि अंधेरा इस हलचल को थाम देता है। उजाला आशा और सकारात्मकता का प्रतीक है जबकि अंधेरा शिथिलता एवं नकारात्मकता का।

अगर सही रोशनी देने वाले बल्ब को सही जगह पर सही तरह से लगाया जाये तो बिजली के व्यय में कटौती कर इसके लाभ को उठाया जा सकता है। प्रकाश मनुष्य की कार्यक्षमता एवं कार्य अवधि को बढ़ाता है। पूर्व में हम लोग बल्ब की वॉट क्षमता से प्रकाश की चमक की तुलना करते थे, मगर यह सही नही था। 40 वॉट की ट्यूब लाईट 100 वॉट बल्ब से अच्छी रोशनी मिलती है। रोशनी यानि चमक का तकनीकी शब्द है – 'लूमेन्स'। जितना अधिक लूमेन्स होगा, प्रकाश व्यवस्था उतनी ही अधिक उज्जवलित होगी। लूमेन्स की संख्या अलग– अलग वॉट के बल्बो के लिए भिन्न होती है।

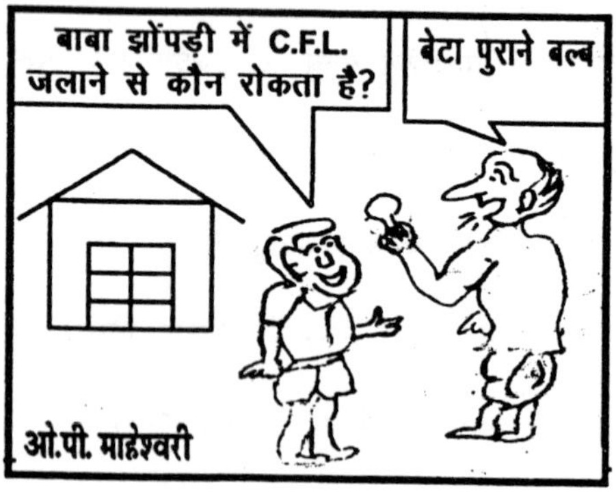

साधारण बल्ब (इन्कैन्डैसेंट बल्ब) की जगह कॉम्पैक्ट फ्लोरोसेंट लैम्प (सी. एफ.एल.) के उपयोग से बिजली के खर्च में बहुत ज्यादा बचत होती है। एक वॉट के सी.एफ.एल. में करीब 100 ल्यूमन की रोशनी होती है जबकि एक इन्कैन्डैसेंट बल्ब में 35 ल्यूमन प्रति वॉट रोशनी ही मिलती है। 24 एल.ई.डी. (2 एम.एम.) को सीरिज में लगाने पर एक वॉट की बिजली का व्यय होता है उतनी

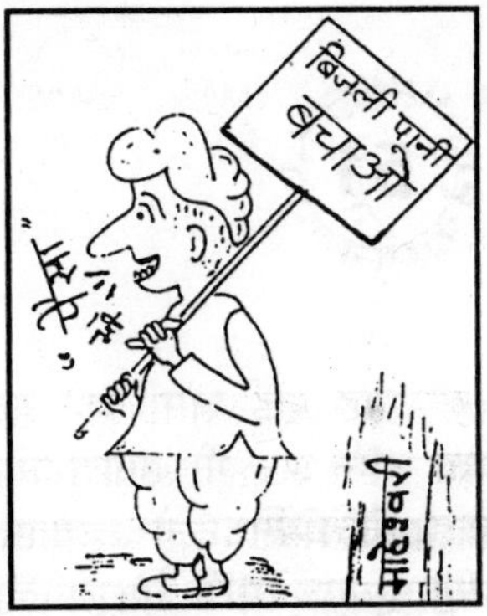

ही रोशनी पाने के लिए साधारण बल्ब (इन्कैण्डैसेन्ट) बल्ब 40 वॉट के बराबर होता है। अतः रोशनी के लिए एल.ई.डी. लैम्प का उपयोग बहुत फायदेमन्द रहता है। एक ल्यूमन एक मोमबत्ती की रोशनी को एक फुट की दूरी पर रोशनी का नाप होता है, बल्ब की रोशनी का नाप ल्यूमन में होता है एवं प्रतिवर्ग मीटर पर मिलने वाली रोशनी को लक्स कहते है।

रोशनी कितनी होनी चाहिये इसके लिए निम्न अनुमान है–

साधारण देखने के लिए 100 –150 लक्स, कुछ कार्य या पढ़ने हेतु 300 –400 लक्स और बारीक कार्य करने के लिए 700 – 2000 लक्स

इंसान की आँखें एक लाख लक्स से ज्यादा रोशनी (चमक) को सहन नहीं कर पाती है। साधारणतया 100 वर्ग फूट के वर्ग के कमरे में एक 40 वॉट की ट्यूब या 2 बल्ब 80 वॉट के अथवा 9 वॉट की एल.ई.ड़ी. से 2400–2800 लूमेन्स रोशनी मिल जाती है जो साधारण कार्यो के लिए उपयुक्त है। रोशनी के लिए बल्ब की जगह, कमरे के रंग, बल्ब की दूरी आदि का बहुत अधिक प्रभाव पड़ता है। एक 40 वॉट की 4 फीट की ट्यूब लाईट से 2800 लूमेन्स (चमक) मिलती है, 100 वॉट के इन्कैडेस्टेन्ट बल्ब से 1800 लूमेन्स, 23 वॉट के सी.एफ.एल. से 1400 लूमेन्स रोशनी मिलती है।

लैम्प को अधिक क्षेत्र में प्रभावी बनाने के लिए कमरे की लम्बी दीवार पर उचित ऊंचाई पर ही लगाना चाहिये। अगर ऊंचाई ज्यादा हो रही हो तो हैंग लाईट लगा कर रोशनी को प्रभावी बनाया जा सकता है, क्योंकि अधिक दूरी पर लगे लैम्प से रोशनी का प्रभाव दूरी के वर्ग के अनुपात में घटता जाता है। प्रकाश के प्रभाव को बढ़ाने के लिए लैम्प के पीछे चमकीली सतह यानि रिलेक्टर लगा कर रोशनी को परावर्तित किया जा सकता है। रात्री के समय सारी लाईट बंद करके सोने पर भवन में एक डिम लाईट की आवश्यकता रहती है ताकि अचानक उठने पर किसी वस्तु से टक्कर नहीं लगे। इस हेतु बाजार में जीरो वॉट के नाम से मिलने वाला बल्ब भी खर्चीला साबित होता है क्योंकि उसमें भी 16 वॉट की बिजली का व्यय होता है। अतः आधा वॉट की सी.एफ.एल. अथवा एल.ई.डी. लैम्प काफी सस्ता रहता है क्योंकि लगातार हर रोज होते वाली बिजली के व्यय में बहुत बचत होती है।

अंधेरे को दूर भगाना है, घर–घर को रोशन बनाना है।

51 विद्युत लीकेज न हो

यह कई लोगों को कहते हुए सुना होगा की घर की सारी बत्तियां बंद रहने पर भी हमारा बिजली का मीटर चलता रहता है। इस हेतु मैं यह भ्रांति मिटा देना चाहता हूँ कि मीटर फिजूल में नहीं चलता है। अपितु कुछ ऐसी विद्युत की हानियाँ हो रही हैं, जिन पर आपका ध्यान ही नहीं गया। जैसे कि छोटे छोटे इण्डिकेटर स्विचों का हर समय चालू रहना, बिजली के तारों से इंडक्शन लॉस होना, फेज तार को स्विच की बजाय होल्डर में सीधा लगाना, फेज वायर का अर्थ तार से जुड़ जाना आदि। जब तार में क्षमता से अधिक करंट का प्रवाह होता है तब तार गर्म होना शुरू हो जाता हैं और इस पर लगा पी.वी.सी. पिघलना शुरू हो जाता है। अन्य कई कारणों से भी दो तार आपस में चिपक सकते हैं और करंट का प्रवाह अर्थ–तार द्वारा जमीन में चालू हो जाता हैं अतः आवश्यकता है कि फ्यूज तार, ई.एल.सी.बी. (अर्थ लीकेज

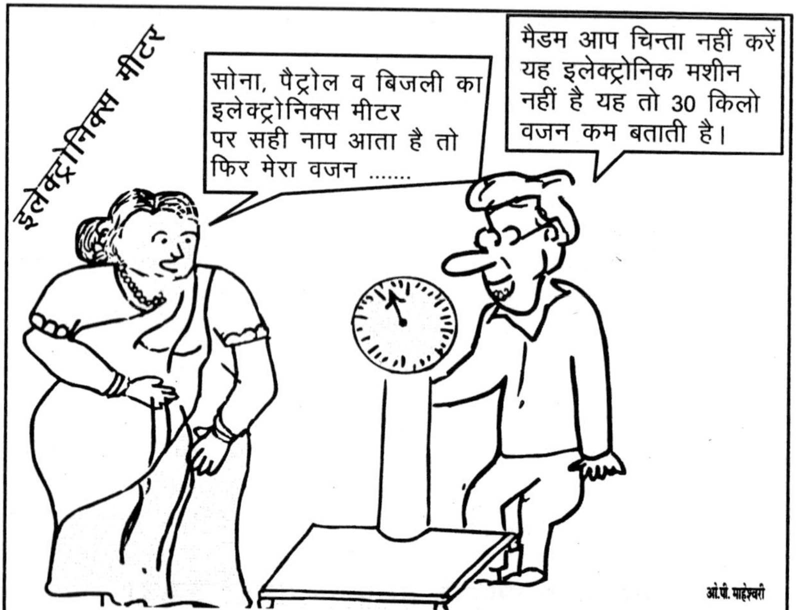

सर्किट ब्रेकर) अथवा एम.सी.बी. (मिनीयेचर सर्किट ब्रेकर) ऐसे समय सही कार्य करें एवं उसी समय ट्रिप हो जाये तो विद्युत के अनावश्यक प्रवाह को रोका जा सकता है। तारों में लीकेज नापने के लिए मैगर का उपयोग करते हैं इस टेस्ट में कंडक्टर और अर्थ के बीच रैजिस्टैंस नापी जाती है ताकि लीकेज करंट निकाली जा सके। यह लीकेज करंट सर्किट की कुल करंट का 1/5000 वां हिस्से से अधिक नहीं होनी चाहिए। इसको मैगर से नापे गये रैजिस्टैंस से निकाला जा सकता है।

$$\text{लीकेज करंट} = \frac{\text{सप्लाई वोल्टेज}}{\text{मैगर द्वारा नापी गई इंसुलेशन रैजिस्टैंस}}$$

इसका मतलब यह भी नहीं होता कि आप अपने विद्युत उपकरणों को अर्थ तार से नहीं जोड़ें क्योंकि अर्थ–तार लाईन में हो रहे अनावश्यक विद्युत फॉल्ट से उपकरण एवं मानव दोनों की रक्षा करता है और विद्युत प्रवाह मानव शरीर से न होकर चालक तार द्वारा अर्थिंग में चला जाता है क्योंकि अर्थ तार का रेजिस्टेंस 1 ओम से कम होता है। अतः सुरक्षा नियमों के तहत इसे लगाना भी अति आवश्यक है। साथ ही उचित मानक दण्ड की ई.एल.सी.बी., एम.सी.बी., फ्यूज तार लगाकर इस लीकेज एवं दुर्घटना से बचा जा सकता है। साधारणतया घरों में पोंसलिन के फ्यूज में धातु का तार लगा होता है जो ज्यादा विद्युत प्रवाह होने पर तुरन्त पिघल कर उपकरणों को बचा देता है। यह धातु साधारणतया 50 प्रतिशत टिन व 50 प्रतिशत जस्ते का पतला तार होता है। विद्युत सर्किट में सुरक्षा के उपाय होना आवश्यक है, अन्यथा दुर्घटना की सम्भावना बनी रहेगी।

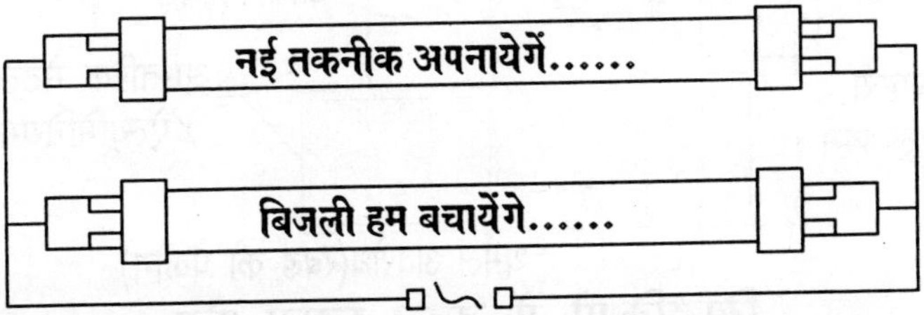

52 एयरकण्डीशनर एवं हॉट ब्लॉवर का उपयोग

स्वस्थ शरीर का तापक्रम 98.4 डिग्री फारनाईट (यानि लगभग 37 डिग्री से.ग्रे.) होता है। फिर भी सुहाना वातावरण की अनुभूति के लिये गर्मी में ठंडक एवं सर्दी में गर्म हवा की चाह मन में रहती है। मगर तापक्रम उतना ही रहना चाहिये जिसे शरीर आसानी से सहन कर सके। बहुत कम या अधिक तापक्रम शरीर की त्वचा एवं रक्त प्रवाह के लिये हानिकारक रहता है एवं शरीर में कई सारी बीमारियाँ हो जाती है। उदाहरण के तौर पर जब काँच की गिलास में बहुत अधिक गर्म पेय डाला जाता है तो बाहर से ठंडी होने के कारण तड़क जाती है। इसी तरह शरीर के लिये भी तेज गर्मी व अधिक ठंडक हानिकारक रहते हैं।

ठंड व गर्मी का अहसास वातावरण की गर्मी, नमी एवं बहती हवा से ज्यादा होता है अतः जब ए.सी. चल रहा हो तो उसके साथ पंखा चलता रहने से तापक्रम के प्रभाव को शरीर पर अधिक सहजता से अनुभव कर सकते हैं। ए.सी. की सेटिंग अगर उच्च तापक्रम पर रखते है तो बिजली का व्यय भी कम होगा जैसे अगर ए.सी. को 20 डिग्री से.ग्रे. तापक्रम की बजाय 25 डिग्री से.ग्रे. पर चलाये एवं सर्दी में 16 डिग्री से॰ की बजाय 20

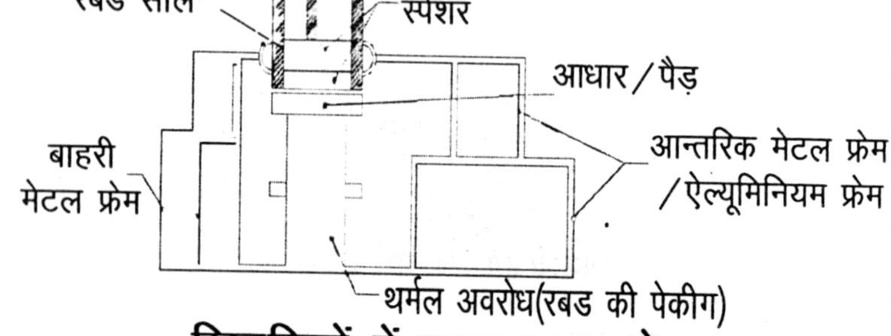

खिड़कियों में डबल ग्लास फ्रेम

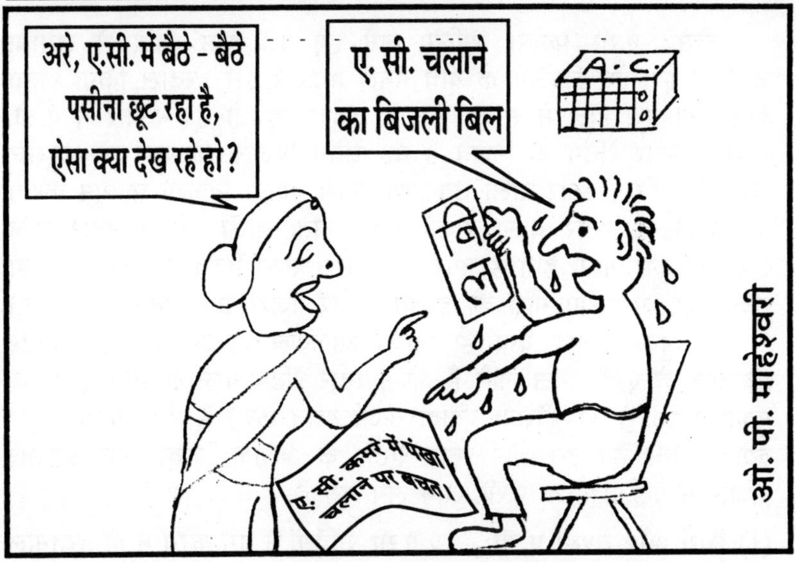

डिग्री से॰ पर चलाये तो बिजली के व्यय में 5 प्रतिशत तक बचत हो जाती है। सामान्य पंखे में प्रति घंटा 30 से 50 पैसे एवं ए.सी. में 8 से 12 रूपये प्रति घंटा बिजली का व्यय होता है अतः ए.सी. के साथ पंखा चलाने से आरामदायक हवा ज्यादा रहेगी। साधारण घरों में विण्डो अथवा स्पिलिट टाईप का ए.सी. प्रयोग होता है। एक समान क्षमता के लिए स्पिलिट ए.सी. में विण्डो ए.सी. के मुकाबले कम विद्युत का व्यय होता है। ए.सी. की क्षमता बनाये रखने के लिए फिल्टर (हवा जहाँ से अंदर ली जाती हैं) को समय समय पर साफ करते रहना चाहिए।

घर में ए.सी की क्षमता का निर्धारण साधारणतया कमरे के क्षेत्रफल के अनुसार करते हैं 150 वर्ग फुट तक के कमरे के लिए 1 टन, 150 से 200 वर्ग फुट के लिए 1.5 टन व 200 से 300 वर्ग फुट के लिए 2 टन का ए.सी लगाना उचित रहता है। विंडो ए.सी साधारणतया खिड़की के तल लेवल पर ही बाहरी दिवार मे लगाया जाता है। इस ए.सी. से कमरे में समान रूप से ठंडक नहीं बनती है मगर यह एक ही बॉक्स मे होता है जबकि स्पिलिट ए.सी. दो हिस्सो मे बटा होता है, एक हिस्सा घर के बाहर रहता है जहाँ गर्म हवा फेकी जा सकती है जबकि दूसरा हिस्सा कमरे मे छत लेवल के पास लगाते हैं ताकि ठंडी हवा समान रूप से कमरे में बनी रह सके। इस ए.सी की दक्षता विंडो ए.सी. से अच्छी होती है अतः बिजली का खर्चा कम होता है।

कैसेट ए.सी. फाल्स सिलिंग लगे हुऐ बड़े हॉल आदि मे लगाया जाता है इस हेतु सिलिंग के बीच पैनल बनाकर इसे इंस्टाल किया जाता है इस से पूरा हॉल में समान रूप से ठंड़क पहुचती है। बाजार में ए.सी. 1 से 5 स्टार रेटिंग के मिलते है यह रेटिंग बिजली के व्यय के अनुसार होती है यानि 1 स्टार वाला उपकरण सबसे ज्यादा बिजली कंज्यूम करता है, जबकि 5 स्टार वाला सबसे कम। अतः बाजार मे 5 स्टार वाले उपकरण कुछ मंहगे होते है मगर उपयोग में सस्ते पड़ते हैं। जहाँ तक हो सके ए.सी. में स्लीप मोड का इस्तेमाल करें, जिस से तापक्रम सही बनते ही वह खुद–ब–खुद बन्द हो जाये। आजकल बाजार में अब इनवर्टर तकनीक के ए.सी. मिल जाते हैं जो 5 स्टार रेटिंग वाले सामान्य ए.सी. के मुकाबले 20 से 30 फीसदी ज्यादा ऊर्जा बचत करते हैं मगर कीमत कुछ ज्यादा होती है। टन और स्टार रेटिंग के अलावा, जरुरत के अनुसार बाजार में कई तरह के ए.सी. आने लग गये हैं–

(1) **गर्म और ठण्डा ए.सी.** – ये ए.सी. सर्दियों में गर्म करने में भी इस्तेमाल होते हैं। अतः इन्हें पूरे साल, किसी भी मौसम में,उपयोग कर सकते है । जहाँ ज्यादा ठंड नही होती, वहाँ यह महंगा एसी लेना कोई समझदारी नही है।

(2) **सैटलाइट ए.सी.** –ये ए.सी. आपके स्मार्ट फोन मे मौजूद एक ऐप से कनेक्ट होते है। जीपीएस के जरिए यह आपके लोकेशन के अनुसार अपनी सेटिंग बदल सकता है। अगर आप घर पर ए.सी. स्विच ऑफ करे बिना बाहर निकल गये तो एसी स्वयं बंद हो जायेगा। जब आप घर के नजदीक जाएंगे, तो ए.सी. चालु हो जाएगा ।

(3) **इन्वर्टर ए.सी.**– इस ए.सी. में कुलिगं सेट तापमान तक पहुचने पर कंप्रेसर में मौजूद मोटर अपनी रफ्तार कम कर देगी। जबकि पुरानी तकनीक में ऐसी स्थिति में मोटर पूरी तरह बंद हो जाती है। मोटर को बार–बार चालु होने में ऊर्जा की खपत ज्यादा होती है। इन्वटर वाले ए.सी. में 20 से 25 फीसदी कम बिजली की खपत करते है।

4. **साईक्लोजेट ए.सी.**– ये यूनिक सिलेण्डेरीकल डिजाईन में बहूत ही कम्पेक्ट साइज में पोर्टेबल ए.सी. होते है और आजकल ये खूब चलन में है। इसे सुविधा अनुसार कमरे के किसी कोने में या जरूरत के हिसाब से किसी बंद एरिये में रखा जा सकता है। इसमें इंस्टॅालेशन का झंझट नही होता है अतः एक जगह से दूसरी जगह शिफ्ट किया जा सकता है।

इसी तरह हॉट ब्लॉवर जिसे सर्दी में गर्म हवा के लिये काम लेते है,

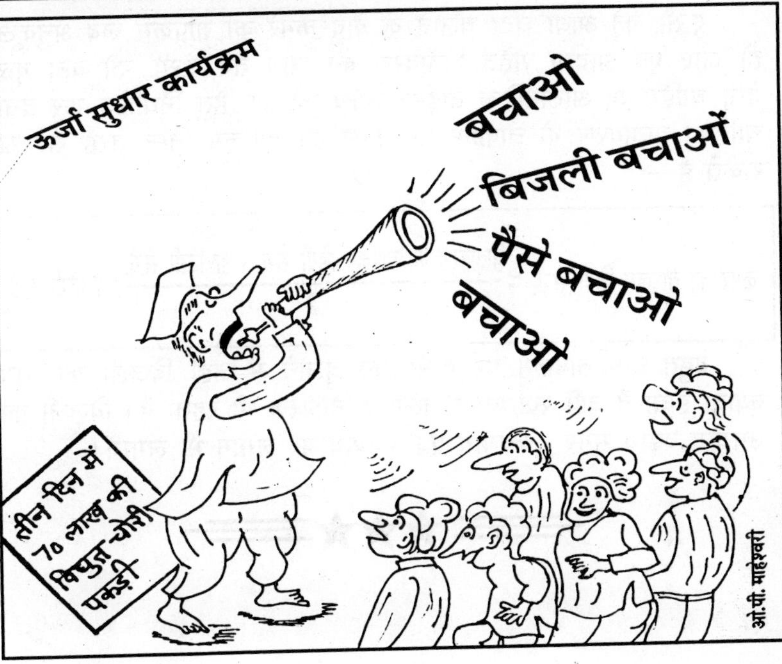

की कॉयल कम वॉट की एवं पंखे के आर.पी.एम. ज्यादा होने पर सुखद हवा का अनुभव होगा एवं बिजली बचत भी होगी।

खिड़कियों मे डबल ग्लास अथवा दो ग्लास के मध्य गैप देकर ऊष्मा का परिवहन कम किया जा सकता है। ग्लास को लगाने के लिए जो मैटल फ्रेम (साधारणतया एल्यूमिनियम तथा लोहे का) लगता है उसकी भी चालकता कम करने से ऊष्मा का परिवहन कम हो जाता है। इसके लिए अन्दर एवं बाहर के फ्रेम के मध्य रबड़ अथवा प्लास्टिक का स्पेशर लगा देते है ताकि ऊष्मा बाहर से अन्दर व अन्दर से बाहर न जा सके। ए.सी. एवं ब्लॉवर लगे कमरे के खिड़कियाँ एवं दरवाजे एयर टाईट रखने से ऊष्मा का ह्रास कम होगा। जहाँ तक हो सके, कमरे की छत ज्यादा ऊँचाई पर ना रखें व फॉल्स सीलिंग से इसे कम कर दें क्योंकि कमरे की साईज जितनी कम होगी उतना ही ए.सी. एवं ब्लॉवर प्रभावी रहेगें। जहाँ ज्यादा आवागमन रहता है उन स्थानों पर डबल डोर भी लगा कर ऊष्मा की हानि को कम कर सकते है। कुचालक (इन्सुलेटेड) पदार्थ की बनी वॉलपेनलिंग भी ऊष्मा के ह्रास को कम करती है।

ए.सी. को आधा घंटा चलाने के बाद कमरे का तापक्रम जब अनुकूल हो जाए एवं आद्रता रहित वातावरण बन जाये तब ए.सी. को बन्द कर देना चाहिये या ऑटोमेटिक टाईमर स्वीच को इस हेतु निर्धारित कर देना चाहिये। वातावरण के तापक्रम पर कमरे का तापक्रम निम्न तरह से रख सकते है –

$$\text{कमरे का तापक्रम डिग्री से.ग्रे.} = \frac{\text{वातावरण का तापक्रम डिग्री से.ग्रे.} + 37 \text{ डिग्री से.ग्रे.}}{2} \pm 7 \text{ डिग्री से.ग्रे.}$$

बहुत कम तापक्रम पर ए.सी. को चलाने में जहाँ बिजली का व्यय ज्यादा होता है वहीं स्वास्थ्य के लिए हानिकारक भी रहता है। बिजली का उपयोग बढ़ायें मगर दुरूपयोग एवं अपव्यय पर लगाम भी लगायें।

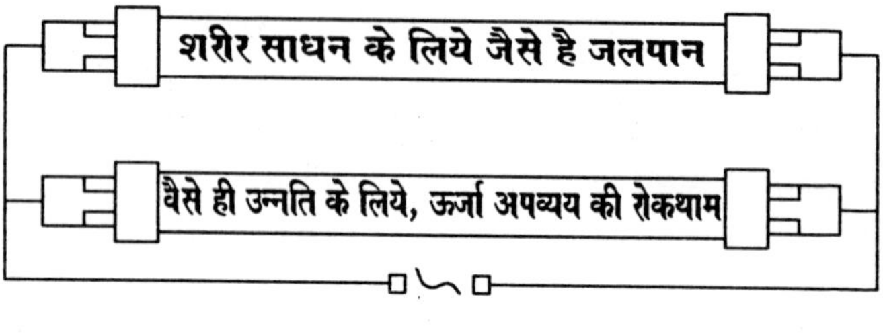

53

कैसे लगाएँ पम्प जिससे की ऊर्जा की बचत हो

कुएँ, टयूब वैल और जलाशयों से पानी को ऊपर लाने के लिए पम्प का उपयोग किया जाता है। अगर पम्प लगाने में कुछ सावधानियां बरती जाऐ तो कम बिजली/ईंधन का उपयोग कर अधिक पानी का डिस्चार्ज (प्रवाह) प्राप्त किया जा सकता है। इस दक्षता के लिए निम्न सावधानियां रख सकते है।

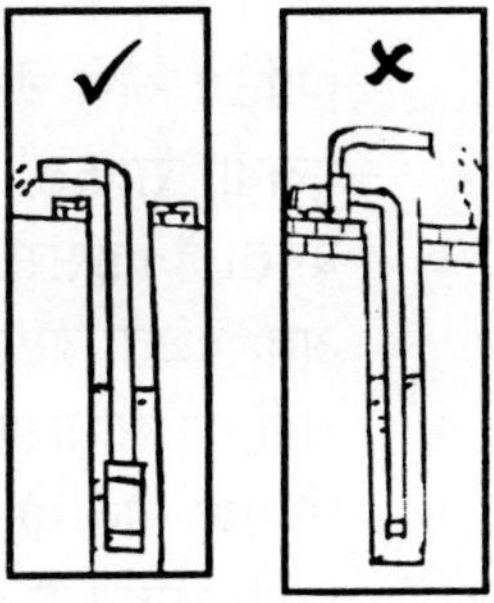

1. पम्प से पानी के स्तर तक की ऊंचाई को सक्सन हैड कहते हैं। सक्सन हैड जितना कम होगा पम्प की दक्षता उतनी ही अधिक रहेगी। अगर कुँआ गहरा है तो पम्प को नीचे उतार कर जल स्तर के पास ही लगाना चाहिये। यह ऊँचाई 2–3 मीटर तक ही रखनी चाहिए। अगर ऊँचाई 3 मीटर से अधिक हो रही हो तो पानी के स्तर से 2 मीटर ऊपर प्लेटफार्म बनाकर उस पर पम्प मोटर को लगाया जा सकता है। वैसे सब कुछ ठीक चले तो यह ऊँचाई अधिकतम 9.81 मीटर यानि पृथ्वी के गुरूत्वाकर्षण बल तक हो सकती है। पाईप में हवा, घर्षण एवं मशीन की दक्षता को ध्यान में रखते हुए यह ऊँचाई कम से कम रहनी चाहिए। इसलिए ऐसे स्थानों पर सबमर्सिबल पम्प जो कि पानी में डूबा हुआ रहता है उसे लगाना उचित रहता है।

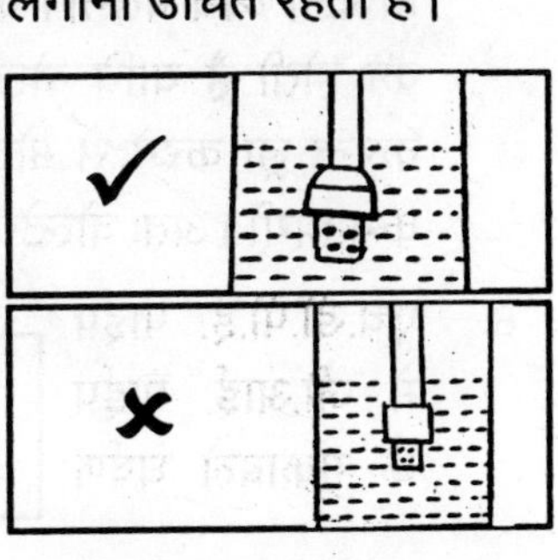

2. सक्सन पाईप में लगा फुट वाल्व अच्छे फलेप का और बड़ी साईज का होना चाहिए। इससे पम्प अधिक पानी को कम शक्ति के साथ उठा सकता है।

3. जहाँ तक सम्भव हो पाईप को सीधा ही रखना चाहिए। अगर मोड़ की आवश्यकता है तो तीखे एवं एल आकार के मोड़ ना लगाऐ ऐसे मोड़ों से पम्प की दक्षता घटती है अतः पाईप में मोड़ आने पर एलबो की जगह बैन्ड लगाकर घर्षण से होने वाली हानि को कम किया जा सकता है।

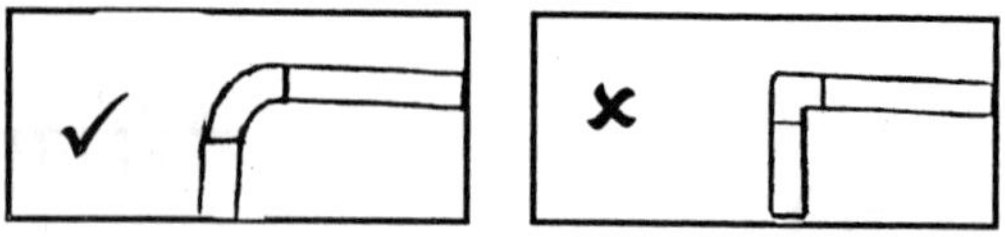

4. पाईप लाईन में अधिक मोड़ तथा अ न ा व श्‍ य क फिटिंग जैसे बैन्ड, एलबो, साकेट, यूनियन एवं पाईप के टुकड़े लगे होने में अवरोध बनता है। इससे पानी को धक्का देने में अधिक बिजली खर्च होती है अतः दक्षता बढ़ाने के लिए पाईप लाईन में मोड़ कम से कम होने चाहिए। साधारण एक 100 मि. मी. (चार ईंच) व्यास की पाईप लाईन के एक मोड़ के घर्षण से होने वाली हानि तीन मीटर की अतिरिक्त पाईप लाईन से होने वाली हानि के समान होती है।

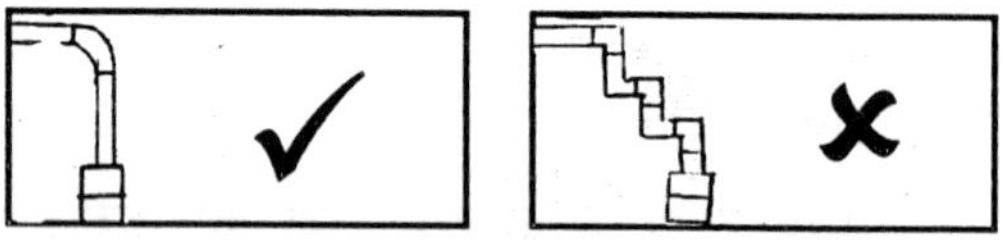

5. पानी के पम्प के साथ पावर फेक्टर करेक्शन केपेसीटर का प्रयोग करें। मोटर में अच्छी बियरिंग के उपयोग से बिजली व्यय में काफी बचत हो सकती है। मोटर के साथ केपेसीटर लगाने से वोल्टेज ड्राप में कमी आयेगी एवं मोटर को अच्छे वोल्टेज मिलते रहेंगे। कम वाल्टेज में मोटर चलाने पर अधिक करन्ट का व्यय होगा और बिजली व्यय बढ़ेगा। कृषि उपभोक्ताओं की मोटर स्थिर पावर लोड की होती है यानि वोल्टेज ज्यादा होने पर कम करन्ट लेगी। कम करन्ट ड्रा करने से मोटर की लाईफ भी बढ़ जाती है एवं मोटर गर्म कम होगी। अतः वोल्टेज का सही रहना अधिक आवश्यक है।

6. एच.डी.पी.ई. पाईप में जी.आई. पाईप के मुकाबले घर्षण

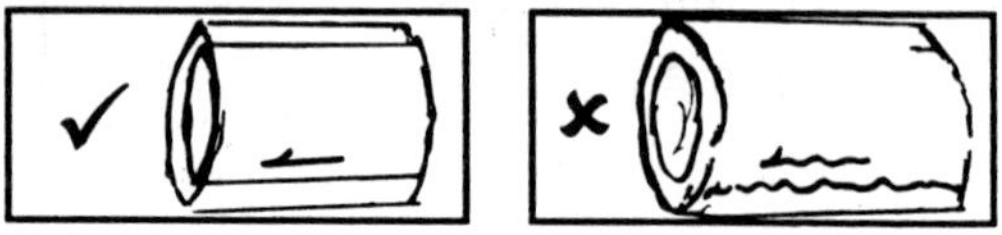

कम होता है अतः ऐसे पाईप जी. आई. पाईप के मुकाबले बिजली बचाने में ज्यादा उत्तम रहते है।

7. डिलीवरी पाईप के लिए छोटी ऊँचाई वाला पाईप यानि कम डिलीवरी हेड रखने से भी मोटर पर लोड कम पड़ता है। अनावश्यक रूप से ऊँचा पाईप लगाने पर पानी को धकेलने में मोटर अधिक ईंधन/बिजली की मांग करता है। पाईप की ऊँचाई 2 मीटर कम करके प्रतिमाह 15 लीटर डीजल अथवा 2 यूनिट बिजली की बचत प्रतिमाह की जा सकती है।

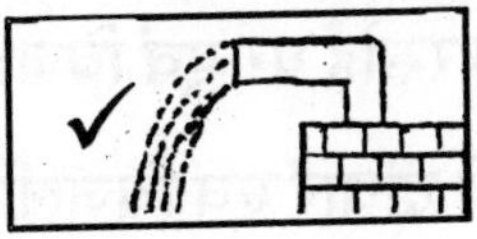

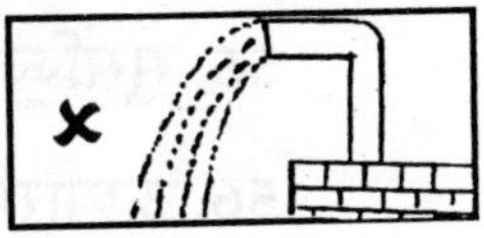

8. जहाँ केपेसिटर नहीं लगा हो उन स्थानों पर जब वोल्टेज उचित हो, तभी पम्प चलाना चाहिए। साधारणतया सुबह के समय वोल्टेज सही रहते है अतः सुबह मोटर चलाने पर बिजली की बचत हो सकती है।

9. बड़े व्यास वाली व ठोस पीवीसी पाईप लाईन का प्रयोग कर मोटर की दक्षता बनाई जा सकती है। छोटे व्यास वाले पाईपों से पानी खींचने के लिए अधिक बिजली/डीजल की आवश्यकता पड़ती है, क्योंकि छोटे पाईपों में घर्षण अधिक होता है।

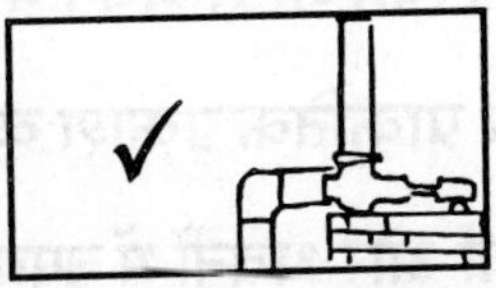

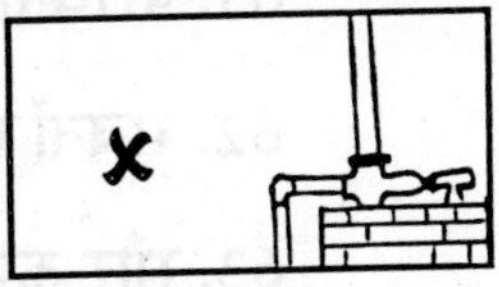

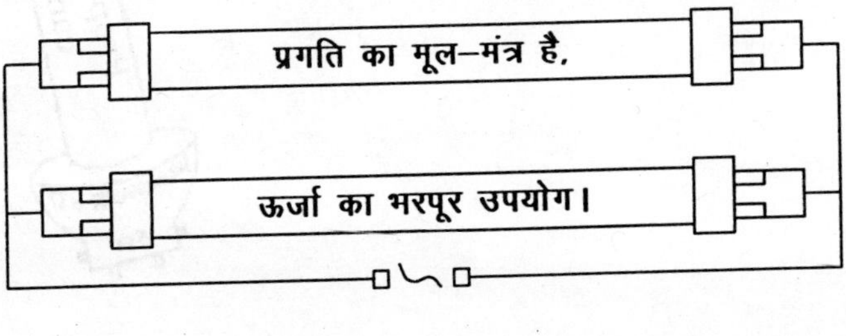

(झ) निर्माण में बिजली बचत

54. ऊष्मारोधी पानी की टंकी
55. सुसज्जित रसोई घर एवं बिजली की बचत
56. ऊष्मारोधी दीवारें एवं बिजली बचत
57. लाईटिंग इन इण्डस्ट्रीज
58. छज्जों से वांछित प्रकाश
59. अनुकूल भवन निर्माण एवं बिजली की बचत
60. प्रकाश व्यवस्था में बदलाव से बिजली बचत
61. परावर्तित किरणों से भवन में रोशनी एवं गर्मी
62. भवनों में प्राकृतिक प्रकाश व्यवस्था
63. सौर ऊर्जा और भवनों में उपयोग
64. ओरिएन्टेशन्स द्वारा रोशनीमय घर
65. ग्रीन हाउस
66. टर्बो वेन्टिलेटिंग एग्जास्ट फैन
67. निर्माण द्वारा बिजली बचत के नुस्खे

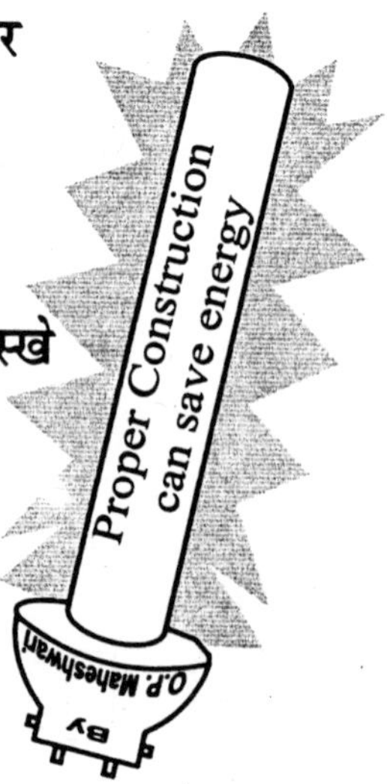

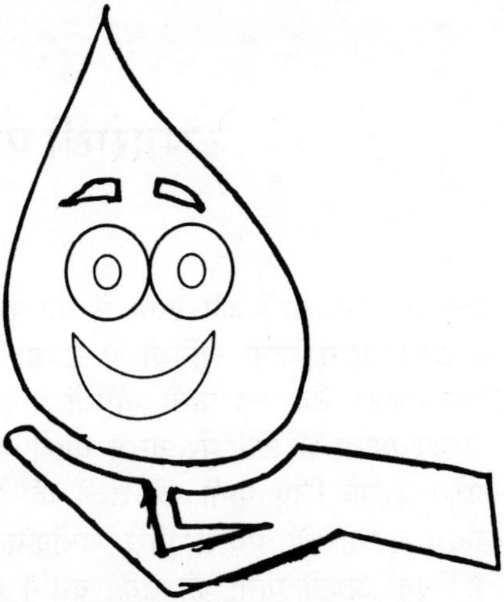

जल है तो जीवन है

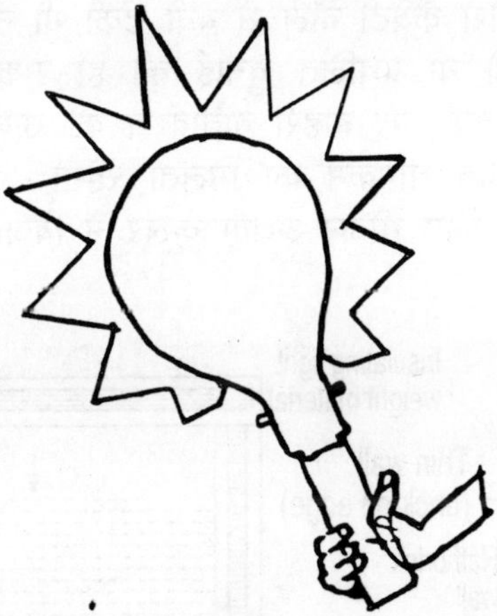

ऊर्जा हमारी ताकत है

नई तकनीक को अपना कर पानी को बचाओ,
नई जानकारी से देश को समृद्ध बनाओ।

54 ऊष्मारोधी पानी की टंकी

साधारणतया छत पर बनी पानी की टंकी में यह समस्या महसूस की जाती है कि उससे आने वाला पानी सर्दियों में ठण्डा व गर्मियों में गर्म आता है जबकि अण्डरग्राउण्ड टैंक का पानी गर्मियों में ठण्डा व सर्दियों में गर्म रहता है अतः आवश्यकता है छत पर बनने वाली पानी की टंकी को ऊष्मारोधी बनाई जाये। इसके लिए पानी की टंकी की छत, फर्श, दीवारों व ढक्कन में सेण्डविच ऊष्मारोधी पदार्थ जैसे थर्मोकॉल, वूल, एस्बेस्टस आदि डाल सकते हैं। एक अच्छी पानी की टंकी बनाने के लिए आन्तरिक सतह आर.सी.सी. अथवा पी.वी.सी. आदि की बना सकते हैं। इस सतह के बाद कुछ कैवेटी 1" से 3" रखी जानी चाहिए जिसमें ऊष्मारोधी पदार्थ भरा जा सकता है। वैसे कैवेटी वॉल से बनी टंकी भी ऊष्मारोधी होती है। बाहरी सतह ईटों की या प्रचलित चुनाई की हो सकती है। इस तरह बनाई गई पानी की टंकी पर बाहरी वातावरण की ऊष्मा का प्रभाव नहीं पड़ेगा व पानी उपयुक्त तापक्रम का मिलता रहेगा, अतः पानी को गर्म अथवा ठंडा करने के लिए गीजर अथवा कूलर में बिजली की खपत कम होगी।

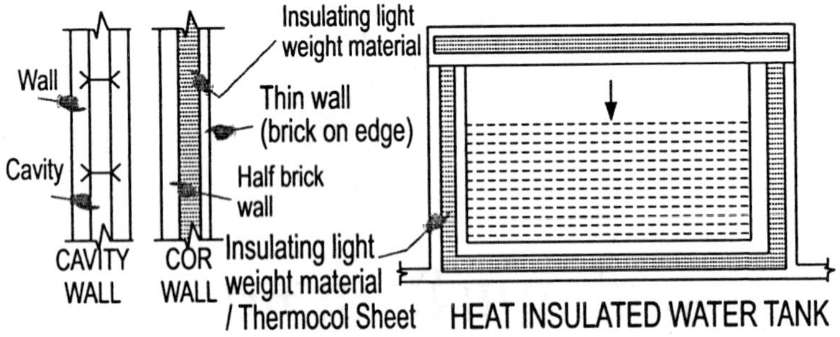

कृत्रिम ऊर्जा का ना करो ह्रास,

तभी होगा हमारा विकास

55 सुसज्जित रसोईघर एवं बिजली बचत

एक मध्यम परिवार में व्यय होने वाली बिजली का मुख्य भाग रसोईघर में व्यय होता है। रसोईघर में मुख्यतः बिजली ट्यूब लाईट, पंखा, फ्रीज, मिक्सी, एक्वागार्ड, माईक्रोवेव, ओवन, हीटर, गीजर, ज्यूसर, एग्जॉस्ट फेन आदि में व्यय होती है।

अगर सावधानीपूर्वक रसोईघर की प्लानिंग की जाये तो बिजली व्यय में बचत के साथ रसोईघर को सुविधाजनक, सुन्दर, प्रकाशमय, स्वास्थ्यमय व खुशनुमा वातावरण युक्त बनाया जा सकता है। एक आदर्श व सुव्यवस्थित रसोई में निम्न बातों का समावेश कर सकते हैं–

– रसोई घर को मकान के पूर्वी भाग में बनाना चाहिए, पूर्व की दिशा में एक खिड़की अवश्य होनी चाहिए। जिसका प्रकाश सीधा भोजन बनाने के स्थान अर्थात स्टेण्ड पर आना चाहिए ताकि मच्छर आदि उत्पन्न होने में प्रतिरोध बना रहे।

– रसोई घर के पश्चिम दिशा में रोशनदान व खिड़की भी आवश्यक है। इससे समय से पूर्व रसोई में अन्धेरा महसूस नहीं होगा तथा हवा का आवागमन भी बना रहेगा जिससे एग्जॉस्ट फेन भी कम चलाना पड़ेगा।

– रसोई के निर्माण के समय ही फ्रीज, मिक्सी, सिंक, ओवन, केबिनेट, गैस सिलेण्डर व गीजर के स्थान का निर्धारण कर लेना चाहिए ताकि रसोई के कामकाज में कम से कम बाधाएँ आये।

– खुली–खुली व प्रकाशमय रसोई रखने हेतु आजकल रसोई का स्टैण्ड व खाने का कमरा (डाइनिंग लॉबी) को साथ साथ बना दिया जाता है।

– रसोई में उत्पन्न होने वाले धुँए के निकास हेतु धुँआकश अथवा चिमनी भी बना सकते हैं। आजकल मध्यमवर्गीय परिवार एग्जॉस्ट फेन का भी उपयोग करते हैं एवं उच्च वर्गीय परिवार इलेक्ट्रोनिक्स केचर का भी उपयोग करते हैं। इलेक्ट्रीक साधन के साथ चिमनी वगैरह बनाकर रखना उचित रहता है।

- किचन स्टेण्ड के ऊपर ही बिजली का प्लग, रोशनी हेतु लेम्प आदि लगे होने चाहिए।
- जहाँ रसोई में भट्टियाँ काम में आती हो वहाँ धुआँकश छत में लालटेननुमा बनाया जा सकता है ताकि धुआँ सीधा ही ऊपर उठकर बाहर निकल जाये। लालटेन की दो साईड ग्लास की रखी जा सकती है ताकि रोशनी भी मिलती रहे।
- रसोई का सीधा सम्बन्ध स्टोर, पेन्ट्री डाईनिंग, सिंक, वाटर स्पेस से होना चाहिए ताकि विभिन्न सेल्फों का सामान व्यवस्थित रखा जा सके। प्रकाश व्यवस्था के लिए इसमें रोशनदान ग्लेज्ड पेनल अवश्य रखें। बेस कैबिनेट के दराजें सरकाये जाने की व्यवस्था रखें। हो सके तो मोड्यूलर एसेसरीज लगाकर स्टोरिंग सुविधा बढ़ाई जा सकती है। रिवोलविंग एवं मूवेबल फर्नीचर ज्यादा सुविधाजनक होते हैं।
- रसोईघर में हवा का क्रोस वेन्टिलेशन स्वच्छ वातावरण के साथ पानी को घड़े में ठण्डा करने में, फ्रीज की दक्षता बनाये रखने में, पकाई हुई सामग्री को अधिक समय तक ताजा रखने में मददगार होती है मगर गैस चूल्हे पर इसका प्रभाव सामान्य रखते हेतु स्टेण्ड के पास की खिड़की का तलिया (सिल) स्टेण्ड के टोप लेवल से 9'' से 12'' तक ऊपर रखा जा सकता है।
- रसोई में लगने वाली वॉटर कूलिंग मशीन, फ्रीज आदि के कूलिंग कॉयल व मशीन पर हवा का सर्कूलेशन बनाये रहने पर बिजली कम व्यय होगी।
- रसोई में लगा छत पंखा व तेज हवा से चूल्हे में आग की लपटें बुझ जाती है अतः दीवार पर लगा पंखा (वॉल फेन) ज्यादा प्रभावी रहता है और बिजली में बचत भी करता है।
- सूर्य पथ को ध्यान में रखकर खिड़की अथवा रोशनदान से प्रकाश को रसोई में लिया जा सकता है। पूर्व दिशा से सुबह व पश्चिम दिशा से सायंकाल में प्रकाश लेने पर रसोई में प्रकाशमय कार्यावधि ज्यादा रहेगी जो बिजली के बचत में सहयोग करेगी।
- स्पॉट लाईट एवं कार्य क्षेत्र में पास लगे लैम्प से कम वॉट के बल्ब से अधिक प्रकाश छोटे क्षेत्र में लिया जा सकता है। डाईनिंग टेबल पर छत से लटकती हुई फैन्सी लाईट से टेबल को प्रकाशमय रखा

1. फ्रीज
2. ड्रेन बोर्ड
3. सिंक
4. पानी का स्थान
5. सर्विस प्लेटफार्म
6. बर्नर
7. डाइनिंग टेबल
8. सेल्फ
9. गीज़र
10. माइक्रोवेव
11. शोकेस
12. केबिनेट पर प्लेटफार्म
13. छत पंखा
14. वॉटर प्यूरिफायर
15. दीवार पंखा
16. चिमनी
17. बर्तन स्टेण्ड
18. स्पॉट लाईट
19. मूर्ति

V-3 स्कर्टिंग पर छोटी खिड़की

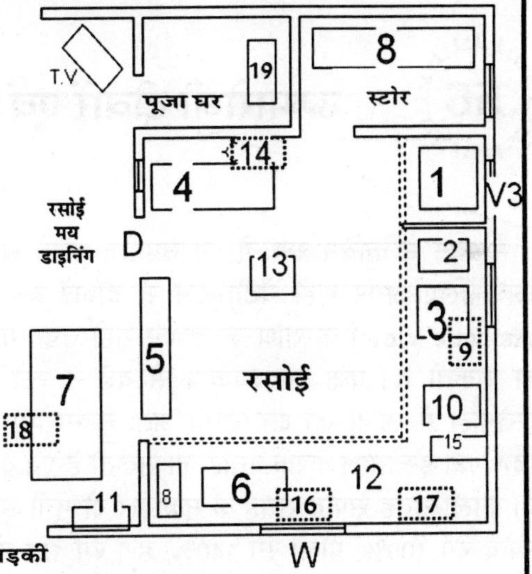

रसोईघर की व्यवस्था

जा सकता है। रसोई की दीवारों एवं फर्नीचर पर हल्के सफेद एवं पीले रंगों से रोशनी का आभास मिलता है। चिकनी सतह भी रोशनी के विकिरण में सहयोग देती है। रसोई में बारीक कार्य नहीं होने पर कम वॉट की सी.एफ.एल. लाईटों का उपयोग करके भी बिजली में बचत की जा सकती है। सी.एफ.एल. लाईट आधा वॉट तक की मिल जाती है जिसे रसोईघर में कार्य समय के पश्चात् छोटी बड़ी आवश्यकताओं की पूर्ति हेतु बल्ब के स्थान पर जलाये रखा जा सकता है।

रसोई को समुचित ढंग से व्यवस्थित रखने से बिजली के साथ समय एवं ऊर्जा की बचत होती है। रसोई के स्वच्छ वातावरण से कार्य करने का उत्साह भी बना रहता है और सरकार का नारा 'पानी बचाओ, बिजली बचाओ' में भी सहयोग हो सकता है। बिजली की बचत ही बिजली का उत्पादन है। जिसे व्यवस्थित ढंग से रसोई का निर्माण कर प्राप्त किया जा सकता है।

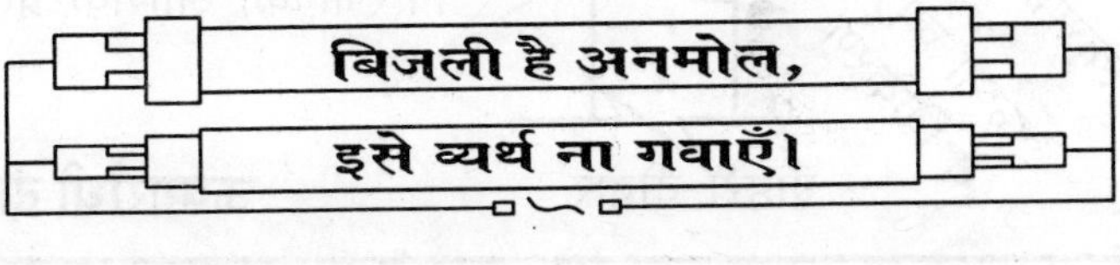

56 ऊष्मारोधी दीवारें एवं बिजली की बचत

भवन में कृत्रिम साधनों का उपयोग करते समय ऊष्मा का ह्रास ना हो इसके लिए अगर सही मेटीरियल से दीवारें बनायी जाये तो एस्थेटिक व्यू (Asthetic View) के साथ जगह का सही उपयोग एवं अच्छी सतह प्राप्त की जा सकती है। कक्ष आवश्यकता से बड़े न रखे क्योंकि कृत्रिम साधनों के इस्तेमाल में ऊर्जा का क्षय होगा अतः ऊष्मारोधी दीवारें ऊष्मा के कुचालक पदार्थ का इस्तेमाल करके बनाई जा सकती है एवं बड़े कक्ष को बांटा जा सकता है। काली सतह सफेद सतह के मुकाबले दो गुनी अधिक ऊष्मा ग्रहण करती है, सफेद रंग 100%, पीला रंग 140%, हरा रंग 155 से 170%, लाल रंग 160 से 165%, नीला रंग 170 से 180% एवं काला रंग 190 से 210% तक ऊष्मा का अवशोषण करते हैं। धातु की छत एवं दीवारें क्ले के मुकाबले 6 से 10 गुना अधिक ऊष्मा को प्रभावित करते है। वैसे तो क्ले ब्रिक्स, गारा आदि से ऊष्मारोधी दीवारें बनाना सदियों से प्रचलन में है मगर ये दीवारें और भी कई तरह से तैयार की जा सकती है जैसे लकड़ी के पैनल्स, हार्ड बोर्ड, एवं प्लाईवुड शीट से बनी दीवारें घरेलू उपयोग हेतु कार्य कर लेती है मगर इण्डस्ट्रीयल उपयोग हेतु इन्हें

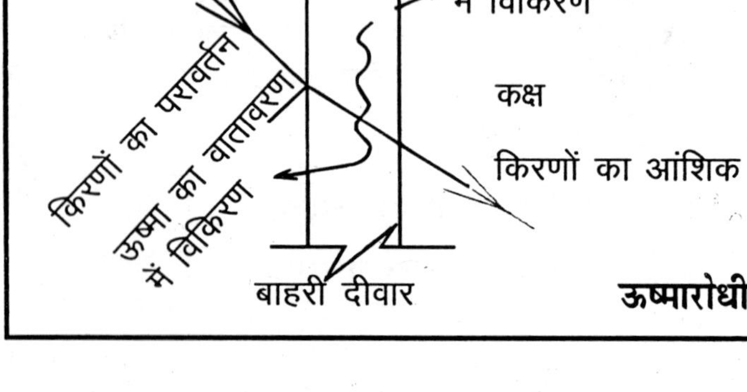

ऊष्मारोधी दीवार

केमिकल जैसे अमोनियम डाई फॉस्फेट, सोडियम आर्सिनेट, या बाजार में उपलब्ध फायर रजिस्टेंट पेंट से उपचारित करके ऊष्मा को परावर्तित करा सकते है। ग्लेज्ड सेरेमिक टाईल, सेरेमिक ब्रिक्स, टाईल्स टुकड़ी, सेरेमिक पाउडर, जिप्सम ब्लॉक और पोरस स्लेब, डोलोमाइट एवं एल्यूमिना मिट्टी से बनी ईंटों द्वारा, घास एवं पेपर की लुग्दी को स्टेबलाजिंग पदार्थ के साथ दबाकर ईंटें, टाईल्स से उष्मारोधी दीवारें बनाई जा सकती है।

बाजार में उपलब्ध पी.वी.सी, फाईबर ग्लास एवं एक्रेलिक शीट से चिकनी एवं कई रंगो की फिनिशिंग प्राप्त की जा सकती है। दो ग्लास के मध्य फिगर्ड अथवा पारदर्शी वूलन फाईबर्स अथवा कपड़ा लगाकर सेंडविच पेनल्स द्वारा पार्टिशन तैयार कर सकते है जिसका व्यू बहुत सुंदर रहता है। चिकनी एवं सफेद फाईन टेक्चर्ड सतह प्रकाश को 70 से 90 प्रतिशत तक परावर्तित करते है अतः इनके उपयोग से कक्ष का अनुकूल तापक्रम भी बनाये रखा जा सकता है। टेराकोटा के होलो पॉटस्, एस्बेस्टस पाईप, ज़िप्सम, कार्क आदि का उपयोग करके दीवारें एवं सतहों को ऊष्मारोधी रखा जा सकता है। ऊष्मारोधी ईंटें बनाने के लिए क्ले (चिकनी मिट्टी) में घुलनशील पदार्थ जैसे नमक आदि मिलाकर ईंटें बनाये जिसे पानी में रखने पर ईंटों में छिद्र बन जाते है जो ऊष्मा के परिवहन को रोकते है। पी.वी.सी. एवं रबड़ के विभिन्न होलोसेक्सन कम तापक्रम पर ऊष्मा के प्रवाह को रोक देते है। कैविटी वॉल जिसमे दीवार के मध्य खाली जगह छोड़कर अथवा थर्मोकॉल, वूल, कार्क आदि को भरकर ऊष्मा का संचालन रोका जा सकता है। पी.वी.सी. अथवा मेटेल सेक्सन में जिप्सम बोर्ड, थर्मोकॉल, शीट अथवा अन्य फॉयर प्रूफ शीट को लगाकर फॉल्स सीलिंग एवं पार्टिशन वॉल बनाई जा सकती है। कुछ स्थानों पर जहाँ पोरस स्टोन उपलब्ध रहता है उन स्थानों पर इसे सीधा भी दीवारों में उपयोग कर प्लास्टर अथवा टाईल्स द्वारा ऊष्मा के विकिरण को रोका जा सकता है। अगर आपके कक्ष का तापक्रम नियंत्रित रहेगा तो स्वतः ही कृत्रिम ऊर्जा साधनों का उपयोग सीमित रखा जा सकेगा।

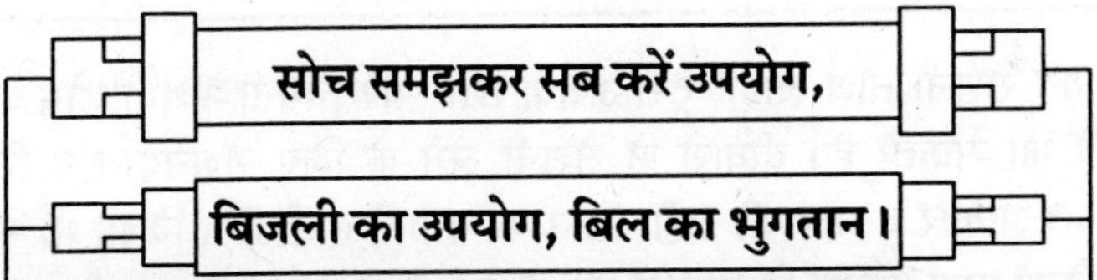

57 लाइटिंग इन इण्डस्ट्रीज

किसी कार्यस्थल पर अच्छी रोशनी के लिए यह जरूरी है कि रोशनी एक समान एवं आवश्यक घनत्व (इन्टेन्सिटी) की हो। अगर रोशनी अधिक होगी तो आंखों में चमक और कम रोशनी में अंधेरे का अनुभव होगा। साधारणतया देखने के लिए रोशनी 100 लक्स, पढ़ने के लिए 400 लक्स एवं बारीक कार्य के लिए 2000 लक्स तक की रोशनी आंखें सहन कर पाती है। अतः इस रोशनी को बनाये रखने के लिए जहां तक हो सके प्राकृतिक तरीकों का उपयोग करें। क्योंकि कृत्रिम साधनों से मिलने वाली बिजली महंगी पड़ती है।

एक समान रोशनी देने के लिए सूर्य की किरणों की डिफ्यूज्ड लाइट जो साधारणतया उत्तर दिशा से मिलती है, लेना उपयुक्त रहता हैं। इस हेतु इण्डस्ट्रीज की छत बनाते समय उसे चारों ओर से अपारदर्शी रखने की बजाय, ट्रस व दीवारों से रोशनी हेतु पारदर्शी शीट लगा सकते है। सादाग्लास पारदर्शी होने के कारण उपयुक्त रहते हैं। यह विभिन्न रंगो एवं टिन्ट (हल्के रंग) में उपलब्ध रहता है । सादा 5 मिमी मोटा प्लेन रंगीन ग्लास में निम्न पारदर्शिता रहती है।

ग्लास	पारदर्शिता %
ग्लासबिना रंग का ग्लास	87
पेल, नीला/हरा ग्लास	70
ग्रे रंग	44
ताम्र रंग	52
सिल्वर रंग	20
काला	35

यह रोशनी नोर्थ लाईट ट्रस अथवा छत पर चिमनी अथवा डोम बनाकर भी ली जा सकती है। दीवारों से रोशनी लेने के लिए रोशनदान व खिड़की उपयुक्त आकार व नाप की सही स्थान पर बनानी होती हैं । किसी भी भवन में खिड़कियों द्वारा प्रकाश खिड़कियों की ऊँचाई से दो गुना दूरी तक फैलता है।

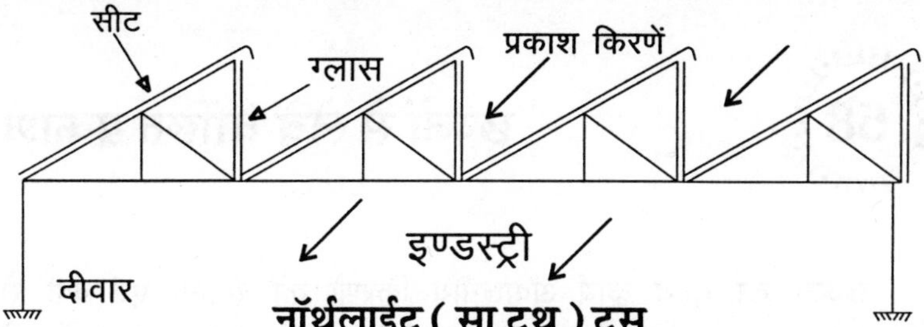

नॉर्थलाईट (सा टुथ) ट्रस

अतः जहां भवन की आंतरिक चौड़ाई अधिक हो वहां छत पर लालटेन, मोनिटर (स्काई लाईट खिड़की) आदि भी बनाकर रोशनी दी जा सकती है। कैंचियों में "सा टूथ" रोशनदान बनाकर भी रोशनी दी जा सकती है। मुख्य कार्यस्थल पर प्रकाश हेतु खिड़कियों का क्षेत्रफल फर्श के क्षेत्रफल का कम से कम 8वां हिस्सा होना चाहिए। लम्बवत खिड़कियां अपनी क्षितिज खिड़कियों के मुकाबले अधिक रोशनी प्रदान करती हैं मगर कार्यकाल कम रहता है। अतः समन्वय बनाकर खिड़की लगायें । ऐसे कारखाने जिनमें गर्म करने व सुखाने का कार्य भी होता है। वहां क्रोस वेंटिलेशन के साथ सूर्य की सीधी किरणों को भी आंतरिक भागों में लिया जा सकता हैं ।

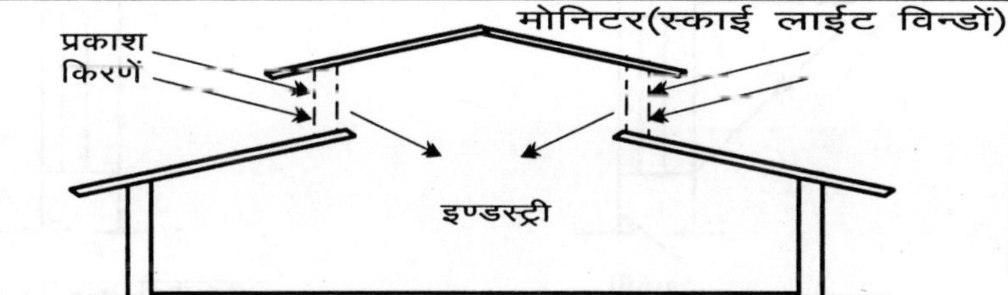

छत पर बनें मोनिटर से प्राकृतिक रोशनी

ऊष्मा और रोशनी को बढ़ाने के लिए किरणों को परावर्तित करने वाली सतह जैसे चिकनी सतह, दर्पण आदि का उपयोग कर सकते है। एक ही केन्द्र बिन्दू पर कई सारे रिफ्लेक्शन आने से प्रकाश में उपस्थित इन्फ्रारेड किरणों के कारण सतह का तापक्रम बढ़ जाता है। दर्पण की संख्या बढ़ाकर यह तापक्रम भट्टी एवं बॉयलर के बराबर बढ़ाया जा सकता है और विद्युत ऊर्जा में कमी लाई जा सकती है। अगर कृत्रिम रोशनी की आवश्यकता रहती हैं तो बल्ब कार्यस्थल के नजदीक रहने चाहिए। जहां तक हो सके बल्ब लम्बी दीवार पर लगाना चाहिए ताकि रोशनी अधिक क्षेत्र में फैले।

58 छज्जों से लेवें वांछित प्रकाश

छज्जों का मुख्य कार्य अवांछनीय किरणों को रोकना एवं वर्षा से भवन के दरवाजों, खिड़कियों को बचाना होता है। अगर सावधानी से छज्जों की डिजाईन व सामग्री का चुनाव किया जाये तो वर्षा के बचाव के साथ अवांछनीय किरणों को रोका जा सकता है। छज्जें सही तरह से डिजाईन कर लगे हो तो आन्तरिक भाग को ठण्डा करने के लिए उपयोग आने वाली ऊर्जा को 20% तक बचत कर सकते हैं। दिवारों के पास वृक्ष एवं झाड़ियाँ लगाकर छज्जो की दक्षता में और बढोतरी की जा सकती हैं।

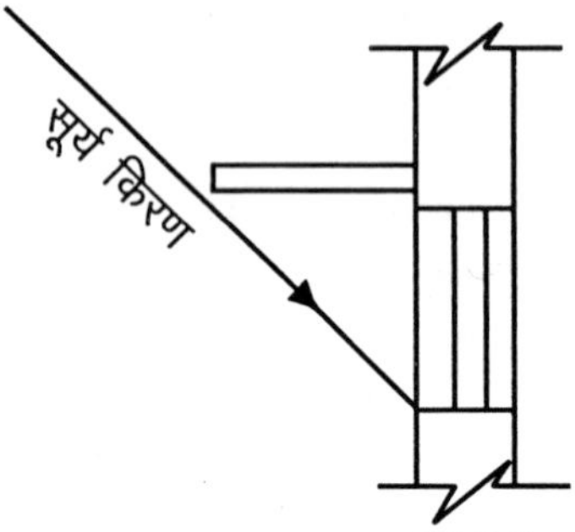

छज्जा

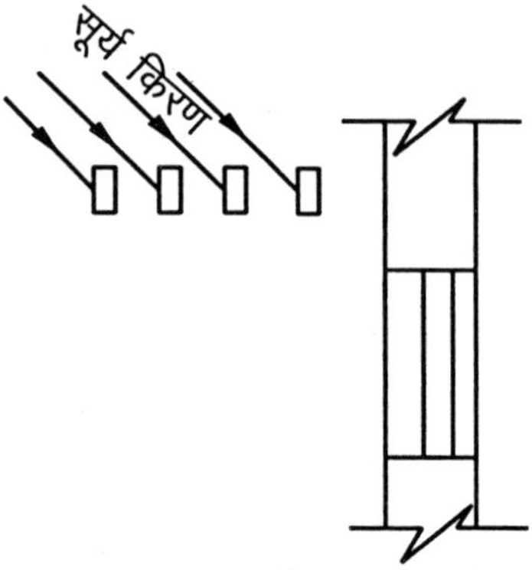

वर्टीकल लूअर्स

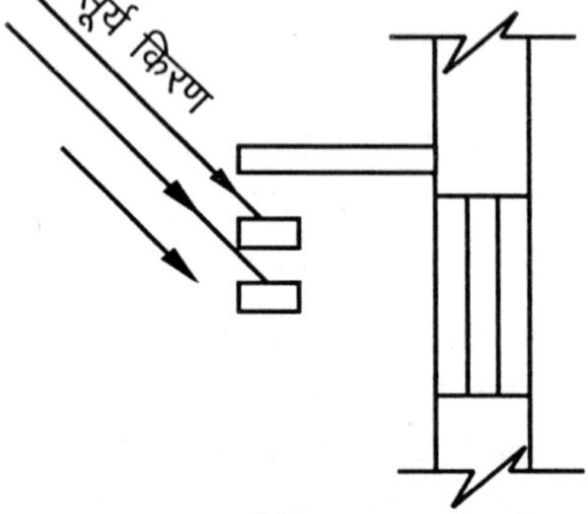

छज्जा व होरिजण्टल लूअर्स

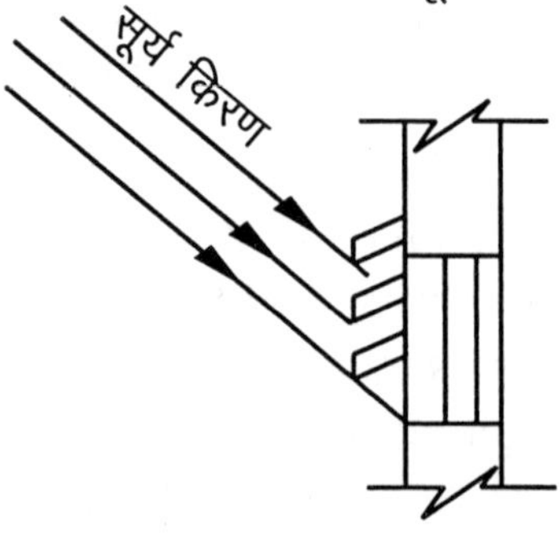

तिरछे होरिजण्टल लूअर्स

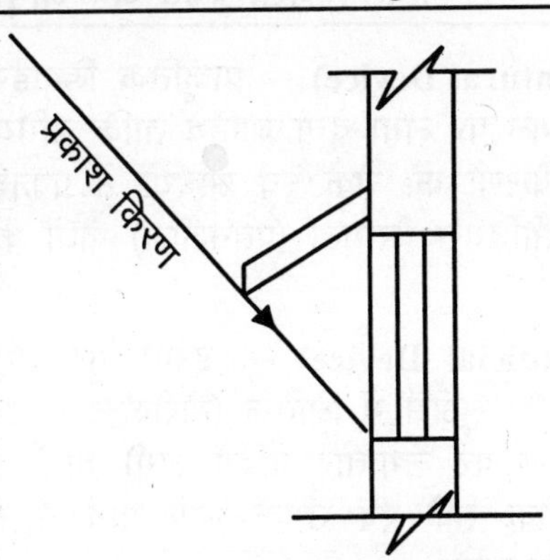

तिरछा छज्जा

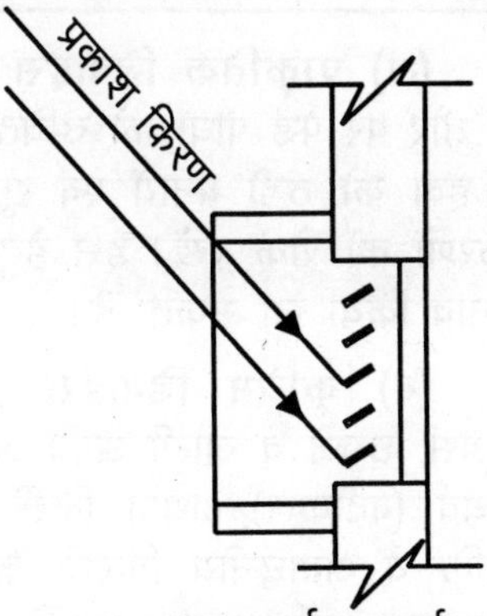

बाक्स टाईप लूअर्स

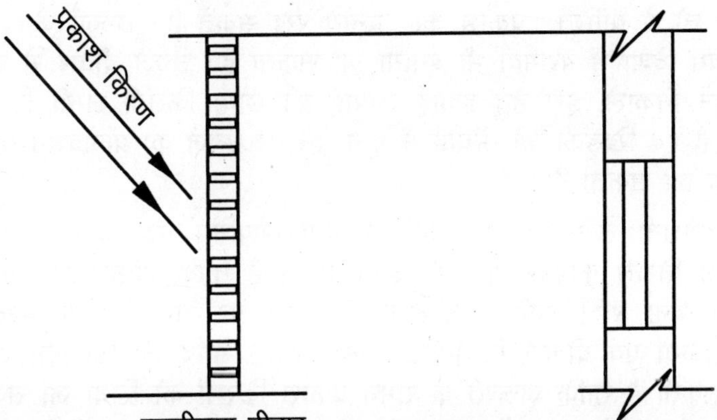

जालीनुमा दीवार

छज्जों के प्रकार

छज्जा कितना रखना है इसे ज्ञात करने के लिये दिवार पर यूनिट लम्बाई की वस्तु (पेंसिल अथवा लकड़ी का टूकड़ा) की छाया की लम्बाई (L) नाप ली जाती है। खिड़की के नाप (H) मे यूनिट लम्बाई का भाग देने पर छज्जे का प्रोजेक्शन (P) ज्ञात किया जा सकता है ($P = H/L$) एवं वांछित किरणों को भवन में प्रवेश करा कर भवन को प्रकाशमय रखा जा सकता है।

सन सेडिंग डिवाईस निम्न प्रकार के हो सकते हैं –

(अ) प्राकृतिक डिवाईस (ब) कृत्रिम डिवाईस

(अ) प्राकृतिक डिवाईस (Natural Device) – प्राकृतिक डिवाईस के तौर पर पेड़ पौधों को उचित स्थान पर लगा देना चाहिये ताकि गर्मियों में हवा को ठंडी बनायें एवं सूर्य किरणों को रोके एवं सर्दियों में प्रकाश किरणों को रोके रखें। इस हेतु डेसीडियस वैरायटी (पतनशील) पौधों का चुनाव किया जा सकता है।

(ब) कृत्रिम डिवाईस (Artificial Device) – इसमें मुख्यतया लूअर्स, छज्जे व जाली आदि आते हैं। लूअर्स में क्षितिज (हॉरीजेन्टल) एवं ऊधर्व (वर्टीकल) अथवा किसी कोण पर लगातार पट्टियें लगी होती है ताकि ये अवांछनीय किरणों को रोक सके एवं उनके मध्य भाग में से डिफ्यूज्ड लाईट व हवा को लिया जा सके।

छज्जों के तौर पर अगर फाइबर शीट एवं ग्लास का उपयोग किया जाये तो ये वांछित प्रकाश को बनाये रख सकते है। छज्जों के लिये पश्चिम दिशा में बरामदा भी बनाया जा सकता है। छज्जे दीवार से बाहर कितने निकाले, इस हेतु इकाई लम्बाई की छाया कितनी लम्बी है, नाप लेते हैं एवं खिड़की की ऊँचाई में भाग देने पर छज्जे का प्रोजेक्शन मालूम किया जा सकता है।

रोशनी लेने के लिये छत पर बनी ओपनिंग पर डोमनुमा छज्जा अथवा तिरछी फाईबर शीट भी लगा सकते है ताकि वांछित किरणों का प्रवेश बना रहे। स्क्रीन (जालियों) के तौर पर घर में लगे दरवाजे, खिड़कियाँ एव दीवारों में सीमेन्ट, पत्थर, मेटल आदि की डिजाईन जाली हो सकती है ताकि जरूरत के समय प्रकाश किरणों को लिया जा सके व जरूरत न होने पर इन्हें बन्द करके रोका जा सके। इन बातों के अलावा अगर छज्जों का तिरछापन, आकार व मेटीरियल पर भी ध्यान दिया जाए तो प्रकाश किरणों का काफी फायदा लिया जा सकता है।

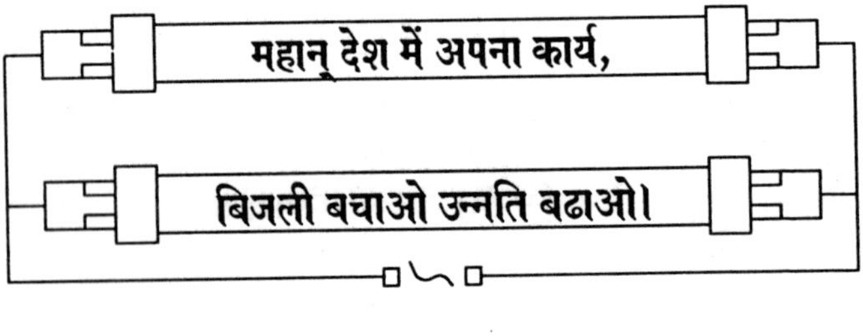

59

अनुकूल भवन निर्माण एवं बिजली की बचत

भवन का आन्तरिक वातावरण, निर्माण के तौर–तरीकों (तकनीक) सामग्री व बाह्य वातावरण पर निर्भर करता है। ऐसे में अगर निर्माण के समय छोटी–छोटी बातों का ध्यान रखा जाये तो भवन का वातावरण सर्दियों में गर्म, गर्मियों में ठण्डा यानि अंग्रेजी का कूल–कूल व हवामय बनाये रखा जा सकता है। भवनों में बिजली का उपयोग मुख्यतया निम्न तीन श्रेणियों में होता है, (1) अनुकूल तापक्रम व हवामय वातावरण के लिए– ए.सी., पंखे, हीटर, आदि में (2) भवनों में रोशनी के लिए – बल्ब, ट्यूब, (3) ऑफिस सुविधा के लिए विभिन्न उपकरणों में जैसे – गीजर, कम्प्यूटर, टेलीवीजिन लिफ्ट, वाशिंग मशीन आदि। जब भवन में वातावरण उपयुक्त रहेगा तो कूलर, पंखे वातानुकूलित (ए.सी.) एग्जॉस्ट फेन, रुम हीटर, हॉट ब्लोअर आदि बिजली उपकरणों का उपयोग सीमित रखा जा सकता है और प्रकृति द्वारा मिलने वाले अनुकूल वातावरण से जुड़कर भवन के आन्तरिक भाग को स्वास्थ्यमय, स्वच्छ एवं प्रफुल्लित बनाया जा सकता है। अनुकूल वातावरण से बिजली के बिल में जहाँ पैसे की बचत होगी वहीं बिजली की बचत कर राष्ट्रीय धारा में योगदान किया जा सकता है। इस हेतु भवन निर्माण में निम्न छोटी छोटी बातों को ध्यान में रख सकते हैं :–

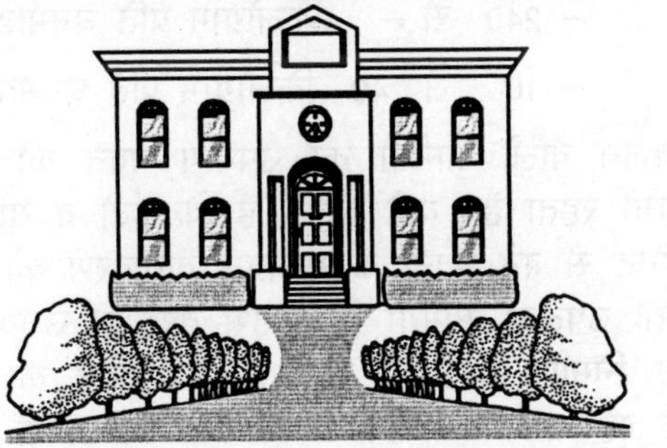

1. बेसमेन्ट (Basement) बनाकर – जमीन के अन्दर का वातावरण सर्दियों में गर्म एवं गर्मियों में ठण्डा रहता है। अतः भवन का कुछ भाग

अगर अण्डरग्राउण्ड में बनायें तो भूगर्भ के वातावरण का फायदा लिया जा सकता है। जब अनुकूल तापक्रम बेसमेन्ट में रहेगा तो कृत्रिम बिजली के साधनों का उपयोग सीमित किया जा सकता है। इस हेतु बेसमेन्ट में खिड़कियाँ आदि भी बना देनी चाहिए ताकि हवा का बदलाव भी बनाये रखा जा सके एवं रोशनी हेतु रोशनदान की सिल को टेपर (तिरछी) करके बेसमेन्ट में रोशनी बढ़ाई जा सकती है।

2. निर्माण सामग्री द्वारा – भवनों पर सूर्य की किरणें सबसे पहले छत व दीवारों को गर्म करती है अगर वे चालक पदार्थ काले होंगे तो आंतरिक कक्ष भी गर्म हो जायेगा। अगर निर्माण सामग्री का तापक्रम बहुत जल्दी गर्म एवं ठण्डा हो जाता हो तो वह अनुकूल वातावरण नहीं दे सकते। इस हेतु जिस सामग्री का वजन व चालकता अधिक होगी उस पर तापक्रम का प्रभाव उतना ही अधिक होगा। कुछ निर्माण सामग्रीयों का सामान्य वजन निम्न लेते हैं –

सैण्डस्टोन	– 2200	से	2400	किलोग्राम प्रति घनमीटर
ईटें	– 1600	से	2000	किलोग्राम प्रति घनमीटर
आर.सी.सी.	– 2300	से	2550	किलोग्राम प्रति घनमीटर
लोहा	– 7840	से	7850	किलोग्राम प्रति घनमीटर
जिप्सम	– 1600	से	2200	किलोग्राम प्रति घनमीटर
टेराकोटा	– 1870	से	2370	किलोग्राम प्रति घनमीटर
रबर	– 940	से	–	किलोग्राम प्रति घनमीटर
राख	– 600	से	670	किलोग्राम प्रति घनमीटर
कार्क	– 240	से	–	किलोग्राम प्रति घनमीटर
फॉम	– 10	से	40	किलोग्राम प्रति घनमीटर

हल्के वजन वाली सामग्री का उपयोग भवन को ठण्डा रखने में अधिक उपयोगी रहता है। यही कारण है कि ईटों व गारे के बने भवन, पत्थर व सीमेन्ट से बने भवनों के मुकाबले वातावरण को अधिक अनुकूल रखते है। अतः उपलब्ध सामग्री में से इस तरह से उनका इस्तेमाल करें कि आवश्यक निर्माण कार्य भी हो जावे एवं भवन का आन्तरिक भाग अनुकूल बना रह सके, जैसे कि अगर छत का ऊपरी भाग (Terrace) अगर सीमेन्टेड अथवा पत्थर का होता है तो मडफसका, चूने की चट्ट, क्ले चिप्स, टेरेजो, टूटी हुई चीनी मिट्टी की टाईलों के टुकड़ी आदि फर्श

के मुकाबले तापक्रम का प्रभाव अधिक आयेगा। ऐसे में भवन को ठण्डा रखने के लिए छत की ऊपरी सामग्री का इस तरह से चुनाव करें कि छत की ऊपरी परत ऊष्मा को कम से कम शोषित करने वाली हो, ताकि नीचे की दृढ़ (Rigid) परत में ऊष्मा का प्रवाह कम हो। इस हेतु ऊपरी सतह के नीचे मुरम, सिण्डर, ईटों का खरंजा, मिनरलवूल, थर्मोकोल, फाईबर बेल्ट, एस्बेस्टस, कॉर्कशीट, उल्टे कुल्हड़े व मटके आदि की एक परत भी डाली जा सकती है। यह सेण्डविच परत रिजिड सतह की ऊष्मा को नीचे प्रवेश करने से रोकेगी, जो आन्तरिक तापक्रम को बनाये रखने में मदद करेगा। आन्तरिक भाग में भी नीट (Neat) सीमेन्ट व मेटल की बजाय लकड़ी, चूना, चिकनी मिट्‌टी, जिप्सम, पी.ओ.पी. आदि की सतह देने से बाह्य तापक्रम को कुछ हद तक नियन्त्रित किया जा सकता है। इस हेतु फॉल्स सिलिंग, वॉल पेनलिंग, जिप्सी बोर्ड, पी.ओ.पी, प्लास्टर, थर्माकोल सीट, पर्दे आदि भी तापक्रम को नियन्त्रित करते हैं। दीवारों, छतों के निर्माण में भी उपयुक्त सामग्री का प्रयोग करने से भवन गर्मियों में ठण्डे रखे जा सकते हैं जैसे चूना गारा, चिकनी मिट्‌टी, फायर ब्रिक्स, क्ले ब्रिक्स का प्रयोग सीमेन्ट पत्थर के मुकाबले तापक्रम नियन्त्रिण में अधिक उपयुक्त रहते हैं।

3. सन ब्रेकर (Sun Bracker) के निर्माण से – सूर्य की अनावश्यक किरणों को काटने/रोकने के लिए सन ब्रेकर का निर्माण किया जाता है। किरणों को रोकने के तरीकों में छज्जों, बरण्डा, बालकॉनी, होरीजेन्टल लूअर्स, शेड्स आदि का निर्माण कर सीधी पड़ने वाली किरणों को रोका जा सकता है। अस्थाई साधनों में पर्दे, ब्लाइंड्स एवं विभिन्न तरह की जालियों का प्रयोग कर सकते हैं। हल्के रंग के पर्दे एवं ब्लाइंड से कुछ रोशनी ली जा सकती है। एवं सीधी पड़ने वाली किरणों को रोका जा सकता है। भवन की छत पर चिकनी मिट्‌टी की टाईलों, लकड़ी की चिप्स, घास फूस, फाईबर ग्लास आदि का शेड बनाकर भी नीचे की सतह ठण्डी रखी जा सकती है। वर्टीकल सन ब्रेकर हेतु दीवार के एक भाग को प्रोजेक्ट कर देते हैं ताकि प्रोजेक्टेड दीवार की छाया दीवार पर पड़े। इस हेतु वर्टीकल सन ब्रेकर भी बनाया जा सकता है।

सन ब्रेकर लगे होने से दीवार की सतह पर छाया बनी रहेगी एवं आन्तरिक भागों में रोशनी बनी रहेगी। जिससे दीवार व छत वगैरह अधिक गर्म नहीं होगी व बाह्य व आन्तरिक भाग के वातावरण के तापक्रम में अन्तर बनाये रखा जा सकता है।

4. ओरियेन्टेन्स (Orientation) **द्वारा** – सूर्य पूर्व में उदय होकर पश्चिम में अस्त होता है। शुष्क गर्म क्षेत्र में सूर्य की सीधी किरणों से बचाव व हवा के प्रवेश हेतु उचित खिड़कियाँ बनाकर भवन के आन्तरिक भाग में अनुकूल वातावरण बनाये रखा जा सकता है।

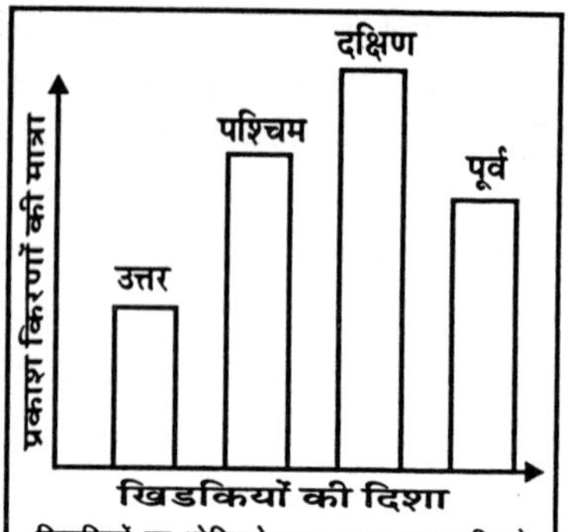

खिडकियों का ओरियन्टेशन अनुसार प्रकाश किरणे

उत्तर दिशा से सूर्य की सीधी किरणें नहीं आती है अतः भवन की लम्बी दीवार उत्तर दिशा में बिना छज्जों के रखी जा सकती है। लम्बी दीवार व ऊँचे भाग को अन्य दिशा में रखना पड़ रहा हो तो प्रकाश की सीधी किरणों को काटने के लिये व्यवस्था भी बनायी जानी चाहिए। पूर्व व पश्चिम दिशा में वरण्डा, बालकॉनी, पोर्च, छज्जे आदि बनाकर आन्तरिक भाग पर सूर्य की किरणों का सीधा प्रभाव कम किया जा सकता है क्योंकि जो दीवार सायंकाल में गर्म होती है वे ही रात्रि में ऊष्मा का विसर्जन कर वातावरण को अनुपयुक्त बनाती है। घर के स्टोर, सीढ़ियां, शौचालय आदि स्थान जहाँ कार्यावधि कम रहती है, उन्हें गर्म होने वाली दीवारों के समीप बनाये जा सकते हैं ताकि अधिक उपयोग आने वाले भाग में तापक्रम ज्यादा उपयुक्त बनाये रखा जा सके।

5. कैवेटी वॉल एवं थर्मा इन्सूलेशन द्वारा – आन्तरिक भाग में तापक्रम नियन्त्रित करने हेतु गर्म एवं उष्ण क्षेत्र में इन्सुलेंटिंग शीट को भवन के आन्तरिक सतह पर लगाते हैं कुचालक पदार्थ की बनी वॉल पेनलिंग व फॉल्स सीलिंग का प्रयोग कर सकते हैं। इस हेतु कैवेटी वॉल एवं इल्सूलेटेड छत का निर्माण किया जा सकता है। नोन– लोड–बियरिंग वॉल को इस तरह से बनाना बहुत सुविधाजनक रहता है। मगर लोड लेने वाली दीवार में बीच बीच में

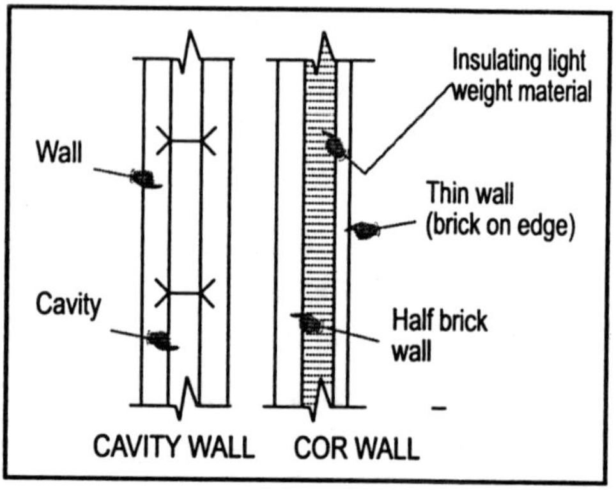

आपस में कहीं कहीं हुक्स डाल कर स्ट्रेन्थ दी जा सकती है। जैसेकि 1.5 ईंट की मोटी दीवार बनानी हो तो आन्तरिक दीवार को आधी ईंट की एवं बाह्य दीवार को एक ईंट की बनाते हैं एवं दोनों दीवारों के मध्य 2 से 3 इंच की जगह रख देते हैं ताकि आन्तरिक तापक्रम को नियन्त्रित रखा जा सके एवं कृत्रिम ऊर्जा का कम से कम ह्रास हो।

6. मेहराब (Arch) बनाकर – जहाँ मेहराब से किसी भी भवन का एस्थेटिक व्यू बढ़ता है। वहीं बड़ी ओपनिंग को ढकने के लिए छोटे नाप के पत्थरों को इस तरीके से लगाया जाता है कि बड़ी ओपनिंग को भी पाटा जा सके। आर्च/मेहराब बनाने से ओपनिंग जो खिड़की या दरवाजे के रूप में दी जाती है की ऊँचाई बढ़ जाती है। जिससे रोशनी और अधिक मिलती है क्योंकि खड़ी खिड़की में आड़ी खिड़की के मुकाबले अधिक रोशनी मिलती है। भारतीय संस्कृति में साधारणतया तीन तरह के मेहराब बनाये जाते थे।

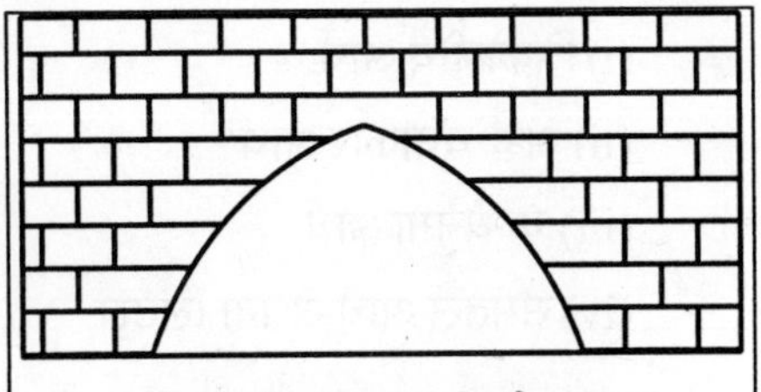

हिन्दु मेहराब/कोरबैल्ड

i. हिन्दु मेहराब अथवा कोर बैल्ड आर्च

ii. मुस्लिम मेहराब

iii. जैन मेहराब अथता कोरबैल्ड स्लेब आर्च

i. हिन्दू मेहराब – इस विधि में एक पत्थर को दूसरे पत्थर पर सपाट इस तरह से रखे जाते है कि ऊपर वाला पत्थर बाहर निकलकर ऊपर के रद्दे में ओपनिंग स्पान को कम कर सके। इस विधि में पत्थरों का भार सीधा दीवार अथवा खम्भे पर आता है।

ii. मुस्लिम मेहराब – इस तरह के मेहराब में पत्थर को वेज आकार में बनाकर इस तरह से फंसाया जाता है कि उस पर आने वाला भार सीधे नीचे स्थांतरित करने की बजाय साइड की दीवारों व खम्भों में स्थानांतरित हो क्योंकि मध्य में जो की स्टोन (चाबी) को इस तरह से फंसाया जाता है कि उस पर पड़ने वाला

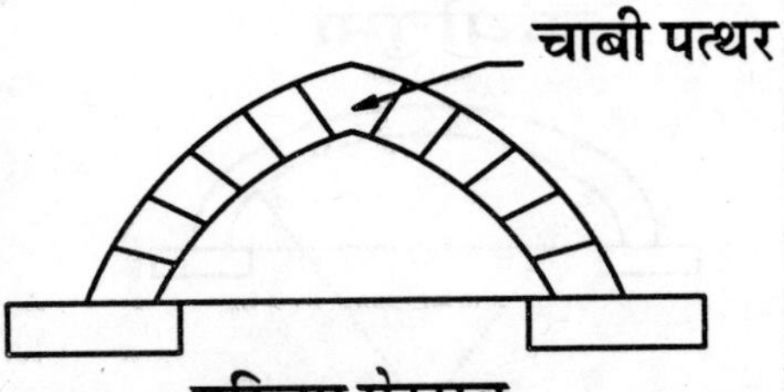

मुस्लिम मेहराब

भार साइड की दीवारों में थ्रस्ट द्वारा चला जाये।

iii. जैन मेहराब – इस विधि में छत की ओपनिंग पर पत्थर की स्लेब हिन्दू स्टाइल के अनुरूप ही लगाते है ताकि कमरे का स्पान हर रद्दे में कम होता जाये।

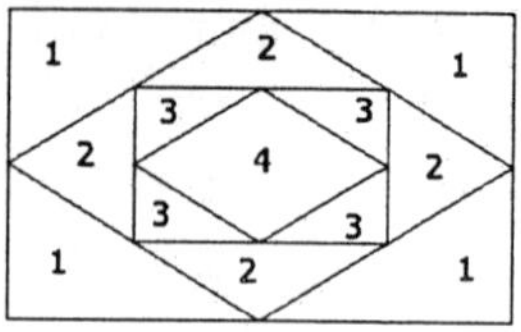

सिलिंग प्लान जैन मेहराब

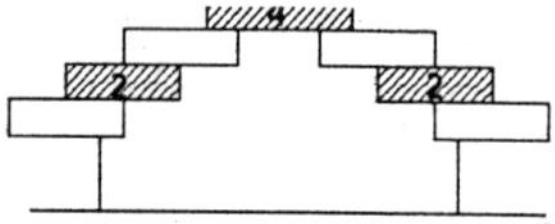

जैन मेहराब

ऊपर बताई गई इन तीनों स्टाइल से बनने वाले मेहराब के आकार निम्न हो सकते हैं।

(i) त्रिकोणीय आर्च

(ii) अर्द्ध चंद्राकार आर्च

(iii) कन्धेनुमा आर्च

(iv) समतल आर्च अथवा लिंटल

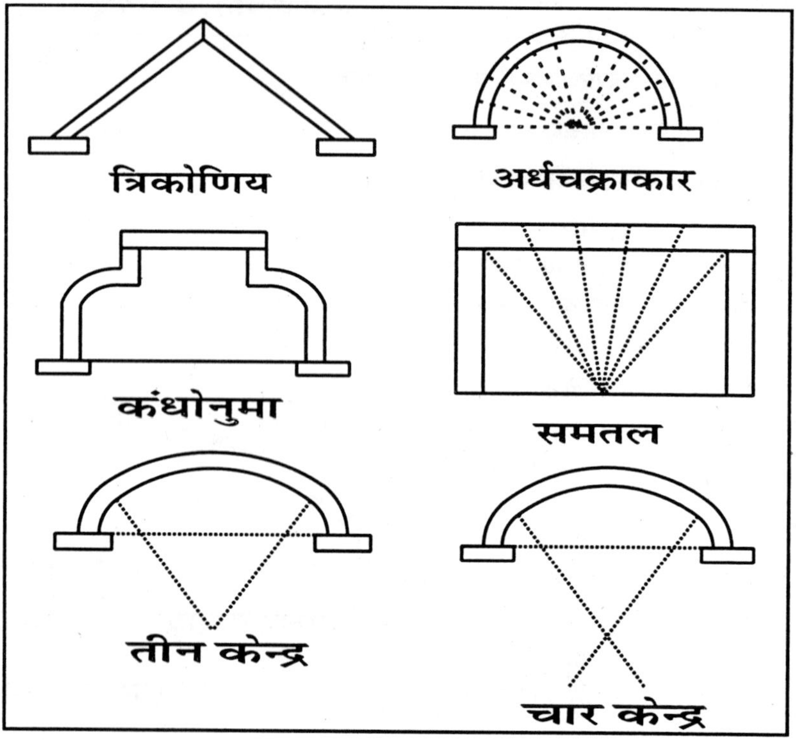

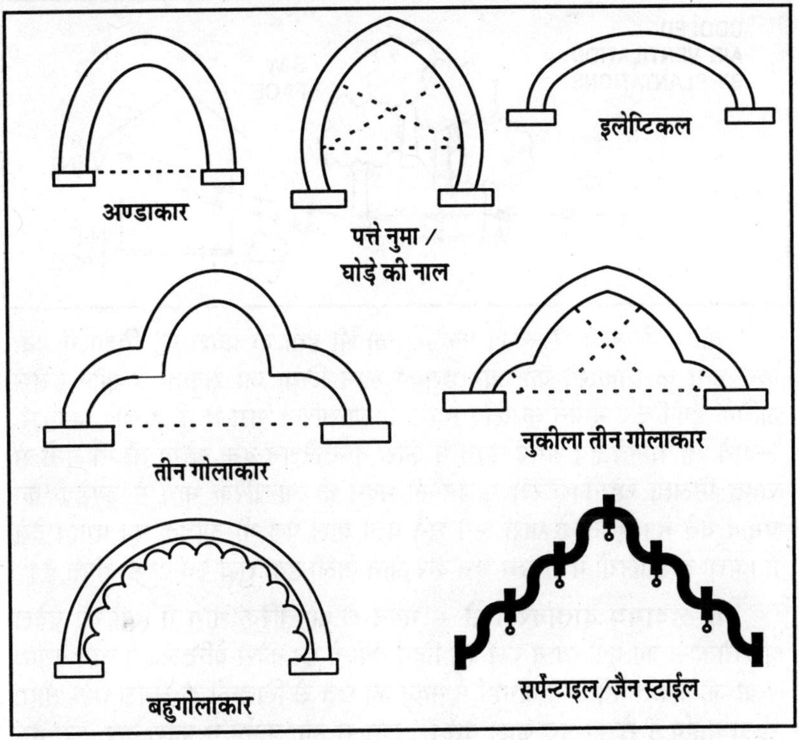

(v) तीन केन्द्र, चार केन्द्र के आर्च (vi) अण्डाकार आर्च पैरावलिक आर्च

(vii) पीपल का पत्तेनुमा अथवा होर्स शू आकार का

(viii) इलेप्टीकल अथवा पैराबोलिक आर्च

(ix) सर्पेन्टाइल स्टाईल (x) बहुगोलाकार आर्च

(xi) विभिन्न त्रिज्या वाले गोलाकार आर्च

7. पेड़–पौधों व हरियाली द्वारा – गर्मियों में हवा मुख्य तया दक्षिण–पश्चिम दिशा से उत्तर–पूर्व की ओर बहती है। अतः अगर घनी छाया वाले पेड़–पौधे, बगीचा, दूब आदि भवन के दक्षिण–पश्चिम दिशा में लगाया जाये तो बाह्य हवा घर में कुछ ठण्डी होकर ही प्रवेश करेगी जो आन्तरिक भाग में ठण्डक बनाये रखेगी। इसका अनुभव जोधपुर के हाईकोर्ट से पावटा की ओर जाते समय हाईकोर्ट में लगे हुए पेड़–पौधों के प्रभाव से उतर–पूर्व में रोड़ पर भी किया जा सकता है जहाँ तापक्रम में बदलाव का अनुभव शरीर को होता है क्योंकि हवा का प्रवाह इस रोड़ की तरफ होता है।

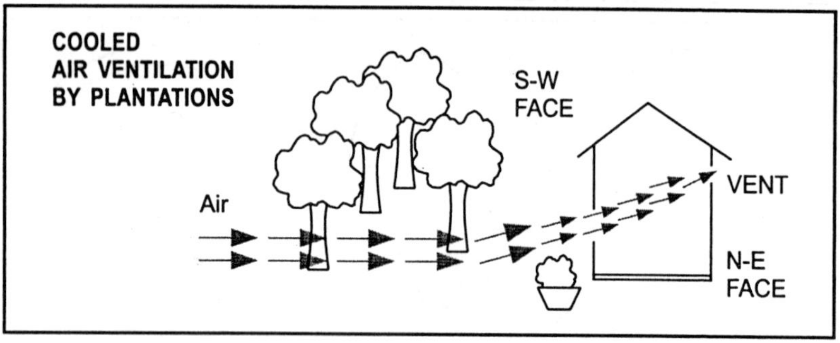

वाटर पोण्ड व स्प्रिन्कल फव्वारों को भी हवा के प्रवेश की दिशा में बना कर, हवा के निकासी की ओर इसका लाभ लिया जा सकता है और इससे अधिक इफेक्टिव बनाने के लिए भवन के आन्तरिक भाग में भी इन्डोर प्लान्ट्स लगाये जा सकते हैं। अगर भवन में क्रोस वेन्टिलेशन बना रहेगा तो भी गर्मी से राहत मिलती रहेगी। टैरेस गार्डन भी भवन के आन्तरिक भाग में ठण्डक का प्रभाव देते हैं। भवन के पास लगे घने पत्तों वाले पेड़ भी ठण्डक का प्रभाव देते हैं। पत्तों व डालियों में से छन छन कर आने वाली हवा शुद्ध एवं ठण्डी होती है।

8. हवामय वातावरण से – भवन के आन्तरिक भाग में हवा का प्रवेश एवं निकास का पूर्ण ध्यान रखें एवं जिन स्थानों पर क्रोस वेन्टिलेशन नहीं बनाये रखा जा सकता हो ऐसी जगहों में भवन की छत से खिड़की के लेवल तक सीधा खड़ा पाईप 8 से 12 इंच डाल देते हैं। छत से हवा पाईप में प्रवेश करें, इस हेतु छत पर अलमारीनुमा रिवाल्विंग चिमनी बना सकते हैं ताकि हवा को चिमनी के द्वारा भवन के आन्तरिक भाग में प्रवेश करवाया जाता है। इस हेतु चिमनी का मुँह हवा की दिशा में, साधारणतया दक्षिण–पश्चिम में खुला रखते हैं ताकि चिमनी की बन्द सतह से टकरा कर हवा सॉफ्ट में प्रवेश करें। इस विधि से कमरे में हवा के निकास हेतु उसके प्रवेश के विपरित दिशा में रोशनदान/चिमनी बनाकर दूषित हवा को भी निकालते हैं। यह तरीका गाँवों में धुआंकश के नाम से प्रचलित है जिसे शहर के आपस में सटे हुए भवनों में प्रयोग किया जा सकता है।

जब मिले दिन में सूर्य का प्रकाश,

तब क्यों करें विद्युत का व्यर्थ विनाश।

60 प्रकाश व्यवस्था में बदलाव से बिजली की बचत

प्रकाश व्यवस्था के बिना प्राकृतिक छटा व सजावट का कोई महत्व नहीं रह जाता है। अच्छी प्रकाश व्यवस्था कमरे के सकारात्मक पहलुओं को उभारती है जिससे हर्ष और उल्लास का वातावरण बनता है जबकि अंधेरे से विषाद और अवसाद का। प्रतिदिन जीवन में हलचल उजाले से होती है जबकि अंधेरा उस हलचल को थाम देता है। उजाला आशा और सकारात्मकता का प्रतीक है जबकि अंधेरा शिथिलता एवं नकारात्मकता का। अतः गलत प्रकाश व्यवस्था नकारात्मकता को उभार देती है।

प्रकाश मनुष्य की कार्यक्षमता एवं कार्यवधि को बढ़ाता है। यदि बल्ब को सही तरीके से उपयुक्त स्थान पर लगाया जाये तो बिजली के बिल में कटौती कर इसका फायदा उठाया जा सकता है क्योंकि बल्ब कार्यक्षेत्र से दूरी पर लगा होगा तो उसकी रोशनी का प्रभाव भी कार्यक्षेत्र पर कम होता जाता है, जो दूरी के वर्ग के अनुपात में घटता जाता है। रोशनी का नाप ल्युमन में नापा जाता है और एक ल्युमन एक मोमबत्ती की रोशनी को एक फुट की दूरी पर रोशनी का नाप होता है।

1. लैम्प की स्थिति – जहाँ तक हो सके लाईट को कमरे में लंबी दीवार पर लगाने से इसका प्रकाश अधिक क्षेत्र को प्रभावी बनाये रखती है अतः कमरे में कम लैम्प लगाने से भी काम चल जाता है। कमरे में रोशनी की तीव्रता बढाने के लिए लैम्प को रोशनी वाली खिड़की के सामान्तर लगाने से रोशनी का प्रभाव बढ़ जाता है। लैम्प की रोशनी का प्रभाव दूरी के साथ कम होता जाता है मगर कार्यक्षेत्र बढ़ता जाता है।

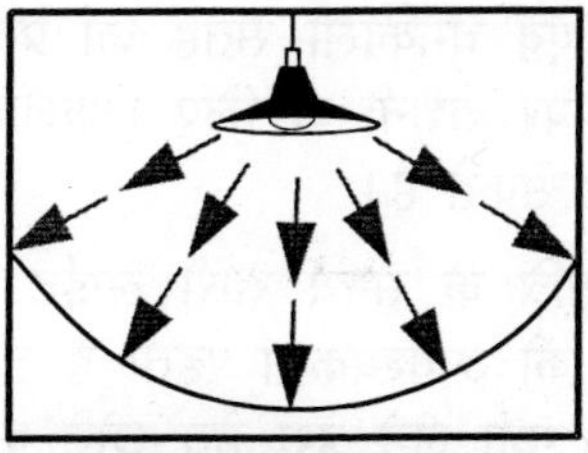
Lamp should be fixed on centre of long wall

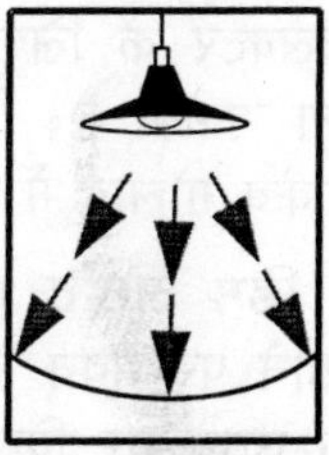
Lamp fixed on short wall will be less effective

2. सी.एफ.एल. – इससे उजली एवं सफेद रोशनी मिलती हैं एवं कम वॉट का सी.एफ.एल. भी बल्ब की बजाय अधिक प्रकाश देती है। एक अनुमान के अनुसार साधारण इन्कैण्डैसेन्ट बल्ब में करीब 35 ल्यूमन प्रति वॉट की क्षमता होती है जबकि 1 वॉट की सी.एफ.एल. में करीब 100 ल्यूमन प्रति वॉट, अतः सी.एफ.एल. के उपयोग से बिजली के व्यय में इसी अनुपात में काफी बचत होती है।

3. स्पॉट लाईट – किसी स्थान विशेष को प्रकाशित करने के लिए एवं किसी वस्तु को उजागर करने के लिए स्पॉट लाईट से फोकस करते है। किसी शो पीस को दिखाने हेतु उस पर नजदीक से लाईट डाली जाती है ताकि कम वॉट की लाइट होते हुए भी ऑब्जेक्ट प्रकाशित हो कर स्पष्ट तरीके से नजर आए।

4. हैंग लाईट – डाइनिंग टेबल तथा पढ़ने की टेबल पर लाईट को हैंग करके इस तरह लगाते है कि लाईट मुँह पर नहीं पड़े और स्थान पूर्ण प्रकाशित रहे। इससे कम वॉट के बल्ब से भी कार्य चल जाता है।

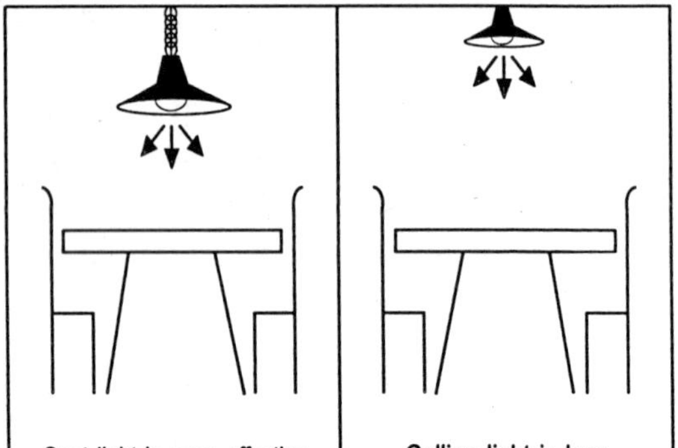

Spot light is more effective when work field is limited

Celling light is less effective to work on spot

5. रिफलेक्टर – जो क्षेत्र प्रकाशित करना है उस पर फोकस करते हुए रिफलेक्टर को लाईट के सामने लगाकर परावर्तित प्रकाश को लिया जा सकता है। बल्ब के पीछे लगे रिफलेक्टर से भी बल्ब की क्षमता बढ़ जाती है। रिफलेक्टर के लिए कोई भी चिकनी एवं चमकीली सतह का प्रयोग किया जा सकता है। किसी स्थान विशेष पर रोशनी के लिए रिफलेक्टर को कोनकेव गोलाई में रखकर केन्द्रित कर सकते हैं।

6. डिम लाईट (Dim light) – रात्रि के समय सारी लाईट बंद करके सोने पर भवन में एक डिम लाईट की आवश्यकता रहती है ताकि अचानक उठने पर किसी वस्तु से टक्कर नहीं लगे इस हेतु छोटे बल्बों

का प्रयोग भी खर्चीला है। 0.5 वाट से 3 वाट तक की सी.एफ.एल. अधिक रोशनी कम खर्चे में देती है। इस हेतु एल.ई.डी. (लैड बल्ब) से बनी डिम लाईट में बहुत कम माइक्रोवॉट विद्युत का व्यय होता है जो बिजली के बिल में काफी बचत करता है।

7. डेकोरेटिव लाईट – किसी का ध्यान अपनी ओर आकर्षित करने के लिए लगाई गई लाईट इस श्रेणी में आती है। इस हेतु आज कल बल्ब की जगह सी.एफ.एल. लाईट लगाकर फानूस, लेम्प सीलिंग लाईट, शैडेलियर्ड गेट व पिलर लैम्प, कोर्नर लाईट, पिक्चर लाईट, रंगीन लाईटों आदि में बिजली की बचत की जा सकती है।

8. इलेक्ट्रोनिक डिमर (Dimmer) :– ऐसे स्थान जहाँ कुछ समय तेज रोशनी और कुछ समय कम रोशनी की आवश्यकता रहती है वहॉ लैम्प को डिमर के साथ लगाना चाहिये। जैसे कि पोर्च के नीचे शाम 8 से 9 बजे तक तेज रोशनी व रात्रि में कम रोशनी होनी चाहिए ऐसे स्थान पर उस लाईट को डिमर से जोड़ देने पर बिजली की बचत की जा सकती है। शहरों एवं कस्बों में लगी रोड़ लाईट्स जो अलग सर्किट पर चलती है उनमें भी यातायात के घनत्व के अनुरूप रोशनी डिमर से घटाकर लाइट खर्च में कमी लाई जा सकती है।

9. पुश अथवा पुल स्विच लैम्प – ऑटोमेटिक पुश स्विच के द्वारा उन स्थानों में रोशनी रखी जा सकती है, जिसकी आवश्यकता नहीं होने पर स्वतः ही बंद हो जाती है। घर गें बने स्ट्राँग रूम, बॉक्स रूम, लाईब्रेरी, डार्क रूम आदि में फ्रीज में लगे स्विच की तरह ऑटोमेटिक पुश अथवा पुल स्विच लगा देने से जब उस कमरे अथवा अलमारी का दरवाजा खोला जायेगा तो रोशनी हो जायेगी एवं बंद करने पर स्वतः बंद हो जायेगी। इस हेतु आजकल होटल के कमरे में बिजली का स्विच, कमरे के दरवाजे की चाबी हटाते ही बन्द हो जाता है और बन्द कमरे में बिजली का अपव्यय रूक सकता है।

10 टास्क लाईट (Task light) – कमरे में बनी अलमारियों, वार्डरोब, केबिनेट एवंम पूजाघर में कुछ समय के लिए ही रोशनी की जरूरत होती है ऐसे स्थानों पर अलग से बल्ब केबिनेट के अन्दर लगाया जा सकता है। जिसका स्वीच नजदीक में लगाकर पूरे कमरे में बड़े बल्ब लगाने से बचा जा सकता है और लगातार होने वाले व्यय में कमी लाई जा सकती है।

11 नॉन विजुअल लाईट (Non Visual Light) – खाना गर्म करने, पौधों की वृद्धि के लिये अलग से स्वीच लगाकर नियन्त्रित लाईट ली जाती है।

12. नियोन लेम्प (Xenon lamp) – इस तरह के बल्ब से रोशनी बहुत कम होती हैं मगर रंगीन बल्ब के लिये बहुत उत्तम रहते हैं, अतः पार्किंग सिग्नल, विज्ञापन बोर्ड आदि के लिये उपयोग कर सकते हैं।

13 सेन्सर्स (Sensors) – सभा भवन, मीटिंग रूम आदि में जब कोई व्यक्ति नहीं हो तो स्वीच बंद हो जाना चाहिए। इस हेतु मानव ओक्यूपेन्सी सेन्सर या मोशन सेन्सर का प्रयोग कर सकते हैं ताकि भवन में कोई ना होने पर स्वीच स्वतः बंद हो जायें इसी तरह बाहरी सड़कों तथा गलियों की लाईट जब दिन की रोशनी में जरूरत न हो तब फोटो सेन्सर या एस्ट्रोनोमिकल टाईम स्वीच (Astronomical time switch) की मदद से बिजली के अपव्यय को कम किया जा सकता है।

14. स्विच अंडर चेयर – जो लोग अलग चैम्बर में बैठते हैं वे अपनी सीट पर होते हैं तो कूलर, एग्जॉस्ट एवं सीलिंग फैन, लाईट, टेबल लैम्प, हीटर आदि की जरूरत रहती है मगर जब चेम्बर में कोई नहीं होता है तो केवल एक लाईट से कार्य हो सकता है। ऐसे में सीट के नीचे आटोमेटिक पुश टाईप स्विच लगाया जा सकता है ताकि मुख्यकर्त्ता के सीट पर बैठते ही ऑन हो जाये तथा वजन हटते ही स्विच ऑफ हो जाये। टू वे स्विच से दोनों व्यवस्था भी बनाई रखी जा सकती है। ऐसे अनगिनत तरीके है जिनकी सहायता से बूंद–बूंद करके बिजली का घड़ा भरा जा सकता है।

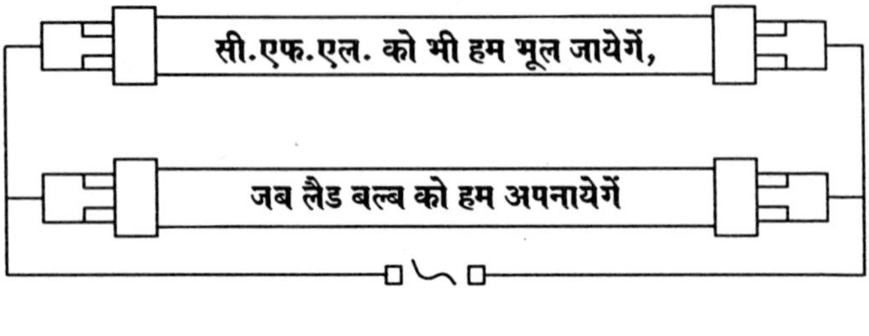

61

परावर्तित किरणों से भवन में रोशनी एवं गर्मी

सूर्य किरणों में लगभग एक तिहाई भाग इन्फ्रारेड किरणों का होता है जो किसी वस्तु को गर्म करने का कार्य करता है। यही कारण है कि सूर्य की किरणों में प्रकाश उत्पन्न करने के साथ गर्म करने की शक्ति होती है।

सूर्य की किरणे छत पर प्रचुर मात्रा में उपलब्ध रहती है, अतः छत पर स्काई लाईट खिड़की, रिफ्लेक्टिव पाईप अथवा डक्ट को लगाकर किरणों को नीचे कक्ष में परावर्तित करवाकर रोशनी ली जा सकती है इस हेतु डक्ट पर ग्लास डोम, पाईप पर कोइकैव लैन्स लगाकर किरणों को रिफ्लेक्टर द्वारा नीचे परावर्तित करना होता है।

खिड़की, रोशनदान अथवा दीवारों में स्लीट बनाकर किरणों को लेना ज्यादा सरल रहता है। परावर्तित किरणें कक्ष में चारों और फैल जाये इस हेतु अन्तिम छोर पर लगा रिफ्लेक्टर खुरदरा (Rough cast) रखते हैं ताकि किरणों का विकिरण हो और रोशनी चारो और फैल जाये। इन सूर्य किरणों को अगर खाली ग्लास कोन/ट्यूब जिसमें चमकदार बुरादा फैलाया हो, में डाला जाये तो किरणों के परावर्तन से प्रकाश को चारों ओर फैलाया जा सकता है। इसके लिए सूर्य पथ का ज्ञान करके दर्पण लगाने की जगह तय की जाती है ताकि जब भी आवश्यकता हो दिन के समय सूर्य के प्रकाश को एवं रात्रि के समय बाहर की जलने वाली रोड़ लाईट के प्रकाश को भवन के आंतरिक भागों में किरणों द्वारा भेजा जा

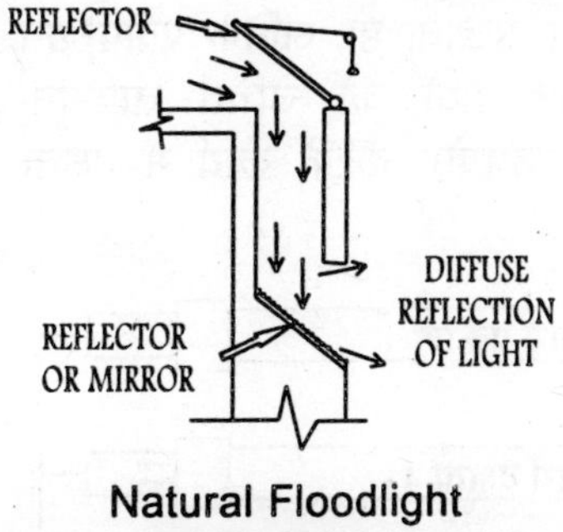

Natural Floodlight by Reflection

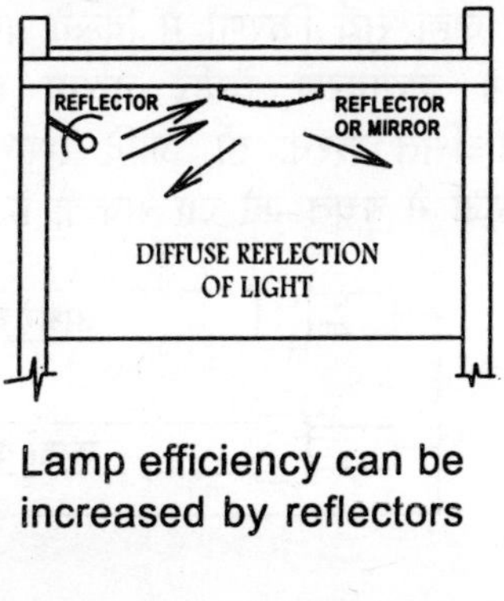

Lamp efficiency can be increased by reflectors

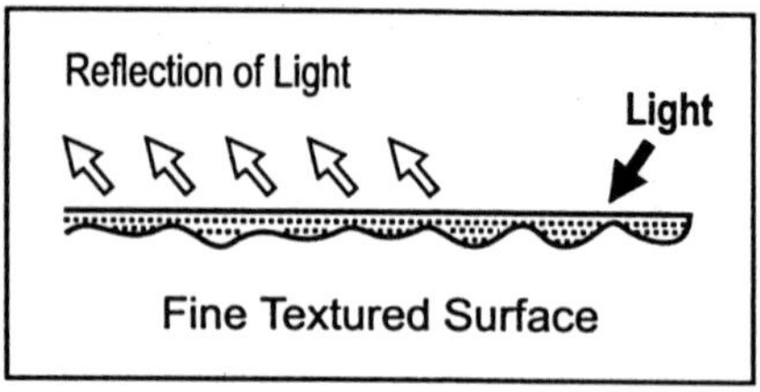

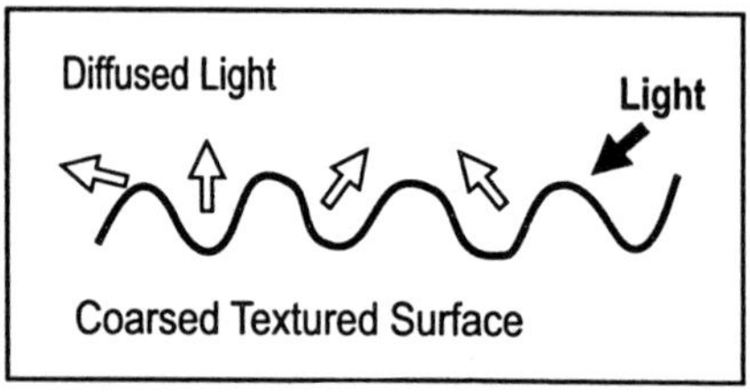

सकता है। प्रकाश की किरणें प्लेन सतह के लम्ब पर बनने वाले कोण के बराबर कोण पर परावर्तित होती है एवं पैराबोलिक अथवा समतल सतह से प्रकाश को केन्द्रित करके उसे किसी एक स्थान पर फोकस करा सकते हैं जिसे भवन के आंतरिक भागों तक फैलाया जा सकता है।

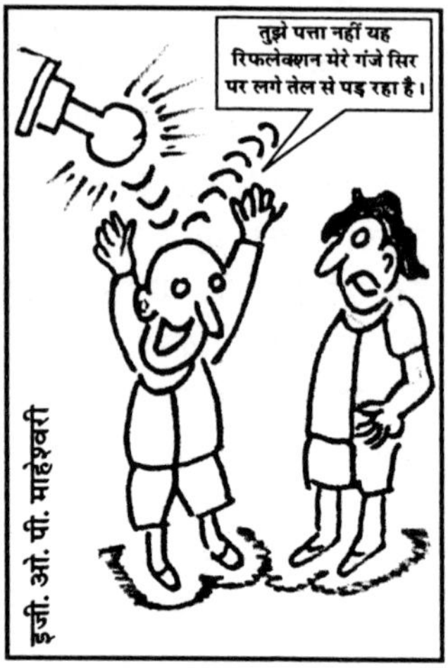

दर्पण की संख्या व क्षेत्रफल बढ़ाकर एवं पैराबोलिक (कोनकेव) सतह से सूर्य किरणों को रिफ्लेक्ट कराकर रिफ्लेक्सन को काली चालक सतह पर डालने से इसके प्रभाव को हीट के रूप में काम लिया जा सकता है। एक ही सतह पर कई सारे रिफ्लेक्शन आने से प्रकाश की गर्मी बढ़ जाती है। जिससे सतह का तापक्रम बढ़ जाता है इस प्रकार से चालक काली सतह (ऊर्जा अवशोषित करने वाली सतह) का तापक्रम भट्‌टी एवं बायलर के तापक्रम के बराबर बढ़ाया जा सकता है, और ऊर्जा के रूप में उपयोग होने वाली विद्युत ऊर्जा एवं अन्य ईंधन में कमी लाई जा सकती है। इस विधि से छोटे रूप में उन कारखानों में जहां सूर्य किरणों में किसी वस्तु को सुखाना हो, अधिक एवोपरेशन एवं गर्म वातावरण तैयार करना हो, पेड़—पौधों को उचित तापमान पर विकसित करना हो, आदि स्थानों पर उपयोग करके कार्य में दक्षता एवं ऊर्जा में बचत की जा सकती है।

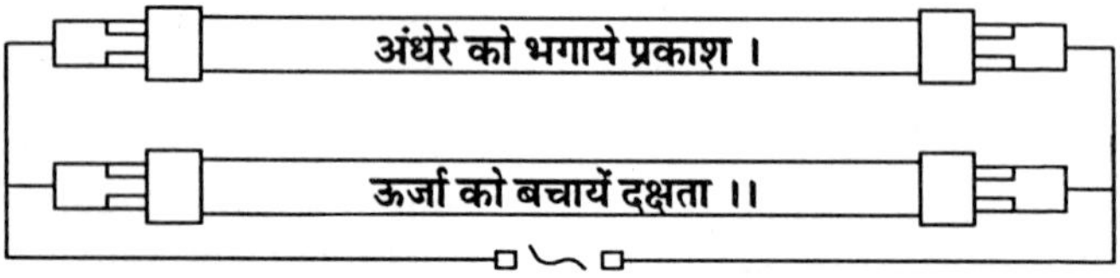

62 भवनों में प्राकृतिक प्रकाश व्यवस्था

इस पृथ्वी को मिले वरदान रूपी प्रकाश पुंज के पथ को अगर समझ लिया जाये तो भवन के आन्तरिक भाग में प्राकृतिक वातावरण उत्पन्न कर न केवल यह प्रकाशमय बनाया रखा जा सकता है अपितु स्वास्थ्यमय वातावरण से मन प्रफुल्लित बना रहेगा। सूर्य किरणों में एक तिहाई प्रकाश इन्फ्रारेड किरणों से मिलता है जो किसी वस्तु को गर्म करने का कार्य करती है। यही कारण है कि सूर्य किरणों में प्रकाश के साथ गर्म करने की शक्ति होती है।

इस हेतु भवन निर्माण के समय कुछ सावधानियाँ व कुछ तकनीक का उपयोग किया जाये तो प्रकाश पुंज सूर्य द्वारा मिलने वाले प्रकाश का उपयोग कर कृत्रिम साधनों में कमी की जा सकती है और बिजली के बिल में भी कटौती कर ऊर्जा बचत में राष्ट्रीय सहयोग दिया जा सकता है। सूर्योदय से सूर्यास्त तक के पथ के अनुरूप सीधी या परावर्तित किरणों को भवन के आन्तरिक भाग में विकिरण करवाया जाये तो उसे प्रकाशमय बनाया जा सकता है।

सूर्य पथ को ज्ञान करने के लिए एक नुकीली वस्तु अथवा पेन्सिल को कार्ड बोर्ड पर सीधी लगा देते है। अब इस सीधी लगी हुई पेन्सिल व कार्ड बोर्ड को समतल धरातल में दिशा अंकित करते हुए खुले में रख देते हैं। सूर्योदय से सूर्यास्त तक हर एक घण्टे में सूर्य किरण से पेन्सिल की नोंक का प्रतिबिम्ब कागज पर अंकित कर देते हैं और सभी बिन्दुओं को मिला कर सूर्य पथ को अंकित किया जा सकता है, जो उस क्षेत्र में उस समय सूर्य के पथ को दर्शाता है। पेन्सिल के नोंक की ऊँचाई एवं प्रतिबिम्ब की नोक पर बनने वाला कोण भी ज्ञात किया जा सकता है जिसका उपयोग भवन में लगाये जाने वाले रोशनदान, खिड़कियों, चौक, छज्जे आदि में किया जा सकता है एवं सूर्य प्रकाश का अधिकतम समय तक सदुपयोग किया जा सकता है एवं अनावश्यक धूप को छज्जों द्वारा काटा भी जा सकता है।

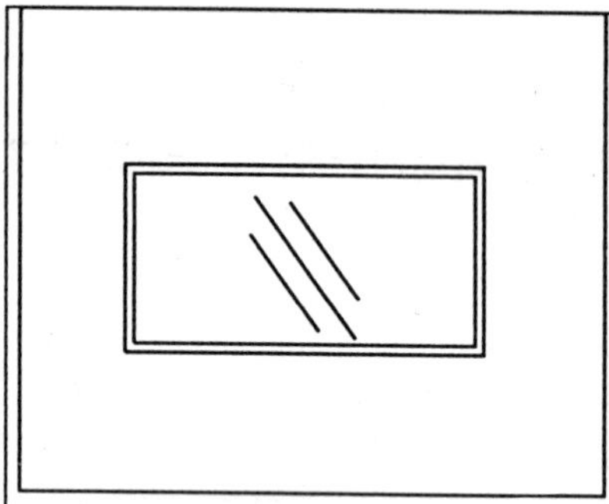

Horizontal window is less effective for illuminations

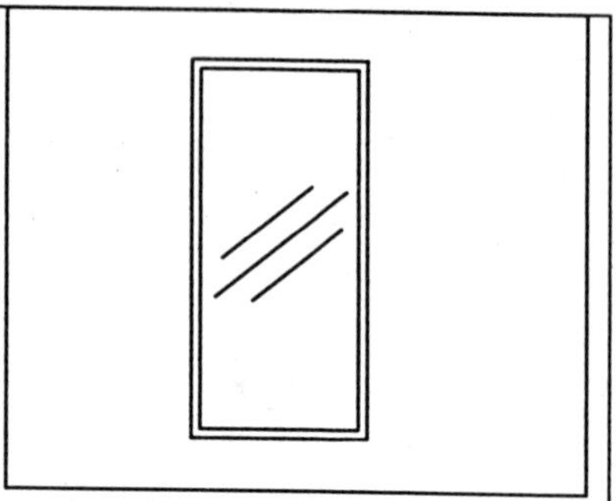

Vertical window is more effective for illuminations

भवन निर्माण के समय निम्न तकनीकी बिन्दुओं पर ध्यान रखा जाये तो भवन को प्रकाशमय बनाया जा सकता है –

1. खिड़कियो के आकार द्वारा :– बाहरी दीवार में लगाई जाने वाली खिड़की को चौड़ाई की अपेक्षा ऊँचाई में ज्यादा रखा जाये तो वह पूरे आन्तरिक क्षेत्र में ज्यादा रोशनी देगी। वैसे प्रकाश किसी भी दिशा से लिया जा सकता है फिर भी अगर सूर्य पथ को ध्यान में रख कर खिड़कियों का निर्धारण करे तो इससे अधिक समय तक व आवश्यकतानुसार प्रकाश को भवन में बनाया रखा जा सकता है। जैसे भवन के उस भाग में जहाँ सवेरे जल्दी गृहकार्य चालू होता है वहाँ सूर्योदय की दिशा में लगाई गई खिड़की से जल्दी प्रकाश लिया जा सकता है, ऐसे ही शाम के समय पश्चिम दिशा में लगाई गई खिड़की से अन्धेरा होने से पूर्व तक अधिक समय तक प्राकृतिक प्रकाश बनाये रखा जा सकता है। पढ़ाई लिखाई के लिए एवं बैठक के कमरे में उत्तर दिशा से भी विसर्जित प्रकाश को लिया जा सकता है। कुछ समय के लिए किसी भी दिशा से ली गई सूर्य की किरण वातावरण में उपस्थित मच्छर, कीट व कीटाणुओं को नष्ट करने में भी मदद करती है। दक्षिण दिशा से आने वाली तेज धूप को छज्जा/सन ब्रेकर/ल्यूवर्स/ब्लेण्डस/पर्दे लगा कर किरण को विसर्जित प्रकाश के रूप में भवन में लिया जा सकता है। वैसे तो पूरे घर में ही प्रकाश को बनाये रखने की व्यवस्था होनी चाहिये फिर भी दिन के समय अधिक

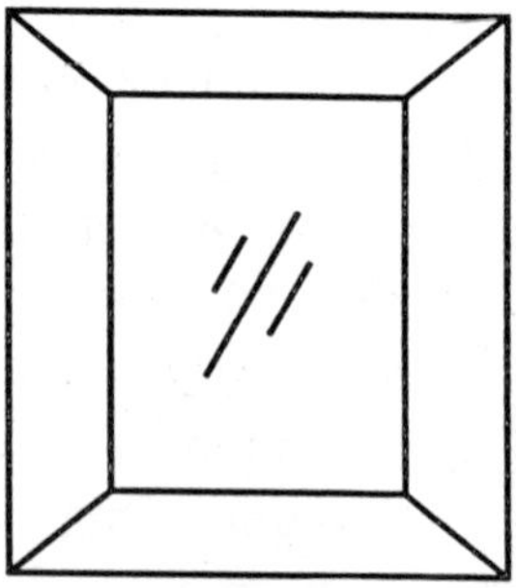

Splayed Window

काम के क्षेत्र की बाहरी दीवारों के पास या खुले क्षेत्र के नजदीक होनी चाहिये एवं वरीयता के अनुसार भवन के विभिन्न हिस्सों को व्यवस्थित कर बिजली का उपयोग कम किया जाना चाहिए और बिजली खर्च में बचत की जानी चाहिए।

2. चेम्फरिंग (Chamfering) **द्वारा** – दीवार में बनाई जाने वाली खिड़की का तलिया (सिल) अगर प्रकाश की किरण के अनुरूप तिरछा (स्लॉट/टैपर) रखा जाये तो छोटी खिड़की से अधिक क्षेत्र को प्रकाशमय बनाया जा सकता है। अगर खिड़की की साईड एवं लिन्टल लेवल पर भी

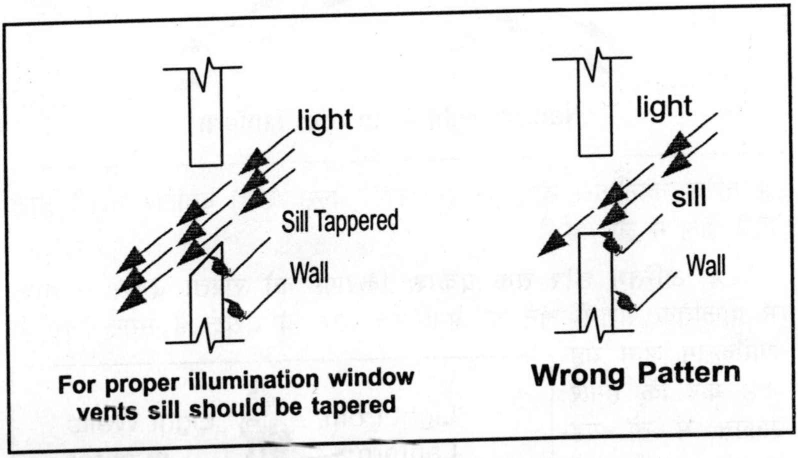

कोणों को तिरछा काटा जाये यानि खिड़की जेम्बस स्प्लेड (Splayed) रखा जाये तो और अधिक छोटी खिड़की से बड़े क्षेत्र को प्रकाशमय बनाया जा सकता है। सीधी प्रकाश किरण की आवश्यकता न होने पर इसे लूअर्स से कम किया जा सकता है।

3. ऊपरी भाग में लालटेन बनाकर – भवन के मध्य भाग में, आगे, पीछे व साईड में खुला चौक छोड़ कर रोशनी ली जा सकती है। मगर जहाँ खुला चौक सम्भव नहीं हो पाता है वहाँ छत में रोशनी के लिए चिमनीयुक्त रोशनदान बनाया जा सकता है। लालटेन जो छत लेवल के ऊपर उठा हुआ भाग होता है जिसकी साईड में रोशनी अन्दर की ओर ली जा सकती है और अधिक रोशनी लेने के लिए लालटेन की उपरी छत में फाईबर अथवा रंगीन ग्लास आदि का डोम बनाया जा सकता है। ऐतिहासिक भवन जैसे कि उच्चतम न्यायालय, दिल्ली/उम्मेद भवन, जोधपुर/राष्ट्रपति भवन, दिल्ली आदि के डोम पर लालटेन बनाकर रोशनी

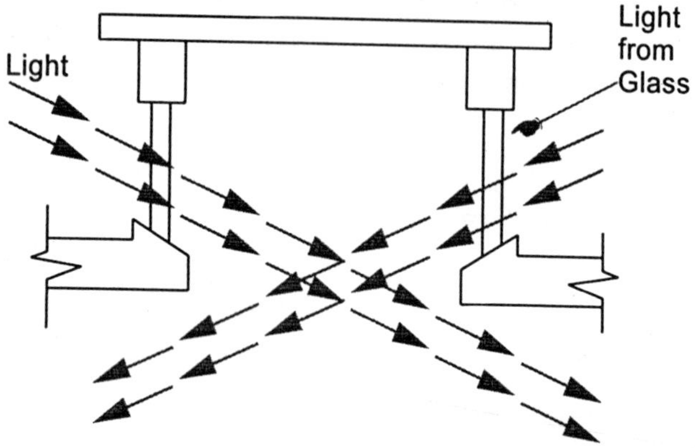

Natural light from roof lantern

आन्तरिक कोनीकल डॉम पर एवं उसमें वैल्स (छेद) बनाकर गैलेरी द्वारा नीचे हॉल में ली गई है।

4. अन्तिम छोर तक प्रकाश किरणों को रास्ता देकर – भवन में प्राकृतिक रोशनी लेने के अनगिनत और भी तरीके हैं मगर फिर भी अधिकतम लोग यह कह कर कि हमारे मकान में तो यह सम्भव नहीं हो सकता था और अन्धेरे में ही जीवन बिताने के आदी हो जाते हैं या फिर बिजली का बिल बढ़ाते रहते हैं। इस हेतु मैं उन लोगों को कुछ ऐसे स्थान बता रहा हूँ जहाँ से रोशनी ली जा सकती है जैसेकि सीढ़ियों के राईजर (Riser) में ग्लास लगाकर, छत में एक या दो पट्टियों को ऊपर लगा कर सूर्य प्रकाश की तरफ खिड़की बनाई जा सकती है।

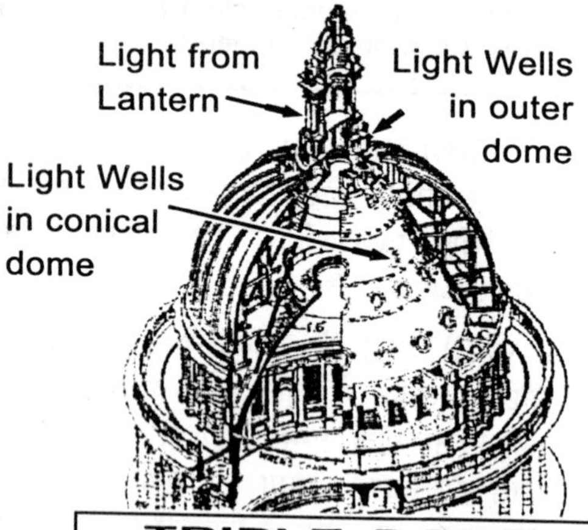

TRIPLE DOME SECTIONAL VIEW

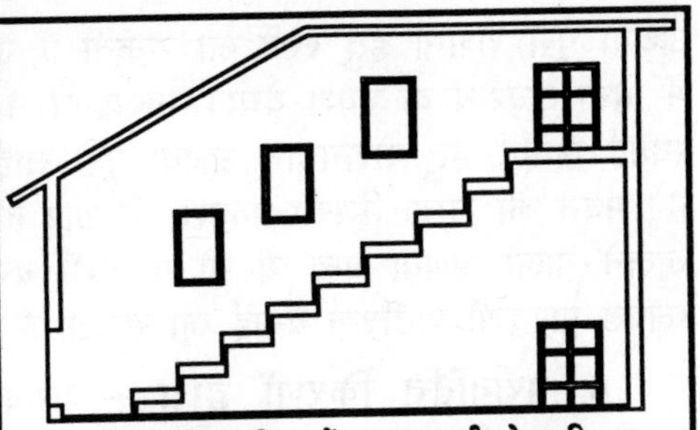

स्टेप्ड खिड़कियों द्वारा पूर्ण रोशनी

खिड़कियों एवं दरवाजों में अधिक से अधिक ग्लास लगा कर रोशनी बढ़ाई जा सकती है। अगर कोई भवन तीनों दिशाओं से बन्द एवं एक ही दिशा से प्रकाश लिया जा सकता है तो भवन के अन्तिम छोर तक प्रकाश की किरणें पहुँचाने के लिए भवन की आन्तरिक दीवारों में भी ग्लास लगाकर प्रकाश किरणों को अन्तिम छोर तक ले जाया जा सकता है। इस हेतु कुछ आन्तरिक दीवारों व पार्टीशन की ऊँचाई बाहरी दीवारों से कम रखी जा सकती है।

5. भवनों की उचित प्लानिंग द्वारा – वर्तमान समय के **फैशन के अनुरूप कई दीवारों को नहीं बना कर, रोशनी के आवगमन का स्थान दिया जा सकता है।** जैसे कि रसोई व खाना खाने के कमरे में मध्य की दीवार को पूरी तरह नहीं बना कर अथवा किचन प्लेटफार्म की ऊंचाई तक बना कर, बैठक के कमरे (ड्राईंग रूम) को लॉबी से जोड़ कर अटैच बैठक बनाई जा सकती है। सीढ़ियों के लिए अलग से कमरा न बनाकर उसे लॉबी के साथ बनाकर दीवारें कम की जा सकती है। अतः अनावश्यक दीवारों में कमी करके भवन के आन्तरिक हिस्से में रोशनी अधिक बढ़ाई जा सकती है। भवन की कुछ दीवारे एवं भाग को पूरी तरह से ग्लेज्ड (पारदर्शी, रंगीन अथवा विभिन्न तरह के काँच एवं पर्दे आदि) से बनाकर दिन के समय रोशनी बनाई जा सकती है। एक कमरे की चार दीवारों में से प्रकाशित क्षेत्र वाली दीवार आंशिक

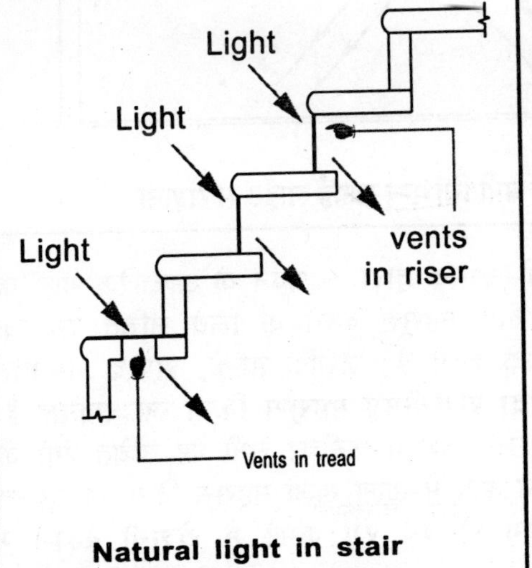

Natural light in stair

अथवा पूरी रोशनी हेतु रखी जा सकती है जो प्रकाश को आन्तरिक भाग में बिना अवरोध के प्रवेश देगी। कारखानों में लोहे की कैंची की साईड में स्काई लाईट हेतु रोशनदान अथवा पूरी साईड पारदर्शी रखी जा सकती है। भवन का लम्बा हिस्सा प्रकाश की ओर हो तो उनमें से कुछ हिस्से को खुलने वाला अथवा बन्द में भी पारदर्शी बनाया जा सकता है इस हेतु ग्लेज्ड पारदर्शी पार्टीशन बनाई जा सकती है।

6. परावर्तित किरणों द्वारा – परावर्तित प्रकाश की किरणों को उल्टी छत, दीवार, फर्श अथवा टेबल पर डाली जाये तो दिन के समय उपयोग आने वाली बिजली में कटौती कर उस स्थान को प्रकाशमय किया जा सकता है।

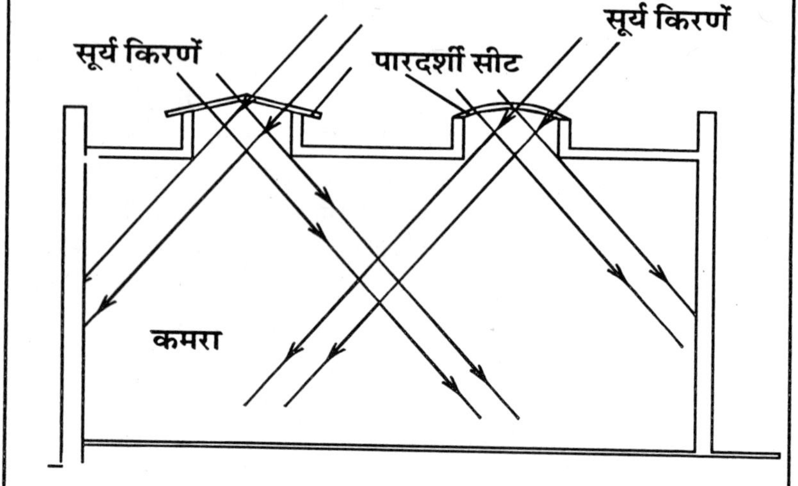

छत पर बनी विभिन्न स्काई लाईट से रोशनी

7. रंगों व सतहों के प्रभाव द्वारा – भवन के आन्तरिक भाग को रोशनीमय एवं आकार में बड़ा महसूस करने के लिये उचित रंगों का प्रयोग किया जाना आवश्यक होता है। जैसेकि **हल्के, सफेद चमकीले रंगों द्वारा कमरे को ज्यादा रोशनीमय महसूस किया जा सकता है।** इस हेतु कमरे की दीवारें, छत, फर्श व फर्नीचर सभी पर उचित रंगों का प्रयोग करके कमरे को अपने आप में खुला खुला महसूस किया जा सकता है। **चमकीले एवं पीले रंग से बने रंग कमरे में रोशनी बढ़ाने में**

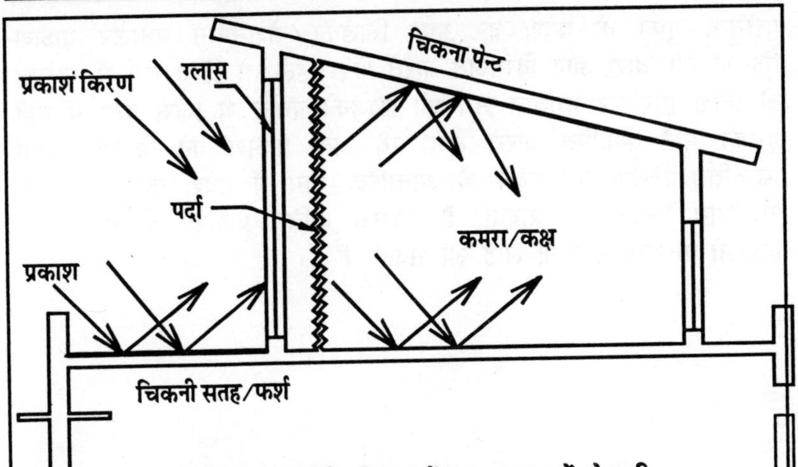

बाहरी परावर्तित किरणों द्वारा कक्ष में रोशनी

मदद करते हैं। मगर गहरे रंग जैसे हरा व लाल रंग से बने रंग किसी खास वस्तु को उजागर जरूर करते है लेकिन साथ में अंधेरेमय वातावरण का अहसास देते हैं अतः सारे रंग जो लाल, नीला, पीला रंग से बनते हैं, उनमें पीले रंग से बने रंग ज्यादा रोशनी का आभास कराते हैं। इस हेतु कमरे के गलीचे, पर्दे, फर्नीचर आदि सभी के रंगों का प्रभाव आन्तरिक आभास पहुँचाते हैं। जैसे लाल रंग का बल्ब कमरे में जला दिया तो सफेद रंग की दीवारें गुलाबी, पीले रंगो के परदे ओरेंज (सतरंगी), नीले रंग का फर्श परपल (गहरा लाल) रंग का आभास देगा। सतह (टेक्राचर) न केवल बाहरी दिखावट में बल्कि प्रकाश के अवशोषण और परावर्तन के प्रभाव में भी प्रमुख भूमिका अदा करता है।

भवन की आन्तरिक भाग की सतह कई तरीके से तैयार की जा सकती है। विभिन्न तरह के प्लास्टर से लेकर विभिन्न तरह की टाईलें, विभिन्न तरह के मेटीरियल जैसे पी.वी.सी., कांच, लकड़ी, पत्थर, चांदी अथवा पीतल आदि धातुओं से, मिट्टी गारा, चुना सीमेन्ट आदि से हो सकती है। प्लेन सतह प्रकाश को परावर्तित करती है और ऊंची नीची सतह प्रकाश का विसर्जन करती है। अतः आवश्यकतानुसार प्रकाश का विसर्जन द्वारा आन्तरिक भाग में रोशनी बनाई जा सकती है। भवन को रोशनीमय बनाने के लिये प्राचीन काल से मानव कुछ साधन अपनाता आ रहा है। यूरोप में लोग डोम पर लालटेन बनाकर प्रकाश का पूरा आन्तरिक भाग में विकिरण करते थे एवं बौद्ध व हिन्दु धर्म में पीपल के

पत्तेनुमा गुफा के प्रवेश के ऊपर खिड़की/रोशनदान बनाकर प्रकाश किरणों को चारों और विसर्जित करते थे। पहले तो हिन्दु धर्म में गर्भगृह के प्रवेश द्वार पर भगवान सूर्य की खिड़की बनाते थे जिसे बाद में वहाँ इनकी मूर्ति स्थापित करने लग गये अतः प्रकाश की किरण अथवा परावर्तित किरण को भवन के आन्तरिक भाग में प्रवेश करा कर उसे रोशनमय बनाया जा सकता है जिससे कृत्रिम प्रकाश की बचत कर बिजली के व्यय में कमी लाई जा सकती है।

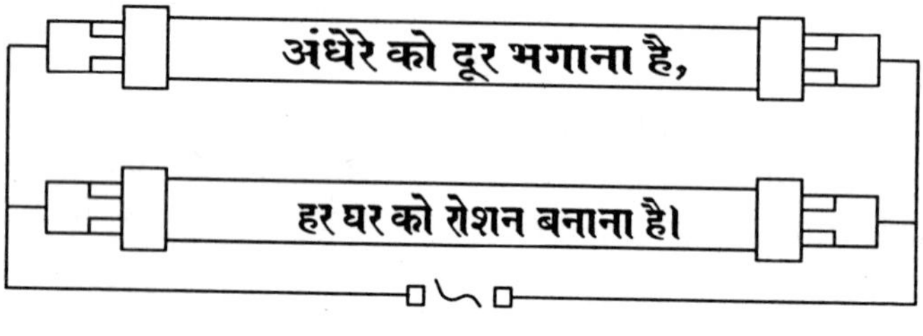

63 सौर ऊर्जा और भवनों में उपयोग

सूर्य पृथ्वी से 15 करोड़ किलोमीटर दूर है यानि सूर्य के प्रकाश को पृथ्वी तक पहुंचने में ही 8 मिनिट का समय लग जाता है जबकि प्रकाश का वेग 3,00,000 किलोमीटर प्रति सैंकड है। सौर ऊर्जा, वह ऊर्जा है जो सूर्य से प्राप्त की जाती है। सौरमंडल में सूर्य ही ऐसा तारा है, जिसमें ऊर्जा का विशाल और अनंत भण्डार है। पृथ्वी पर पानी से लेकर पेड़–पौधों व जीव–जगत का जीवन ही सूर्य की ऊर्जा से चलता है। सूर्य की ऊर्जा हम सभी के लिए सर्वसुलभ है। सूर्य किरणों में एक तिहाई प्रकाश इंफ्रारेड किरणों से मिलता है जो किसी वस्तु को गर्म करने का कार्य करती है। यही कारण है कि सूर्य किरणों में प्रकाश के साथ–साथ गर्म करने की शक्ति होती है। संपूर्ण भारतीय भू–भाग पर 5000 लाख करोड़ किलोवाट घण्टा प्रति वर्ग मीटर के बराबर सौर ऊर्जा आती है और यह इस देश का सौभाग्य है कि वर्ष में लगभग 300 दिनों तक उपलब्ध भी रहती है। वर्तमान में सूर्य से बिजली पैदा करने की दो तकनीकें उपलब्ध है – एक है फोटोवॉल्टेक और दूसरी है कंस्ट्रक्टिंग (Constructing) सोलर पॉवर। फोटोवॉल्टेक विधि में सूर्य की रोशनी सीधे बिजली में बदल जाती है। सूर्य की किरणों से फोटोंस का उत्सर्जन होता है। जब ये फोटोंस फोटोवॉल्टेक सेल पर आघात करता है तो चार्ज पैदा होता है जिससे बिजली मिलती है। फोटोवॉल्टेक सेल (P.V. Cell) सिलिकॉन की दो परतों से बने होते हैं। जब सूर्य की रोशनी इस सेल पर पड़ती है, तो उसकी परतों में एक विद्युतीय क्षेत्र तैयार हो जाता है। किरणें जितनी तेज होगी, उतना ही उत्सर्जन अधिक होगा और बिजली अधिक मिलेगी। कंस्ट्रक्टिंग सोलर पॉवर तकनीक में सूर्य की किरणों को लेंस और दर्पण से परावर्तित कर ऊष्मा उत्पन्न की जाती है। इस ऊष्मा का उपयोग पानी को उबालने से लेकर धातुओं को पिघलवाने तक में किया जाता है। उबलते पानी की भाप का उपयोग कर थर्मल विद्युत गृहों में बिजली का उत्पादन किया जाता है। सौर ऊर्जा के उपयोग के लिए साधारणतया दो तरह के उपकरण काम मे लिए जाते है –

(1) सौर तापीय ऊर्जा उपकरण – इस तकनीक में सौर ऊर्जा में विद्यमान ताप को अवशोषित किया जाता है। इस ताप का उपयोग पानी गर्म करने के गीजर में, भोजन पकाने के सोलर कूकर में, वस्तुओ को सुखाने में, पानी की भाप बना कर विद्युत एवं औद्योगिक उत्पादन में किया जाता है, ताकि कोयला, पैट्रोल आदि ईंधन की खपत में कमी लाई जा सकें।

(2) सौर प्रकाशीय ऊर्जा उपकरण :– इस तकनीक में सौर ऊर्जा को अर्द्ध–चालकों की मदद से सीधे विद्युत में परिवर्तित किया जाता है। सोलर पेनल, सोलर सेल (बैटरी) आदि से विभिन्न उपकरण बनाकर सौर ऊर्जा का उपयोग किया जा सकता है।

सौर ऊर्जा के उपयोग के वैसे तो कई साधन अक्षय ऊर्जा विभाग उपलब्ध करवाता रहता है फिर भी जहाँ इन तक पहुँच नहीं हो पाती है वहाँ घरेलु उपयोग हेतु छोटे–छोटे उपकरण बनाये जा सकते है जैसे :–

(अ) पानी गर्म करने का गीजर – विभिन्न क्षमता (100 ली से 300 लीटर) के सोलर वाटर हीटर घरेलू एवं कारखानों हेतु बाजार में उपलब्ध रहते है। इसके उपयोग से सालाना 1000 से 1500 यूनिट बिजली बचाई जा सकती

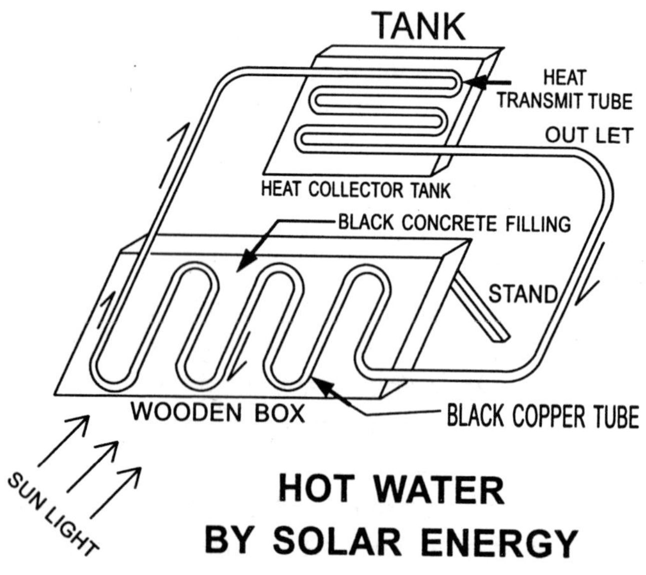

HOT WATER
BY SOLAR ENERGY

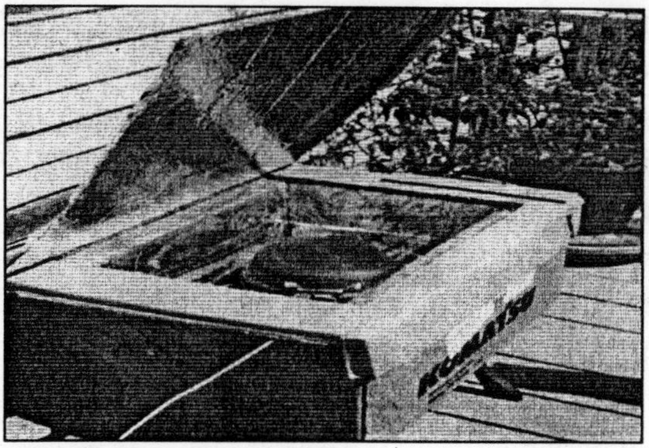

है। गीजर बनाने के लिए तांबा अथवा एल्यूमिनियम चालक धातु की पतली ट्यूब को जिग–जैग शेप में किसी लकड़ी के छिछले डब्बे में घुमा कर लगा देते है। इस ट्यूब को टैंक से जोड़ देते है ताकि गर्म पानी की ऊष्मा जो ऊपर की ओर बढ़ती है, से गर्म पानी को लगातार लिया जा सके।

इन जिग–जैग ट्यूब पर काला रंग कर दिया जाता है क्योंकि काला रंग ऊष्मा को शोषित करता है और साथ ही इस ट्यूब के पास मेटलीक कंकरीट कर देते है एवं इस ट्यूब वाले बक्से को ऊपर से पारदर्शी काँच से ढ़क देते हैं। इस तरह के सिस्टम में लगातार गर्म पानी उपलब्ध होता रहता है। बक्से को सूर्य की दिशा में सूर्य की किरणों के लम्बवत लगा देते हैं।

गर्म पानी को संग्रहित करने के लिए इन्सुलेटेड हीट टैंक का उपयोग लेते है। ऊर्जा को संग्रहण के लिए ग्लोबर साल्ट (सोडियम सल्फेट) का उपयोग कर सकते है क्योकि इसको ठोस से द्रव में बदलने के लिए पानी के मुकाबले आठ गुना अधिक ऊष्मा की आवश्यकता रहती है। ऐसे ही द्रव से ठोस में बदलने के लिए अधिक ऊष्मा का विसर्जन करना होता है।

(ब) सोलर कूकर – इसके लिए धातु के बक्से पर दर्पण लगा दिया जाता है एवं बक्से में एल्यूमिनियम अथवा तांबे के काले रंग वाले बर्तन रख दिये जाते हैं। बर्तन में खाद्य सामग्री रखने के बाद उस पर पारदर्शी ग्लास रख दिया जाता है दर्पण का परावर्तित प्रकाश इस बक्से में रखे बर्तन पर पड़ता है जो काली सतह के होने के कारण ऊष्मा को शोषित करते हैं। दर्पण का परावर्तित प्रकाश एवं सीधी पड़ने वाली सूर्य किरणों से ताप उष्मा उत्पन होती है। सूर्य किरणों का एक तिहाई भाग इन्फ्रारेड किरणों का होता है जो किसी को गर्म करने का कार्य करती है। इस उष्मा से बर्तन में रखा खाना पक कर कुछ समय बाद तैयार हो जाता है। घरेलू उपयोग हेतु एक पेराबोलिक कूकर में 400 डिग्री सेन्टीग्रेट तापक्रम उत्पन्न किया जा सकता है । व्यवसायिक उपयोग के लिए ऐसे ही सौर ड्रायर भी मिल जाते है जिनमे स्टेनलेस स्टील की जालीनुमा ट्रे

लगी होती है ताकि उस पर हरी सब्जियों को सूखा कर, सूखी पेकिंग बना कर बेचा जा सके। साथ ही हरी सब्जियों अधिक ऊपज पर उसे सड़ने से बचाया जा सके। ये सूखी सब्जिया जब गर्म पानी में भिगोते है तो पुनः ताजी हरी सब्जियां एवं फल बन जाते है ये सब्जियां एवं फल सौर ड्रायर में दो–चार दिन में सूख जाते है। साधारण व्यवसाय हेतु भिंडी, लहसुन, लाल मिर्च, मटर, हल्दी, मूली, गाजर, काचरा, बैर, पालक, मैथी आदि हो सकती है इस विधि में सूखने मे समय भी कम लगता है साथ ही रेगिस्थान में उड़ने वाली मिट्टी से भी बचाव हो जाता है। सोलर कूकर बाजार में चार से पचास लोगों का खाना बनाने की क्षमता वाले, मिल जाते है। साधारण सोलर कूकर में चावल 1.5 घण्टे में पक कर तैयार हो जाता है।

(स) खारे पानी से मीठा पानी प्राप्त करने का कूकर :– इसके लिए खारे पानी के भरे बर्तन को पारदर्शी काँच से ढक देते है। सूर्य की तेज गर्मी से पानी वाष्पित होता है जो काँच पर संग्रहित होकर बूंद–बूंद करके मीठे पानी के रूप में बर्तन में गिरता रहता है।

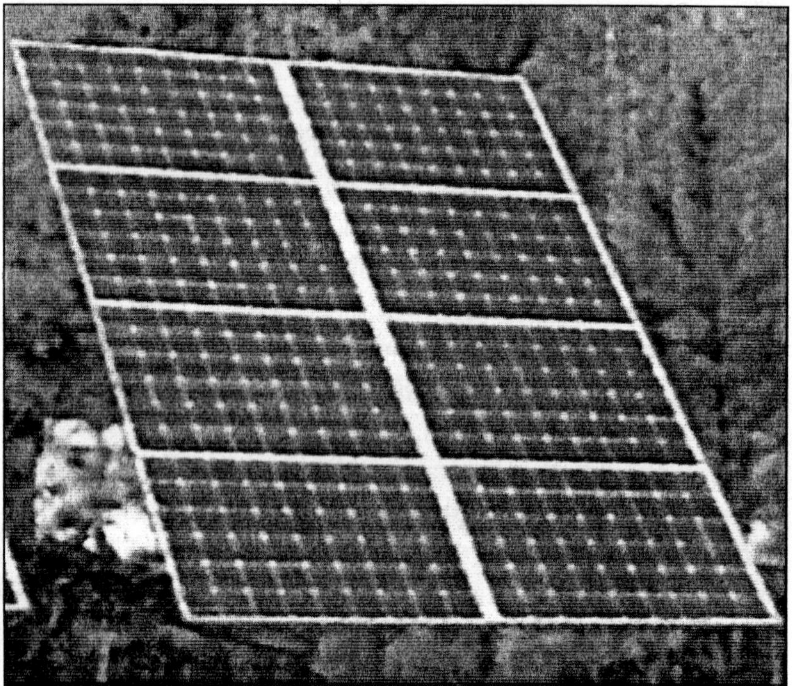

प्रकाश वोल्टीय पेनल

(द) सौर भट्टियाँ – कई सारे पैराबोलिक दर्पण से परावर्तित होने वाली सूर्य किरणों को किसी एक स्थान पर केन्द्रित करने पर उस स्थान का तापमान भट्टी के तापमान की तरह बढ़ जाता है जिसे कल कारखानों में उपयोग किया जा सकता है।

(य) सोलर पेनल – सौर प्रकाश वोल्टीय तकनीक द्वारा सूर्य के प्रकाश से सीधा ही विद्युत का उत्पादन मिल जाता है और सेल जो साधारणतया सिलिकॉन या कैडमियम धातु की पतली शीट से बनते है। इस अर्द्धचालक शीट पर जब सूर्य का प्रकाश पड़ता है तो उसमें से इलेक्ट्रॉन निकलने शुरू हो जाते हैं। इलेक्ट्रॉन प्रवाह (यानि विद्युत) प्रारंम्भ हो जाती है। इसे किसी तार द्वारा सर्किट में जोड़ दिया जाये तो बिजली मिल जाती है। यह प्रणाली थोड़ी महंगी होती है पर ध्वनि तथा प्रदूषण रहित होती है। कई सारे सैलों को एक साथ जोड़ कर पेनल बनाया जा सकता है जिससे प्राप्त विद्युत को डी.सी. धारा में उपयोग कर सकते हैं।

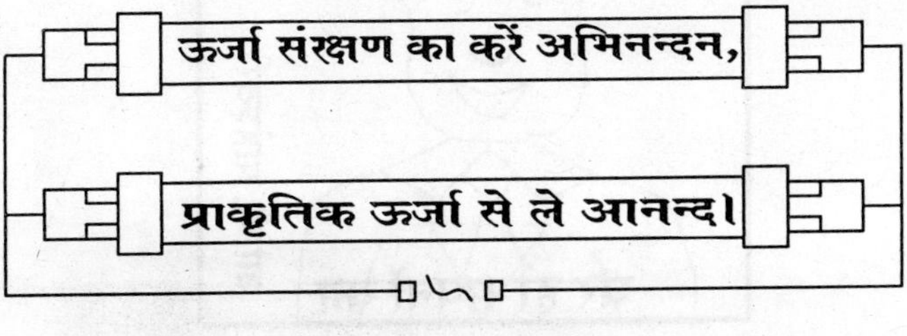

64 ओरियेन्टेशन्स द्वारा रोशनीमय घर

घर कैसा हो इसके लिए हर व्यक्ति की अलग अलग इच्छा रहती है एवं अपनी आवश्यकताओं की पूर्ति के लिए घर का विन्यास {ओरियेन्टेशन्स} अपनी इच्छाओं के अनुरुप आप भी कर सकते है। इसके लिए पैमाने से दो गत्तों पर अपने प्लोट के नाप को अंकित करें।

विभिन्न कमरों का क्षेत्रफल		चौड़ाई
रसोई	> 5.5 वर्ग मीटर	> 1.8 मीटर
रहने का कमरा	> 9.5 वर्ग मीटर	> 2.4 मीटर
रहने के दूसरे कमरे	> 7.5 वर्ग मीटर	> 2.4 मीटर
बाथरुम	> 1.8 वर्ग मीटर	> 1.2 मीटर
लेटरिन	> 1.1 वर्ग मीटर	> 0.75 मीटर
सीढ़ीयां		> 0.75 मीटर
बाथरुम कम लेटरिन	> 2.8 वर्ग मीटर	> 1.2 मीटर
कार गैरेज	> 6.0 वर्ग मीटर	> 2.1 मीटर

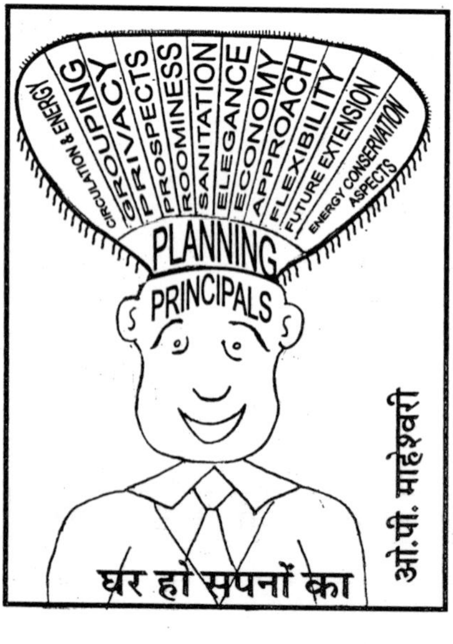

सूर्य किरणों के अनुसार विभिन्न फेस हेतु ओरिएन्टेशन्स

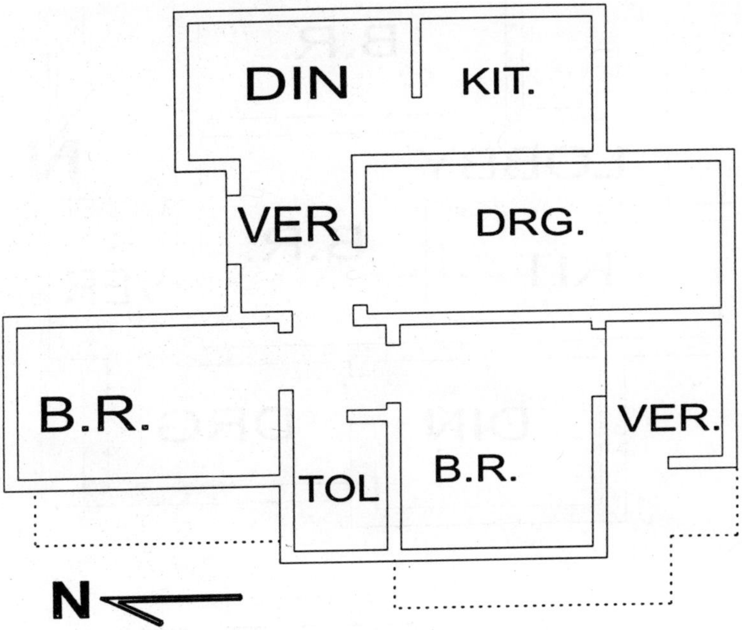

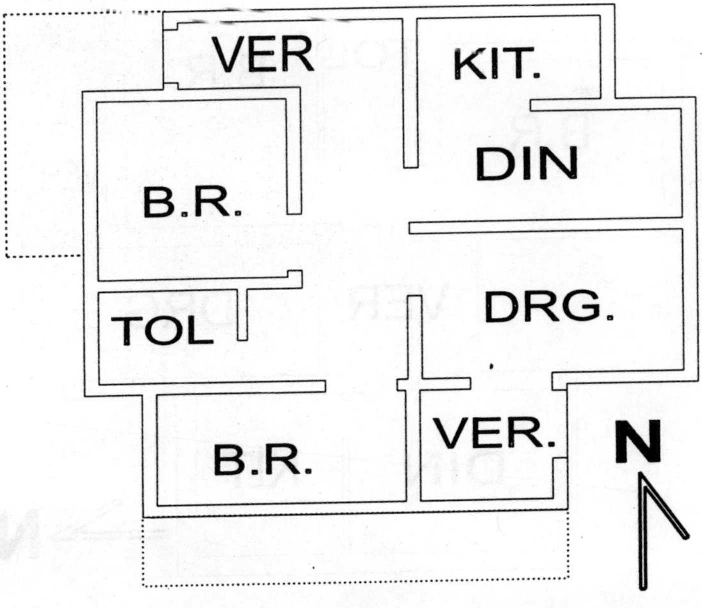

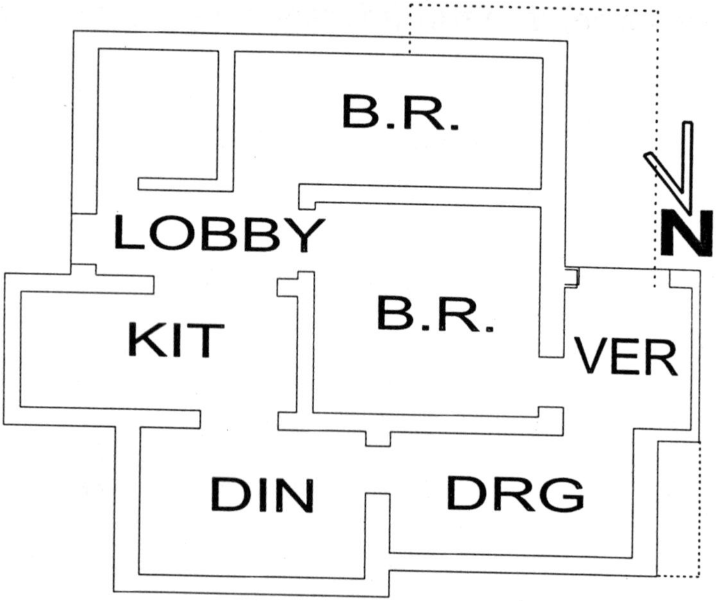
B.R.
LOBBY
B.R.
KIT
VER
N
DIN
DRG

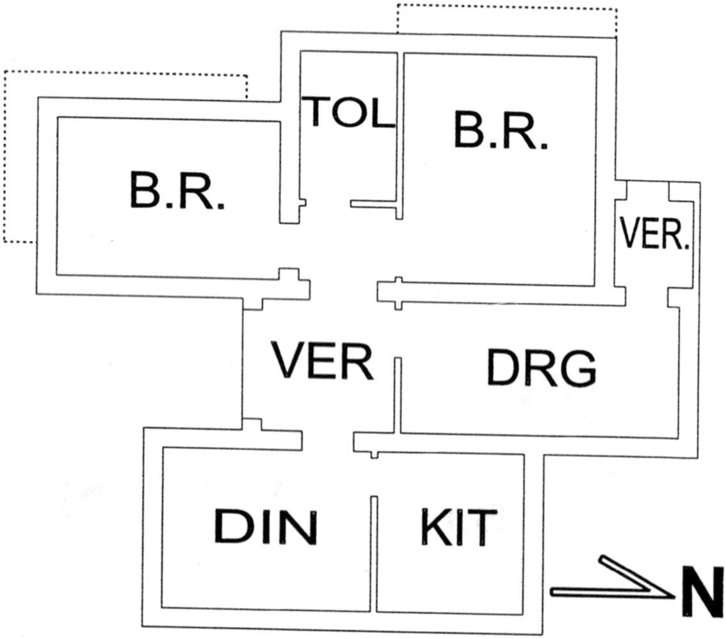
TOL
B.R.
B.R.
VER.
VER
DRG
DIN
KIT
N

सारणी में बताये गये नाप से विभिन्न कक्षों के नाप इस तरह से तय करें कि कमरों के नाप 1:1.3 के अनुपात में रह सके। इस नाप में दीवारों के नाप सम्मिलित करने हेतु नाप को 5 से 10 प्रतिशत तक बढ़ाकर लेवें एवं एक गत्ते पर इसे अंकित करें। अब इन कक्षों के नाम लिख कर कैंची से विभिन्न कमरों के नाप को काट दें। दूसरे गत्ते पर इन ब्लोक को विभिन्न तरह से व्यवस्थित कर देखें कि किस व्यवस्था में आपकी चाहत का मकान मिल रहा है। यह जरुर ध्यान में रखें कि हवा रोशनी के लिए जहाँ तक हो सके प्रत्येक कक्ष में एक अथवा दो बाहरी दीवारें मिल जाये।

आवासीय भवन में विभिन्न कक्षों को सूर्य किरणों को ध्यान रखते हुए विन्यास निम्न तरह से रख सकते हैं –

शयन कक्ष – उत्तर या उत्तर पश्चिम दिशा।

बरामदा – दक्षिण और पश्चिम।

स्टोर एवं पढ़ाई का कमरा – उत्तर।

रसोई – पूर्व।

दिन के समय ज्यादा काम आने वाला कमरा – उत्तर या पूर्व।

स्टेयर और गैरेज – पश्चिम।

भवन की बाहरी लम्बी दीवार – उत्तर दक्षिण दिशा में।

भवन की बाहरी छोटी दीवारें – पूर्व पश्चिम दिशा में।

छज्जा – दक्षिण या पश्चिम में अवश्य रखें।

उतर व पश्चिम भारत में हवा साधारणतया सर्दियों मे उतर की दिशा से एवं गर्मीयों मे दक्षिण–पश्चिम दिशा से प्रवेश करती है अतः विभिन्न कक्षो के विन्यास के समय यह भी ध्यान रखे कि खुली जगह एवं बड़ी खिड़कियां दक्षिण–पश्चिम दिशा मे रहे ताकि ज्यादा से ज्यादा हवा कमरे में प्रवेश कर, कक्ष के वातावरण को प्रफुल्लित कर सके साथ ही कक्ष मे से अपविष्ट हवा के निकास हेतु सामने की दीवार मे छोटी खिड़की, रोशनदान एवम् दरवाजा लगाये। साधारण भवन मे रहने के कमरे मे प्रति घण्टा 3–6 बार हवा का बदलाव हो जाना चाहिये जबकि टॉयलेट वगैरह मे 6–9 बार बदलाव की आवश्यकता रहती है। यह मौसम के अनुसार भी बदलती रहती है।

अपनी पसन्द की व्यवस्था को अन्य पेपर पर अंकित करें जिसकी सहायता से किसी ड्राफ्टमेन अथवा इन्जीनियर से भवन का प्लान तैयार करवाया जा सकता है। जो आपकी आवश्यकताओं के अनुरुप होगा।

65

ग्रीन हाउस (पौधा घर)

सूर्य की ऊष्मा भू धरातल को गर्म करती है उसी गर्मी से विकिरण, संवहन और चालन द्वारा वायुमंडल गर्म होता है। पृथ्वी की ऊष्मा दीर्घ अवरक्त तरंगो के रूप में विकरित होती है, इसका लगभग 90 प्रतिशत भाग का वायु मंडल सोख लेती है। वायुमंडल आम तौर पर पार्थिव विकिरण (Terrestrial radiation) द्वारा ही गर्म होता है। वायुमंडल द्वारा सौर विकिरण को न रोक सकने और पार्थिव विकिरण पूर्णतः अवशोषित करने को वायुमंडल का ''ग्रीनहाऊस प्रभाव'' कहते हैं।

ग्रीनहाऊस में पारदर्शी शीट से सूर्य का ताप तो पौधों एवं भू–पृष्ठ तक जाता है मगर वायुमंडल की ऊष्ण हवा से नवअंकुर एवं असहनशील पौधों को जलने से बचाया जा सकता है। ठण्डे प्रदेशों में पौधों को धरातल एवं सूर्य की ऊष्णता देकर पौधों को बढ़ने में मदद की जा सकती है क्योंकि अन्दर की हवा ठण्डे क्षेत्र में गर्म एवं गर्म क्षेत्र में बाहर की तुलना में ठण्डी रहती है।

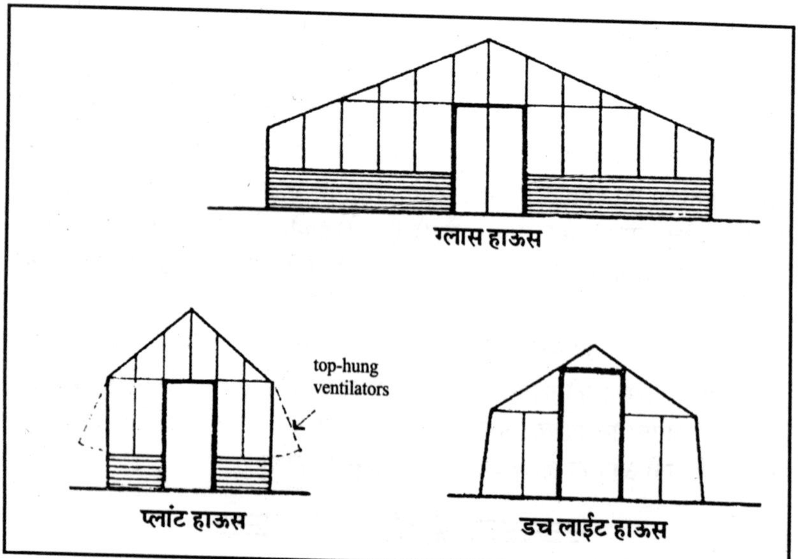

इस हेतु मेटल अथवा लकड़ी के फ्रेम में पारदर्शी शीट को लगाकर इस भवन में हवा, तापक्रम एवं नमी को आवश्यकतानुसार बनाये रखते है। ताकि पेड़ पौधों को उचित वातावरण देकर उनका विकास किया जा सके। यह साधारणतया शंकुनुमा, पैराबोलिक डोम टाइप, डच टाइप, ट्रस टाइप छत के बने होते है। ताकि इस पर लगे ग्लास अथवा पारदर्शी शीट से सूर्य की किरणें इस घर में जा सके एवं पौधों का नियंत्रित विकास होता रहे। ग्लास अथवा शीट रंगीन अथवा प्लेन रखकर किरणों को नियंत्रित किया जाता है ताकि ऊष्ण एवं शुष्क प्रदेश में अवांछनीय तापक्रम से पौधों को सुरक्षित किया जा सके। डच लाईट हाउस के विभिन्न पार्ट खुलने वाले बनाते है एवं चारों दीवारों से इसमें किरणें आ सकती है। एक जगह जब पेड़ पौधों का विकास हो जाये तो इसे दूसरी जमीन पर स्थानांतरित कर फिर से पौधों का विकास करने की व्यवस्था रहती है। इस घर में नमी को बनाये रखने के लिए रोशनदान, सिंचाई के लिए पानी के नल फव्वारे एवं फोगर की भी व्यवस्था कर देते हैं। अंकुरित बीज, महंगे पेड़ पौधों से विकास में इस व्यवस्था का उपयोग कर प्रकृति का बेहतर उपयोग कर सकते है। कई नर्सरी एवं बगीचों में पौधों को सूर्य की तेज धूप से बचाने के लिए हरे रंग की जालीदार शीट अथवा टेण्ट लगाकर कुछ हद तक ऊष्णता को कम कर किया जा सकता है।

सौर ऊर्जा का इस तरह उपयोग करके प्रत्यक्ष और अप्रत्यक्ष रूप में विद्युत ऊर्जा की बचत कर सकते है क्योंकि कम समय में ऊतक संवर्द्धन तकनीक द्वारा तैयार होने वाले पौधों से बहुत कुछ लागत में बचाया जा सकता है एवं बाजार में फसल समय पूर्व पहुंचाकर अच्छी कीमत प्राप्त की जा सकती है।

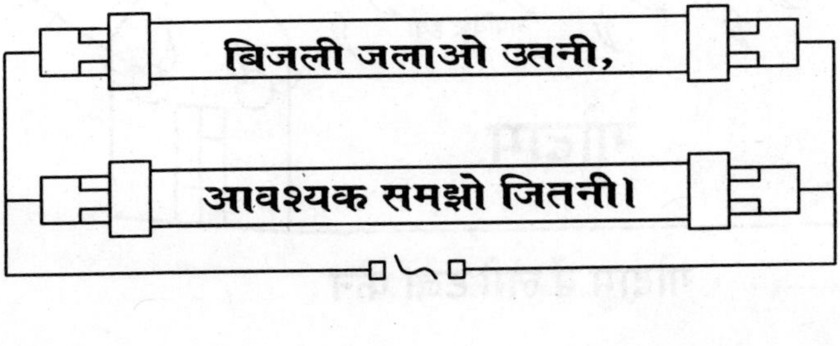

66 टर्बो वेन्टिलेटिंग फेन

यह फेन उपकरण वातावरण की हवा से काम करता है। इसको चलाने के लिए अतिरिक्त ईंधन की आवश्यकता नहीं रहती है। यह फेन गोदाम, कारखानों, कोल्ड स्टोरेज की छत पर लगाया जाता है और वातावरण की बहती हुई हवा के वेग से चलता है। किसी भी भवन/गोदाम में गर्म हवा नीचे से ऊपर की ओर उठती है। जिसे अपविष्ट हवा कहा जाता है। इस हवा को बाहर फेंकने का कार्य साधारण तथा विद्युत से चलने वाले एक्जॉस्ट फेन से किया जाता था जो बहुत खर्चीला रहता था एवं विद्युत फॉल्ट से आग लगने की सम्भावना भी बनी रहती थी। एक्जॉस्ट फेन को साधारणतया दीवारों की ओपनिंग में लगाया जाता है।

मगर टर्बो फेन को दीवारों की बजाय छत पर ओपनिंग में इस तरह से लगाया जाता है कि बाहरी वातावरण में **हवा की गति से स्वतः चलने लग जाये एवं अंदर की हवा को बाहर फेंकने का कार्य करता रहे।** इस तरह छत के पास इकट्ठी होने वाली हवा का निकास एवं शुद्ध हवा का प्रवेश बना रहेगा। शुद्ध हवा के प्रवेश के लिए दीवारों में लिन्टल तल पर रोशनदान बना दिये जाते है। ताकि रोशनदान से शुद्ध हवा गोदाम में स्वतः प्रवेश कर सके एवं अपविष्ट हवा को टर्बोफेन द्वारा बाहर फेंक कर शुद्ध एवं ताजा वातावरण गोदाम

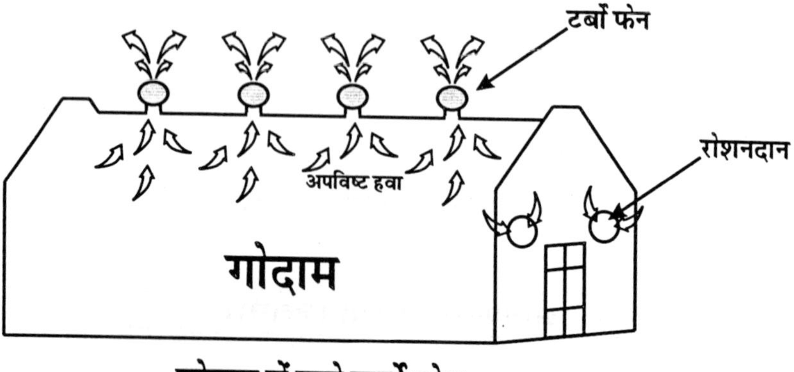

गोदाम में लगे टर्बो फेन

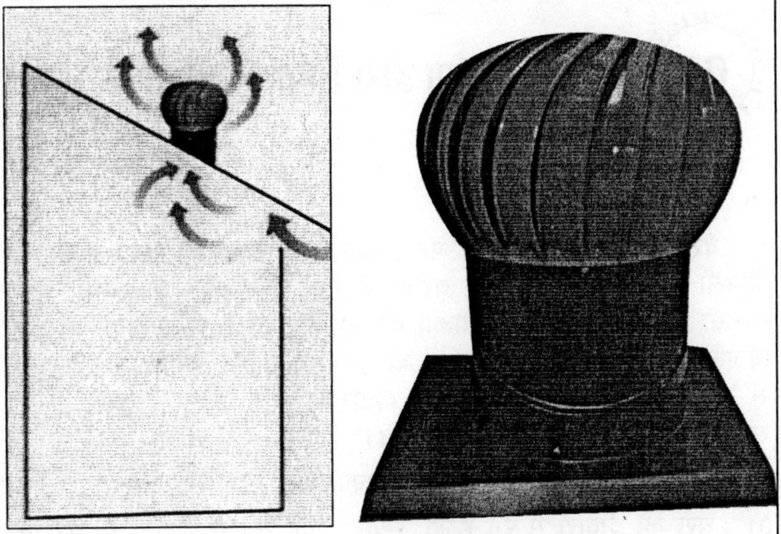

चित्र :- टर्बो वेन्टिलेटिंग फेन

में रखा जा सके। इसी प्रकार गोदाम में हवा का बदलाव प्राप्त कर, खाद्य पदार्थ को सड़ने से बचाया जा सकता है व कारखानों की अशुद्ध गैसों को बाहर निकाल सकते है।

यह पंखा डोम आकार (नारंगी आकार) में इस तरह का होता है कि पंखुड़ियॉ हल्के पदार्थ से एवं मेटल शॉफ्ट पतली व अच्छी बियरिंग के इस्तेमाल से बना होता है। इस पंखे की पंखुड़ियाँ इस तरह से मुड़ी हुई होती है कि वर्षा का पानी अंदर न जा सके एवं थोड़ी सी हवा में गति होते ही यह चलना शुरू हो जाये। चूंकि इसमें लगातार बिजली का व्यय ही नहीं होता है। अतः ऊर्जा संरक्षण का बहुत अच्छा तरीका है।

बिजली का उपयोग विकास का पथ,

बिजली का अपव्यय विनाश की राह।

67 निर्माण द्वारा बिजली बचत के नुस्खे

वैसे तो जरूरत न होने पर बिजली के स्विच को बन्द करना ही बिजली बचत का सबसे बड़ा तरीका है फिर भी निर्माण के समय उचित सामग्री को सही तकनीक (तरीका) को उपयोग करते हुए लगाया जाये तो बिजली के व्यय में लगातार बचत की जा सकती है। निर्माण में ध्यान देने से भवन में उजाला व अनुकूल वातारवण बना रहेगा जिससे कृत्रिम साधनों का उपयोग सीमित हो जायेगा।

इस हेतु कुछ टिप्स (नुस्खे) निम्न हो सकते हैं।

01. घरों की दीवारों में रंग हल्के, सफेद, पीले रखकर रोशनी में वृद्धि की जा सकती है।

02. कैवेटी वॉल, ऊष्मारोधी छत एवं दीवारें, वाल पेनलिंग, फाल्स सिलिंग के उपयोग से कक्ष की ऊष्मा का बाहर विकिरण होने से रोका जा सकता है। घास को दबाकर बनाई गई टाईल्स भी काफी ऊष्मा रोधी रहती है ए.सी. लगे कमरे के दरवाजें व खिड़कियाँ भी ऊष्मारोधी एवं लीकप्रुफ बनायें एवं दरवाजों में ऑटोमेटिक डोर क्लोजर का इस्तेमाल करें।

03. निर्माण के समय दीवार पर छाया बनायें रखने के लिए दीवार को सूर्य की किरणों को रोकने हेतु प्रोजेक्ट किया जा सकता है, छत पर छाया बनाने के लिए होरिजण्टल सन ब्रेकर बनायें जा सकते हैं।

04. आयताकार कमरे में मुख्य लेम्प को लम्बी दीवार पर लगाने से रोशनी अधिक क्षेत्र में फैलेगी, इससे कम लेम्प जलाकर बिजली में बचत की जा सकती है।

05. अगर अण्डर ग्राउण्ड टैंक व ओवर हैड टैंक दोनो ही बने हुए हो तो पानी की पाईप लाईन में हाइड्रोलिक रैम जो बिना ईंधन के चलता है, से 50 प्रतिशत पानी को ओवर हैड टैंक में पहुँचाया जा सकता है जिससे पानी के पम्प के लिए खपत होने वाली बिजली में 50 प्रतिशत तक बचत की जा सकती है। साधारण पानी के पम्प के

साथ पॉवर फेक्टर कण्डेक्शन केपेसीटर लगाने से बिजली की बचत होती है।

06. बाहरी स्थानों पर काम आने वाले लेम्प अथव ट्यूब के पीछे रिफ्लेक्टर लगा कर कम वॉट के लेम्प से अधिक रोशनी बनाई जा सकती है। घर के आन्तरिक हिस्सों में बल्ब के नीचे एवं सामने दर्पण को रख कर प्रकाश का परावर्तन भी किया जा सकता है जैसे ड्रेसिंग के दर्पण पर लगा बल्ब अधिक प्रभावशाली रहता है।

07. जहाँ तक हो सके दीवारों, फर्श एवं छत में लगी सामग्री विकिरण करने वाली चिकनी, सफेद व हल्के रंगों की होनी चाहिए। चिकनी व सफेद सतह अधिक रोशनी फैलाते हैं।

08. शुद्व हवामय वातावरण को कक्ष में बनाये रखने हेतु एयरवेन्ट डक्ट बनाई जा सकती है।

09. भवन की छत बनाते समय अगर छत पर मुरम/खपरैल/मड फस्का/सिण्डर आदि की अन्तारिक परत बना दी जाये तो बाहरी वातावरण की ऊष्मा को कक्ष में जाने से रोका जा सकता है।

10. छत पर चूने की फर्श, ग्लेज्ड टाईल (टुकड़ी), ईट्टो की तह (मड फस्का) आदि में से एक को चुन कर लगा देने पर पत्थर एवं कंक्रिट की फर्श के मुकाबले आन्तरिक तापक्रम अनुकूल बना रहेगा।

11. जहाँ तक हो सके भवन का विन्यास (औरियन्टेशन) गर्मियों में चलने वाली हवा की दिशा को ध्यान में रख कर करने से वातावरण प्रफुल्लित रहेगा।

12. जिन भवनों में रोशनी हेतु सूर्य के होते हुए बिजली जलानी पड़ती है उसमें प्रकाश किरणों के प्रवेश हेतु कुछ ओपनिंग/रिफ्लेक्टर्स से रोशनी ली जा सकती है। चौड़ाई की बजाय लम्बाई (हाईट) में लगी खिड़की एवं रोशनदान अधिक रोशनी देते हैं।

13. प्राकृतिक वातावरण से पानी के घड़े, दीवारों, फर्श, छत को ठण्डा करके भी कूलर एवं ए.सी. के चलाने का समय कम किया जा सकता है। खिड़कियों पर खसखस के टाटों का प्रयोग कर गर्मियों में ठण्डक बनायी जा सकती है।

14. दरवाजों एवं खिड़कियों के पैनल में जहाँ तक हो सके कांच (ग्लास) लगायें जो दिन के समय रोशनी बनाये रखने में सहयोग देते हैं

15. अगर कमरे छोटे छोटे बनाने हो तो कॉमन वॉल की ऊपर से कम ऊँचाई रखकर लेम्प को उस पर लगाकर रोशनी दोनों ओर बनाए रखी जा सकती है।

16. पढ़ने अथवा खाने की टेबल या छोटे क्षेत्र में बारीक कार्य करने हेतु लेम्प को कार्य क्षेत्र के पास लगायें। इस हेतु आवश्यक होने पर सीलिंग से भी फैन्सी लाईट होल्डर लटकाया जा सकता है।

17. भवन की छत से रोशनी लेने के लिए फाईबर ग्लास सीट अथवा एक्रेलिक सीट का उपयोग कर सकते है। हवा एवं रोशनी दोनों लेने के लिए छत में मोनिटर/स्काई लाईट विन्डो/चिमनीनुमा खिड़की बनाई जा सकती है।

18. टेबल पंखा और दीवार पर लगा पंखा, छत पंखे से ज्यादा प्रभावी रहते है। छत की ऊँचाई ज्यादा होने पर पंखे की रोड लम्बी कर कार्यस्थल से दूरी कम बनायें।

19. घर की बिजली फिटिंग हेतु सिंगल व्यास के चालक तार की जगह मल्टीस्टेण्ड तार (छोटे व्यास के चालक तार) लगाने पर बिजली का ह्रास कम होगा। सेफटी डिवाईस फ्यूज तार में एम.सी.बी. के मुकाबले ज्यादा ऊर्जा का ह्रास होता है।

20. कुछ स्थानों पर स्वचालित उपकरण जैसे टाईमर्स, डिमर्स, सोलर सैल, मोशन सेंशर्स, ध्वनि सेंसर्स आदि लगाकर बिजली में बचत की जा सकती है।

21. ओवरहेड टेंक से सीधा आउटलेट पाईप लेने की बजाय, पाईप को भुगर्भ में दबे टेंक से लेने पर अनुकूल तापक्रम का पानी मिलता रहेगा क्योंकि भुगर्भ की ऊष्मा से टैंक में पानी अनुकूल बना रहता है।

22. दीवार में से खिड़कियों को बाहर की ओर निकाल कर झरोखे, बरामदे, बाहर निकली हुई खिड़कियां बनाई जा सकती है जो हवा रोशनी दोनों के उपयुक्त रहते है। उदाहरण के तौर पर हवा महल जयपुर में बने हुए झरोखे, बरामदें, छतरियाँ व जालीद्वार खिड़कियों से हवा रोशनी भरपुर रहते है।

23. कमरे में प्राकृतिक रोशनी जिस दिशा से प्रवेश करती है उसी के सामान्तर दिशा में लैम्प लगाकर रोशनी की तीव्रता बढ़ाई जा सकती है।

24. बिजली फिटिंग में फेज तार स्विच में कट हो जाना चाहिए अन्यथा होल्डर में हर समय फेज से सप्लाई रहने के कारण बिजली का क्षय होता रहेगा।

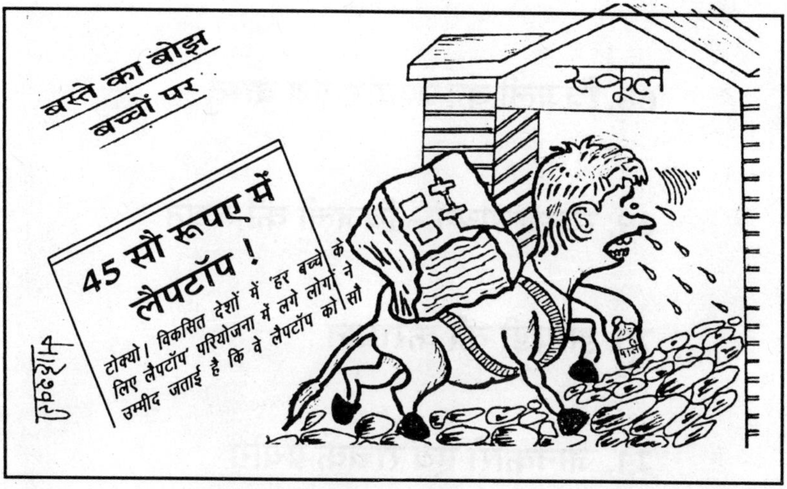

पापा मुझको अब ला दो लैपटॉप
अब न सहा जाए बस्ते का बोझा
नई तकनीक से नव निर्माण होगा
ऊर्जा संरक्षण से देश का विकास होगा

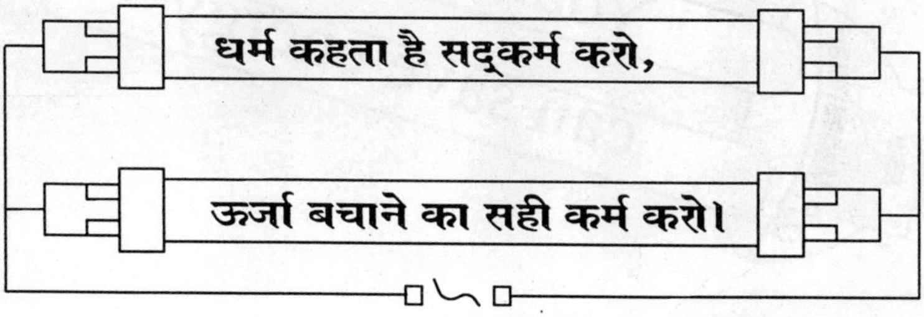

(न) जीवन में ऊर्जा

68. बिजली का उपयोग एवं वास्तु

69. स्वस्थ शयन – बिजली की बचत

70. झोपड़ी की करामात

71. जानकारी एवं रोचक प्रयोग

72. कहानी – पानी मुफ्त नहीं मिलता

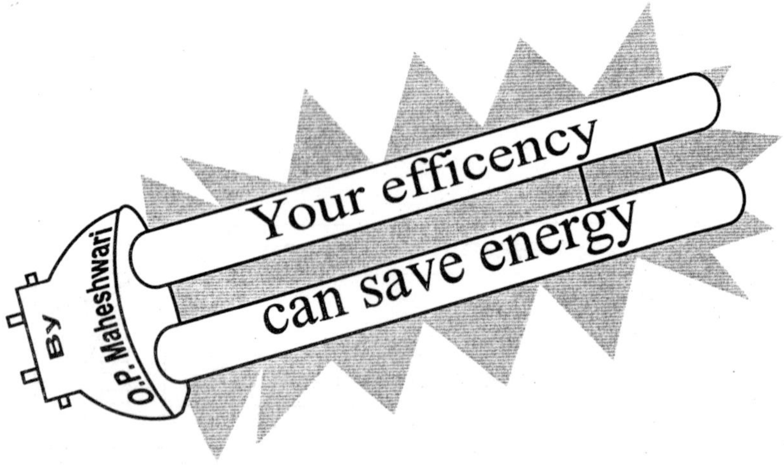

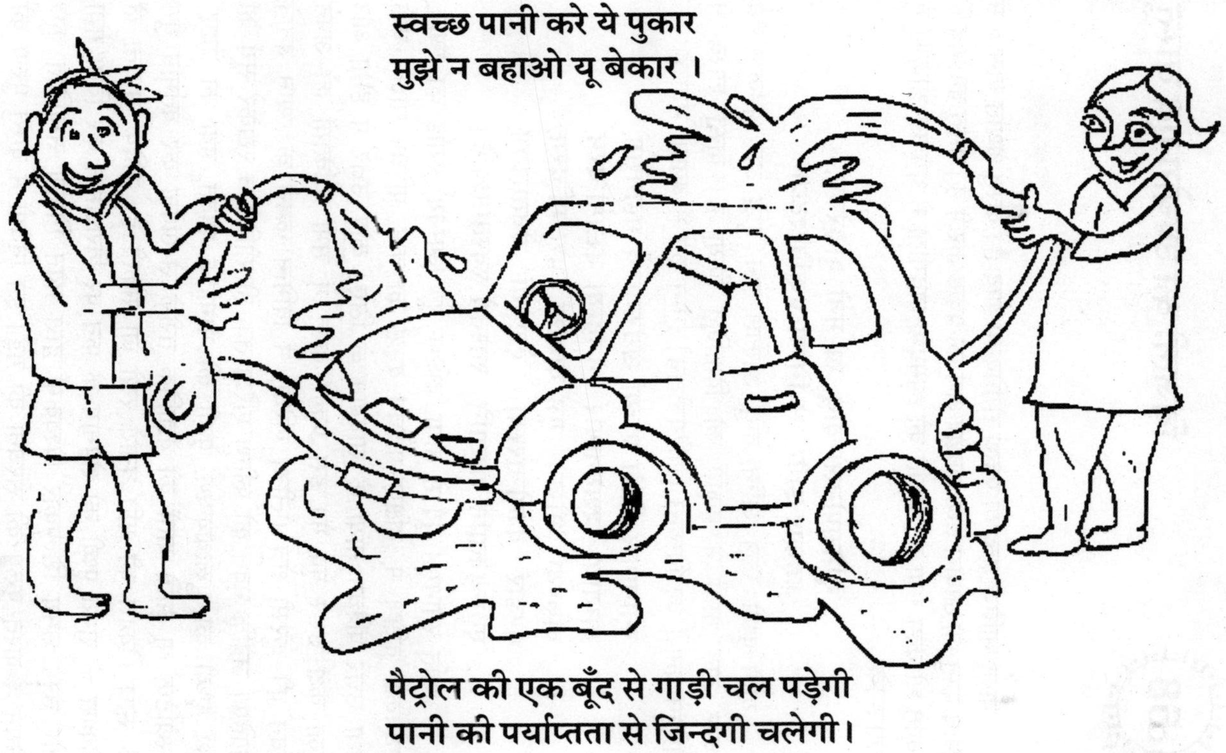
स्वच्छ पानी करे ये पुकार
मुझे न बहाओ यू बेकार ।
पैट्रोल की एक बूँद से गाड़ी चल पड़ेगी
पानी की पर्याप्तता से जिन्दगी चलेगी।

68 बिजली का उपयोग एवं वास्तु

वास्तु भौतिक तत्व या पदार्थ से निकला शब्द है। वास्तु अर्थात वास्तव में स्थित वस्तु जो आवास तथा अवशेष अर्थ को प्रकट करती है। वास्तु को बाद में प्रकृति भी कहा गया है। प्रकृति को श्रीमद्‌भागवद्‌गीता में भगवान् श्रीकृष्ण ने कहा है कि

'भूमिरापोनलो वायुः खं मनो बुद्धिरेवच,
अहंकार इतीयं से भिन्ना प्रकृतिरश्टधा

यानि पृथ्वी, जल, अग्नि, वायु, आकाश, मन, बुद्धि और अहंकार इस प्रकार आठ भागों में प्रकृति को विभाजित किया है। वास्तु शास्त्र में विभिन्न कमरों का विन्यास {ओरियेन्टेशन} निम्न रुप में बताया गया है

स्नानागारं दिशि प्राच्यां अग्रेख्यां च महानसम,
याम्यायां शशयनागारं नैनदत्यां वस्त्रमन्दिरम,
वारुण्यां भोजन गृहं वायत्यां पशु मन्दिरम,
भण्डारं वेश्मोन्तरस्यां ऐशान्यां देवतालयम,
एतान्युक्तानि शस्तानि स्वस्तये स्वस्तमिक्ष्वपि।

अर्थात् स्नानगृह पूर्व में होगा, दक्षिण–पूर्व (आग्नेय) रसोई का स्थान, शयनकक्ष दक्षिण में, दक्षिण–पश्चिम वस्त्रों का कक्ष, पश्चिम भोजन कक्ष तथा उत्तर पश्चिम गायों के सायबान के लिए। कोष उत्तर में होगा और पूजा कक्ष उत्तर पूर्व में। इस प्रकार वास्तु में सभी व्यक्तियों को अपने भवन की कुरसी क्षेत्र (प्लीन्थ एरिया) में विभिन्न कमरों के स्थान बनाने चाहिए। जबकि भवन को प्लीन्थ एरिया तक ही सीमित न रखकर सूर्य का पथ, पृथ्वी का गुरूत्वाकर्षण, पृथ्वी की मैग्नेटिक शक्ति, हवा का प्रवाह, ऐस्थेटिक व्यू आदि बातों को वैज्ञानिक तरीके से अपना कर वर्तमान युग के साथ विकास की गति बनाये रखी जा सकती है। वैदिक सभ्यता के विकास के समय पृथ्वी को शेषनाग के फन पर विराजमान कर दिया गया और उसी समय शिल्पकार विश्वकर्मा द्वारा भवन निर्माण सम्बन्धित कुछ नियम व वास्तु पुरूष की संरचना की गई। इन नियमों में वास्तु पुरूष को नक्षत्र, अंतरिक्ष, कुण्डली, ज्योतिष शास्त्र, वैदिक धर्म, मंत्रों एवं वास्तु पुरूष

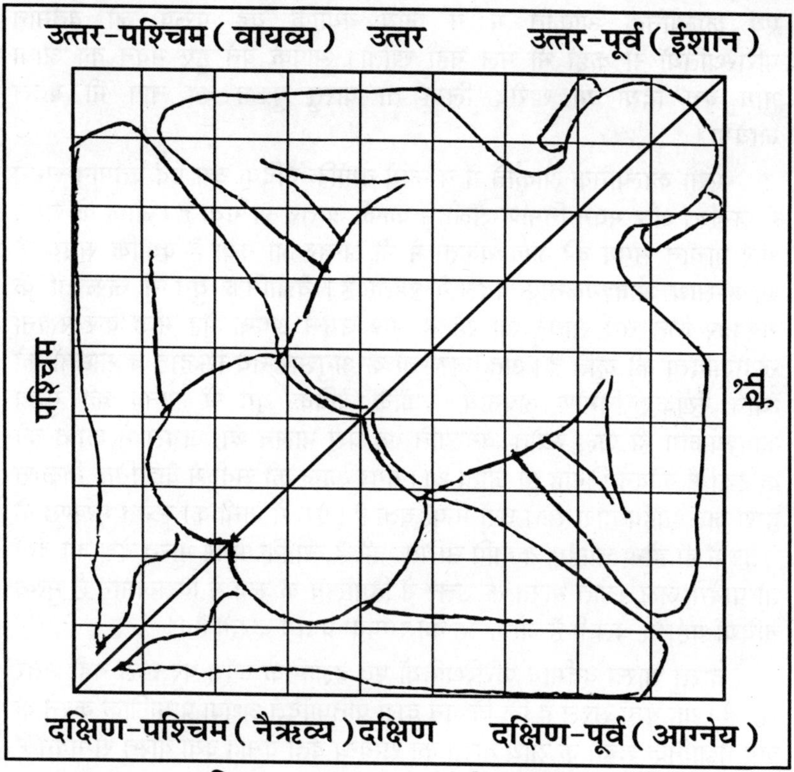

चित्र :- वास्तु पुरूष की संरचना

से जोड़ा गया। इस वास्तु पुरूष का मस्तक ईशान में एवं पैर नैऋव्य (दक्षिण–पश्चिम) दिशा में रखे गये। वास्तु पुरूष की उत्पत्ति के बारे में कहा गया है कि प्रावीन काल में भगवान शंकर और अंधकासुर दैत्य के मध्य घमासान युद्ध हुआ। युद्ध के दौरान शंकर जी के पसीने की कुछ बूंदें जमीन पर गिरी। उन बूंदों से एक भयंकर प्राणी प्रकट हुआ जो लोगों को भयभीत करता हुआ देवताओं को नष्ट करने के लिए बढ़ा। तब ब्रह्मा जी की आज्ञा पाकर देवताओं ने उसे पकड़ कर उसका मुंह नीचे करके जमीन में औंधा दबा दिया और उसे शांत करने के लिए वर दिया कि भूमि संबंधी कार्यों में तेरी पूजा होगी। यही आकृति जो हर भूमि स्थल के अनुरूप अपना रूप ले लेता है और भूमि में वास करता है। उसे वास्तु पुरूष माना गया। इस काल्पनिक अंगों का ज्ञान करके किसी भवन को बनाना ही वास्तुशास्त्र बताया गया। जैसे वास्तु पुरूष के सिर वाले स्थान पर शौचालय होगा तो आप वास्तु पुरूष को नाराज करोगे। इस रूढ़िवादिता

एवं काल्पनिक आकृति में न जायें क्योंकि यह पुरूष जो वर्तमान परिस्थितियों से कहीं भी मेल नहीं खाता। आपके बने हुए भवन का आधा भाग बेच दिया या खरीद लिया तो वास्तु पुरूष का नाप भी बदल जायेगा।

ऐसी काल्पनिक आकृति में न जायें क्योंकि वैदिक युग एवं वर्तमान समय में जरूरतें और भवन निर्माण शैली में काफी अन्तर आ गया है। आज के समय और प्राचीन समय की आवश्यकता में भी अन्तर आ गया है क्योंकि समय के साथ–साथ आवश्यकताएँ बदलती रहती है। वैज्ञानिक युग में जरूरतों के अनुसार नित नयें साधन आ रहे है और उनसें अपना मुँह मोड़ कर रखना रूढ़ीवादिता की कृति है। अतः जरूरतों के अनुसार नये सिद्धांत व साधनों को ध्यान रखकर निर्माण अपनायें, क्योंकि वैदिक युग में मानव की मुख्य आवश्यकता ही जल स्त्रोत, वनस्पति एवं पशु पालन था, जंगल में काष्ठ की कुटिया में जीवन निर्वाह हो जाता था। मगर आज की सदी में वैज्ञानिक विकास द्वारा जल पाईप द्वारा सीधे घरों में पहुँचता है। ऐसे में पानी का स्त्रोत भूखण्ड के उत्तर में ही होना चाहिए, कदापि उचित नहीं है क्योंकि अगर भारत देश को देखें तो पायेगें जल स्त्रोत भारत के उत्तर में हिमालय के रूप में विराजमान है मुख्य नदियाँ यहीं से चलती है जो भारत को सम्पदा प्रदान करती है।

वास्तु शास्त्र वर्तमान परिस्थितियों एवं वैज्ञानिक जाँच पर खरा नहीं उतर रहा है। यह बड़ा सरल है कि विज्ञान द्वारा प्रतिपादित अथवा प्रामाणिक करने के बाद वैज्ञानिक शब्दों के साथ वास्तु का सम्बन्ध बता देना। क्या वास्तु से भवन में

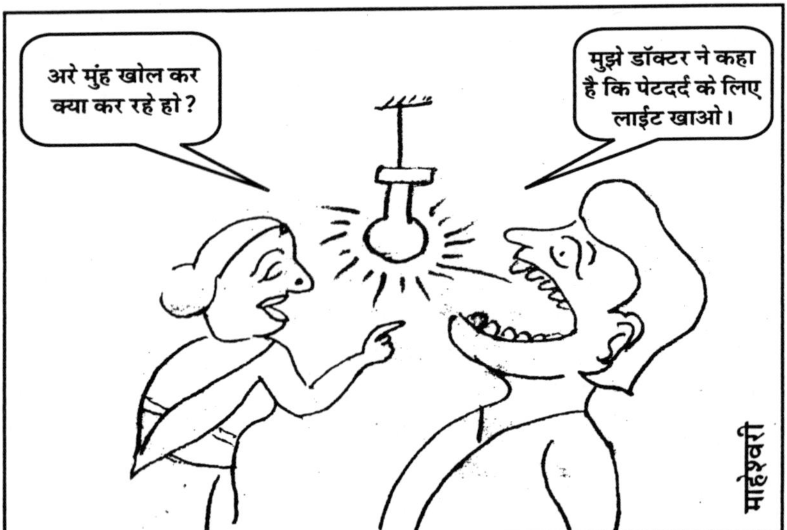

बिजली बचाई जा सकती है? अगर नहीं तो वैज्ञानिक युग में इसकी आवश्यकता भी क्षीण हो गई हैं। अतः ऐसी तकनीक भवन को उपयोगी बनाने में सक्षम नहीं है। आवश्यकता है रूढ़ियों से बाहर निकल कर प्रकृति के उपहारों का लाभ एवं आपदाओं से निजात पाने की। वास्तु शास्त्र की रूढ़िवादिता में न जाकर भवन में शुद्ध हवा, शीतल प्रकाश बनायें, तभी भवन शुभ एवं शुद्ध रह सकता है। बिजली की बचत के लिए वास्तु शास्त्र के नियम जो वर्तमान परिस्थितियों में खरे नहीं उतर रहे हैं, उन्हें छोड़कर प्रकृति का सही उपयोग करें ताकि प्रकाश किरणों से भवन में रोशनी बनाई जा सके। भूखण्ड में कमरा कहीं पर भी हो मगर रोशनी लेने की व्यवस्था हो। जैसे छत पर लालटेन (Lantern) बनाकर, ऊँचाई में अन्तर करके बनाये गये वेन्टस द्वारा, पारदर्शी दीवारों द्वारा, खुली जगह रखकर, प्रकाश व हवा हेतु रास्ता बनाकर हो सकते हैं एवं अनावश्यक किरणों को छज्जों, बरामदों, पेड़–पौधों आदि से रोका जा सकता है।

उजाला चैतन्य है, उजाला जीवन है और अंधेरा मृत्यु। उजाला हर्ष और उल्लास है तो अंधेरा विषाद और अवसाद। उजाला निर्भयता को जन्म देती है और अंधेरा हमें भयभीत कर देता है। प्रतिदिन जीवन की हलचल एवं शरीर में स्फुर्ति उजाला से होती है और अंधेरा उस हलचल को थाम देता है। उजाला आशा और सकारात्मकता का प्रतीक है और अंधेरा नकारात्मकता का। वास्तु शास्त्र में वर्णित है कि भवन में प्रवेश करते समय दाईं ओर आखिर में जहाँ भवन समाप्त होता है वहाँ अन्धेरी कोठरी बनावें, जिसमें जाने के लिए दरवाजे के अतिरिक्त कोई और उपाय नहीं होना चाहिए। यहाँ तक की उस कोठरी में रोशनी या हवा तक के प्रवेश का कोई रास्ता नहीं होना चाहिए। ऐसी कोठरी में यदि रोशनदान या दरवाजा बनाकर बाह्य रोशनी की व्यवस्था कर लेंगे तो उसमें रहने वालों पर मुसीबत आ सकती है। इस तरह से वास्तु में भंयकर भयभीत कर प्राकृतिक रोशनी का फायदा लेने के स्थान पर कमजोर व रूढ़िवादी व्यक्तियों को डराया गया है।

भवन में उत्पन्न होने वाले हानिकारक जीवाणुओं पर प्रकाश किरणों से काबू पाया जा सकता है। इसी तरह वातावरण की शुद्ध हवा का प्रवेश एवं निकास भवन में बनाये रहने की व्यवस्था की जावें ताकि कृत्रिम साधनों का उपयोग सीमित रखा जा सके जो बिजली के उपयोग में कमी लायेगा। जीवन के लिए निरन्तर एवं आवश्यक ऑक्सीजन, हवा के प्रवाह से ही बनी रहेगी। सर्दी के समय चलने वाली शीतलहर उत्तर दिशा से आती है। उसकी रोकथाम आवश्यक है एवं वर्ष के अधिकतम समय में चलने वाली हवा दक्षिण पश्चिम से चलती है अतः इस दिशा में द्वार या खिड़कियाँ और खुला स्थान देना वैज्ञानिक दृष्टिकोण से खरा उतर रहा है जबकि वास्तु में दक्षिण और पश्चिम में खाली

स्थान कम छोड़ने के लिए एवं उत्तर और पूर्व में खाली स्थान अधिक छोड़ने के लिए जोर दिया जाता है। वास्तु शास्त्र में आम आदमी को भयभीत किया गया है जैसे मकान का द्वार अगर दक्षिण वाला हुआ तो जातक को बीमारी की हालत में लम्बे समय तक बिस्तर पर रहना पड़ सकता है आदि।

वास्तु शास्त्र में आवासीय भवन में द्वार केवल उत्तर या पूर्व में ही निर्देशित है, जबकि नगरीकरण में जो कॉलोनियाँ बनाई जाती है उनमें एक भवन दूसरे भवन से सटा हुआ रहता है। नक्शे में बताई गई सड़क से ही भवन में प्रवेश करना होता है। जो भवन अन्य तीन दिशाओं से घिरा हुआ है ऐसे में अगर भवन का प्रवेश द्वार विपरित दिशा में बनता है तो कभी भी सुविधाजनक व उपयोगी नहीं रह सकता है, जबकि वास्तु शास्त्र में इसे शुभ अशुभ भागों में बाँटा गया है। यह सत्य नहीं है क्योंकि इसमें वर्तमान परिस्थितियों का समावेश नहीं है। ऐसी स्थिति में भवन के पिछवाड़े से प्रवेश कहाँ तक उचित रहेगा। अतः द्वार योजना वही उत्तम है जिसमें सरलता से द्वार में प्रवेश एवं निकास एवं कम दूरी बनी रहे। लम्बी दूरी के बजाय कम दूरी एवं चलने में कम से कम स्थान का उपयोग होगा ताकि ऊर्जा का ह्रास कम से कम हो और जमीन की उपयोगिता अधिक से अधिक बनी रहे। उत्तर में बने हुए द्वार के सामने धूप नहीं आती है अतः लॉन भी अच्छी तरह से विकसित नहीं होता है एवं सर्दी में ठण्डक भी अधिक आती हैं।

वास्तु शास्त्र के अनुसार रसोईघर आग्नेय कोण {दक्षिण–पूर्व} में ही बनना चाहिये अगर आग्नेय कोण में रसोईघर नहीं हो तो वहाँ दिनभर जलने वाला बल्ब जला देने मात्र से वास्तुदोष दूर हो जायेगा ऐसा वास्तुकारों का कहना है। मगर यह सत्य नहीं है क्योकि रसोई में धुँआ और अपविष्ठ हवा निकलने का स्थान एवं प्रकाश किरणों को लेने हेतु व्यवस्था नहीं है तो वह रसोईघर कभी भी अनुकूल वातावरण नहीं दे सकेगा एवं फिजुल में जलने वाले बल्ब से बिजली की हानि ही होगी। पूजा घर आपने भूखण्ड के पूर्व या उत्तर पूर्व {ईशान कोण} में बना दिया मगर सूर्य किरण उसमें अन्य दीवारों के कारण नहीं आ रही है तो उपयोगी नहीं रह सकता।

क्या एक सामाजिक प्राणी अब भौतिक सुखों को त्याग कर काष्ठ की बनी झोपड़ी में बिना बिजली, पानी के रह सकता है? अतः आवश्यकता है, प्राकृतिक ऊर्जा स्त्रोतों के साथ कृत्रिम ऊर्जा का व्यवस्थित तरीके से उपयोग करने की और प्रकृति के कहर से बचने की। अगर भवन में सूर्य का आवश्यक प्रकाश एवं वायुमण्डल की ऑक्सीजन का प्रवाह स्वतः एवं निरन्तर बना रहेगा तो न केवल बिजली की बचत होगी अपितु मानव शरीर स्वस्थ एवं प्रसन्नचित्त रहेगा। भौतिक सुविधाओं को त्यागना अपने विकास को रोकना है एवं पिछड़ेपन की ओर अग्रसर होना है। वास्तु में वर्णित वास्तु पुरुष की नाभि भवन के मध्य में

आती है और कहते है कि भवन के मध्य में अण्डरग्राउण्ड बनाने पर वास्तु पुरुष के पेट में छिद्र हो जाता है जो कभी शुभ नहीं रहेगा एवं जातक की मृत्यु की संभावना रहेगी। मगर यह सत्य नहीं है क्योंकि अण्डरग्राउण्ड सर्दी में गर्म एवं गर्मी में ठण्डे रहते हैं। इससे बिजली की खपत कम होती है। वास्तु शास्त्री कहते है कि रहवासीय एवं व्यापारिक भवन मन्दिर के 750 गज की त्रिज्या के घेरे में नहीं होना चाहिए। अगर मूर्ति के सामने या पीछे भी भवन होगा तो वह अशुभ होगा। मूर्ति घर में भी नहीं होनी चाहिए, आदि भांत्तियों में न जाये क्योंकि पूजा व प्रार्थना से मन में विश्वास व शक्ति बढ़ती है। भारत में तो रहवासिय क्षेत्र के प्रति वर्ग किलोमीटर की दूरी में 5 से 7 मन्दिर बने होते है। बड़े–बड़े व्यापारिक परिसर में भी मन्दिर का बनना आम बात है। ऐसे में सम्पन्नता का प्रश्न भवन के स्थान पर निर्भर नहीं करता है।

शुभ एवं अशुभ इन्सान के विवेक एवं कार्यो से होता है। वैसे तो भवन निर्माण से पूर्व भूमि का परीक्षण कर लेना चाहिये। वास्तु शास्त्र के अनुसार ऐसी भूमि पर निर्माण किया जाना चाहिये जहाँ कभी कोई अशुभ कार्य नहीं हुआ हो। मगर पृथ्वी पर ऐसी कोई जगह नहीं है जहाँ अशुभ घटित ही नहीं हुआ हो तो ऐसी शुभ भूमि मिलना कहाँ संभव है। इसके अलावा स्वयं के नियन्त्रण की जगह के अतिरिक्त आसपास की भूमि, भवन, पेड़–पौधों, सड़क, नदी, पहाड़ के कारण उत्पन्न वास्तु दोषों को दूर करना संभव नहीं होता है। तब कोई भी भवन वास्तु दोष मुक्त कैसे बन सकता है। कौनसा शहर, कौनसी दिशा, किसके लिये शुभ एवं अशुभ है, यह जानना आसान नहीं है। अगर यह जान भी लिया जाए तो परिवार के सभी सदस्यों पर यह एकसा लागू नहीं होता। जब ज्ञात वास्तु दोषों को भी पूरी तरह समाप्त नहीं किया जा सकता तो अज्ञात वास्तु दोषों से मुक्ति कैसे मिल सकती है?

प्रकृति का सही उपयोग ही वास्तु है। जिस निर्माण द्वारा भवन में शुद्ध वातावरण बना रहे एवं आपदाओं से निजात पाकर सभी को आरामदायक जिन्दगी मिलती रहे वहीं निर्माण उत्तम होता है। आधुनिक समय में मिलने वाली कृत्रिम सुविधाओं का, प्रकृति के साथ ऐसा समन्वय रखें कि घर के वातावरण में ताजगी के साथ प्रफुल्लता बनी रहे। रूढ़िवादी तथ्यों में न जाकर समय के अनुरूप ऐसा निर्माण करवाये कि बिजली उपकरणों में कम से कम विद्युत का व्यय हो एवं प्रकृति के उपहार अधिक से अधिक मिलते रहें।

प्रकृति एवं कृत्रिम तरीकों का समन्वय ही समय की माँग है। जिसे आप भी अपनाये।

भवन निर्माण में देना है ध्यान,

ऊर्जा बचाने का करें समाधान।

69 स्वस्थ शयन – बिजली की बचत

शयन कक्ष के निर्माण में एवं शयन संबंधित बातें जो डॉक्टर व इंजीनियर के अनुरूप अपनाई जाए तो न केवल सोने का अनुकूल वातावरण मिलेगा अपितु अच्छी नींद से स्वास्थ्य भी अच्छा बना रहेगा। शयन कक्ष में खिड़कियों की इस तरह व्यवस्था होनी चाहिए कि वातावरण की शुद्ध हवा का निरन्तर स्वतः प्रवेश एवं निकास बना रहे। इस क्रॉस वेन्टीलेशन हेतु उत्तर पश्चिम भारत में खिड़कियों में से हवा को दक्षिण पश्चिम से प्रवेश करा कर सामने की खिड़की या अन्य कोई निकास से हवा को निकाला जाता है ताकि शुद्ध वांछित हवा शयन कक्ष में बनी रहे। रात्रि में शयन कक्ष में दीवारों से ऊष्मा का विसर्जन न हो इसके लिए शयन कक्ष को भवन में उत्तर पूर्व में बनाना उचित रहता है। शयन कक्ष की लंबी दीवारों या कोई दीवार अगर दक्षिण पश्चिम में आ रही हो तो सूर्य की किरणों को छज्जों, बरामदों, पेड़ों सन ब्रेकर या केविटी वॉल बना कर ऊष्णता का प्रभाव कम कर देना चाहिए।

भारतीय शास्त्रों में शयन संबंधित कुछ विवरण मिलता है। तदनुसार सोते समय अपने पैर उत्तर की दिशा की ओर करके सोना चाहिए अर्थात सोते समय सिर दक्षिण की दिशा की ओर होना चाहिए। विज्ञान में पृथ्वी को एक बड़ा चुम्बक माना है जिसके दो ध्रुव है– एक उत्तर एवं दूसरा दक्षिण। चुम्बक की बल रेखाएँ (मैग्नेटिक लाइंस) उत्तर

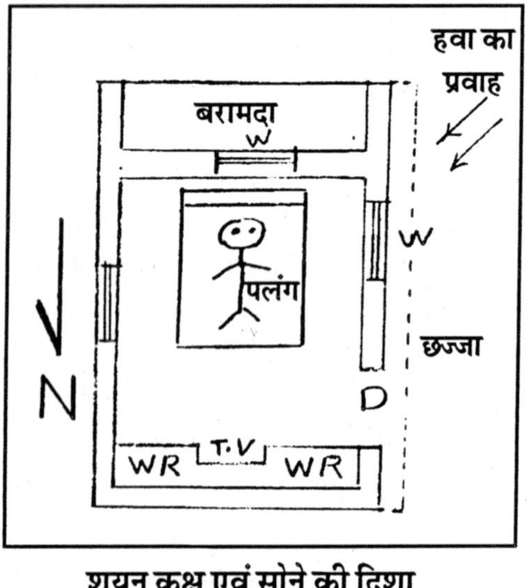

शयन कक्ष एवं सोने की दिशा

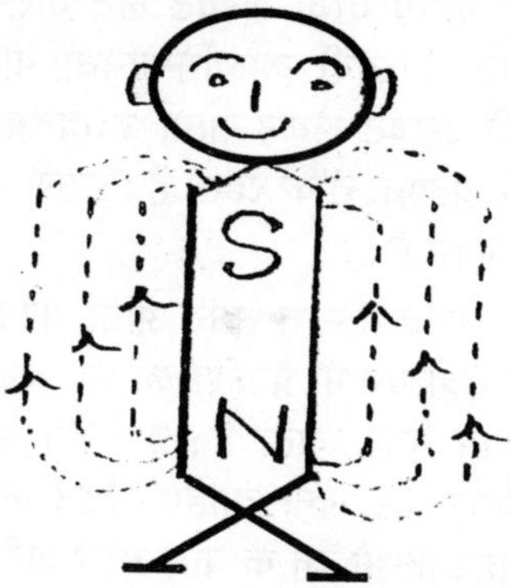

चुम्बकीय तंरगों का प्रवाह (सोते समय)

से दक्षिण की ओर गमन करती है अतः उत्तर की ओर पैर करके सोने से उनका अनुकूल प्रभाव हमारे शरीर में बहने वाले रक्त कणों पर पड़ता है जिससे शरीर व्याधिमुक्त रहता है। इससे उल्टी दिशा में सोने पर बल रेखाएँ मस्तिष्क से निकलती है जो मस्तिष्क में स्वप्न एवं उलझन पैदा कर देती है जिससे सिर तनाव युक्त रहता है।

वैज्ञानिक तथ्यों ने भी निष्कर्ष निकाला है कि सिर उत्तर या पश्चिम दिशा में रख कर नहीं सोना चाहिए। वैज्ञानिकों ने पृथ्वी के चुम्बकीय क्षेत्र का मनुष्यों के स्वभाव पर असर पड़ने का गहन अध्ययन किया है कि सिर उत्तर दिशा में रखकर सोने से दिमागी तरंगें दब जाती है तथा उत्साहविहिनता, बैचेनी और सुस्ती के साथ दिमाग उलझन वाला (कन्फ्यूज्ड) बन जाता है। इसके विपरीत दक्षिण या पूर्व दिशा में सिर करके सोने से अतिशय शांति सजगता तथा स्वस्थता का अनुभव होता है।

मनुष्य के शरीर में दो प्रमुख शक्तियाँ सदैव कार्यरत रहती है। शरीर के बायें (Left) भाग में दिल होता है व इस ओर चन्द्र स्वर चलता है। दायें (Right) भाग में सूर्य स्वर। ईडानाडी (Left arteries), बायें नासिका से बहने वाली ऋणात्मक शक्ति (नेगेटिव फोर्स) का प्रवाह मार्ग है जो शीतल माना गया है अतः इसे चन्द्र स्वर कहते हैं। पिंगला नाडी (Right arteries) नासिका के दायें छिद्र से बहने वाला श्वास स्वर है जो गर्म होता है अतः इसे सूर्य स्वर कहते हैं। यह घनात्मक शक्ति (पोजिटिव फोर्स) प्राण शक्ति का प्रवाह मार्ग है।

चन्द्र व सूर्य स्वरों का स्वास्थ्य से भरपूर सम्बन्ध है। जिन व्यक्तियों का रात्रि में सूर्य स्वर व दिन में चन्द्र स्वर चलता है उन्हें एकाएक रोग नहीं होता है। शास्त्रों में कहते हैं कि दिवस चलावे चन्द्र को रात चलावे सूर्य, नित साधन ऐसा करो, होय उम्र भरपूर। दायीं करवट लेकर सोने से चन्द्र स्वर चलता है और बायीं करवट लेकर सोने से सूर्य स्वर चलता है यानि जो नासिका ऊपर की तरफ रहती है उसी में प्रवाह चालू हो जाता है।

जब शरीर में गर्मी, खुश्की, दिल की धड़कन या घबराहट, हृदय रोग, ब्लड प्रेशर, पागलपन या मूत्र में जलन आदि हो अथवा परिश्रम से थकान आ जावे

उस समय दायीं करवट लेट कर गहरी श्वास लेने से हालत में सुधार होने लगता है। सर्दी, कफ निमोनिया, गठिया जोड़ों में दर्द आदि ठंड की बीमारियों में बायीं करवट लेकर सोना अथवा बायें नथुने को बंद करके दायें नथुने से सूर्य स्वर चलाना ठीक रहता है। इससे स्वतः ही गर्मी पैदा होकर ठंड का असर कम हो जाता है।

रात्रि में सोते समय आँखों पर बिजली का प्रकाश नहीं आना चाहिए क्योंकि बंद नेत्रों पर भी प्रकाश का भार पड़ता है। अतः अंधेरे में सोने से नेत्रों को पूर्ण विश्राम मिल जाता है। इस हेतु समय पर सोना एवं उठना भी दिनचर्या में शामिल कर लेना चाहिए। दिन के समय सोना वैसे तो अहितकर है लेकिन दोपहर के भोजन के बाद अगर शरीर को आराम देने के लिए बायीं करवट लेट कर पाँच दस मिनट विश्राम करने से दाहिना सूर्य स्वर चलने लगता है जिससे भोजन पचने में सहजता रहती है मगर दिन के समय अधिक सोने पर दिमाग में अशांति एवं शरीर में शुगर अधिक बनती है।

शयन कक्ष का आकार चौकोर अथवा अन्य आकार से आयताकार शयन कक्ष जिसकी लंबाई चौड़ाई की 1.2 से 1.5 गुणा होती है एवं ऊँचाई चौड़ाई के लगभग होती है तो शयन कक्ष अधिक उपयोगी एवं विशाल लगते हैं। साथ ही अधिक समय जलने वाला बल्ब लंबी दीवार के मध्य होने पर रोशनी को अधिक क्षेत्र में फैलाकर लाभ लिया जा सकता है। छत पंखे को पलंग रखने के केन्द्र बिंदु पर लगाने से अधिक समय तक कम गति पर भी चलाया जा सकता है। जहाँ तक हो सके पंखे को अधिक ऊँचाई पर न रखें। सोने के लिए बिस्तर भी कम मोटाई वाले सपाट बिस्तर शरीर के लिए उत्तम रहते हैं। शयन कक्ष की दीवारें ऊष्मारोधी होने पर अनुकूल प्रभाव बनाये रखने में मददगार रहती है। कमरे में खिड़कियाँ किन्हीं कारणवश नहीं मिल पाती तो छत से चिमनीमय होलोसॉफ्ट द्वारा भी हवा को आमने सामने की दीवारों से प्रवेश एवं निकास कराया जा सकता है। इससे कृत्रिम साधनों के उपयोग में कमी होगी एवं बिजली के उपयोग में कमी लाई जा सकेगी।

नव ऊर्जा के दीप जले, देश प्रगति की राह चले,
भारत माता की जय बोलो, ऊर्जा संरक्षण का दम भर लो।

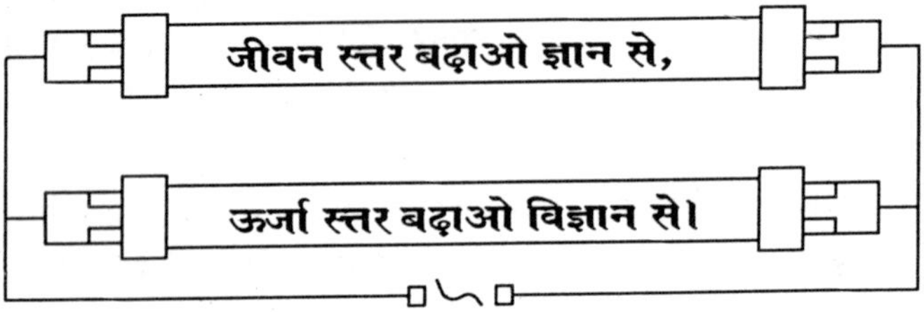

70

झोपड़ी की करामात

पत्थर की गुफाओं से बाहर निकल कर रहने के लिए मनुष्य ने झोंपड़ी का निर्माण किया। यह झोंपड़ी सदियों से आज भी रहने के लिए उपयोग में आ रही है। झोंपड़ी गर्मी में भी बाहरी तापक्रम के मुकाबले अंदर से ठण्डी रहती है, इसके मुख्य कारण निम्न है:–

1. **झोंपड़ी की छत** – श्वास क्रिया में प्राणियों द्वारा निकाली गई हवा उष्ण एवं अपविष्ट होती है जो हल्की एवं गर्म होने के कारण ऊपर की ओर उठती हैं। झोंपड़ी की छत घास फूस अथवा खुले जोड़ वाली मिट्टी के खपरेल की बनी होने के कारण गर्म हवा जो ऊपर उठती है, का निकास हो जाता है। घास फूस एवं खपरेल ऊष्मा का कुचालक होते हैं। अतः सूर्य किरणों की ऊष्मा को अंदर आने से रोकते भी है। घास फूस की छत झोंपड़ी की दीवारों से प्रोजेक्ट रहने के कारण बाहर की ओर भी दीवारों पर छाया बनाये रखती हैं जिससे दीवारें ठण्डी रहती है और झोंपड़ी गर्मी में बाहरी तापक्रम के मुकाबले अंदर से ठण्डी रहती है।

2. **झोंपड़ी की दीवारें** – झोंपड़ी की दीवारें साधारणतः ईंटगारे की बनी होती है जो कंकरीट के मुकाबले ठण्डी रहती है। इस दीवार पर गोबर अथवा

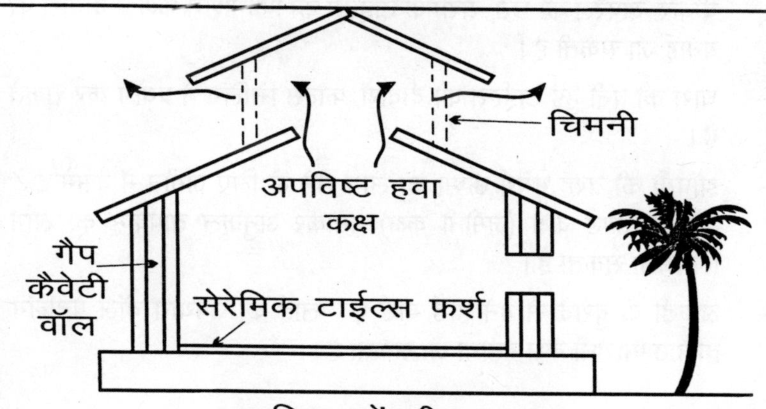

आधुनिक झोंपड़ीनुमा कक्ष

मिट्टी के गारे का प्लास्टर किया जाता है जो ऊष्मा का अवरोधक होता है। दीवारों की ज्यादा ऊँचाई ज्यादा ना रहने के कारण भी बाह्य ऊष्मा का शोषण कम रहता है।

3. **झोंपड़ी का फर्श** – झोंपड़ी का फर्श साधारणतया गारे अथवा चूने का बना होता है। यह फर्श भी भूमि के तापक्रम अनुसार रहता है। अतः गर्मी में बहुत ज्यादा कंकरीट की तरह गर्म नहीं होती है एवं सर्दी में भूगर्भ की ऊष्मा के प्रवाह को कक्ष में बनाये रखते हैं।

4. **झोंपड़ी की खिड़कियां** – साधारणतः झोंपड़ी में छोटी–छोटी खिड़कियां ही बनी होती है अतः एकाएक ऊष्मा का आवागमन नहीं बन पाता है जबकि ग्लास की बनी खिड़कियों में ऊष्मा कक्ष के भीतर तक किरणों द्वारा पहुंच जाती है।

मगर इसका मतलब यह भी नहीं कि आलिशान भवनों को छोड़कर झोंपड़ी में रहा जाये। जब विज्ञान ने कृत्रिम साधनों का विकास कर दिया है तो उसके उपयोग द्वारा भी अनुकूल वातावरण बनाये रखा जा सकता है। मगर झोंपड़ी के कुचालक पदार्थों का उपयोग कर ऊष्मारोधी भवनों का निर्माण किया जा सकता है। ये ऊष्मारोधी भवन ऊर्जा संरक्षण में सहयोग करेंगे।

आधुनिक भवन निर्माण के लिए झोंपड़ी से निम्न सीख ले सकते हैं

– प्राकृतिक छटा का आनंद लेने के लिए छत पर टैरेस गार्डन, खिड़कियों व दीवारों पर घनी पत्तियों वाली बेले, खुली जगहों पर वृक्ष लगाये जा सकते हैं।

– झोंपड़ी में मड के उपयोग को देखते हुए चिकनी मिट्टी की बनी ईंटों से दीवार, खपरैल की छत, सैरमिक टाईल्स की फिनिशिंग फर्श व दीवारों पर बनाई जा सकती है।

– घास की बनी हुई टाईल्स को दीवारों, फाल्स सिलिंग में प्रयोग कर सकते हैं।

– झोंपड़ी की तरह भूगर्भ ऊष्मा का लाभ लेने के लिए जमीन में बैसमेन्ट/अण्डरग्राउण्ड कक्ष (जमीनी कक्ष) बनाकर अनुकूल तापक्रम का लाभ लिया जा सकता है।

– लकड़ी के बुरादे से बने हार्ड बोर्ड एवं प्लाई का उपयोग वॉल पेनलिंग द्वारा ऊष्मारोधी कक्ष बनाया जा सकता है।

– झोंपड़ी की छत के प्रोजेक्शन के अनुरूप भवनों में छज्जे, बरामदे, लूअर्स आदि बना सकते हैं।

– दीवारों पर सीमेंट की बजाय हल्के पदार्थ का प्लास्टर कर सकते हैं जैसे पी.ओ.पी. (प्लास्टर ऑफ पेरिस) / जिप्सम आदि।

– चिकनी मिट्टी की बनी ईटों से छत, फर्श व दीवारें बनाई जा सकती हैं ईटों की दीवार के मध्य गैप रख कर या गैप में कुचालक सीट डालकर बाह्य ऊष्मा का प्रवेश को कम किया जा सकता है।

– छत पर वेन्ट / हवा दार चिमनी / रोशनदान बनाकर अपविष्ट गैसों को बाहर निकाल सकते हैं।

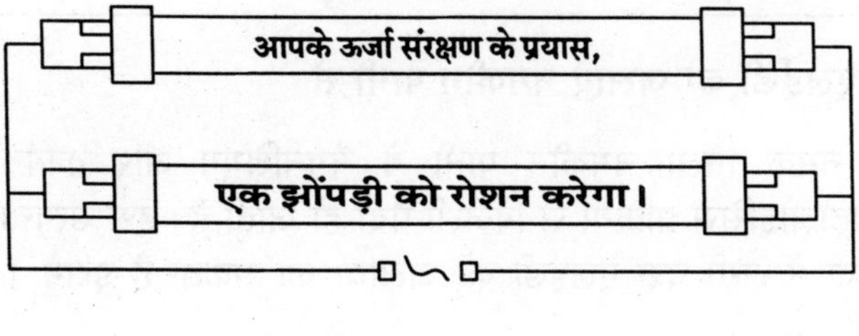

71

जानकारी एवं रोचक प्रयोग

(अ) फलों से बैटरी – बच्चे बनाये घर पर बैटरी

बैटरी के छोटे बल्ब को जलाने के लिए प्रायोगिक तौर पर घर पर भी बैटरी बना सकते हैं। इसके लिए चार पाँच सेब अथवा नींबू लें। साथ ही पाँच कोपर की एवं पाँच जस्ते की पट्टियाँ लें। अब तांबे की पट्टी को जस्ते की पट्टी से नरम तांबे के तार से जोड़ दें। बैटरी के छोटे बल्ब से भी दो तार जोड़ कर एक सिरा तांबे की पट्टी से एवं एक सिरा जस्ते की पट्टी से जोड़ दें। अब सेब अथवा नींबू में करीब आधा ईंच से एक ईंच की दूरी पर एवं एक ईंच की गहराई में एक एक पट्टी डालें। चित्र में बताये गये सर्किट के बन जाने पर बल्ब जल उठेगा।

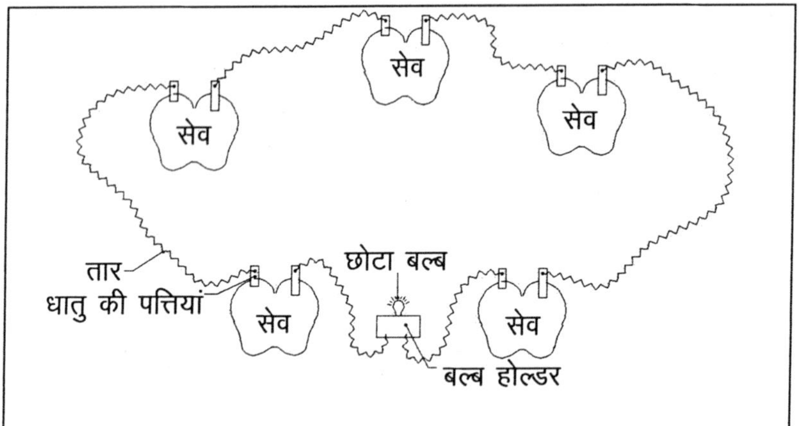

फलों में विद्युत चार्ज

(ब) एलईडी को जलाऐ नमकीन पानी से

नमक मिला नमकीन पानी में मैगनेशियम और कार्बन रोड द्वारा इलेक्ट्रोलाइसिस प्रक्रिया से बिजली पैदा हो जाती है। इस उत्पन्न बिजली को सिरीज में लगी दस एलईडी को जलाया जा सकता है इसमें 1.5 वॉल्ट का

डाइरेक्ट करंट का प्रवाह एलईडी को मिल जाता है। जिससे छोटा लेम्प बना कर प्रकाशित किया जा सकता है। जापान में विकसित इस लेम्प का नाम "जीएच–एलईडी 10 डब्ल्यूबी डबलयू नाम दिया गया है और इस तकनीक से लैंटर्न बनाई जा सकती है।

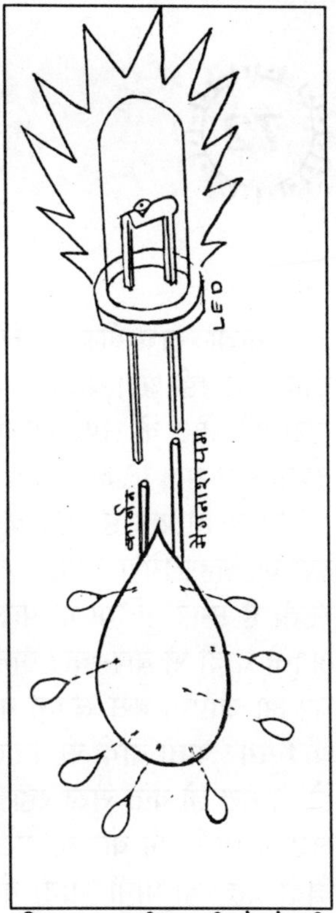

चित्र :– नमकीन पानी से रोशनी

(स) बिना ब्लेड़स का पंखा

बिना खुल्ली ब्लेड के इस पंखे को फोटो में दर्शाया गया है इस पंखें में खुल्ली पंखुडिया नहीं होती है मगर साधारण पंखो से भी तेज हवा फेकती है। इस पंखे में हवा पंखे के आधार पर गोलाकार पाईप में बने छेदो के माध्यम से मोटर द्वारा खिची जाती है और यह हवा ऊँपर बनी रिंग के मध्य प्रवाहित होती है इस रिंग के चारो और से हवा एक दिशा में धकेल दी जाती है चुकि इस पंखे में बाहर कोई ब्लेड़ नही होती है अतः यह बच्चो के हिसाब से सुरक्षित पंखा है।

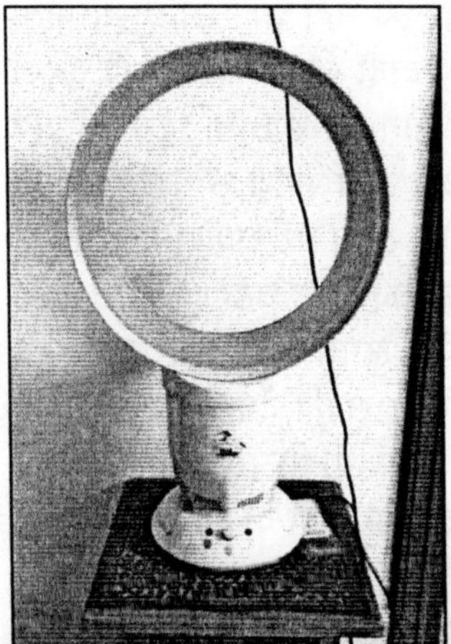
चित्र :– बिना ब्लेड़स का पंखा

विकास की राह पर आगे कदम बढ़ाये चल,

ऊर्जा की बचत पर साथी हाथ बढ़ाये चल।

72

पानी मुफ्त में नहीं मिलता
(कहानी)

खचा–खच भीड़ से भरी बस में ग्रामीण क्षेत्र में बुढ़िया अपने पोते के साथ गांव लौट रही थी। यात्रा में पानी की पूर्ति हेतु मोटे कपड़े की बनी देवड़ी बस के पीछे की सीट के उपर लटका रखी थी। देवड़ी से पानी रिस रिस कर बस में टपक रहा था। टिकट जांच करने वाला कंडक्टर यह देखकर कि पानी से बस में कीचड़ हो रहा है आग बबुला हो गया। उसने तुरन्त ही देवड़ी से पानी को बस के बाहर गिरा दिया । गरमी के मौसम में बिना पानी के यात्रा मुश्किल में रहती है मगर बुढ़िया के पास पानी का और विकल्प नहीं था। छोटा सा पोता अपनी दादी से बार–बार पानी मांग रहा था और दादी उससे जरा थोड़ी देर में घर आ जाएगा बस रूकने वाली है यह कहकर पोते को सात्वंना दिये जा रही थी। मगर पोता दादी से कहता कि आप तो पिछले लम्बे समय से यही कह रही हो...। मेरा तो कंठ सूख रहा है तभी बस एक छोटे स्टोप पर रूकी। बस में एक लड़का पानी की बोतल.. पानी की बोतल ले लो कह कर चढ़ा। पोते ने कहा दादी यह रहा पानी, दादी बोली इस पानी के पैसे लगते है और मेरे पास अब पैसे नहीं है कि अब मैं तुम्हें बोतल बंद पानी दिला सकूं। देवड़ी खाली करने वाले कन्डक्टर को भी दया आ रही थी मगर दूध से मंहगी मिलने वाली पानी की बोतल के पैसे देने को वो भी तैयार नहीं था। दादी मुझे पानी दो और बच्चा जिद करने लग गया। दादी बच्चे को जल्दी घर आने का कहकर समझाती रही कि पानी की भी यहाँ कीमत होती है। तभी तो लोग किसी के दुख में भी एक बूंद आंसु मुफ्त में नहीं बहाते है। देवड़ी से पानी टपक रहा था अतः अपनी गलती मान अगली बार अपने घर से बोतल लाने का मानस बनाया। जल है तो जीवन है बिन पानी सब सून।

पानी नही बचाओगे तो,
राशन के लिए तैयार रहो।

(ड) विविध आयाम

73. क्या आप जानते है

74. प्राइमरी युनिट एवं गणना सूत्र

75. स्लोगन ऊर्जा एवं पानी संरक्षण

76. प्रयास का आईना

77. पोस्टर ऊर्जा संरक्षण

78. शब्दावली

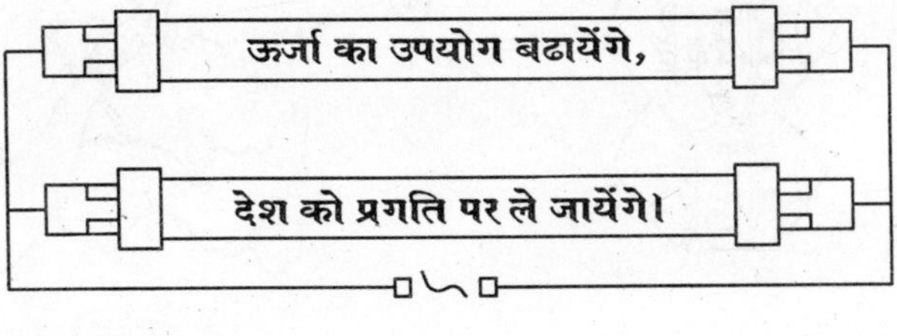

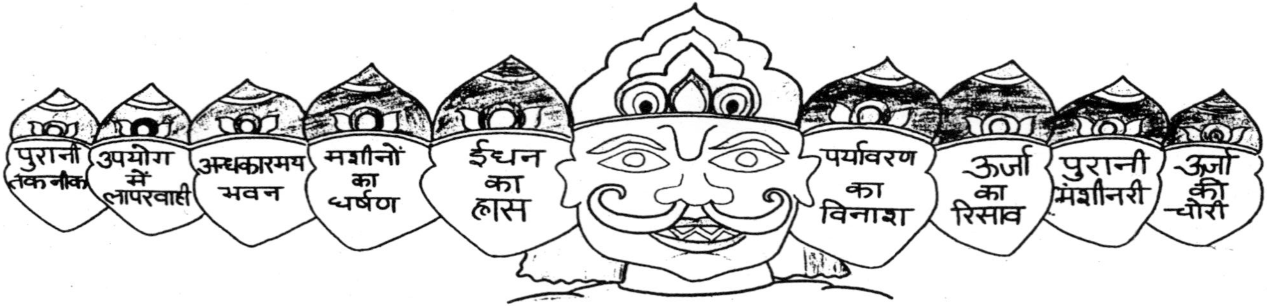

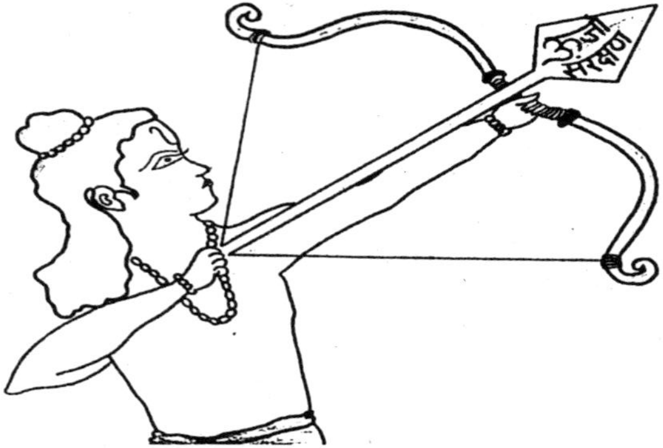

ऊर्जा अपव्यय के
रावण का दहन
आप भी कर सकते है।

— ओ. पी. माहेश्वरी

73 क्या आप जानते है ?

- किसी चालक तार में इलेक्ट्रॉन्स के बहाव को विद्युत धारा कहते हैं।
- वोल्टेज और करण्ट के गुणनफल को पॉवर कहते हैं जिसकी इकाई वॉट होती है।
- साधारण मानव शरीर का करण्ट रैजिस्टेंस 50,000 Ω सूखी हालत में तथा 1000 ओम गीली अवस्था में रहता है।
- एक किलो यूरेनियम नाभिकीय विखण्डन क्रिया द्वारा एक दिन में 1000 मेगावाट बिजली उत्पन्न करता है।
- 100 वॉट का बल्ब 10 घण्टे जलने पर एक युनिट बिजली का व्यय होता है।
- एक एच.पी. की मोटर लगभग 746 वॉट का व्यय करती है।
- ज्ञात वॉट के लिए वोल्ट (साधारणतया 230 वॉल्ट) से भाग देने पर लिया गया करंट एम्पीयर में ज्ञात हो जाता है।
- पानी से बिजली –
  - a. हाईडल प्रोजेक्ट में बिजली का उत्पादन बहते हुए पानी की ऊर्जा के उपयोग से होता है।
  - b. हाइड्रो प्रोजेक्ट में स्टोर किये गये पानी की ऊर्जा से बिजली का उत्पादन होता है।
  - c. थर्मल प्रोजेक्ट में पानी को भाप में बदलकर टर्बाइन चलाते हैं।
  - d. टाईडल प्रोजेक्ट में समुद्र के पानी की लहरों की ऊर्जा से बिजली का उत्पादन करते हैं।
- सूर्य किरणों में एक तिहाई प्रकाश इन्फ्रारेड किरणों से मिलता है जो किसी वस्तु को गर्म करने का कार्य करती है। यही कारण है कि सूर्य किरणों में प्रकाश के साथ गर्म करने की शक्ति होती है। सूर्य गैसों का एक समूह है जिसमें हाईड्रोजन, हीलियम व कार्बन मोनोक्साइड मुख्य गैसे है सूर्य की सतह पर इनका तापमान 5500 डिग्री सेंटीग्रेड होता है।

- दो 60 वॉट के बल्ब के मुकाबले एक 100 वॉट का बल्ब से ज्यादा ल्यूमन रोशनी मिलती है।
- लाईट का वेग (वेलोसिटी) 3 x 10^8 मीटर प्रति सैकण्ड होती है यानि सूर्य से पृथ्वी पर किरण पहुँचने में लगभग आठ मिनट का समय लगता है।
- 1 वॉट की सी.एफ.एल. से 100 ल्युमन एवं 40 वॉट की ट्यूब लाईट से 2200 ल्युमन रोशनी मिलती है।
- सिलिकन विश्व में सबसे अधिक मात्रा में मिलने वाला अर्द्ध चालक तथा प्रकाश वोल्टीय पदार्थ होता है। सिलिकॉन या केड़मियम पर सूर्य का प्रकाश पड़ने से उसमें इलेक्ट्रॉन प्रवाह (यानि विद्युत) प्रारम्भ हो जाती है।
- ए.सी. विद्युत धारा की फ्रीक्वेंसी 50 साईकिल प्रति सैकण्ड होती है।

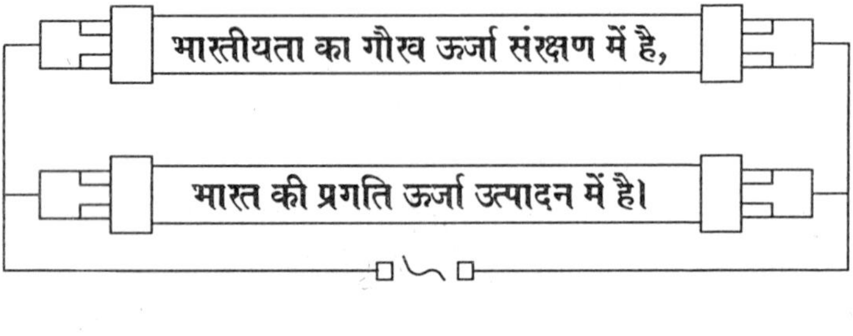

74 प्राइमरी युनिट और गणना सूत्र

युनिट		चिह्न	सूत्र
Force	ताकत	Newton (N)	Mass x acceleration
Work/energy	ऊर्जा	Jule (J)	Force x distance
Power	शक्ति	Walt (W)	Work/time or VxI
Density	घनत्व	D	Kilogram per cubic meter
Velocity	वेग	v	Meter per sec.
Discharge	मात्रा प्रति सेकण्ड	Q	Meter cube per sec.
Pressure	दबाव	Pascal (P)	Force/Area
Horse Power	अश्व शक्ति	H.P.	H.P.=wh/75 or (746watt)
Potential difference	वोल्ट	Volt (V)	Work/charge or IxR
Electric Resistance	अवरोध	Ohm (Ω), R	R=Volt/Amp.
Illumination	रोशनी	Lux (Lx)	Luminous/Area
Conductivity	चालकता	1/Resistance	
Accellaration	त्वरण	Velocity/Time	V/T
Torque	मरोड़	Fxdistance	Force x distance
Temperature	तापक्रम	Kalvin (K) or Centi.	
Electric Capacity		Farad (F)	
Magnetic flux		Weber(Wb)	Q/V
Charge	चुम्बकीय तंरगें	Current x time	Pot. diff. x time
Meg.flax denisity	ऋण	Tesla (T)	
Luminous flux	--	Lumen (Lm)	Mag flux/Area
Stress		Force/Area	cd x Sr
Strain	बल	Change in length/ intitial length	
Luminous Intencity	तनाव	Candela (Cd)	
Electric current	ल्युमन	Ampere (A) or I	
Heat	एम्पीयर	joule(J)	
	ऊष्मा		

ऊर्जा माप की इकाईयॉ

1 किलो वाट = 10^3 वाट
1 मेगा वाट = 10^6 वाट
1 गिगा वाट = 10^9 वाट
1 टेरा वाट = 10^{12} वाट

1 मिली वोल्ट (mv) = 1000 माइक्रो वोल्ट (μv)
1 वोल्ट (v) = 1000 मिली वोल्ट (mv)
1 किलो वोल्ट (kv) = 1000 वोल्ट (V)
1 मेगा वोल्ट (Mv) = 1000 किलो वोल्ट (kv)
1 मिली एम्पीयर (ma) = 1000 माइक्रो एम्पीयर (μa)

हाईड्रोलिक मात्रा (डेटा)

1. क्यू. फिट	=	28.32 लीटर
1. क्यू. मीटर	=	1000 लीटर या 220 गैलन
1. गैलन	=	4.546 लीटर या 10 पाऊण्ड
1. क्यू. फिट प्रति सैकण्ड	=	28.32 लीटर प्रति सैकण्ड या 0.0283 क्यू. मीटर प्रति सैकण्ड
1. मीटर हैड (H)	=	0.10 किलो/वर्ग सै. मी.
पानी का वेग	=	वर्ग मुल 2 gH यहाँ g = 9.81 मीटर/सैकण्ड है
1. मैट्रिक होर्स पावर	=	75 किलो–मीटर प्रति सैकण्ड
पानी का प्रेसर (P)		$wH^2/2$

यहाँ w पानी का यूनिट भार है जो शुद्ध पानी के लिए एक होता है एवं H पानी का हैड है
नहर में पानी कि प्रवाह Q = नहर का क्षेत्रफल (A) X पानी का वेग (V)

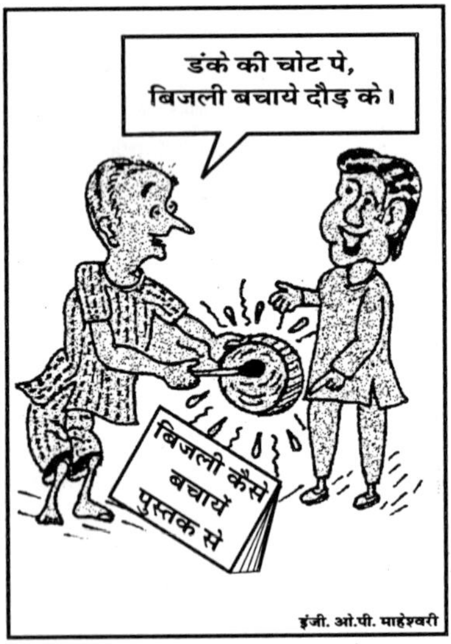

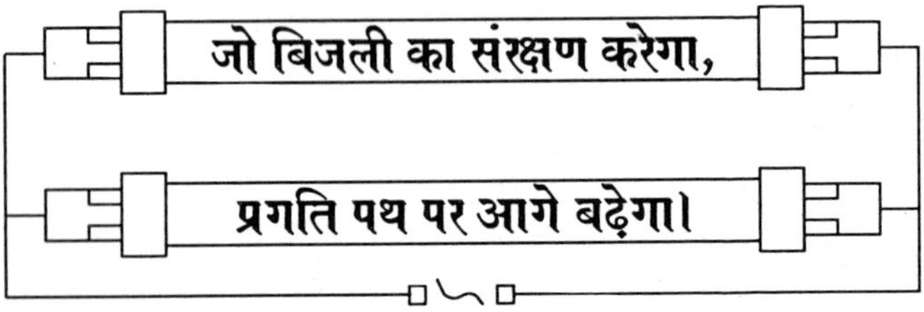

75

स्लोगन

ऊर्जा संरक्षण (प्रोग्रेसिव)

– बिजली का उपयोग, विकास का पथ,
बिजली का अपव्यय, विनाश की राह।

– बिजली बचाओ उत्पादन पाओ,
जागृत रहकर देश को प्रगतिशील बनाओ।

– देश को प्रगति की ओर ले जाने का विचार किया,
बढ़ाकर हाथ बिजली बचत का प्रयास किया।

– भारतीयता का गौरव ऊर्जा संरक्षण में है,
भारत की प्रगति ऊर्जा उत्पादन में है।

– बिजली की बचत देश का उत्पादन,
बिजली की खपत देश की प्रगति।

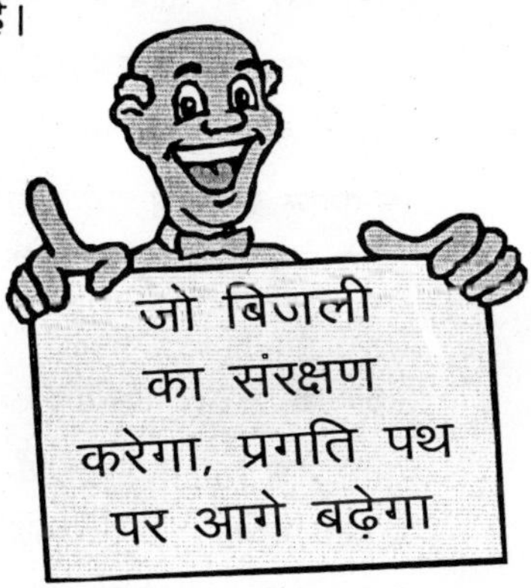

– बिजली का न करो विनाश,
तभी होगा हमारा विकास।

– प्रगति का मूलमंत्र है,
ऊर्जा का भरपूर उपयोग।

– बिजली बचाओ, पानी बचाओ,
देश को प्रगतिशील बनाओ।

– विकास की राह पर आगे कदम बढ़ाये चल,
ऊर्जा की बचत पर साथी हाथ बढ़ाये चल।

– शरीर साधन के लिए जैसे है जलपान,
वैसे ही प्रगति के लिए ऊर्जा अपव्यय की रोकथाम।

– माचिस की एक तीली भरे हुए खलिहान को खाक कर सकती है,
बिजली के एक एक वॉट का अपव्यय, प्रगति रोक सकता है।
आओ प्रण करें ऊर्जा बचत में सहयोग करें।

– ऐ मेरे वतन के लोगों,
ऊर्जा को तुम बचाना।

– जब हम करेंगे ऊर्जा अपव्यय, देश की प्रगति को लगेगा धक्का,
जब हम करेंगे बिजली की बचत, होगा यह देश का उत्पादन।

– ऊर्जा का उपयोग बढ़ायेंगे,
देश को प्रगति पर ले जायेंगे

– मेरा देश मेरी ऊर्जा,
इसे बचाना प्रगति बढ़ाना।

– बिजली बचे, पानी बचे,
विकास की राह आसान बने।

– प्रण अब ये लेते है, बिजली बचायेंगे मिलकर सब,
ऊर्जा का उपयोग बढ़ायेंगे, हानि पर नजर लगायेंगे अब

– ऊर्जा का नाश हो,
प्रगति सब के साथ हो।

– महान देश में अपना कार्य,
बिजली बचाओ, उन्नति बढ़ाओ।

– जो अपने राष्ट्र से प्रेम करते है,
प्रगति हेतु ऊर्जा संरक्षण करते है।

– प्रगति का मूल–मन्त्र है,
ऊर्जा का भरपूर उपयोग।

– महान देश का महान कार्य,
बिजली बचाओ उन्नति बढ़ाओ।

– प्रत्येक यूनिट में निहित है विकास,
बिजली बचाकर बने हम भी भागीदार।

– ऊर्जा संरक्षण देगा रोशनी की किरण,
ऊर्जा का उपयोग प्रगति का मार्ग।

– चलो हम कुछ कर दिखायें,
ऊर्जा बचत में कदम बढ़ायें।

– कृत्रिम ऊर्जा का ना करो ह्यस,
तभी होगा हमारा विकास।

स्लोगन – ऊर्जा संरक्षण (क्रियेटिव्ह)

– पानी बचाओ, बिजली बचाओ,
देश को प्रगतिशील बनाओ।

– बिन साधन के बिजली नहीं बनती,
बिन बिजली प्रगति नहीं मिलती।

– ऊर्जा की हानि जीवन बने घाणी,
ऊर्जा का उत्पादन जीवन का साधन।

– कैसे यह करुं स्वीकार तुम करो मेरा तिरस्कार,
मैं बिजली यहीं चाहती हूँ तुम करो मेरा सत्कार।

– जन जन ने यह ठाना है,
अब बिजली को बचाना है।

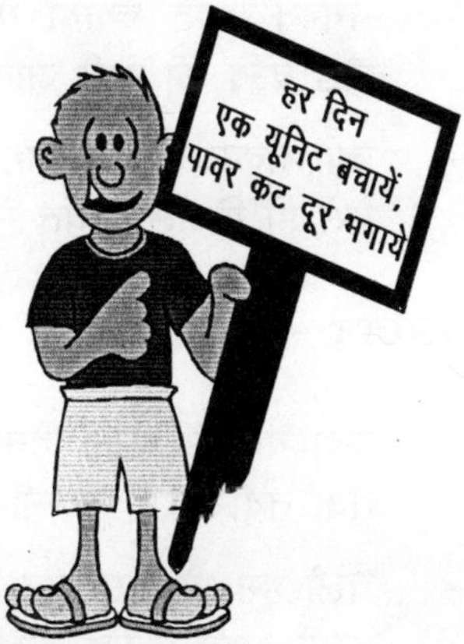

– राष्ट्र प्रगति के अमर निशान,
शिक्षा, ऊर्जा उत्पादन और संरक्षण

– जीवन खुशियों से तुम भर लो,
पानी, बिजली का संरक्षण अब कर लो।

– बिजली संरक्षण से देश विकास,
गाँव–गाँव बिजली, घर–घर रोशन।

– राष्ट्र प्रगति के अमर निशान,
अधिक उत्पादन और संरक्षण।

– जिन खोजा तिन पाईया, गहरे पानी पैठ
जिन बिजली बचावत, तिन पाईया उत्पादन।

– देश का विकास क्रियेशन, प्रोडक्शन, जनरेशन से,
आओ बिजली बचाकर हम भी भागीदार बनें।

– सी.एफ.एल. को भी हम भूल जायेगें,
जब लैड बल्ब को हम अपनायेगें।

– लैड बल्ब में माइक्रोवॉट व्यय,
ज्यादा रोशनी बहुत कम व्यय।

– विकास की राह पर, ऊर्जा उपयोग बढ़ाये चल,
ऊर्जा के ह्यस पर, अपना दिमाग लगाये चल।

– घर का अंधेरा भगाये प्रकाश दीप,
देश का अन्धेरा भगाये ऊर्जा संरक्षण।

– आजादी अब ऊर्जा उत्पादन की,
जिम्मेदारी अब ऊर्जा संरक्षण की।

– भवन निर्माण में देना है ध्यान,
ऊर्जा बचाने का करें समाधान।

– आओ हम सभी ऊर्जा बचाने में भागीदार बनें,
देश की प्रगति में हम सब साझीदार बनें।

– हल्के रंगों से घर को सजायें,
घर में प्रसन्नता का दीप जलायें।

– नगण्य खपत, ज्यादा रोशनी,
लैड बल्ब की सही जानकारी।

– ज्यों चकमक में है आग, ज्यों तिल में है तेल
ऐसे ही बिजली बचत में है, बिजली का उत्पादन

स्लोगन – ऊर्जा संरक्षण (इनोवेटिव)

– यदा यदा ऊर्जायाः विनाशतेः,
तदा तदा नवीन तकनीकैः सृजाम्यहम्।

– चलो हम भी कुछ कर दिखायें,
ऊर्जा बचत में एक कदम बढ़ायें।

– अक्षय ऊर्जा का उपयोग बढ़ाओ,
कृत्रिम ऊर्जा में बचत कराओ।
फ्लोरोसेंट बल्ब लगाओ।

– ऊर्जा क्षति को बचाना है,
जीवन स्तर को बढ़ाना है।

Justice **V**ery **V**aluable **N**eedful **L**ight
(JVVNL)
Avoid Wasteful Use of Electricity & Water

– ऊर्जा बढ़ाना – देश को बढ़ाना,
ऊर्जा बचाना – देश को बचाना।

– जीवन स्तर बढ़ाओ ज्ञान से,
ऊर्जा स्तर बढ़ाओ विज्ञान से।

– नई तकनीक अपनायेंगे,
बिजली अधिक बचायेंगे।

– देश बढ़ेगा प्रगति की ओर,
जब नई तकनीक अपनायेंगे।

– लेड बल्ब में माइक्रोवॉट व्यय,
बिजली बचाए नई तकनीक अपनाएँ।

– इच्छा पूर्ति का नाम ऊर्जा है,
ऊर्जा बचत का नाम उत्पादन है।

– आओ ज्ञान का प्रकाश फैलाएँ,
विद्युत अपव्यय पर लगाम लगाएँ

– धर्म कहता है सद्कर्म करो,
ऊर्जा बचाने का सही कर्म करो,

– ऊर्जा संरक्षण का करें अभिनन्दन,
प्राकृतिक ऊर्जा से ले आनन्द।

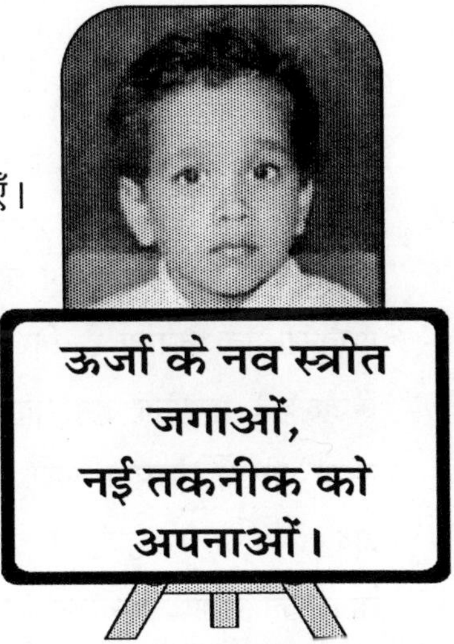

– अंधेरे का भगाये प्रकाश,
ऊर्जा को बचाये दक्षता।

– ऊर्जा के नव स्त्रोत जगाओ,
नई तकनीक को अपनाओ।

– मिल जाता है सूर्य का, दिन में हमें प्रकाश,
तो फिर विद्युत का करे, क्यों हम व्यर्थ ही नाश।

– पंखे कूलर चल रहे, जब खाली है कक्ष,
क्यों न दिखाई दे रही, हानि खड़ी प्रत्यक्ष

स्लोगन – ऊर्जा संरक्षण (कन्जरवेशन)

– प्राकृतिक ऊर्जा का करे वंदन, कृत्रिम ऊर्जा का करे सरंक्षण।

– ऐ भाई बिजली जरा देख के जलाओ,
जरुरत न हो तो इसे बन्द भी कराओ।

– इतने जहाँ में 'ओम' तुझे बिजली चोर ही मिले,
कहाँ है जन जो ऊर्जा संरक्षण की बात करे।

– एक एक बूँद ईंधन बचायें, एक गरीब की झोंपड़ी में दीपक जलायें।

– बाय–बाय स्विचजी, फिजूल में ना रहने देंगे चालूजी।

– आबादी का बढ़ता बोझ, ऊर्जा के घटते स्त्रोत, आओ इस पर करें रोक, ऊर्जा बचत में करें सहयोग।

– अंधेरे को दूर भगाना है, सुन्दर व्यवस्थित घर बनाना है।

– बस एक यूनिट ऊर्जा की बचाओ,
बिजली जितनी जरुरत उतनी ही जलाओ।

– ऊर्जा संरक्षण की आदत बनाओ,
घर–घर उत्पादन का दीप जलाओ।

– रघुकुल रीत निभाना है, बिजली को बचाना है।

– बिजली है अनमोल, हम सब जाने इसका मोल।

– ऊर्जा का ना मिसयूज करो, सही माने में यूज करो।

– अब तो मानो मेरे भाई, समझाती है बिजली माई।

– ऊर्जा का उत्पादन कठिन है जितना,
ऊर्जा का संरक्षण आसान है उतना।

– ऊर्जा संरक्षण कर दो मिसाल, देश ऐसे बिरलों पर हो निहाल।

– हर हाल में बिजली को बचाना, ऊर्जा संरक्षण का दीप जलाना।

– बिजली जलाओ उतनी, आवश्यक समझो जितनी।

– बिजली बचाये देश के सारथी, बिजली चुराये देश के घाती।

– बिजली के अपव्यय को रोको, दिनचर्या में इसको ढालो।

– शिक्षा बढ़ायें, ऊर्जा बचायें।

– बिजली बचाने का लेते है प्रण अब,
बिजली बचायेंगे मिलकर हम सब।

– मैं थाने कैदूंसा बिजली बचावण में घणों घणों सार सा।

– ऊर्जा लगाये ऊर्जा बचाये, मिलकर हम सब इसे बढ़ायें।

- प्रण अब हम लेते है, बिजली बचायेंगे मिलकर सब।
- ऊर्जा का उपयोग बढ़ायेंगे, हानि पर नजर लगायेंगे।
- बिजली के अपव्यय को रोको, दिनचर्या में इसको ढालो।
- मेरा देश मेरी ऊर्जा, ऊर्जा बचाना उत्पादन बढ़ाना।
- बिजली का सदुपयोग, स्वयं एवं देशहित में हो।
- डंके की चोट पे, बिजली बचाये दौड़ के।
- बिजली को बचाना है, मन ने ये ठाना है।
- बिजली बचाओ देश को आगे बढ़ाओ।
- बिजली है अनमोल, इसे व्यर्थ न गंवाये।
- बचत की आदत, बिल में राहत।
- अंधेरे को दूर भगाना है, घर–घर को रोशन बनाना है।
- बिजली विभाग हमारा मित्र है,
हम सब जाने ऊर्जा का मोल,
तभी होगा दोस्ती का तोल–मोल
- बिजली बचायेंगे जो, पैसे बचायेंगे वो
- जिसने बिजली–पानी की कीमत जानी,
खुशहाल हुई उसकी जिन्दगानी।
- ईंधन को बचाना है, प्रण हमें यह लेना है।

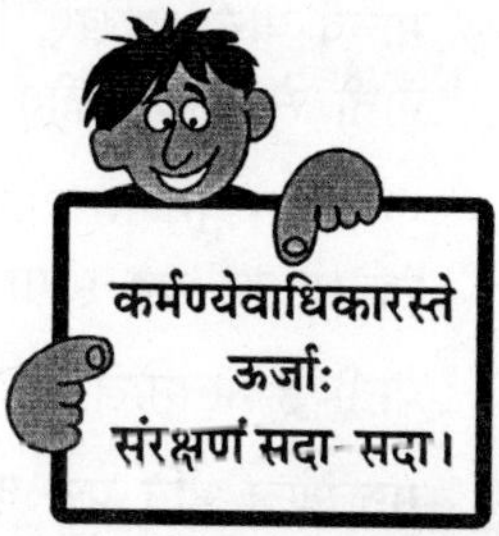

- बिजली का उत्पादन बहुत मंहगा है,
बिजली का संरक्षण बहुत सस्ता है।
- जितनी जरुरत हो, बिजली उतनी ही जलायें।
- बिजली है अनमोल, हम सब जाने इसका मोल।
- बिजली को बचाना है, वचन हमें निभाना है।
- सोच–समझ कर सब करें उपयोग,
पानी–बिजली का अपव्यय, ज्यादा बिल का भुगतान।
- बिजली की सही बचत देश का उत्पादन,
बिजली की सही खपत देश की प्रगति।

– जैसा कर्म करोगे, वैसा फल पाओगे,
जितनी बिजली बचाओगे, उतना राहत पाओगे,
कर्म करोगे वैसा फल मिलेगा, यह है गीता का ज्ञान।

स्लोगन – पानी बचत

– प्रकृति के पाँच मुख्य प्रदार्थ में पानी है मुख्य घटक,
हम बने हैं इन्हीं से और हमारा जीवन इसी से।।

– पानी का तुम करो संरक्षण,
होगा यह मानवता का रक्षण।

– अपव्यय की आदत बनाती है लापरवाह।
संरक्षण की आदत बनाती है सक्रिय।

– पैट्रोल की एक बूंद से गाड़ी चल पड़ेगी।
पानी की एक बूंद से, चलेगी जिन्दगी।।

– मानव पानी राखिए, बिन पानी सब सून,
पानी से सुन्दर जीवन, वरना होगा बंजर जीवन।

– पानी का पुनः उपयोग की सोचो,
भविष्य का यह होगा जीवन बीमा।

– पानी है अनमोल, जानो इसका मोल।

– मरूस्थल भुमि पर, पानी संरक्षण है कल का जीवन,

– जल है तो कल है, वरना जीवन मरूस्थल है।

– युद्ध हुए है जर, जोरू, जमीन के लिए,
भविष्य में युद्ध होगें जल के लिए।

– जल, वायु व वन सम्पदा का संरक्षण,
स्वच्छ पर्यावरण और प्रकृति के रक्षक।

– बिजली पानी बचाओं, राष्ट्र को उन्नत बनाओं।

– बीता हुआ पल और बहाया गया जल वापस नहीं आता,
आज ही बचाए जल अन्यथा तरस जायेंगे कल।

– जल जीवन की शान है, वर्ना जीवन मशान है।

– जल सुरक्षित तो, प्रकृति सुरक्षित,
प्रकृति सुरक्षित तो, जीवन सुरक्षित।

– जल जीवन का अनमोल रतन,
इसे बचाने का करो जतन।

– कुड़ा करकट प्रदूषित पानी,
रोगों की करते अगवानी।

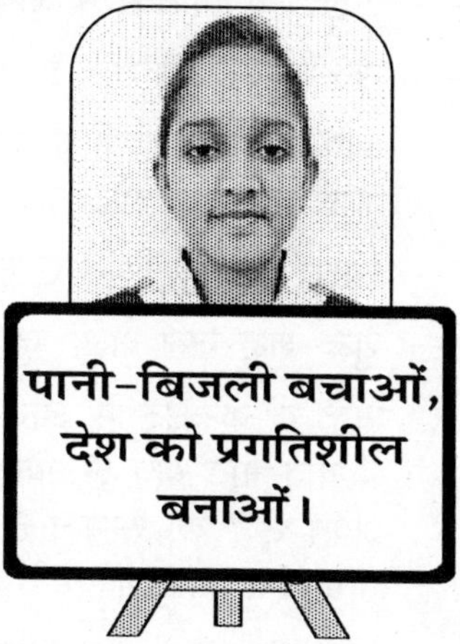

– पानी है जीवन का ताना बाना,
हम सब को है, मिलकर पानी बचाना।

– वर्षा जल का संचय करो टैंक में,
वर्ना घट का पानी होगा बोतल में।

– जल संरक्षण कर लाओ यह निखार।

– गन्दा पानी पियोगे तो, किडनी में स्टोन पाओगे।

– प्रकृति का संरक्षण ही, सच्चा धर्म व्यवहार है।

– जब खेत और खलियान में होगा पानी का संरक्षण,
तब देश बनेगा खुशहाल और समृद्ध होगा किसान

– जल से जीवन है, वरना जीवन बंजर है।

– पानी है जीवन की चाह, ऊर्जा है प्रगति की राह।

– आओ बिजली–पानी मिलकर बचायें,
जीवन जीने की कला दिखायें।

– भविष्य के लिए पानी का संरक्षण करें,
जीवन में अच्छा करने में देरी ना करें।

– गंगा, जमुना जल धारा की पुजा,
जल है जीवन, सन्देश ना दुजा

– कहीं जीवन में अच्छा करने में,
जल संरक्षण में देरी न हो जाएं।

– अगर देखना चाहते हो जल की निर्मल धारा,
इसे बचाने का हम सबको करना होगा वादा।

– पानी का सद्उपयोग करो, स्वच्छता को बनाये रखो।

- प्रकृति के सानिध्य में जीना, यानि जल का संरक्षण करना।
- जल जीवन की शान है, वरना जीवन श्मशान है।
- आप का पैसा बच्चों के काम न आएगा,
  अगर भविष्य में पीढ़ी को पानी न मिलेगा।
- स्वच्छ पानी करे पुकार, मुझे न बहाओ यूं बेकार।
- शुद्ध–शुद्ध जल पीओ, जुग–जुग जीवन जिओ।
- राष्ट्र के कुरूक्षेत्र में, आज से यह ठान लें,
  ये बात गांठ बांध ले, बिजली पानी का संरक्षण,
  अपने राष्ट्र का सम्मान है, करलें मन में अब संकल्प,
  होगा ऐसा संरक्षण प्रगति क्षेत्र में।
- पानी होगा वहाँ फूल खिलेंगे, बिन पानी होगा बन्जर रेगिस्तान।
- पानी का अपव्यय प्रदूषण का जन्म।
  पानी का संरक्षण जीने की राह।
- बढ़ता प्रदूषण घटती आयु, कारण एक अशुद्ध जलवायु।
- अग्नि खिले हुए फूलों को जला देती है,
  पानी प्रकृति के फूलों में रस भर देती है।
- पानी हो, वहाँ फूल खिलते है।
  पानी है तो जीवन अमृत रस है।
- जब हम पानी की करेंगें बर्बादी, भावी पीढ़ी पर चलेंगी कुल्हाड़ी।
- पानी, पेड़ और बहती हवा, जीवन रक्षा की अनमोल दवा।
- जीवन की शीतलता है जल से, अग्नि में ना ढुढ़ो ठंडी धारा
- आज का संरक्षण, कल की जीवन धारा, जल है हमारी अमृतधारा।
- जन जन का यह महान कार्य,
  जल संरक्षण है जन कल्याण कार्य।
- जल जीवन जीने की ढाल है,
  वर्ना जीवन हम सबका बेहाल है।

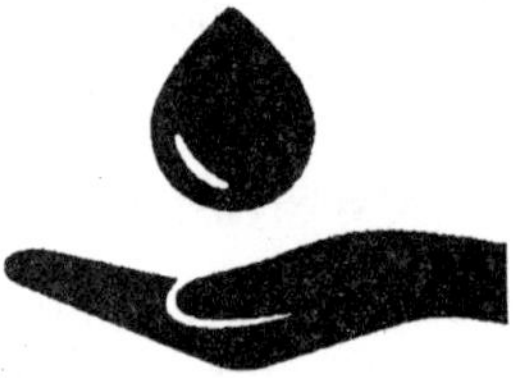

- पानी न केवल इन्सानों का रक्षक होता है,
  अपितु पेड़–पौधों का भी जीवन रक्षक होता है।

– बिन पानी मछली नहीं रहती जिन्दा,
बिन पानी इन्सान नहीं रहेगा जिन्दा।

– पानी को हम ठीक से नही बरतेंगे,
तो बच्चे हमारे पानी को तरसेंगे।

– करे बिजली पानी का संरक्षण,
होगा राष्ट्र निर्माण में समर्थन।

– चाहते हो अपना कल, तो बचाओं वर्षा जल।

– नदियों का पानी है जीवन दायी,
युगों युगों तक इससे हुई सिंचाई,
पेड़ पौधों, जीव जन्तु सबकी प्यास बुझाई।

– बिजली पानी को बचाओ, राष्ट्र को उन्नत बनाओ।

– वृक्षों से करो भूमि का श्रृगार,
जल संरक्षण कर लाओ यह निखार।

76 प्रयास का आईना

बिजली विभाग की मासिक पत्रिका ' विद्युत वितरण संदेश ' में बिजली बचाने के प्रोत्साहन हेतु मेरे कई सारे लेखों का प्रकाशन वर्ष 2002 से लगातार होता रहा, वर्ष 2007 में पुस्तक " बिजली कैसे बचाऐ ? " का प्रकाशन हुआ। वर्ष 2002 में एल.ई.डी. लैम्प फ्यूज सी.एफ.एल. से बनाकर विभाग को अवगत कराया गया एवं वर्ष 2008 में इसे माननीया मुख्य मंत्री राजस्थान सरकार को जन साधारण में उपयोग हेतु भेंट किया गया, मेरे इन छोटे से प्रयासों के बाद वर्ष 2012 के उपरान्त इस एल.ई.डी. लैम्प का बाजारों में विक्रय चालु हुआ है जो राष्ट्रहित में बिजली की बहुत अधिक बचत कर रहा है।

ऊर्जा संरक्षण पर मेरे द्वारा बनाये गये पोस्टर, स्लोगन पर वर्ष 2002 से 2006 तक 6 पुरस्कार जीते गये। साथ ही वर्ष 2008 में राज्य स्तरीय पुरस्कार मुख्य मंत्री राजस्थान सरकार माननीया वसुन्धरा राजे द्वारा प्रदान किया गया। द्वितीय राज्य स्तरीय पुरस्कार वर्ष 2011 में माननीय मुख्य मंत्री राजस्थान सरकार श्री अशोक गहलोत जी द्वारा प्रदान किया गया।

तृतीय राज्य स्तरीय पुरस्कार वर्ष 2014 में माननीय ऊर्जा राज्य मंत्री राजस्थान सरकार, श्री पुष्पेन्द्र सिंहजी द्वारा प्रदान किया गया।

वर्ष 2002 से 2017 तक कई सारे लेखों का प्रकाशन विभिन्न पत्र पत्रिकाओं में, दैनिक अखबारों में जनता को जाग्रत करने के लिए होते रहे है। यह पुस्तक भी इसी कड़ी में एक प्रयास है जिसमें कई सारे नई तकनीक आधारित जानकारियों को प्रकाशित किया जा रहा है जैसे – पानी के पुनः उपयोग हेतु ड्रेन सेगरीगेटर का निर्माण, पौध ट्रे से भवनों में पैदा करें फल–सब्जियाँ, भू– गर्भ उष्मा से अनुकुल तापक्रम, एनर्जी डिसीपेटर का उपयोग, फ्यूज़ सी.एफ.एल. से जलाये ट्यूब लाईट एवं ऐसी कई छोटी छोटी तकनीकों को इस पुस्तक में भी दर्शाया है। जिनके बारे में जानकारियां हासिल कर हर व्यक्ति बिजली–पानी की बचत के लिए राष्ट्रहित में अपना योगदान प्रदान कर सकता है। मेरे इन प्रस्तावों में अगर पौध ट्रे और ड्रेन **सेगरीगेटर भविष्य में एल.ई.डी बल्ब वर्ष 2002 की तरह उपयोग होने लग जायेंगे, तो हर घर में सब्जियों की पैदावार से देश को करोड़ों रूपयों का उत्पादन मिलेगा। इसी तरह ड्रेन सेगरीगेटर ओर पाटे का उपयोग शुरू होगा तो घरों में 50 से 60 प्रतिशत पानी की बचत का फायदा राष्ट्र को मिलेगा, जब 50 प्रतिशत पानी का पुनः उपयोग बहुत सरल प्रणाली से सम्भव है इससे नगरों, कस्बों में पानी की समस्या ही नहीं रहेगी। ऐसा मेरा सोचना है।**

अॅवार्ड

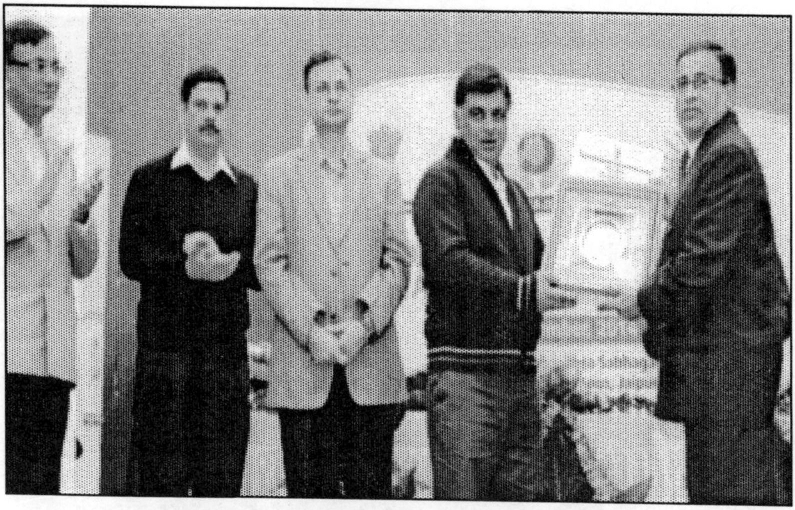

वर्ष 2014 में ऊर्जा संरक्षण तकनीक प्रस्तावित करने पर
राज्य स्तरीय पुरस्कार लेखक द्वारा प्राप्त करते हुए।

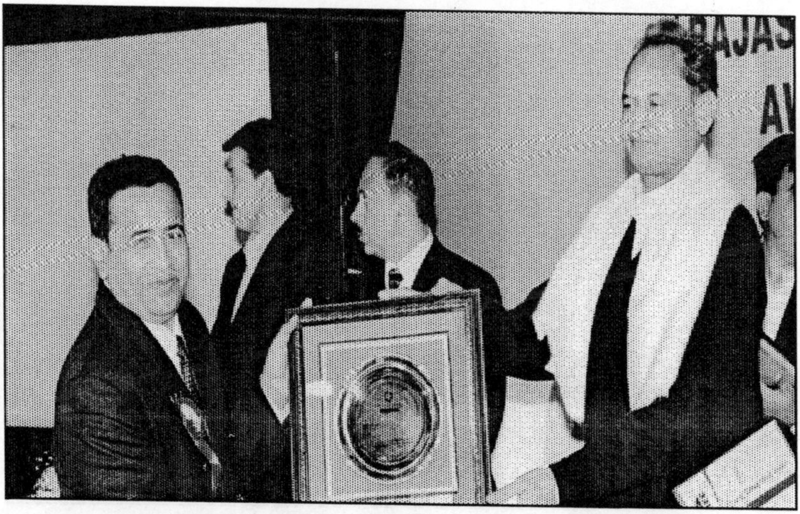

वर्ष 2011 में ऊर्जा संरक्षण तकनीक प्रस्तावित करने के लिए
राज्यस्तरीय प्रथम पुरस्कार को माननीय पूर्व मुख्यमंत्री राजस्थान सरकार
श्री अशोक गहलोतजी से लेखक द्वारा प्राप्त करते हुए।

अॅवार्ड

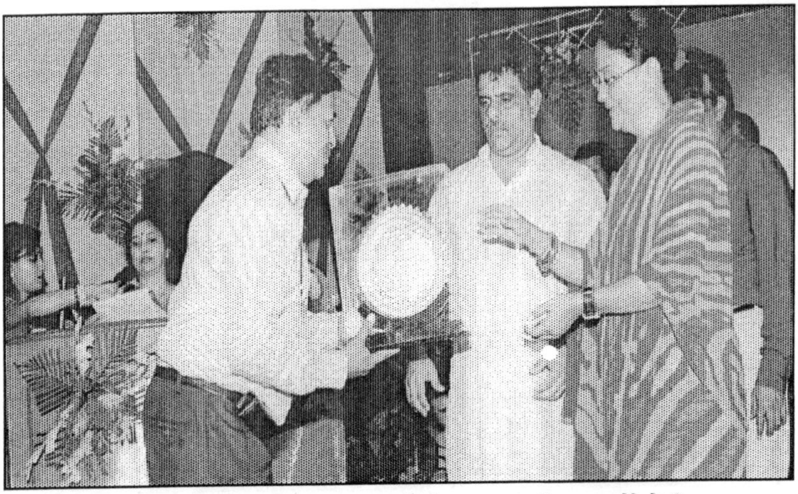

वर्ष 2008 में ऊर्जा दिवस पर ऊर्जा संरक्षण सम्बन्धि कार्यो के लिए राज्यस्तरीय पुरस्कार को माननीय मुख्य मंत्री राजस्थान सरकार श्रीमति वसुन्धरा राजे से लेखक द्वारा प्राप्त करते हुए।

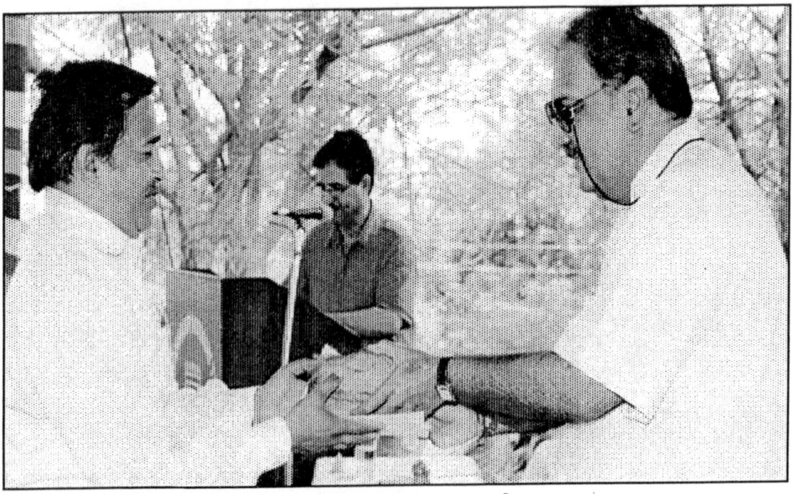

वर्ष 2008 में 'विश्व पर्यावरण दिवस' पर मेहरानगढ ट्रस्ट द्वारा माननीय एच.एच. महाराजा श्री गजेसिंहजी जोधपुर से लेखक इंजी. ओ.पी. माहेश्वरी पुरस्कार प्राप्त करते हुए।

लेखक इंजी. ओ.पी. माहेश्वरी की अन्य प्रकाशित मुख्य पुस्तके

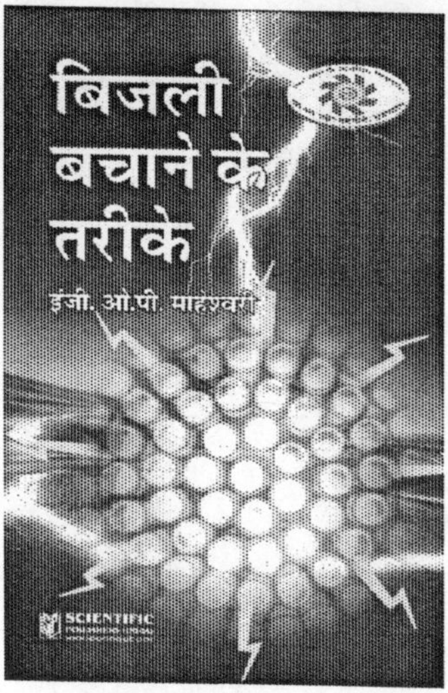

बिजली बचाने के तरीके

प्रकाशक :
साईन्टिफिक पब्लिशर्स (इंडिया)
पो.बॉ. नं. 91, जोधपुर
पृष्ठ 210 मूल्य – रू. 250

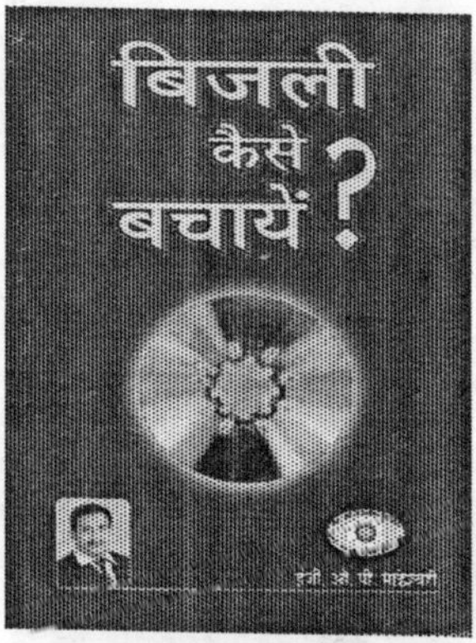

बिजली कैसे बचायें ?

प्रकाशक एवं मुद्रक : बिरला ऑफसेट
पृष्ठ 77

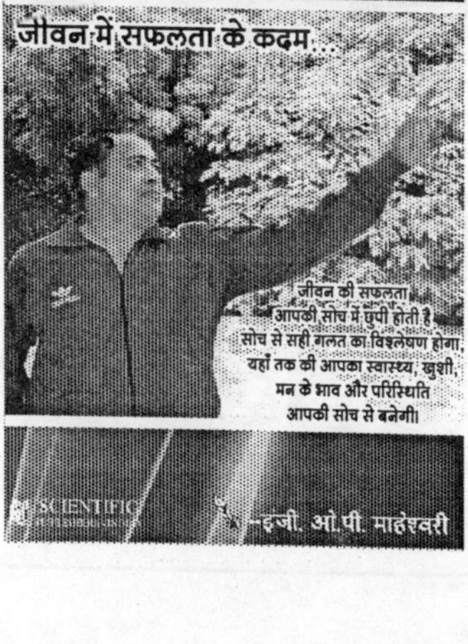

जागृति की सोच

प्रकाशक :
साईन्टिफिक पब्लिशर्स (इंडिया)
पो.बॉ. नं. 91, जोधपुर
पृष्ठ 286
Tel.: 0291 2433323
E-mail : info@scientificpub.com

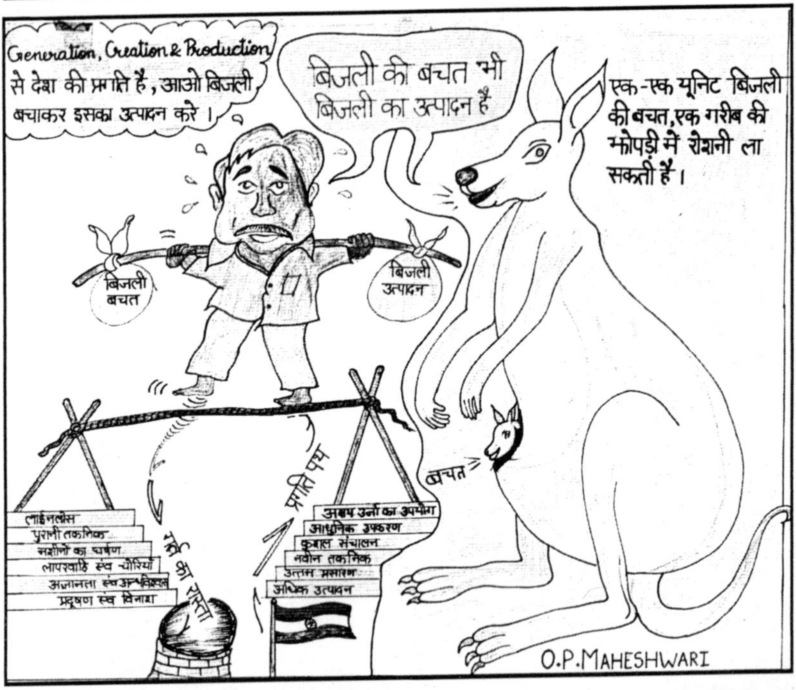
Generation, Creation & Production से देश की प्रगति है, आओ बिजली बचाकर इसका उत्पादन करें।
बिजली की बचत भी बिजली का उत्पादन है
एक-एक यूनिट बिजली की बचत, एक गरीब की झोपड़ी में रोशनी ला सकती है।
बिजली बचत
बिजली उत्पादन
बचत
लाईनलोस
पुरानी तकनिक
मशीनों का घर्षण
लापरवाहि स्व चोरियाँ
अज्ञानता स्व अन्धविश्वास
प्रदूषण स्व विनाश
प्रगति पथ
अक्षय उर्जा का उपयोग
आधुनिक उपकरण
कुशल संचालन
नवीन तकनिक
उत्तम प्रसारण
अधिक उत्पादन
O.P.MAHESHWARI

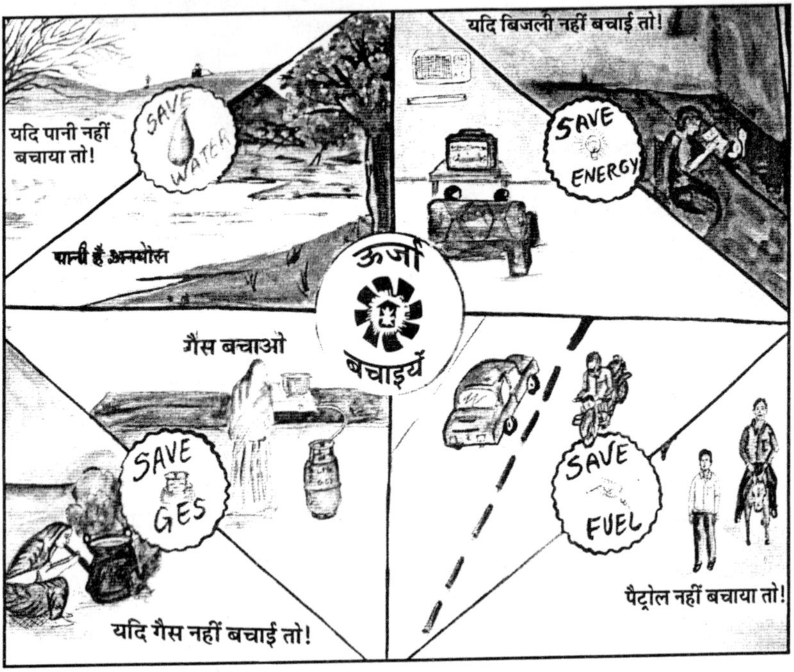
यदि पानी नहीं बचाया तो!
SAVE WATER
पानी है अनमोल
यदि बिजली नहीं बचाई तो!
SAVE ENERGY
ऊर्जा बचाइयें
गैस बचाओ
SAVE GES
यदि गैस नहीं बचाई तो!
SAVE FUEL
पैट्रोल नहीं बचाया तो!

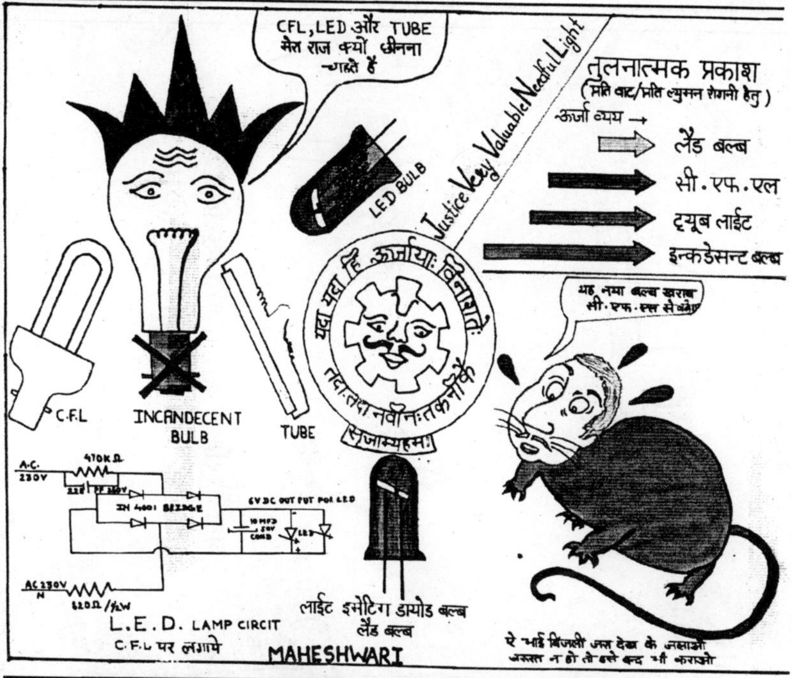
CFL, LED और TUBE
मेरा राज क्यों छीनना चाहते हैं
LED BULB
Justice Very Valuable Needful Light
तुलनात्मक प्रकाश
(प्रति वाट/प्रति ल्युमन रोशनी हेतु)
ऊर्जा व्यय →
लैड बल्ब
सी.एफ.एल
ट्यूब लाईट
इन्कडेसन्ट बल्ब
यदा यदा हि ऊर्जायाः विनाशते
तदा तदा नवीनः तकनीके
सृजाम्यहम्
C.F.L
INCANDECENT BULB
TUBE
A.C. 230V
470KΩ
IN 4001 BRIDGE
6V DC OUT PUT FOR LED
AC 230V N
820Ω/½W
L.E.D. LAMP CIRCIT
C.F.L पर लगाये
MAHESHWARI
लाईट इमेटिंग डायोड बल्ब
लैड बल्ब

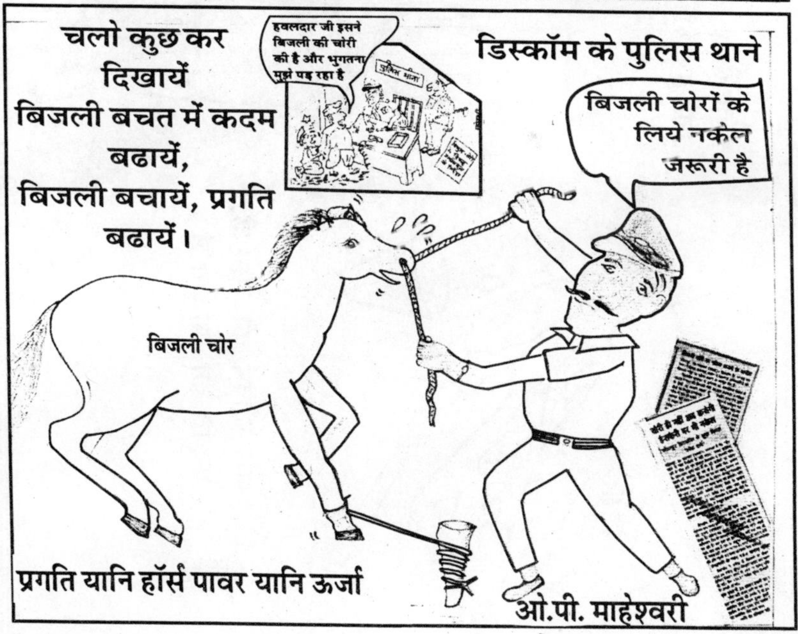
चलो कुछ कर दिखायें
बिजली बचत में कदम बढायें,
बिजली बचायें, प्रगति बढायें।
हवलदार जी इसने बिजली की चोरी की है और भुगतना मुझे पड़ रहा है
डिस्कॉम के पुलिस थाने
बिजली चोरों के लिये नकेल जरूरी है
बिजली चोर
प्रगति यानि हॉर्स पावर यानि ऊर्जा
ओ.पी. माहेश्वरी

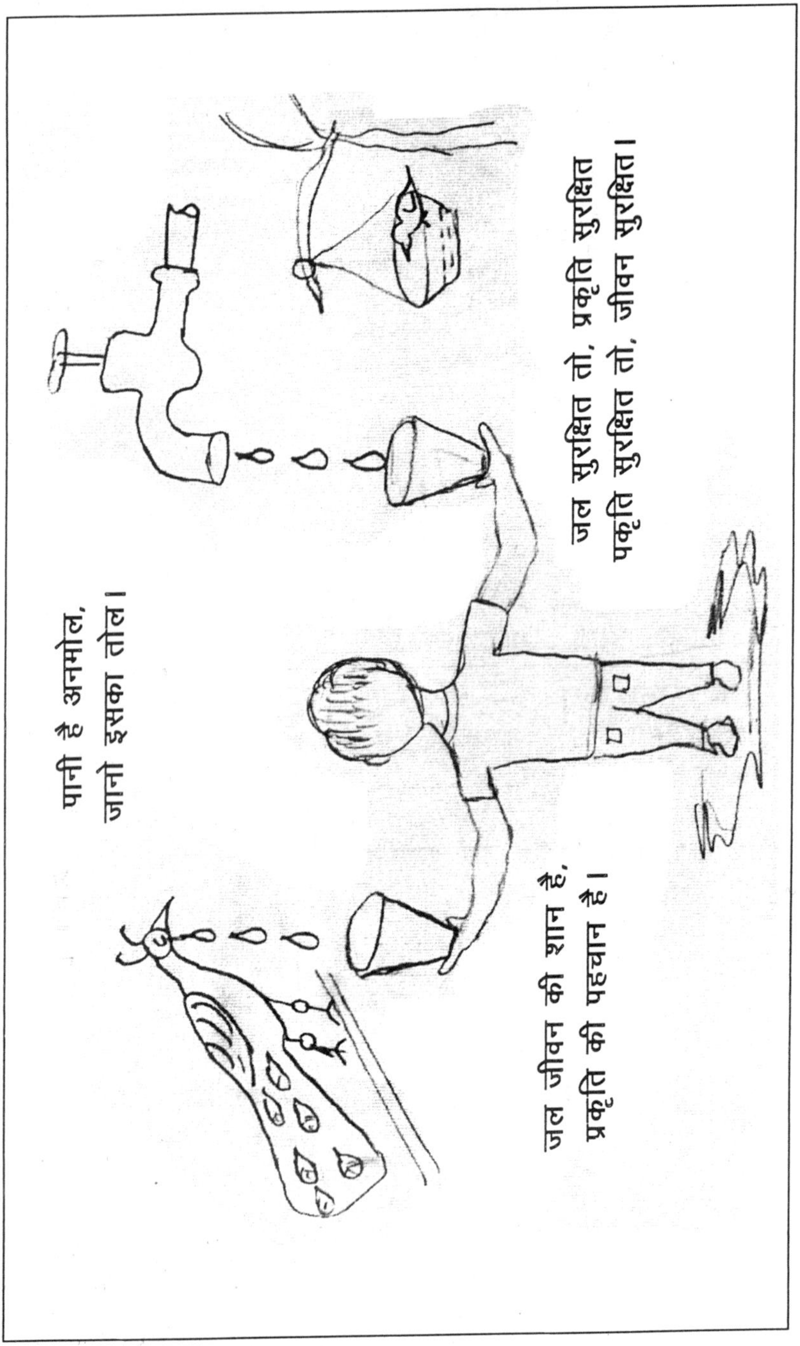
पानी है अनमोल,
जानो इसका तोल।
जल जीवन की शान है,
प्रकृति की पहचान है।
जल सुरक्षित तो, प्रकृति सुरक्षित
पकृति सुरक्षित तो, जीवन सुरक्षित।

शब्दावली

Alternative current	ए.सी.	प्रत्यावर्ती धारा
Arteries	आर्टरिज	नाड़ी
Arch	आर्च	मेहराब, वृत खण्ड को पाटने के लिए खम्भों अथवा दीवार पर लगे आकृति वाले पत्थर
Ash slurry	ऐश स्लरी	पानी व राख का घोल
Aspect	असपेक्ट	देखने का नजरिया, भाव
Asthetic	एस्थेटिक	सुन्दरता
Ballast	बैलस्ट	विघुतधारा को स्थिर करने का यन्त्र, चाक
Blower	ब्लोअर	धौकनी
Brightly	ब्राईटली	उज्जवलता
Bunds	बन्ड्स	मिट्टी का बन्धा, पाली
Calorie	कैलोरी	किसी पदार्थ में पैदा गर्मी को नापने की इकाई
Capsitor	केपेसीटर	कन्डेसर द्वारा एकत्रित की गई विद्युत चार्ज
Caseroll	केसरोल	तापक्रम को बनाये रखने का बॉक्स
Chamfering	चैम्फरिंग	क्रम से तिरछा करना
Circuit	सर्किट	परिपथ
Compact Fluorescent Lamp	सी.एफ.एल.	फ्लोरोसेंट बल्ब
Concave	कॉन्केव	अन्दर की ओर धंसा हुआ
Convex	कॉन्चेक्स	बाहर की ओर उभरा हुआ

Condenser	कंडेंसर	वह उपाय जिसके द्वारा विद्युत एनर्जी को इकट्ठा कर सकते है और आवश्यकता होने पर ले सकते है। कन्डेन्सनर कॉईल ठण्डा करने की नलिकाएं
Candescent Bulb	कैन्डसेन्ट बल्ब	तीव्र ऊष्मा वाला स्वेतवर्ण बल्ब
Conductor	कन्डक्टर	चलाक पदार्थ जिसमें विघुत प्रवाह हो सकता हो
Conical Dom	कोनिकल डोम	शंकुनुमा गुम्बज
Conservation	कन्जरवेशन	संरक्षण, क्षति से बचाव
Cooling	कुलिंग	शीतलन
Defrost	डिफ्रौस्ट	बर्फ को हटाना
Device	डिवाईस	साधन
Diffusion	डिफयूजन	फैलाव, विसरित
Dimmer	डिमर	तेज – धीरे करने का स्वीच
Direct current	डी. सी.	आवर्ती धारा, डायरेक्ट करेंट में विद्युत प्रवाह की दिशा एवं मात्रा एक समान रहती है।
Dissipater	डिसीपेटर	व्यय करना
Duct	डक्ट	नलिका, वाहनी
Earth leakage circuit braker	ई.एल.सी.बी.	विघुत लिकेज को जमीन में प्रवाह करने का यन्त्र
Earthing	अर्थिंग	उपकरण एवं मानव की सुरक्षा के लिए करंट को अर्थ तार द्वारा जमीन में प्रवाहित करने की क्रिया
Elegance	एलिगेंस	सौंदर्य
Elliptical	इलेप्टिकल	अण्डाकार आकार
Embakment	ऐम्बेकमेन्ट	तटबन्ध
Energy	एनर्जी	कार्य करने की शक्ति, ऊर्जा

Energy Conservation	एनर्जी कन्जरवेशन	ऊर्जा बचाने का कार्य
Float Glass	फ्लोट ग्लास	लैम्प पर लगने वाला ग्लास
Flux	फलक्स	चार्ज का बहाव
Focus	फोकस	केन्द्रित, किरणों को एक बिन्दू पर केन्द्रित करना
Fuse	फ्यूज़	धातु के पतले तार का टुकड़ा जो अधिक करंट आने पर गर्म होकर पिघल जाता हो।
Glare	ग्लेअर	चमक
Glass	ग्लास	शीशा, कॉच
Glaze	ग्लेज	चमकदार सतह
Grinding	ग्राईन्डिग	घिसाई
Grouping	ग्रुपिंग	एक वर्ग में साथ–साथ रखना
Gypsum	जिप्सम	खड्डी
Heat	हीट	उष्मा
HP	एच. पी.	मशीन द्वारा एक सैकण्ड में किया गया कार्य
Hydraulic Ram	हाईड्रोलिक रैम	जल शक्ति से चलने वाला पम्प
Illumination	इल्यूमिनेसंस	प्रतिवर्ग मीटर पर पड़ने वाला फलक्स
Insulator	इन्सुलेटर	विघुतरोधी, विघुतधारा का अवरौधक, कुचालक
Incandescent	इन्कैन्डैसेंट	साधारण बल्ब
Induction	इन्डक्शन	तार के चारों ओर बहने वाला विद्युत धारा
Jule	जूल	वह काम जो एक न्यूटन का बल एक मीटर की दूरी तक हटाने में होता हो।
Lantern	लालटेन	रोशनी के लिए रोशनदान

Light Emitting Diode	एल.ई.डी.	प्रकाश किरणो का उत्सर्जन डायोड, लैडबल्ब
Liquid Petroleum Gas	एल.पी.जी.	लिक्वीड पेट्रोलियम गैस
Louver	लूवर	प्रकाश किरणों को रोकने के लिए लगी स्ट्रिपस, झिलमिली
Lumen	ल्यूमन	मोमबत्ती के एक फीट दूरी पर मापा गया प्रकाश
Luminance	लूमीनेंस	चमक नापने की इकाई, प्रदिप्ति
Luminous	ल्यूमनस	प्रकाशवान
Lux	लक्स	प्रतिवर्ग मीटर प्रकाश की मात्रा
Monitor	मोनिटर	छत पर बनी खिड़की
Monotony	मोनोटोनी	एकरसता
Multi stand Wire	मल्टी स्टैण्ड तार	पतले तारों से बना एक वायर
Orientation	ओरिअन्टेशन	विन्यास, परिस्थितियों के अनुरूप व्यवस्थित करना
Parabolic	पैराबौलिक	वक्र परवलय
Parallel circuit	पैरेलल सर्किट	जब दो या दो से अधिक उपकरणों को एक – एक सिरे से आपस में दूसरे तार से जोड़कर सप्लाई स्त्रोत से जोड़ दिया जाता है।
Power	पावर	एक सैकण्ड में किया गया काम, शक्ति
Porosity	पोरोसिटी	छिद्रमयता, रन्ध्रमयता
Prospect	प्रोस्पेक्ट	अन्वेषण करना, खोजना
Radiation	रेडियेशन	विकिरण, किरणों का फेलाना
Reflector	रिफ्लैक्टर	परावर्तक
Refraction	रिफ्रैक्शन	प्रकाश किरणों को एक तरफ मोड़ना

Refrigerator	रिफ्रिजरेटर	फ्रीज, ठण्डा करने का केबिनेट
Reinforced Cement Concrete	आर.सी.सी.	लोहे की तारों के साथ सीमेंट कंकरीट
Resistance	रेजिस्टेंस	विद्युत धारा के मार्ग में किसी चालक तार द्वारा रूकावट/अवरोधक
Riser	राईजर	सीढ़ियों का खड़ा भाग
Roominess	रूमिनेस	फैलावट
See - Saw	सी सौ	ऊपर नीचे को झूमना
Separator	सेपरेटर	अलग रखने की व्यवस्था
Semi Conductor	अर्द्धचालक	कम चालकता का धातु
Series circuit	सीरीज सर्किट	जब दो से अधिक उपकरण एक के बाद एक लगातार क्रम में लगाते है।
Sieve Shaker	सीव शेकर	छलनी को हिलाकर छानना
Sensors	सेन्सर्स	स्वचलित स्विच
Shade	शैड	काला रंग मिलाने से बना रंग
Skylight	स्काई लाईट	छत से रोशनी लेना
Span	स्पान	चौड़ाई
Splayed	स्प्लेड	बाहर की ओर अन्दर की अपेक्षा बड़ा रखना
Stair Headroom	स्टेयर हैडरूम	सीढ़ियों को ढकने का कमरा
Sun Braker	सन ब्रेकर	सूर्य की किरणों को रोकना
Tapper	टैपर	नुकीली अथवा तिरछी सतह
Terrace	टैरस	खुली छत
Texture	टैक्सचर	बनावट
Thermostat	थर्मोस्टेट	तापक्रम को नियन्त्रित करने का उपकरण

Transformer	ट्रांसफोर्मर	ए.सी. वोल्टेज को कम अथवा अधिक करने वाला उपकरण
Thrust	थ्रस्ट	धक्का, ढकेलना
Tint	टिन्ट	सफेद रंग मिलाने से बना रंग
Ventilation	वेन्टीलेशन	हवा का प्रवाह
Work	वर्क	पावर जो किसी चीज को चलाने में सफल हो जाये।

शब्दावली–पानी

Alkalinity
Biological Oxygen Demand
Catchment
Chemical Oxygen Demand
Centrifugal
Chlorination
Coagulation
Coli form
Contamination
Distillation
Disinfection
E-coli
Effluent
Environment
Fluorosis
Gravity
Ground Water
Heavy Metals
Infection
Pesticide
Pollution
Pollutant
Potable
Saline Water
Sedimentation
Sewage
Soft Water
Spillway
Suspended Impurities
Turbidity
Toxicity
Water

क्षारीयता
जैव ऑक्सीजन माँग
(बी. ओ. डी.)
आगोर
रासायनिक
ऑक्सीजनन माँग
अपकेन्द्री
क्लोरोनीकरण
उर्णक
कॉलीफॉर्म
संदूषण
आसवन
विसंक्रमण
ई. कोलाई
बहि:स्त्राव
पर्यावरण
फ्लोरोसिस
गुरूत्वाकर्षण
भोम जल
भारी धातुएँ
संक्रमण
पेस्टीसाईड
पदूषण

चूना, सोडा आदि मिला जल
पानी में सूक्ष्म जीवों हेतु ऑक्सीजन माँग।
वर्षा पानी इकट्टा करने का क्षेत्र
कार्बनिक प्रदार्थों के विघटित होने के लिए ऑक्सीजन माँग।
बाहर फैकने की ताकत।
जल को विसंक्रमित करने के लिए क्लोरिन का मिलाना।
पानी में फिटकरी आदि घोलने की क्रिया।
मल में रहने वाले जीवाणु।
जल में सूक्ष्म जीवों व रसायनों का प्रवेश।
भाप को संघनित कर पानी में बदलने की क्रिया।
जल की घातक जीवाणुओं का हनन।
मल में रहने वाले सूक्ष्म जीव।
उद्योगो से निकला व्यर्थ जल।
वातावरण संबधि।
अधिक फ्लोराईड युक्त पानी से उत्पन्न रोग।
जमीन का खिचाव बल
जमीन को खोद कर निकाला गया जल।
विषैली धातुएँ केडमियम, क्रोमियम, लैड आदि।
पदूषित जल।
कीटनाशी दवाईयाँ।
जीव–जगत के लिए हानिकारक गंदगी।

Waste
Water Treatment
Water logging

पर्यावरण को प्रदूषित करने वाले
प्रदूषक — प्रदार्थ।
पीने योग्य जल।
पोटेबल — खारा पानी जो पीने और सिंचाई
के काम नहीं आता।
लवणीय जल
द्रव में अघुलनशील कणों को नीचे
स्थिरिकरण — बैठने देना।
मल-मूत्र।
मल — कठोरता रहित जल।
मृदु जल — अधिक पानी निकासी मार्ग
अधिप्लव — पानी में तेरते हुए कण।
निलंबित अशुद्धियाँ — मिट्‌टी घुला पानी।
गँदलापन — विष की उपस्थिति।
विषाक्तता — हाईड्रोजन ऑक्सीजन से बना
पानी (जल) — यौगिक।
अपशिष्ट — कूड़ा-कचरा, मल-मूत्र।
जल उपचार — अशुद्ध जल का उपचार।
क्षेम पानी — लवणीय पानी।

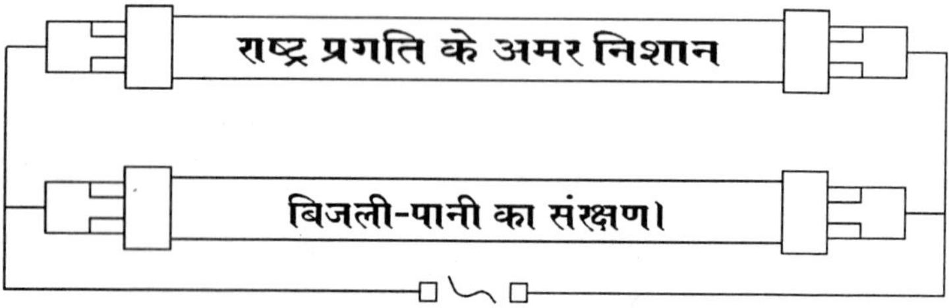